职业教育会计专业课程改革规划新教材

会计电算化教程

（畅捷通T3教育专版）

主　编　张　婷

参　编　魏延军　宋良文　叶　桐

田　玉　艾　琳

机 械 工 业 出 版 社

本书依据教育部2014年颁布的《中等职业学校专业教学标准（试行）财经商贸类（第二辑）》中的“会计专业教学标准”编写，采用用友畅捷通T3—企业管理信息化软件教育专版（以下简称畅捷通T3），教学内容的案例背景设计，与会计电算化技能比赛的出题思路相吻合，将技能大赛和教学实践进行了有机结合。

本书由会计电算化概述、系统管理、基础设置、初始设置、日常业务处理和UFO报表管理6个单元组成，以会计电算化岗位的工作要求和内容为工作项目，将操作流程、工作任务、知识认知、软件操作、能力训练相融合，学习与训练相结合，教学与引导相结合，围绕每一个工作项目进行任务设计示范，任务设计按仿真的会计实务操作步骤进行。技能训练分为职业能力判断、职业能力选择和学习领域情景实训，力求教学与会计工作实务的无缝对接。本书旨在帮助学生熟练掌握会计电算化操作技能，以期最大限度地缩短毕业生从事会计电算化工作的适应期。

本书为中等职业学校教学用书，也可作为五年制高职学校及中专院校财经专业教材，还可作为在职人员培训用书。

图书在版编目（CIP）数据

会计电算化教程：畅捷通T3教育专版/张婷主编．—北京：机械工业出版社，2019.6

职业教育会计专业课程改革规划新教材

ISBN 978-7-111-62588-9

Ⅰ．①会… Ⅱ．①张… Ⅲ．①会计电算化—中等专业学校—教材

Ⅳ．①F232

中国版本图书馆CIP数据核字（2019）第074315号

机械工业出版社（北京市百万庄大街22号 邮政编码100037）

策划编辑：李 兴　　责任编辑：李 兴 梁一鹏

责任校对：潘 蕊　　封面设计：鞠 杨

责任印制：郜 敏

北京中兴印刷有限公司印刷

2019年8月第1版第1次印刷

184mm×260mm・13.5印张・314千字

0 001—1 900册

标准书号：ISBN 978-7-111-62588-9

定价：39.00元

电话服务

客服电话：010-88361066

010-88379833

010-68326294

网络服务

机 工 官 网：www.cmpbook.com

机 工 官 博：weibo.com/cmp1952

金 书 网：www.golden-book.com

机工教育服务网：www.cmpedu.com

前言

第十二届全国人民代表大会第三次会议提出制定“互联网+”行动计划，利用互联网的平台，利用信息通信技术，把互联网和包括传统行业在内的各行各业结合起来，在新的领域创造一种新的生态。互联网+会计的“生态融合”已经起步：财税共享、网络代理记账、在线财务管理咨询、云会计与云审计服务、以会计信息化应用为基础的财务一体化进程不断提速；财务共享服务中心模式、联网管理、在线受理。因此，不想被时代淘汰的财务人士更应该从现在起转变思想，抓紧学习，努力成为战略性的财务人才。适应变革、拥抱变革、参与变革：要学会使用新的会计工具，它将会解放人们的大脑，人们工作将更加轻松。在上述良好发展前景的激励下，为适应中等职业学校教育教学方式、方法的改革，打破传统的教学模式束缚，我们依据教育部2014年颁布的《中等职业学校专业教学标准（试行）财经商贸类（第二辑）》中的“会计专业教学标准”编写了本书。

会计电算化是财经类专业的核心课程之一，也是现代化会计必备的职业技能。在我国大力发展职业教育的形式下，信息化是职业教育发展的必然趋势，这就要求在信息化教育中要着眼于学生职业生涯发展的需求，注重培养学生的职业素质，致力于用课程改革促使教学提升，用工作任务、工作过程来体现职业教育特点。

本书在编写过程中，力求以“能力本位观”课程论为主导，坚持理论实践一体化的原则，以知识和能力训练两条教学主线的融合为切入点，以重构课程知识体系和能力训练体系为要求，体现时代性、立体型和动态性，达到以学生为主体，有所创新、突出特色、适应中职财经专业教学的开发性目标。

为了老师教学时简单易行，学生自学时重点突出、事半功倍，本书在编写时，做到了以下几点。

1. 软件实操讲解

本书的操作题周密而详细，大部分题目都给出了详细的操作步骤。考生通过对该书的学习，能以最少的时间掌握所学的内容。本书将账务处理的操作悉数列出，并按实际操作的程序以图文的形式展示，使学生对着计算机练习时一目了然。

2. 实现目标

通过对本书的学习，学生能够适应中小企业的会计电算化岗位的工作要求，能将会计理论知识运用到会计电算化操作中，能熟练掌握财务软件的核心内容，达到“知识迁移”的能力。

3. 开发特色

本书开发的原则：紧盯就业岗位群要求，强化职业核心能力培养，构建理实一体化的教学模式；贯彻任务驱动的思路，工学结合，使课程实践教学与实际岗位需要实现无缝对接；突出应用性、针对性和实践性，力求反映教学改革的方向。

（1）体现课改：以学生为主体，引导学生思考、动手操作；以教师为主导，增强教师教学的导向性；教学方法形式多样，使得课堂不再枯燥。

（2）明晰特色：体现中职教育的特点；构建会计电算化知识体系和软件操作能力训练体系；体现实际工作需要，提炼会计从业资格考证知识点，并考虑技能大赛的理念；有创意的教学案例设计，分项目的训练和综合训练相结合。

（3）形成知识体系和能力训练体系两条主线，体现了认知和能力训练的教学要求。知识体系变化：在保持专业知识体系的基础上，以认知为原则，降低基本知识的量和难度，降低掌握要求；适当扩大了应了解的知识范围。能力训练体系变化：构建会计电算化岗位所需的发现问题、分析问题和解决问题的能力训练体系。

（4）结合职业技能鉴定与技能大赛，突出对学生知识和能力的培养，提高学生的社会认可程度。

本书共分为六个单元。单元一主要介绍了会计电算化的概念和岗位划分、岗位原则；单元二～六以畅捷通T3为蓝本，结合企业案例，介绍了系统管理、基础设置、初始设置、日常业务处理、UFO报表管理。建议课时：单元一为4课时，单元二为6课时，单元三为6课时，单元四为8课时，单元五为30课时，单元六为8课时，共计62课时。

本书由张婷任主编。全书由张婷副教授提出编写思路，设计编写方案，组织论证、编写、统稿工作。参与本书编写的人员还有魏延军、宋良文、叶桐、田玉和艾琳。在本书的创作团队中，不仅有教学一线的教师，还有用友畅捷通公司的产品专家和应用专家。

本书的实践性、操作性、实用性强，适用于中等职业教育财经类专业，同时也可以作为企业培训、技能大赛和会计考证的使用教材。为了便于教学，本书同时附有配套的全部账套，在书的附录部分还给出了一套完整的技能大赛训练题以便作为综合训练之用。在本书的使用过程中，如果您发现问题或有更好的改进思路，敬请批评指正！

编　者

目　录

单元一 会计电算化概述

学习目标

知识目标

（1）了解会计电算化的概念与作用。

（2）理解会计电算化的发展趋势及基本要求。

（3）熟悉会计软件的分类及功能模块划分。

（4）掌握会计电算化核算软件的操作要求。

能力目标

熟练掌握会计电算化核算软件的操作流程，包括系统初始化、日常处理和期末处理等环节。

案例导读

曾经，沃尔玛宣布要裁员7,000人成为热点新闻。很多人发现，沃尔玛主要裁的是文员，而这些裁员中很大一部分就是会计人员。为什么沃尔玛以及其他很多公司把会计人员列入裁员之列？这是会计信息化带来的冲击。大智移云技术给会计带来的最大冲击就是会计人员需求数量的减少。

当前，在会计信息化领域有两个热点：一是财务共享服务，二是电子发票。财务共享这个热点还在持续发酵，很多公司实施财务共享服务以后，最大的影响也是会计人员的急剧减少；在电子发票广泛使用的情况下，可以设想，会计人员特别是处理票据的会计人员将大幅减少。在此背景下，会计电算化的优势更为凸显。

任务1 会计电算化的概念与作用

知识学习

一、会计电算化的相关概念

（一）会计电算化

会计电算化有狭义和广义之分。狭义的会计电算化是指以计算机为主体的电子信息技术在会计工作中的应用；广义的会计电算化是指与实现电算化有关的所有工作，包括会计软件的开发应用及其软件市场的培育、会计电算化人才的培训、会计电算化的宏观规划和管理、会计电算化制度建设等。

（二）会计信息化

会计信息化是指企业利用计算机、网络通信等现代信息技术手段开展会计核算，以及利用上述技术手段将会计核算与其他经营管理活动有机结合的过程。

相对于会计电算化而言，会计信息化是一次质的飞跃。现代信息技术手段能够实时便捷地获取、加工、传递、存储和应用会计信息，为企业经营管理、控制决策和经济运行提供充足、实时、全方位的信息。

（三）会计软件

会计软件是指专门用于会计核算、财务管理的计算机软件、软件系统或者其功能模块，包括一组指挥计算机进行会计核算与管理工作的程序、存储数据以及有关资料。

会计软件具有以下功能：

（1）为会计核算、财务管理直接提供数据输入。

（2）生成凭证、账簿、报表等会计资料。

（3）对会计资料进行转换、输出、分析、利用。

（四）会计信息系统

会计信息系统（Accounting Information System，AIS）是指利用信息技术对会计数据进行采集、存储和处理，完成会计核算任务，并提供会计管理、分析与决策相关会计信息的系统，其实质是将会计数据转化为会计信息的系统，是企业管理信息系统的一个重要子系统。

会计信息系统根据信息技术的影响程度可划分为手工会计信息系统、传统自动化会计信息系统和现代会计信息系统；根据其功能和管理层次的高低，可以分为会计核算系统、会计管理系统和会计决策支持系统。

（五）ERP和ERP系统

ERP（Enterprise Resource Planning的简称，译为“企业资源计划”）是指利用信息技术，一方面将企业内部所有资源整合在一起，对开发设计、采购、生产、成本、库存、分销、运输、财务、人力资源、品质管理进行科学规划，另一方面将企业与其外部的供应商、客户等市场要素有机结合，实现对企业的物资资源（物流）、人力资源（人流）、财务资源（财流）和信息资源（信息流）等资源进行一体化管理（即“四流一体化”或“四流合一”），其核心思想是供应链管理，强调对整个供应链的有效管理，提高企业配置和使用资源的效率。

在功能层次上，ERP除了最核心的财务、分销和生产管理等管理功能以外，还集成了人力资源、质量管理、决策支持等企业其他管理功能。会计信息系统已经成为ERP系统的一个子系统。

（六）XBRL

XBRL（Extensible Business Reporting Language的简称，译为“可扩展商业报告语

言”），是一种基于可扩展标记语言（Extensible Markup Language）的开放性业务报告技术标准。

1. XBRL的作用与优势

XBRL的主要作用在于将财务和商业数据电子化，促进了财务和商业信息的显示、分析和传递。XBRL通过定义统一的数据格式标准，规定了企业报告信息的表达方法。

企业应用XBRL的优势主要有：①提供更为精确的财务报告与更具可信度和相关性的信息；②降低数据采集成本，提高数据流转及交换效率；③帮助数据使用者更快捷方便地调用、读取和分析数据；④使财务数据具有更广泛的可比性；⑤增加资料在未来的可读性与可维护性；⑥适应变化的会计准则制度的要求。

2. XBRL在我国的发展历程

我国的XBRL发展始于证券领域：2003年11月，上海证券交易所率先在全国实施基于XBRL的上市公司信息披露标准；2005年1月，深圳证券交易所颁布了1.0版本的XBRL报送系统；2005年4月和2006年3月，上海证券交易所和深圳证券交易所先后加入了XBRL国际组织；2008年11月，XBRL中国地区组织成立；2009年4月，财政部在《关于全面推进我国会计信息化工作的指导意见》中将XBRL纳入会计信息化的标准；2010年10月，国家标准化管理委员会和财政部颁布了可扩展商业报告语言（XBRL）技术规范系列国家标准和企业会计准则通用分类标准。

二、会计电算化的作用

（一）人机结合

在会计电算化方式下，会计人员填制电子会计凭证并审核后，执行“记账”功能，计算机将根据程序和指令在极短的时间内自动完成会计数据的分类、汇总、计算、传递及报告等工作。

（二）会计核算的自动化、集中化

在会计电算化方式下，试算平衡、登记账簿等以往依靠人工完成的工作，都由计算机自动完成，大大减轻了会计人员的工作负担，提高了工作效率。计算机网络在会计电算化中的广泛应用，使得企业能将分散的数据统一汇总到会计软件中进行集中处理，既提高了数据汇总的速度，又增强了企业集中管控的能力。

（三）数据处理及时、准确

利用计算机处理会计数据，可以在较短的时间内完成会计数据的分类、汇总、计算、传递和报告等工作，使会计处理流程更为简便，核算结果更为精确。此外，在会计电算化方式下，会计软件运用适当的处理程序和逻辑控制能够避免在手工会计处理方式下出现的一些错误。

（四）内部控制多样化

在会计电算化方式下，与会计工作相关的内部控制制度也将发生明显的变化，由过去的单一人工控制发展成为人工与计算机相结合的控制形式。内部控制的内容更加丰富，范围更加广泛，要求更加严格，实施更加有效。

任务2 会计电算化的发展趋势及基本要求

会计信息化是一个动态演变的过程，是信息从人工处理到计算机辅助处理再到智能化处理的发展过程。它不仅仅涉及技术层面，更与基础理论、会计实务、会计教育和信息系统建设密切相关。

业内人士普遍认为，会计信息化经历了三次浪潮：第一次浪潮是从20世纪六七十年代开始的。那时候计算机应用是在机房里面，是单项的会计核算。第二次浪潮是20世纪八九十年代，PC机的出现使得计算机从机房走进办公室和家庭，可以在任何地方使用计算机，这时候会计应用从单项会计核算开始进入了全面会计核算和业财一体化的时代（ERP时代）。当前我们正在经历第三次浪潮，主要核心技术是大智移云技术，它对会计信息化的影响是无时无刻的，在任何地点都可以使用会计信息系统，其主要特点是跨组织边界、全产业链的财务管理和财务决策支持。

一、会计信息化未来发展十大趋势

（1）业财深度一体化。虽然说ERP是业财一体化，但是实际上它的凭证和报表都是各自为政，没有深度融合，包括管理流程、管理制度也没有做到深度融合。

（2）处理全程自动化。从财务会计角度来讲，从记账凭证到财务报告是自动化的，但是从原始凭证到记账凭证，从财务报告再到财务分析报告均不是自动化。真正的处理全程自动化是包括原始凭证到财务分析报告的全部过程。

（3）内外系统集成化。与企业相关的内外部信息系统很多，但大都是信息孤岛，怎么才能使得内外系统集成化且便捷交换信息很重要。

（4）操作终端移动化。从机房里使用的固定终端、PC机、便携式计算机到手机，甚至以后智能可穿戴装备都可以使用财务软件。但是不同的终端使用同一套软件，在操作系统兼容性、应用软件兼容性、硬件兼容性以及数据库和安全性方面还需要考虑。

（5）信息提供频道化。不同的用户可以通过频道方式提供会计信息，这是个性化的提供信息方式。

（6）处理规则国际化。当前，我们在财务共享服务中心里面处理的很多业务来自不同的国家，在处理的时候会涉及很多准则、税法、汇率方面的问题，如果不考虑国际化的因素，可能很多财务共享服务中心没有办法适应全球化需要。

（7）会计信息标准化。主要包括原始会计数据的标准化采集和储存、中间会计数据及会计信息标准化和发布的会计信息标准化三方面内容。例如，会计数据接口的标准，解决了不同软件的数据格式不兼容问题，较好地解决了会计数据和信息的传递问题。可扩展商业报告语言（XBRL）是为了企业财务报告而发展的标记语言，是应用于财务信息、报表和分析资料等的网络传输格式标准。

（8）会计组织共享化。经济全球化和高新技术的发展导致了财务共享服务的产生。财务共享服务中心是通过将易于标准化的财务业务进行流程再造与标准化，并由共享服务中心统一对其进行处理，是近年来出现并流行起来一种财务业务处理模式，是将不同地域的实体的会计业务拿到一个共享服务中心来统一处理的方式。统一处理保证了会计记录和报告的规范、结构的统一，而且由于不需要在每个公司和办事处都设会计岗位，节省了系统和人工成本，达到降低成本、提升客户满意度、改进服务质量、提升业务处理效率的目的。

（9）风险威胁扩大化。在信息化和科技化的催化下，会计行业科技风险不断累积和增加。信息科技在会计行业的日常运行中，受自然意识、人为因素、技术漏洞和管理不善而产生的法律、声誉和操作等风险不断扩大。

（10）处理平台云端化。云计算环境下的会计工作，其实质是利用云技术在互联网上构建虚拟会计信息系统，完成企业的会计核算和会计管理等内容。这种对会计信息化的建设与服务采用外包的模式，将进一步推动会计工作向前发展。

二、会计电算化的基本要求

（1）企业应当充分重视会计信息化工作，加强组织领导和人才培养，不断推进会计信息化在本企业的应用。

（2）企业开展会计信息化工作，应当根据发展目标和实际需要，合理确定建设内容，避免投资浪费。

（3）企业开展会计信息化工作，应当注重信息系统与经营环境的契合。

（4）大型企业、企业集团开展会计信息化工作，应当注重整体规划，统一技术标准、编码规则和系统参数，实现各系统的有机整合，消除信息孤岛。

（5）企业配备会计软件，应当根据自身技术力量以及业务需求，考虑软件功能、安全性、稳定性、响应速度、可扩展性等要求，合理选择购买、定制开发、购买与开发相结合等会计软件配备方式。

（6）企业委托外部单位开发、购买等方式配备会计软件，应当在有关合同中约定操作培训、软件升级、故障解决等服务事项，以及软件供应商对企业信息安全所承担的责任。

（7）企业应当促进会计信息系统与业务信息系统的一体化，通过业务的处理直接驱动会计记账，减少人工操作，提高业务数据与会计数据的一致性，实现企业内部信息资源共享。

（8）企业应当根据实际情况，开展本企业信息系统与银行、供应商、客户等外部单位信息系统的互联，实现外部交易信息的集中自动处理。

（9）企业进行会计信息系统前端系统的建设和改造，应当安排负责会计信息化工作的专门机构或者人员参与，充分考虑会计信息系统的数据需求。

（10）企业应当遵循企业内部控制规范体系要求，加强对会计信息系统规划、设计、开发、运行、维护全过程的控制。

（11）处于会计核算信息化阶段的企业，应当结合自身情况，逐步实现资金管理、资产管理、预算控制、成本管理等财务管理信息化；处于财务管理信息化阶段的企业，应当结合自身情况，逐步实现财务分析、全面预算管理、风险控制、绩效考核等决策支持信息化。

任务3 会计软件的分类及功能模块划分

一、会计软件的分类

企业配备会计软件的方式主要有购买、定制开发、购买与开发相结合等方式。其中，定制开发包括企业自行开发、委托外部单位开发、企业与外部单位联合开发三种具体开发方式。

（一）购买通用会计软件

通用会计软件是指软件公司为会计工作专门设计开发，并以产品形式投入市场的应用软件。企业作为用户，付款购买即可获得软件的使用、维护、升级以及人员培训等服务。

采用这种方式的优点主要有：①企业投入少，见效快，实现信息化的过程简单；②软件性能稳定，质量可靠，运行效率高，能够满足企业的大部分需求；③软件的维护和升级由软件公司负责；④软件安全保密性强，用户只能使用软件功能，不能访问和修改源程序。

采用这种方式的缺点主要有：①软件的针对性不强，通常针对一般用户设计，难以适应企业个性化的业务或流程；②为保证通用性，软件功能设置往往过于复杂，业务流程简单的企业可能感到不易操作。

（二）自行开发

自行开发是指企业自行组织人员进行会计软件开发。采用这种方式的优点主要有：①企业能够在充分考虑自身生产经营特点和管理要求的基础上，设计最有针对性和适用性的会计软件；②由于企业内部员工对系统充分了解，当会计软件出现问题或需要改进时，企业能够及时高效地纠错和调整，保证系统使用的流畅性。

采用这种方式的缺点主要有：①系统开发要求高、周期长、成本高，系统开发完成后，还需要较长时间的试运行；②自行开发软件系统需要大量的计算机专业人士，普通企业维护一支稳定的高素质软件人才队伍成本较高。

（三）委托外部单位开发

委托外部单位开发是指企业通过委托外部单位进行会计软件开发。采用这种方式的优点主要有：①软件的针对性较强，降低了用户的使用难度；②对企业自身技术力量的要求不高。

采用这种方式的缺点主要有：①委托开发费用较高；②开发人员需要花大量的时间了解业务流程和客户需求，会延长开发时间；③开发系统的实用性差，常常不适用于企业的业务处理流程；④外部单位的服务与维护承诺不易做好。因此，这种方式目前已很少使用。

（四）企业与外部单位联合开发

企业与外部单位联合开发是指企业联合外部单位进行软件开发，由本单位财务部门和

网络信息部门进行系统分析，外单位负责系统设计和程序开发工作，开发完成后，对系统的重大修改由网络信息部门负责，日常维护工作由财务部门负责。

采用这种方式的优点主要有：①开发工作既考虑了企业的自身需求，又利用了外单位的软件开发力量，开发的系统质量较高；②企业内部人员参与开发，对系统的结构和流程较熟悉，有利于企业日后进行系统维护和升级。

采用这种方式的缺点主要有：①软件开发工作需要外部技术人员与内部技术人员和会计人员充分沟通，系统开发的周期较长；②企业支付给外单位的开发费用相对较高。

二、会计软件的功能模块

会计核算软件的功能模块，是指会计核算软件中能够相对独立完成会计数据输入、处理和输出功能的各个部分。

我们通常按会计核算软件的功能来划分功能模块，并以账务处理为中心来划分结构，一个完整的会计核算软件必定包含账务处理模块，其他功能模块也将直接或间接地与账务处理模块发生联系。

（一）会计软件各模块的功能描述

完整的会计软件的功能模块包括：账务处理模块、固定资产管理模块、工资管理模块、应收管理模块、应付管理模块、成本管理模块、报表管理模块、存货核算模块、财务分析模块、预算管理模块、项目管理模块、其他管理模块。

1. 账务处理模块

账务处理模块是以凭证为数据处理起点，通过凭证输入和处理，完成记账、银行对账、结账、账簿查询及打印输出等工作。目前许多商品化的账务处理模块还包括往来款管理、部门核算、项目核算和管理及现金银行管理等一些辅助核算的功能。

2. 固定资产管理模块

固定资产管理模块主要是以固定资产卡片和固定资产明细账为基础，实现固定资产的会计核算、折旧计提和分配、设备管理等功能，同时提供了固定资产按类别、使用情况、所属部门和价值结构等进行分析、统计和各种条件下的查询、打印功能，以及该模块与其他模块的数据接口管理。

3. 工资管理模块

工资管理模块是进行工资核算和管理的模块，该模块以人力资源管理部门提供的员工及其工资的基本数据为依据，完成员工工资数据的收集、员工工资的核算、工资发放、工资费用的汇总和分摊、个人所得税计算和按照部门、项目、个人时间等条件进行工资分析、查询和打印输出，以及该模块与其他模块的数据接口管理。

4. 应收、应付管理模块

应收、应付管理模块以发票、费用单据、其他应收单据、应付单据等原始单据为依据，记录销售、采购业务所形成的往来款项，处理应收、应付款项的收回、支付和转账，进行账龄分析和坏账估计及冲销，并对往来业务中的票据、合同进行管理，同时提供统计分析、打印和查询输出功能，以及与采购管理、销售管理、账务处理等模块进行数据传递的功能。

5．成本管理模块

成本管理模块主要提供成本核算、成本分析、成本预测功能，以满足会计核算的事前预测、事后核算分析的需要。此外，成本管理模块还具有与生产模块、供应链模块，以及账务处理、工资管理、固定资产管理和存货核算等模块进行数据传递的功能。

6．报表管理模块

报表管理模块与其他模块相连，可以根据会计核算的数据，生成各种内部报表、外部报表、汇总报表，并根据报表数据分析报表，以及生成各种分析图等。在网络环境下，很多报表管理模块同时提供了远程报表的汇总、数据传输、检索查询和分析处理等功能。

7．存货核算模块

存货核算模块以供应链模块产生的入库单、出库单、采购发票等核算单据为依据，核算存货的出入库和库存金额、余额，确认采购成本，分配采购费用，确认销售收入、成本和费用，并将核算完成的数据，按照需要分别传递到成本管理模块、应付管理模块和账务处理模块。

8．财务分析模块

财务分析模块从会计软件的数据库中提取数据，运用各种专门的分析方法，完成对企业财务活动的分析，实现对财务数据的进一步加工，生成各种分析和评价企业财务状况、经营成果和现金流量的信息，为决策提供正确依据。

9．预算管理模块

预算管理模块将需要进行预算管理的集团公司、子公司、分支机构、部门、产品、费用要素等对象，根据实际需要分别定义为利润中心、成本中心、投资中心等不同类型的责任中心，然后确立各责任中心的预算方案，指定预算审批流程，明确预算编制内容，进行责任预算的编制、审核、审批，以便实现对各个责任中心的控制、分析和绩效考核。

利用预算管理模块，既可以编制全面预算，又可以编制非全面预算；既可以编制滚动预算，又可以编制固定预算、零基预算。同一责任中心，既可以设置多种预算方案，编制不同预算，又可以在同一预算方案下选择编制不同预算期的预算。预算管理模块还可以实现对各个子公司预算的汇总，对集团公司及子公司预算的查询，以及根据实际数据和预算数据自动进行预算执行差异分析和预算执行进度分析等。

10．项目管理模块

项目管理模块主要是对企业的项目进行核算、控制与管理。项目管理主要包括项目立项、计划、跟踪与控制、终止的业务处理以及项目自身的成本核算等功能。该模块可以及时、准确地提供有关项目的各种资料，包括项目文档、项目合同、项目的执行情况，通过对项目中的各项任务进行资源的预算分配，实时掌握项目的进度，及时反映项目执行情况及财务状况，并且与账务处理、应收管理、应付管理、固定资产管理、采购管理、库存管理等模块集成，对项目收支进行综合管理，是对项目的物流、信息流、资金流的综合控制。

11．其他管理模块

根据企业管理的实际需要，其他管理模块一般包括领导查询模块、决策支持模块等。

领导查询模块可以按照领导的要求从各模块中提取有用的信息并加以处理，以最直观的表格和图形显示，使得管理人员通过该模块及时掌握企业信息。决策支持模块利用现代计算机、通信技术和决策分析方法，通过建立数据库和决策模型，实现向企业决策者提供及时、可靠的财务和业务决策辅助信息。

上述各模块既相互联系又相互独立，有着各自的目标和任务，它们共同构成了会计软件，实现了会计软件的总目标。

（二）会计软件各模块的数据传递

会计软件是由各功能模块共同组成的有机整体，为实现相应功能，相关模块之间相互依赖，互通数据。

（1）存货核算模块生成的存货入库、存货估价入账、存货出库、盘亏/毁损、存货销售收入、存货期初余额调整等业务的记账凭证，并传递到账务处理模块，以便用户审核登记存货账簿。

（2）应付管理模块完成采购单据处理、供应商往来处理、票据新增、付款、退票处理等业务后，生成相应的记账凭证并传递到账务处理模块，以便用户审核登记赊购往来及其相关账簿。

（3）应收管理模块完成销售单据处理、客户往来处理、票据处理及坏账处理等业务后，生成相应的记账凭证并传递到账务处理模块，以便用户审核登记赊销往来及其相关账簿。

（4）固定资产管理模块生成固定资产增加、减少、盘盈、盘亏、固定资产变动、固定资产评估和折旧分配等业务的记账凭证，并传递到账务处理模块，以便用户审核登记相关的资产账簿。

（5）工资管理模块进行工资核算，生成分配工资费用、应交个人所得税等业务的记账凭证，并传递到账务处理模块，以便用户审核登记应付职工薪酬及相关成本费用账簿，工资管理模块为成本管理模块提供人工费资料。

（6）成本管理模块中，如果计入生产成本的间接费用和其他费用定义为来源于账务处理模块，则成本管理模块在账务处理模块记账后，从账务处理模块中直接取得间接费用和其他费用的数据；如果不使用工资管理、固定资产管理、存货核算模块，则成本管理模块还需要在账务处理模块记账后，从账务处理模块中取得材料费用、人工费用和折旧费用等数据；成本管理模块的成本核算完成后，要将结转制造费用、结转辅助生产成本、结转盘点损失和结转工序产品耗用等记账凭证数据传递到账务处理模块。

（7）存货核算模块为成本管理模块提供材料出库核算的结果。存货核算模块将应计入外购入库成本的运费、装卸费等采购费用和应计入委托加工入库成本的加工费传递到应付管理模块。

（8）固定资产管理模块为成本管理模块提供固定资产折旧数据。

（9）报表管理和财务分析模块可以从各模块取得数据编制相关财务报表，进行财务分析。

（10）预算管理模块编制的预算经审核批准后，生成各种预算申请单，再传递给账务处理模块、应收管理模块、应付管理模块、固定资产管理模块、工资管理模块，进行责任控制。

（11）项目管理模块中发生和项目业务相关的收款业务时，可以在应收发票、收款单或者退款单上输入相应的信息，并生成相应的业务凭证传递至账务处理模块；发生和项目相关的采购活动时，其信息也可以在采购申请单、采购订单、应付模块的采购发票上记录；在固定资产管理模块引入项目数据可以更详细地归集固定资产建设和管理的数据；若未启用项目的领料核算模块，则成本管理模块还需要在账务处理模块记账后生成相应凭证传递到账务处理模块。

此外，各功能模块都可以从账务处理模块获得相关的账簿信息，存货核算、工资管理、固定资产管理、项目管理等模块均可以从成本管理模块获得有关的成本数据。各主要功能模块之间的联系，如图1-1所示。

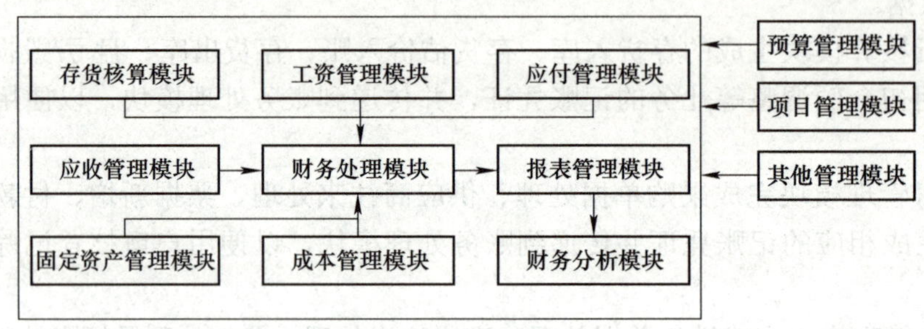

图1-1 主要功能模块

任务4 会计电算化核算软件的操作要求

一、安全使用会计软件的基本要求

常见的非规范化操作包括密码与权限管理不当、会计档案保存不当、未按照正常操作规范运行软件等，这些操作可能威胁会计软件的安全运行。

（一）严格管理账套使用权限

在使用会计软件时，用户应该对账套使用权限进行严格管理，防止数据外泄；用户不能随便让他人使用计算机；在离开计算机时，必须立即退出会计软件，以防止他人偷窥系统数据。

定期打印备份重要的账簿和报表数据；为防止硬盘上的会计数据遭到意外或被人为破坏，用户需要定期将硬盘数据备份到其他磁性介质上（如U盘、光盘等）；在月末结账后，对本月重要的账簿和报表数据还应该打印备份。

（二）严格管理软件版本升级

对会计软件进行升级的原因主要有：因改错而升级版本；因功能改进和扩充而升级版本；因运行平台升级而升级版本。经过对比审核，如果新版软件更能满足实际需要，企业应该对其进行升级。

二、计算机病毒的防范

计算机病毒是指编制者在计算机程序中插入的破坏计算机功能或数据，影响计算机使用并且能够自我复制的一组计算机指令或程序代码。

（一）计算机病毒的特点

（1）寄生性。病毒可以寄生在正常的程序中，跟随正常程序一起运行。

（2）传染性。病毒可以通过不同途径传播。

（3）潜伏性。病毒可以事先潜伏在计算机中不发作，然后在某一时间集中大规模爆发。

（4）隐蔽性。病毒未发作时不易被发现。

（5）破坏性。病毒可以破坏计算机，造成计算机运行速度变慢、死机、蓝屏等问题。

（6）可触发性。病毒可以在条件成熟时被触发。

（二）计算机病毒的类型

1. 按计算机病毒的破坏能力分类

计算机病毒可分为良性病毒和恶性病毒。

良性病毒是指那些只占有系统CPU资源，但不破坏系统数据，不会使系统瘫痪的计算机病毒。与良性病毒相比，恶性病毒对计算机系统的破坏力更大，包括删除文件、破坏盗取数据、格式化硬盘、使系统瘫痪等。

2. 按计算机病毒存在的方式分类

计算机病毒可分为引导型病毒、文件型病毒和网络病毒。

引导型病毒是在系统开机时进入内存后控制系统，进行病毒传播和破坏活动的病毒。文件型病毒是感染计算机存储设备中的可执行文件，当执行该文件时，再进入内存，控制系统，进行病毒传播和破坏活动的病毒。网络病毒通过计算机网络传播感染网络中的可执行文件的病毒。

（三）导致病毒感染的人为因素

1. 不规范的网络操作

不规范的网络操作可能导致计算机感染病毒。其主要途径包括浏览不安全网页，下载被病毒感染的文件或软件，接收被病毒感染的电子邮件，使用即时通信工具等。

2. 使用被病毒感染的磁盘

使用来历不明的硬盘和U盘，容易使计算机感染病毒。

（四）感染计算机病毒的主要症状

（1）系统启动时间比平时长，运行速度减慢。

（2）系统经常无故发生死机现象。

（3）系统异常重新启动。

（4）计算机存储系统的存储容量异常减少，磁盘访问时间比平时长。

（5）系统不识别硬盘。

（6）文件的日期、时间、属性、大小等发生变化。

（7）打印机等一些外部设备工作异常。

（8）程序或数据丢失或文件损坏。

（9）系统的蜂鸣器出现异常响声。

（10）其他异常现象。

（五）防范计算机病毒的措施

（1）规范使用U盘的操作。在使用外来U盘时应该首先用杀毒软件检查是否有病毒，确认无病毒后再使用。

（2）使用正版软件，杜绝购买盗版软件。

（3）谨慎下载与接收网络上的文件和电子邮件。

（4）经常升级杀毒软件。

（5）在计算机上安装防火墙。

（6）经常检查系统内存。

（7）计算机系统要专机专用，避免使用其他软件。

（六）计算机病毒的检测与清除

1．计算机病毒的检测

计算机病毒的检测方法通常有两种：

（1）人工检测。人工检测是指通过一些软件工具进行病毒检测。这种方法需要检测者熟悉机器指令和操作系统，因而不易普及。

（2）自动检测。自动检测是指通过一些诊断软件来判断一个系统或一个软件是否有计算机病毒。自动检测比较简单，一般用户都可以进行。

2．计算机病毒的清除

对于一般用户而言，清除病毒一般使用杀毒软件进行。杀毒软件可以同时清除多种病毒，并且对计算机中的数据没有影响。

三、计算机黑客的防范

计算机黑客是指通过计算机网络非法进入他人系统的计算机入侵者。计算机黑客对计算机技术和网络技术非常精通，能够发现系统的漏洞及其原理，通过非法闯入计算机网络来窃取机密信息，毁坏某个信息系统。

（一）黑客常用手段

1．密码破解

黑客通常采用的攻击方式有字典攻击、假登陆程序、密码探测程序等，主要目的是获取系统或用户的口令文件。

2．IP嗅探与欺骗

IP嗅探是一种被动式攻击，又叫网络监听。它通过改变网卡的操作模式来接收流经计算机的所有信息包，以便截取其他计算机的数据报文或口令。

欺骗是一种主动式攻击，它将网络上的某台计算机伪装成另一台不同的主机，目的是使网络中的其他计算机误将冒名顶替者当成原始的计算机而向其发送数据。

3．攻击系统漏洞

系统漏洞是指程序在设计、实现和操作上存在的错误。黑客利用这些漏洞攻击网络中的目标计算机。

4．端口扫描

由于计算机与外界通信必须通过某个端口才能进行，黑客可以利用一些端口扫描软件对被攻击的目标计算机进行端口扫描，搜索到计算机的开放端口并进行攻击。

（二）防范黑客的措施

1．制定相关法律法规加以约束

随着网络技术的形成和发展，有关网络信息安全的法律法规相继诞生，并有效规范和约束与网络信息传递相关的各种行为。

2．数据加密

数据加密的目的是保护系统内的数据、文件、口令和控制信息，同时也可以提高网上传输数据的可靠性。

3．身份认证

系统可以通过密码或特征信息等来确认用户身份的真实性，只对确认了身份的用户给予相应的访问权限，从而降低黑客攻击的可能性。

4．建立完善的访问控制策略

系统应该设置进入网络的访问权限、目录安全等级控制、网络端口和节点的安全控制、防火墙的安全控制等。通过各种安全控制机制的相互配合，才能最大限度地保护计算机系统免受黑客的攻击。

单元二 系统管理

学习目标

知识目标

（1）了解系统管理的作用。

（2）理解操作员及权限的作用。

能力目标

熟练掌握系统管理的各项功能，包括建立账套、增加操作员并为操作员授权、系统的启用、账套的备份与恢复。

系统管理是会计信息系统中的基础部分，它对系统中所有模块的公共任务进行统一管理，系统管理的操作如图2-1所示。

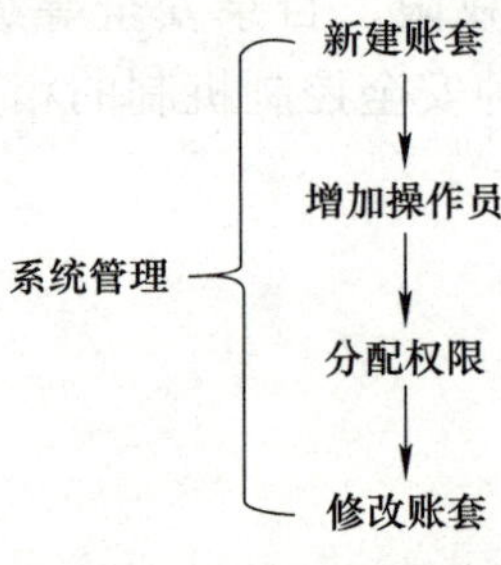

图2-1　系统管理的操作

任务1 注册系统管理

知识学习

一、系统管理概述

会计电算化管理软件由多个功能系统组成，各个功能系统之间互相联系、数据共享，

完整地体现了财务、业务处理一体化的管理，为企业的资金流、物流、信息流的统一管理和实时反映提供了有效的方法和工具。对于整个企业多个产品的管理，系统需要进行账套的建立、修改、删除和备份，以及实现操作员的建立、角色的划分和权限的分配等功能，这就需要一个平台来进行集中管理，系统管理模块的功能就提供了这样的操作平台。系统管理的使用对象为企业的信息管理人员，即系统管理员（Admin）或账套主管。

二、账套与年度账

账套指的是一组紧密相关的数据，我们可以为每一个独立核算的单位或部门在系统中建立一个账套，不同的账套数据之间彼此独立，没有丝毫联系。

每个账套中一般存放不同年度的会计数据，为方便管理，不同年度的数据存放在不同的数据表中，称为年度账。

技能学习

业务：进行系统管理的注册

任务实施

（1）双击打开“系统管理”，选择工具栏“系统”中的“注册”选项，如图2-2所示。

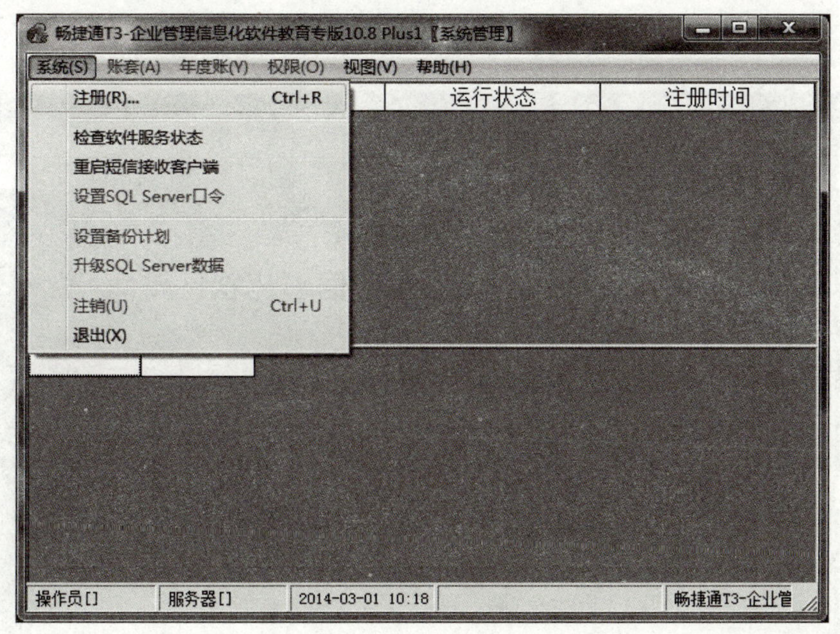

图2-2 “注册系统管理”窗口

（2）单击“服务器”下拉列表框右边的▢按钮，在弹出的对话框中选择服务器，单击“选择”按钮，如图2-3所示。

（3）登录“系统管理”，在“用户名”处输入“admin”，密码为空，单击“确定”按钮，如图2-4所示。

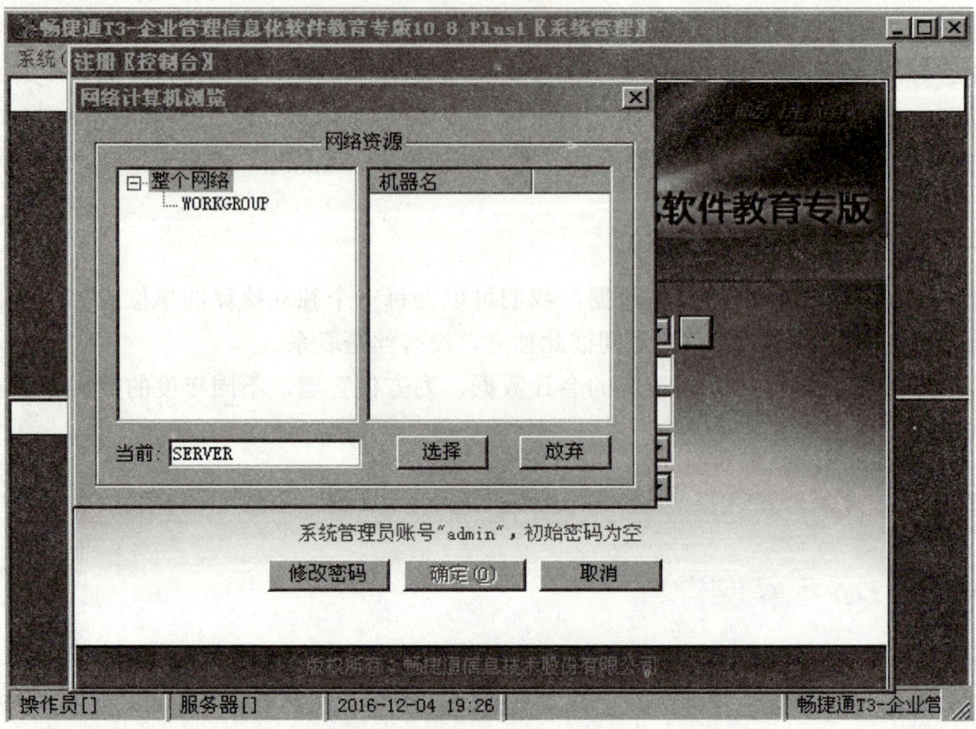

图2-3 “选择服务器”窗口

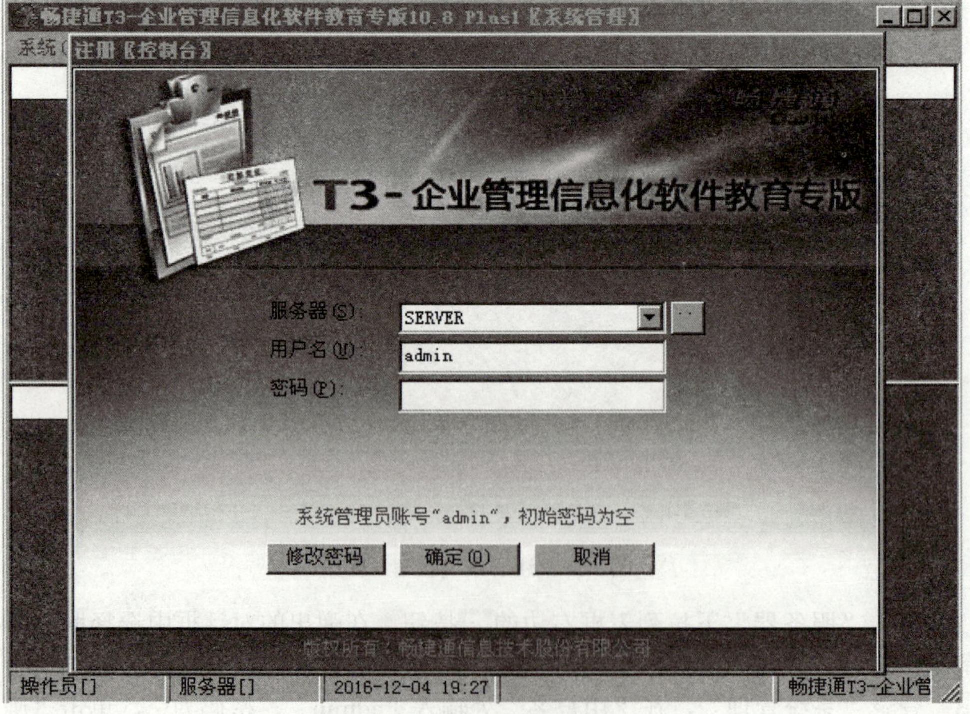

图2-4 “系统登录”窗口

任务2 账套管理

知识学习

一、建立账套

建立账套是企业应用会计信息系统的首要环节，其中涉及很多与日后核算相关的内容。建立企业账套时，需要向系统提供账套基本信息，账套基本信息包括账套号、账套名称、账套启用日期及账套路径。

（1）由于在一个会计信息系统中可以建立多个企业账套，因此账套号可作为区分不同账套数据的唯一标识。

（2）账套名称一般用来描述账套的基本特性，账套号和账套名称是一一对应的关系，共同代表特定的核算账套。

（3）账套路径用来指明账套在计算机系统中的存放位置。

（4）账套启用日期用于规定该企业用计算机进行业务处理的起点，一般要指定年、月。启用日期在第一次初始设置时设定，一旦启用不可更改。

二、核算单位基本信息

核算单位基本信息包括企业名称、简称、地址、邮政编码、法人、通信方式等。

三、账套核算信息

账套核算信息包括记账本位币、行业性质、企业类型、账套主管、编码规则、数据精度等。

（1）记账本位币是企业必须明确的，系统通常默认为人民币。

（2）企业类型是区分不同企业类型的必要信息，选择不同的企业类型，系统在业务处理范围上有所不同。

（3）行业性质表明公司所执行的会计制度。

（4）编码规则是对企业关键核算对象确定分类级次及各级编码长度，以便于用户进行分级核算、统计和管理。可分级设置的内容一般包括科目编码、存货分类编码、地区分类编码、客户分类编码、供应商分类编码、部门编码和结算方式编码等。

（5）数据精度是指定义数据的小数保留位数。由于各企业之间对数量、单价等的核算精度要求不一致，有必要明确定义主要数量、金额的小数保留位数，以保证数据处理的一致性。

四、账套引入

账套引入功能是将系统外某账套数据引入本系统中。无论是计算机故障或者计算机病毒的侵犯，都会使账套数据受损，此时需要账套引入功能，恢复备份数据，将损失降到最小。具体操作步骤如下：

（1）以系统管理员的身份进入系统管理。

（2）选择“账套”→“引入”。

（3）进入“引入账套数据”窗口，选择所要引入的账套数据备份文件，单击“是”按钮。

（4）引入完成，系统提示“账套导入成功”。

五、账套修改

账套建立完成后，如发现有些参数有误，可以执行账套修改功能。只有账套主管有权修改账套，且对于账套号、启用会计日期是无法修改的。用户以账套主管的身份注册，选择相应账套，进入修改管理界面，选择“账套”→“修改”，进入修改账套功能。

六、账套备份

账套输出的实质就是数据备份或清除数据。以admin身份进行注册，进入“系统管理”窗口，选择“账套”→“输出”，系统弹出“账套输出”对话框，选择需要输出备份的账套。如果将该账套输出备份之后，希望将系统中账套数据全部删除，则勾选“删除当前输出账套”选项，单击“确认”按钮。

七、年度账管理

在系统管理软件中，用户不仅可以建立多个账套，而且每个账套中可以存放不同年度的会计数据。对不同核算单位、不同时期数据的操作只需通过设置相应的系统路径即可进行。

1. 建立年度账

新年度到来时，应首先建立年度账，再进行与年度账有关的其他操作。选定账套，以主管的身份进入系统管理，执行“年度账——建立”命令，建立新的年度账。系统按年度先后顺序建立，不能修改会计年度。账套自动显示用户进入时所选账套，会计年度自动显示的是所选账套以前年度加一年。

2. 引入和输出年度账

年度账操作中的引入、输出与账套操作中的引入、输出的含义基本一致，所不同的是年度账操作的引入、输出不是针对某个账套，而是针对这个账套中某一年度的年度账。

3. 结转上年数据

一般情况下，企业是持续经营的，因此企业的会计工作是一个连续性的工作。每到年末，启用新年度账时，就需要将上年度相关账户的余额及其他信息结转到新年度账中。

4. 清空年度数据

若某年度账错误太多，或不希望将上年度的余额及其他信息全部转到下年，应执行“年度账→清空年度数据”命令。清空并不一定是将年度账的数据全部清空，也可以保留一些必要的信息，如基础信息、科目等。保留这些信息主要是为了方便用户使用清空后的年度账重新做账。

八、安全管理

1. 运行监控

在“系统管理”窗口中，系统管理的功能列表分为上下两部分，上部分窗口中列示的是正在登录到系统管理的子系统，下部分窗口中列示的是该子系统正在执行的功能。这两部分不是固定的，而是根据系统的执行情况而发生变化。

2. 清除异常运行情况

系统管理对每一个登录系统的子系统定时进行巡回检查，如发现有死机、网络阻断等情况，就在该子系统相应的任务栏的“运行状态”栏内显示“运行不稳定”。单击“系统管理”窗口中“视图”菜单下的“清除异常任务”命令，就会把这个异常任务所申请的系统资源予以释放，并恢复可能破坏的系统数据库和用户数据库，同时任务栏也将清除这些异常情况。

3. 上机日志

为保证系统的安全运行，系统随时对各个模块的操作员的上下机时间、操作的具体功能等情况进行登记，形成上机日志，以便使所有的操作都有记录，以后一旦发现问题，方便查找。

技能学习

业务：根据描述，新建账套，并启用子模块。

企业基本信息如下：

1．名称：北京扬齐电器有限公司（账套号：175）

2．性质：有限责任公司

3．地址：北京市朝阳区亮迈路66号　　　电话：010-11863506

4．税务登记号：637392144360765616

5．开户银行：工行北京市鑫平路支行　　　人民币基本结算账户：58651053747107

中行北京市新平路支行　　　人民币一般结算账户：3786509810

6．企业法人代表（董事长）：何华

7．总经理（主管会计工作）：赵俊

8．财务负责人：刘焕　　　　会计：孙浩然　　　　出纳：李梓涵

9．企业设置管理部门和生产部门，其中管理部门包括办公室、财务部、采购部、销售部；生产部门主要生产空调、液晶电视机两种产品。

10．启用总账、工资系统、固定资产系统和核算系统，启用时间：2017年3月1日。

11．记账本位币：人民币（RMB）

12．企业类别：工业

13．会计政策：企业执行2007年新会计准则

任务实施

1．在“系统管理”窗口，选择“账套”→“建立”选项，按照任务的要求，进行以下操作（见图2-5）。

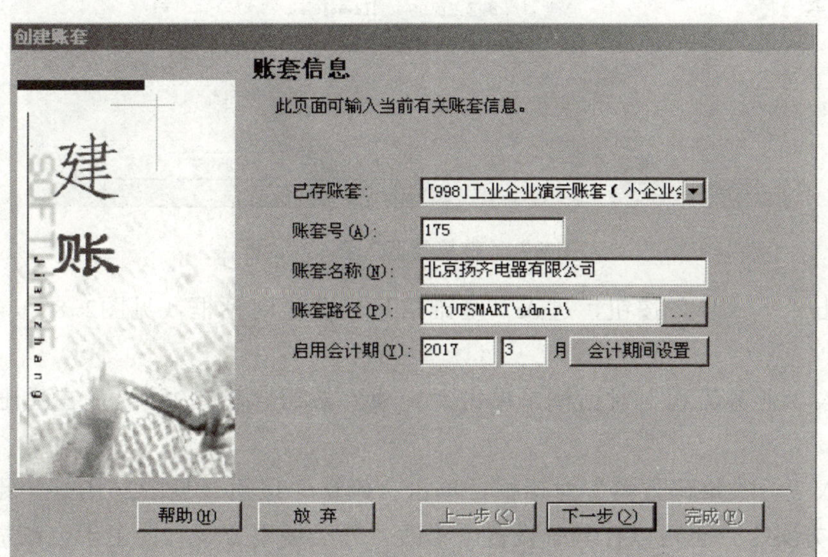

图2-5　“建立账套”对话框

2．单击“下一步”按钮，进入“单位信息”录入对话框（见图2-6）。

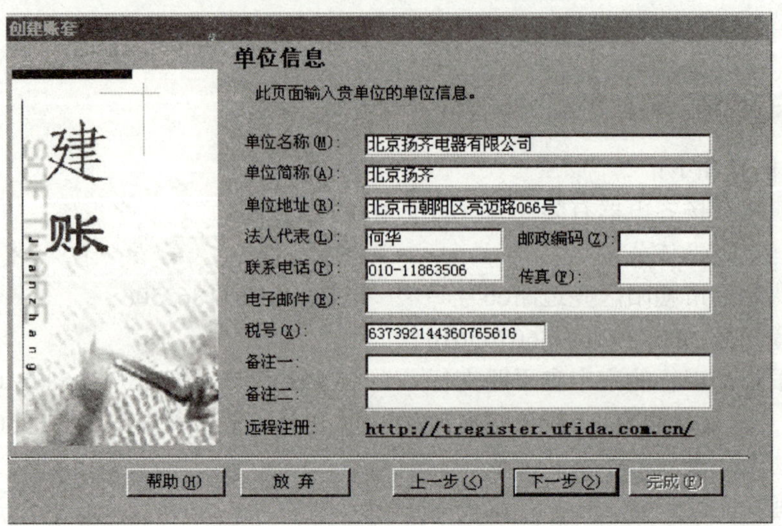

图2-6 “单位信息”录入对话框

3．单击“下一步”按钮，进入“核算类型”录入对话框（见图2-7）。

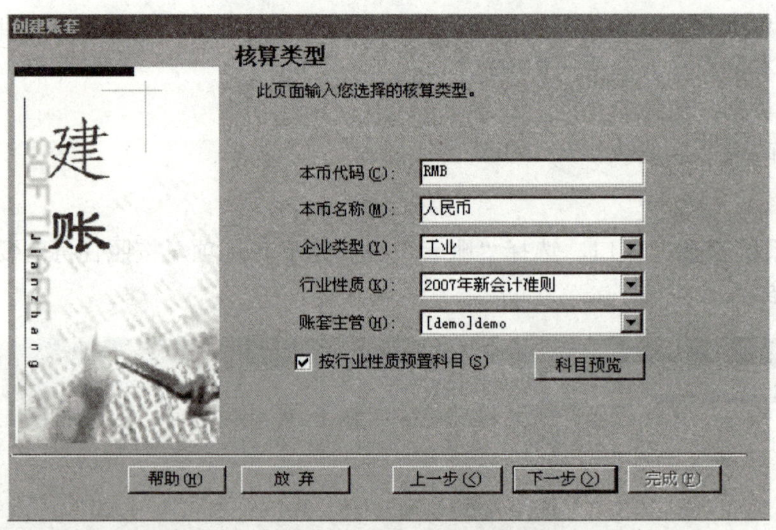

图2-7 “核算类型”录入对话框

4．单击“下一步”按钮，进入“基础信息”分类对话框（见图2-8），单击“下一步”按钮。

5．进入“业务流程”对话框，单击“完成”按钮（见图2-9），在弹出对话框单击“是”按钮。

6．进入“分类编码方案”对话框，单击“确认”按钮（见图2-10）（此处可以修改“分类编码方案”，也可以在基础设置中修改“分类编码方案”，由于会在基础设置中详细介绍，此处略）。

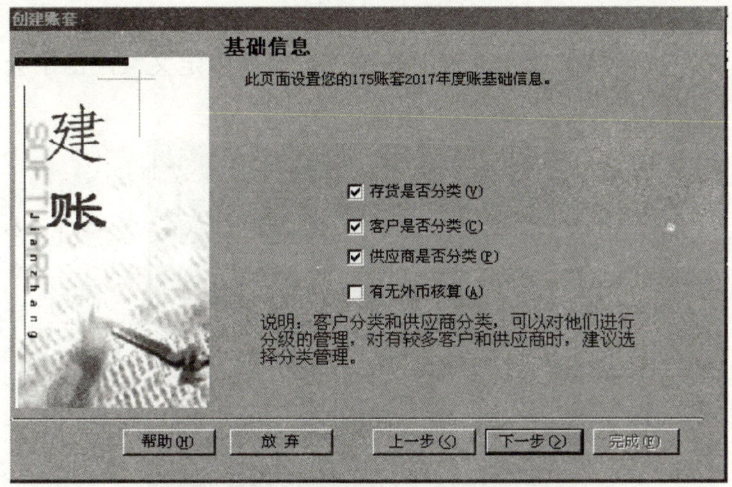

图2-8　“基础信息”分类对话框

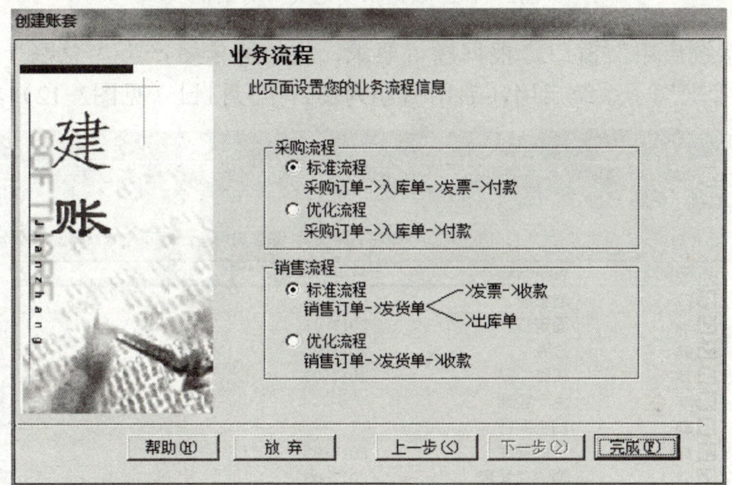

图2-9　“业务流程”设置对话框

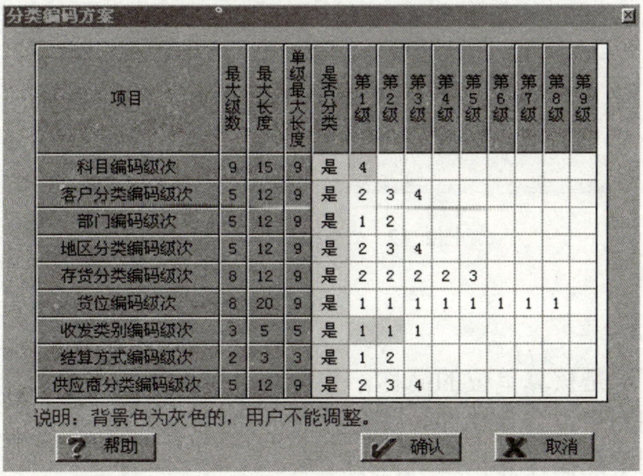

分类编码方案

项目	最大级数	最大长度	单级最大长度	是否分类	第1级	第2级	第3级	第4级	第5级	第6级	第7级	第8级	第9级
科目编码级次	9	15	9	是	4								
客户分类编码级次	5	12	9	是	2	3	4						
部门编码级次	5	12	9	是	1	2							
地区分类编码级次	5	12	9	是	2	3	4						
存货分类编码级次	8	12	9	是	2	2	2	2	3				
货位编码级次	8	20	9	是	1	1	1	1	1	1	1	1	
收发类别编码级次	3	5	5	是	1	1	1						
结算方式编码级次	2	3	3	是	1	2							
供应商分类编码级次	5	12	9	是	2	3	4						

说明：背景色为灰色的，用户不能调整。

帮助　确认　取消

图2-10　“分类编码方案”对话框

7. 进入“数据精度定义”对话框，点击“确认”按钮（见图2-11）（此时可以修改“数据精度定义”，也可以在基础设置中修改“数据精度定义”，由于会在基础设置修改中提及，此处略）。

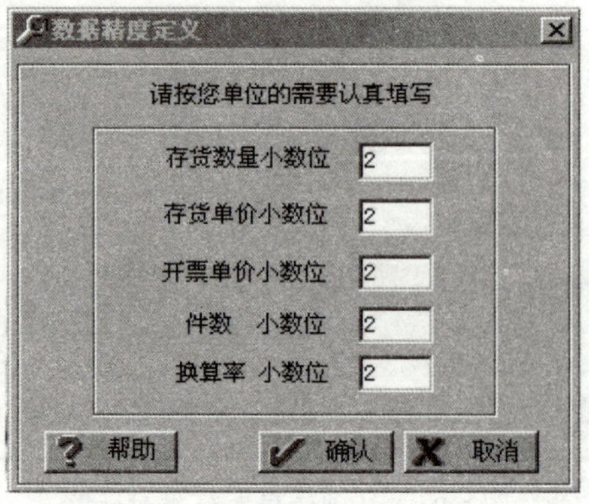

图2-11 “数据精度定义”对话框

8. 进入“系统启用”窗口，根据题目要求，将“固定资产”“总账”“核算”“工资管理”“购销存管理”子系统启用，启用日期为2017年3月1日（见图2-12）。

系统启用

刷新 帮助 退出

[175]北京扬齐电器有限公司 账套启用会计期间 2017 年3 月

系统编码	系统名称	启用会计期间	
☐BI	老板通		
☑FA	固定资产	2017-03	
☑GL	总账	2017-03	
☑IA	核算	2017-03	
☐MP	生产管理		
☐NB	网上银行		
☑WA	工资管理	2017-03	
☑GX	购销存管理	2017-03	

图2-12 “系统启用”窗口

学习归纳

- 账套名称可以是核算单位的简称，并会显示在正在操作的会计软件的界面上。
- 启用会计期为启用会计软件处理会计业务的日期。
- 启用会计期不能在计算机系统日期之后。
- 行业性质的选择决定着系统采用何种会计制度下的会计科目进行会计核算。

任务3 操作员及权限管理

知识学习

一、系统管理员与账套主管

系统管理员是指负责整个系统的总体控制和数据维护工作的人员，可以管理系统中的所有账套。系统管理员具有建立账套，恢复、备份、输出账套，建立操作员，设置操作员权限等职能。

账套主管负责所选账套的维护工作。账套主管具有修改账套、启用系统模块、年度账管理、权限设置等职能。

二、系统管理的使用者

鉴于系统管理模块在整个会计信息系统中的地位和重要性，对系统管理模块的使用，系统应予以严格控制。系统只允许以两种身份注册进入管理系统：一是系统管理员的身份，二是账套主管的身份。

三、权限管理

设置操作员权限是从内控的角度出发，对系统操作人员进行严格的岗位分工，严禁越权操作的行为发生。

系统管理员和账套主管两者都有设置操作员权限功能。所不同的是，系统管理员可以指定或取消某一操作员为一个账套主管，也可以对各个账套的操作员进行授权。而账套主管的权限仅限于所管辖的账套，在该账套内，账套主管默认拥有全部操作权限，可以针对本账套的操作员进行权限设置。

账套主管自动拥有所有模块的操作权限。账套主管可以为一个操作员赋予一个模块的操作权限，也可以为一个操作员赋予多个模块的操作权限。

四、会计人员内部控制制度

1. 岗位监督制度

记账人员与经济业务事项和会计事项的审批人员、经办人员、财物保管人员的职责权限应当明确，并相互分离、相互制约；重大对外投资、资产处置、资金调度和其他重要经济业务事项的决策和执行，其相互监督、相互制约程序应当明确；财产清查的范围、期限和组织程序应当明确；对会计资料定期进行内部审计的办法和程序应当明确。

2. 岗位分工制度

《中华人民共和国会计法》（以下简称《会计法》）第三十七条规定：会计机构内部应当建立稽核制度。出纳人员不得兼任稽核、会计档案保管和收入、支出、费用、债权债务账目的登记工作。

《会计基础工作规范》第十二条规定：会计工作岗位，可以一人一岗、一人多岗或者一岗多人，但出纳人员不得兼管稽核、会计档案保管和收入、费用、债权债务账目的登记工作。

3．岗位回避制度

《会计基础工作规范》第十六条规定：国家机关、国有企业、事业单位任用会计人员应当实行回避制度。单位领导人的直系亲属不得担任本单位的会计机构负责人、会计主管人员。会计机构负责人，会计主管人员的直系亲属不得在本单位会计机构中担任出纳工作。需要回避的直系亲属为：夫妻关系、直系血亲关系、三代以内旁系血亲以及配偶近姻亲关系。

4．岗位轮换制度

《会计基础工作规范》第十三条规定：会计人员的工作岗位应当有计划地进行轮换。

5．岗位交接制度

《会计法》第四十一条规定：会计人员调动工作或者离职，必须与接管人员办清交接手续。一般会计人员办理交接手续，由会计机构负责人（会计主管人员）监交；会计机构负责人（会计主管人员）办理交接手续，由单位负责人监交，必要时主管单位可以派人会同监交。

《会计基础工作规范》第二十五条规定：会计人员工作调动或者因故离职，必须将本人所经管的会计工作全部移交给接替人员。没有办清交接手续的，不得调动或者离职。

《会计基础工作规范》第二十六条规定：接替人员应当认真接管移交工作，并继续办理移交的未了事项。

会计电算化的岗位分工则是通过权限设置来实现会计人员的内部控制制度的。

技能学习

业务1：根据要求增加操作员，相关操作员姓名、口令、部门及岗位见表2-1。

表2-1 操作员及岗位表

编　号	姓　名	口　令	部　门	岗　位
17501	刘焕	17501	财务部	账套主管
17502	孙浩然	17502	财务部	会计
17503	李梓涵	17503	财务部	出纳

任务实施

在“系统管理”界面中，选择“权限”→“操作员管理”选项，单击“增加”按钮，增加完成后再单击“增加”按钮即可继续增加下一个操作员。请根据资料继续增加操作员（见图2-13）。

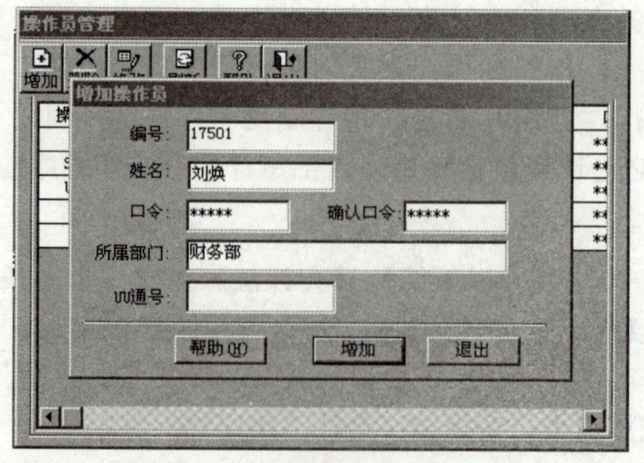

图2-13 “增加操作员”对话框

业务2：参照表2-2，为操作员设置权限。

表2-2 操作员及其权限表

编　号	姓　名	口　令	部　门	岗　位	权　限
17501	刘焕	17501	财务部	账套主管	拥有软件操作和管理的所有权限
17502	孙浩然	17502	财务部	会计	拥有公用目录设置、往来、应收管理、应付管理、总账系统（除出纳签字、凭证审核、记账、恢复记账前状态、结账权限外）、项目管理、工资管理、固定资产、购销存及核算的全部权限
17503	李梓涵	17503	财务部	出纳	拥有出纳签字和现金管理的全部权限

任务实施

选择“权限”/“操作员权限”选项，在左端选择操作员，右上角选择所属账套和年份，单击“增加”按钮（见图2-14）。

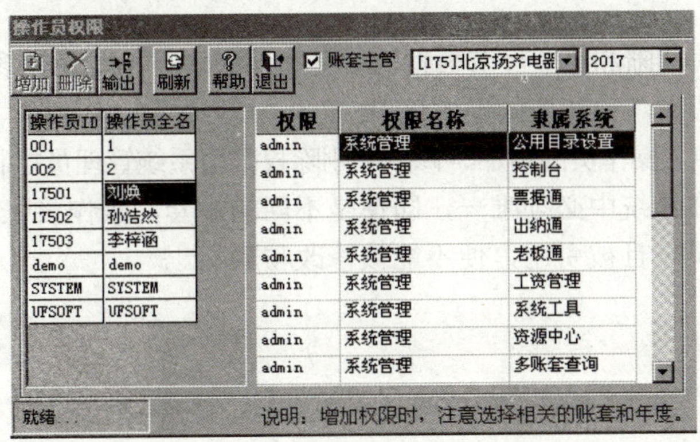

图2-14 “操作员权限”界面

在增加权限窗口，左端为子系统权限，右端为子系统下明细权限。如要赋予操作员某一子系统所有权限则双击右端“授权”处，如只赋予操作员某一子系统下某一明细权限，则单击某子系统后，在右端双击某一特定权限的“授权”处。

在此，赋予孙浩然公用目录设置、往来、应收管理、应付管理、总账系统、项目管理、工资管理、固定资产、购销存及核算的全部权限（见图2-15），李梓涵现金管理的全部权限和出纳签字权限（见图2-16）。

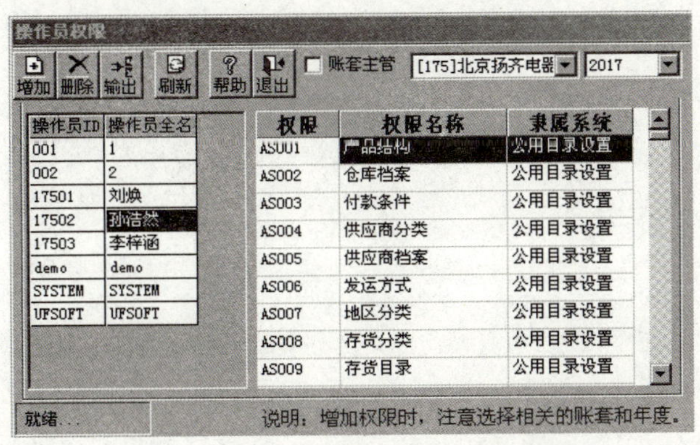

图2-15 “操作员权限”设置对话框一

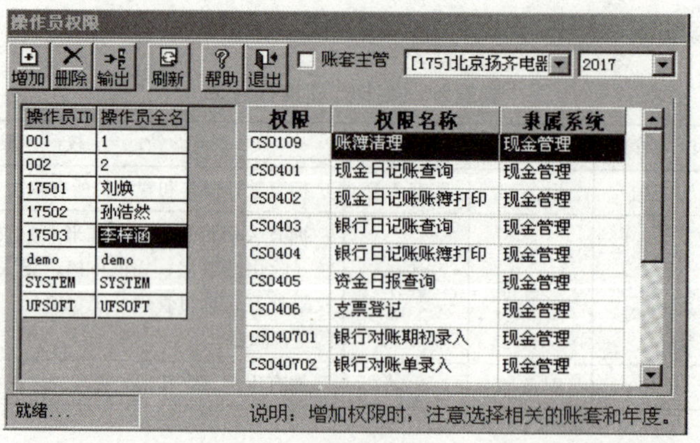

图2-16 “操作员权限”设置对话框二

学习归纳

- 为了保证权责清晰和企业经营数据的安全与保密，企业需要对系统中所有的操作人员进行分工，设置各自相应的操作权限。
- 在财务软件中，操作员的增加、修改和删除权限由系统管理员控制。
- 操作员编号在系统中必须唯一，即使是不同的账套，操作员账号也不能重复。
- 设置的操作员一旦被引用，便不能被修改与删除。

即学即思

1. 数据录入员、系统管理员、程序设计员不能（　　）岗位。

   A. 兼任两种以上　　B. 同时兼任三种

   C. 兼任两种或两种以上　　D. 同时兼任四种

2. （　　）负责定义各操作人的权限。

   A. 电算主管　　B. 电算审查　　C. 电算维护　　D. 软件维护

3. 软件操作岗位与下列（　　）岗位为不相容岗位。

   A. 审核记账　　B. 电算维护　　C. 电算审查　　D. 数据分析

单元三 基础设置

学习目标

知识目标

（1）了解基础设置的意义。

（2）学会基本信息、往来单位、存货、财务、购销存的设置。

能力目标

能够根据企业的实际情况进行基础设置操作，完善企业信息为后续的账务处理做好准备工作。

案例导读

小王是某企业的一名会计，为了适应管理的需要，单位最近购进了用友畅捷通T3软件，用友公司派出了该项目的实施顾问与其沟通交流，希望小王提供一些企业基本信息帮助他们完成企业账套的建立。你能帮小王整理出所需要提供的企业基本信息吗？

任务1 基础设置的资料准备

知识学习

基础设置是企业实施会计电算化的准备工作，也是软件运行所需的必要数据。该工作的具体实施和数据准备需要软件公司的项目实施顾问与企业各部门负责人共同完成。他们沟通了解各部门的基本情况并对了解到的信息进行整合，为企业财务账套的建立做好准备工作，主要包括电算化会计核算规则和准备会计软件所需的初始会计基础数据等。

一、设置电算化会计核算规则

同一类业务，不同的人做法不完全相同。会计软件对会计核算的过程、方法和有关要求非常规范。因此，电算化会计与手工会计核算方法之间不可避免会有一定差别。要消除这些差别，必须对单位会计核算业务进行整理、调整，确定其电算化核算规则，使之满足会计核算软件的要求和规定。

1. 确定记账方法、记账程序

我国《会计法》规定使用借贷记账法。记账方法上手工会计与电算化会计相同，但二者记账程序有所不同。目前手工核算方式，一般有记账凭证账务处理程序、汇总记账凭证账务处理程序和科目汇总表账务处理程序等几种形式。实施会计电算化后，业务量大小不再是主要矛盾，因此电算化核算没有必要沿用手工记账程序，没有必要对记账凭证进行汇总或科目汇总等，可以直接依据记账凭证登记明细账和日记账，然后登记总分类账。

2. 确定编码方案

为了便于对经济业务数据进行分级核算、统计和管理，系统要求对会计科目、企业部门等进行编码。即设置各种编码的规则，规定各种编码的级次和各级的长度。

会计软件对会计科目编码有原则性规定，允许各单位根据自身要求进行设置。我国会计制度对总账科目及其编码由财政部统一制定。企业可以根据需要自行设置明细科目。

3. 规范会计凭证和账簿

会计软件中，一般都规定记账凭证的种类和格式。在开始用计算机录入凭证之前，应在系统中设置凭证类别，如收款凭证、付款凭证、转账凭证等。凭证类别可根据需要进行设置，系统提供了常用的分类方式，可供选择。会计账簿在实施会计电算化之前，要确定哪些明细账为数量金额式，哪些为三栏式或多栏式，软件核算还可以设立辅助明细账。

二、准备会计基础数据

实施会计电算化之前，需要将会计岗位分工情况、设置的明细权限、会计科目及期初余额等数据录入系统中，需要准备以下资料：

（1）确定电算化会计岗位及岗位操作权限。确定电算化会计岗位的同时还需制定相应的电算化会计制度。

（2）梳理手工会计科目，明确科目性质。

（3）整理各账户所在会计月份的期初余额和累计发生额。

（4）其他辅助会计资料。其他辅助会计资料包括单位的名称及简称、采用的会计制度、会计核算期间、各种凭证单据类型、往来单位的档案、内部机构设置、职员档案、产品清单、职工工资数据、固定资产卡片、材料名称、编号和计划价格、产品名称、产品定额成本等。

任务2 基础档案的设置

知识学习

企业购入畅捷通T3软件后，畅捷通公司的项目实施顾问经过与企业各部门沟通，了解各部门的基本情况并对了解到的信息进行整合，为企业财务账套的建立做好了准备工作，主要是会计软件所需的初始会计基础数据等。

在开始建立企业财务账套之前所需要准备的会计基础数据见表3-1：

表3-1 基础档案信息

基础档案分类	基础档案目录
机构设置	部门档案
	职员档案
往来单位	客户分类
	客户档案
	供应商分类
	供应商档案
	地区分类
存货	存货分类
	存货档案
财务	会计科目
	凭证类别
	外币种类
	项目目录
收付结算	结算方式
	付款条件
	开户银行
购销存	仓库档案
	收发类型
	采购类型
	销售类型
	产品结构

技能学习

业务1：根据要求修改编码方案，将科目编码级次改为“4-2-2-2”。

任务实施

1．双击“畅捷通T3企业管理信息化软件”平台，以账套主管的身份登录，录入登录名“17501”和密码“17501”，回车后会自动弹出账号名和会计年度，将登录日期改为“2017-3-1”，然后单击登录。

2．进入主界面后，单击界面上方工具栏中的“基础设置”，在菜单栏中选择第一个选项“基础信息”中的“编码方案”，在科目编码级次中按要求修改（见图3-1）。

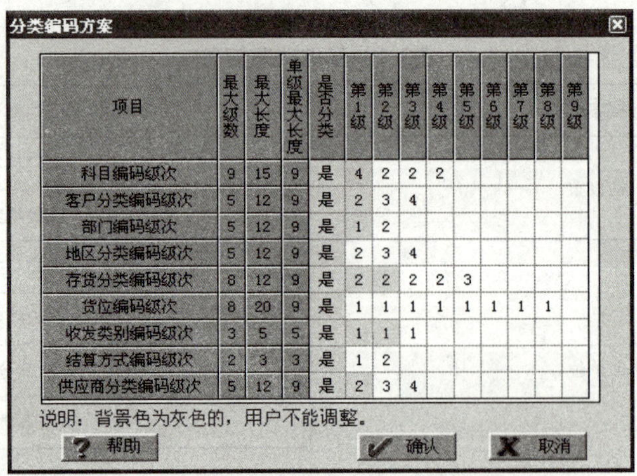
分类编码方案

项目	最大级数	最大长度	单级最大长度	是否分类	第1级	第2级	第3级	第4级	第5级	第6级	第7级	第8级	第9级
科目编码级次	9	15	9	是	4	2	2	2					
客户分类编码级次	5	12	9	是	2	3	4						
部门编码级次	5	12	9	是	1	2							
地区分类编码级次	5	12	9	是	2	3	4						
存货分类编码级次	8	12	9	是	2	2	2	2	3				
货位编码级次	8	20	9	是	1	1	1	1	1	1	1	1	
收发类别编码级次	3	5	5	是	1	1	1						
结算方式编码级次	2	3	3	是	1	2							
供应商分类编码级次	5	12	9	是	2	3	4						

说明：背景色为灰色的，用户不能调整。

帮助　确认　取消

图3-1 “分类编码方案”界面

业务2：根据企业的员工档案（见表3-2），补全员工档案。

表3-2 员工档案表

编　码	姓　名	部　门	职　务
10101	何华	办公室	法定代表人
10102	赵俊	办公室	总经理
10103	黄落华	办公室	办公室职员
10104	落月	办公室	仓管员
20101	刘焕	财务部	财务经理
20102	孙浩然	财务部	会计
20103	李梓涵	财务部	出纳
30101	张雨欣	采购部	采购经理
30102	赵丽芬	采购部	采购员
30103	钟国庆	采购部	采购员
40101	王春燕	销售门市	销售经理
40102	李洁科	销售门市	销售员
40103	赵约翰	销售门市	销售员
50101	张雯雯	生产车间	生产车间主任
50102	薛琪	生产车间	生产车间研究员
50201	周忠华	生产车间	D101生产工人
50202	张洁	生产车间	D101生产工人
50203	潘申阳	生产车间	D101生产工人
50204	姜小牙	生产车间	D607生产工人
50205	樊懋	生产车间	D607生产工人
50206	石子涵	生产车间	D607生产工人

任务实施

1．选择“基础设置”→“基础信息”→“机构设置”→“职员档案”选项。

2．根据员工档案表，将员工信息补充完整，每填完一个单击“增加”按钮则可继续增加，如图3-2所示。

职员编号	职员名称	职员助记码	所属部门	职员属性	手机
10101	何华	HH	办公室	法定代表人	
10102	赵俊	ZJ	办公室	总经理	
10103	黄落华	HLH	办公室	办公室职员	
10104	落月	LY	办公室	仓管员	
20101	刘焕	LH	财务部	财务经理	
20102	孙浩然	SHR	财务部	会计	
20103	李子涵	LZH	财务部	出纳	
30101	张雨欣	ZYX	采购部	采购经理	
30102	赵丽芬	ZLF	采购部	采购员	
30103	钟国庆	ZGQ	采购部	采购员	
40101	王春燕	WCY	专设销售机构	销售经理	
40102	李洁科	LJK	专设销售机构	销售员	
40103	赵约翰	ZYH	专设销售机构	销售员	
50101	张雯雯	ZWW	生产车间	车间主任	
50102	薛琪	XQ	生产车间	车间研究员	
50201	周忠华	ZZH	生产车间	D101工人	
50202	张洁	ZJ	生产车间	D101工人	
50203	潘申阳	PSY	生产车间	D101工人	
50204	姜小牙	JXY	生产车间	D607工人	
50205	樊懋	FM	生产车间	D607工人	
50206	石子涵	SZH	生产车间	D607工人	

图3-2　补全员工档案

业务3：根据企业往来单位信息（见表3-3和表3-4），填写客户档案和供应商档案。

表3-3　客户档案表

编　号	公司名称	公司简称	客户分类	纳税人识别号	地址及电话	开户银行及账号
01011	北京沃宜工贸有限公司	北京沃宜	普通	525510924966328865	北京市朝阳区兴芬路517号010-09685484	工行北京市皇盈路支行 04749096659907
01103	北京亿玉商贸有限公司	北京亿玉	常用	225815293688345656	北京市朝阳区宏策路061号010-90286907	工行北京市蓝致路支行37447403534606

表3-4　供应商档案表

编　号	公司名称	公司简称	供应商分类	纳税人识别号	地址及电话	开户银行及账号
01102	北京晟林电器有限公司	北京晟林	常用	519739337009685214	北京市朝阳区佰馨路048号010-09907226	工行北京市众逸路支行56785772001009
01103	北京康江广告有限公司	北京康江	普通	262657479067306081	北京市朝阳区成迅路254号010-10432050	工行北京市碧伦路支行78363631069006

任务实施

1．选择“基础设置”→“往来单位”→“客户档案”选项。

2．在左边的菜单栏中选中对应的“客户分类”，然后单击工具栏中的“增加”按钮，根据客户档案表将信息填写完整，单击“保存”按钮（见图3-3）。

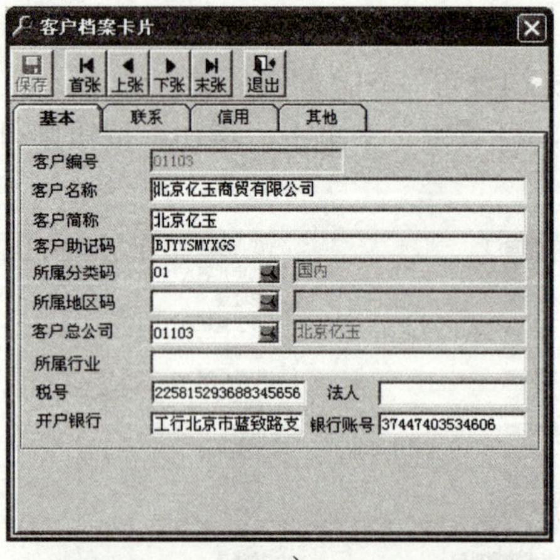

a）

b）

c）

d）

图3-3　填写客户档案表

3．选择“基础设置”→“往来单位”→“供应商档案”选项。

4．在左边的菜单栏中选中对应的“供应商分类”，然后单击工具栏中的“增加”按钮，根据客户档案表将信息填写完整，单击“保存”按钮（见图3-4）。

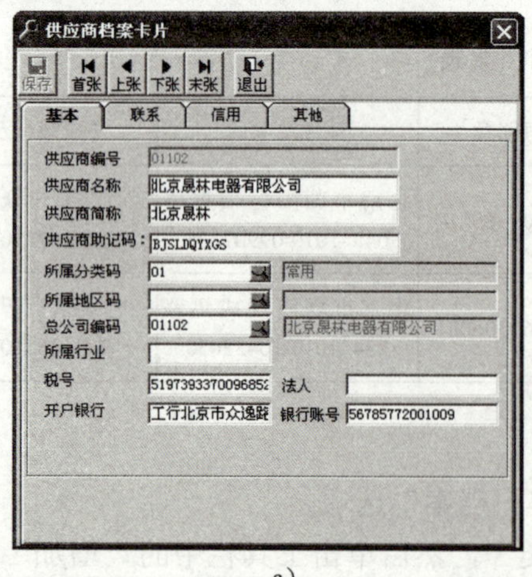

a）

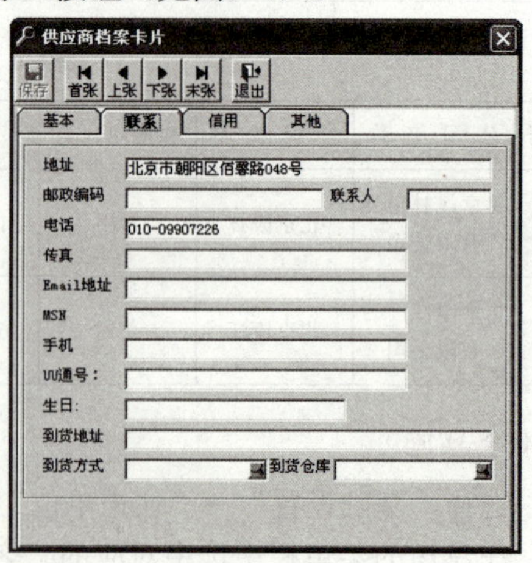

b）

图3-4　填写供应商档案表

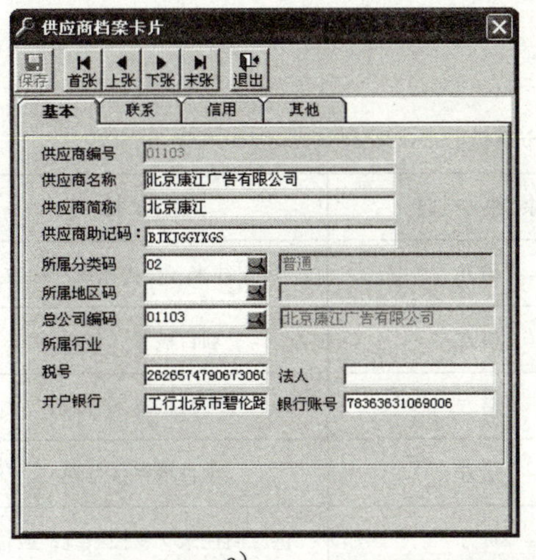
c）

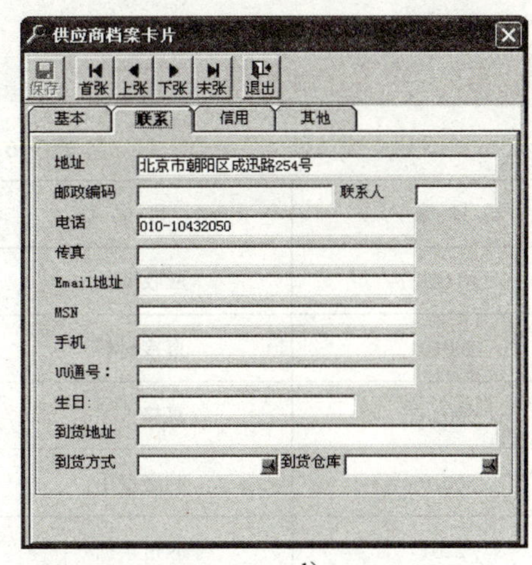
d）

图3-4　填写供应商档案表（续）

业务4：根据存货分类及档案表（见表3-5），填写存货档案。

表3-5　存货分类及档案表

存货分类				存货档案				
存货类别编号	存货类别名称	二级类别编号	存货类别名称	具体存货编码	具体存货名称	属性	计量单位	税率（%）
1	原材料			101	Y824	外购、销售、生产耗用	千克	13
				102	Y217	外购、销售、生产耗用	千克	13
2	周转材料	201	低值易耗品	20101	手套	外购、销售、生产耗用	副	13
3	库存商品			301	D101	除劳务费用以外	件	13
				302	D607		件	13
4	其他			401	采购运费	劳务费用	元	9

任务实施

1．选择“基础设置”→“存货”→“存货分类”选项，单击“增加”按钮，根据表3-5设置存货类别（见图3-5）。

2．选择“基础设置”→“存货”→“存货档案”选项，单击“增加”按钮，根据表3-5设置存货档案（见图3-6）。

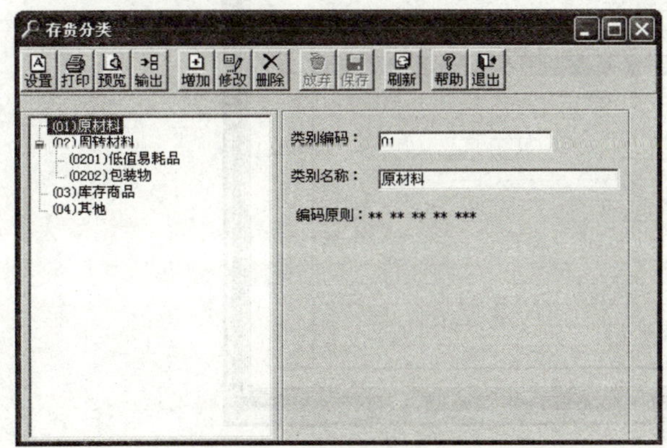
图3-5　“存货分类”窗口

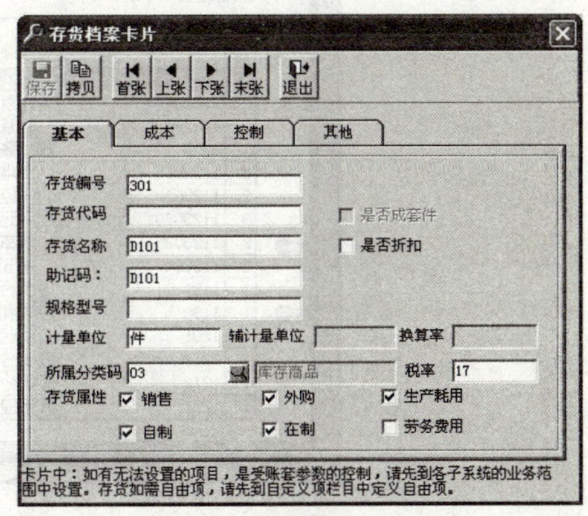
图3-6　“存货档案卡片”窗口

业务5：修改会计科目（见表3-6）。

表3-6　修改会计科目

科目编号	科目名称	余额方向	辅助核算
1122	应收账款	借方	客户往来（受控系统：应收）
500101	直接材料	借方	项目核算（普通）
500102	直接人工	借方	项目核算（普通）
500103	制造费用	借方	项目核算（普通）
2201	应付票据	贷方	供应商往来（受控系统：应付）
2203	预收账款	贷方	客户往来（受控系统：应收）

任务实施

1. 选择“基础设置”→“财务”→“会计科目”选项。

2. 点击“查找”按钮，在“查找科目”对话框中输入科目编码（见图3-7），单击“查找”按钮。

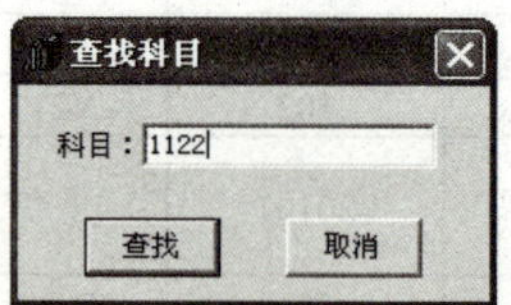

图3-7　“查找科目”对话框

3. 查找的结果是用蓝色标识出来的（见图3-8）。

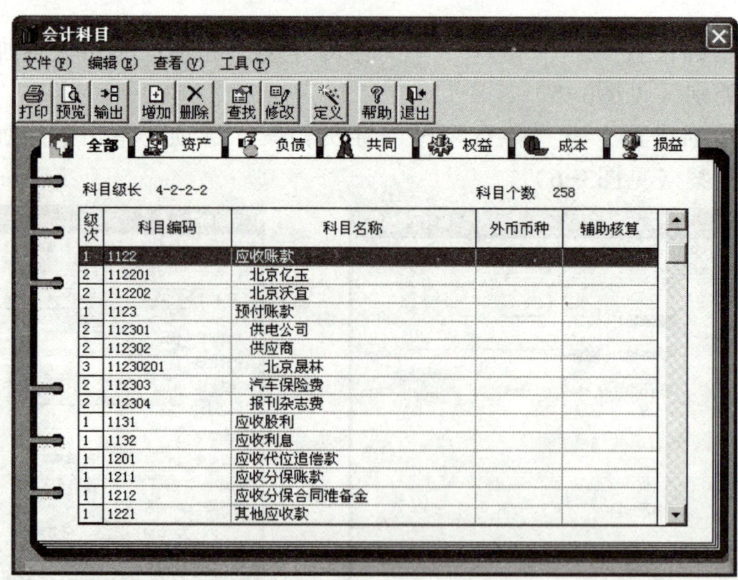

图3-8　“会计科目”窗口

4．双击查找结果，进入“会计科目_修改”对话框，单击“修改”按钮（见图3-9），完成修改后单击“确定”按钮即可保存。

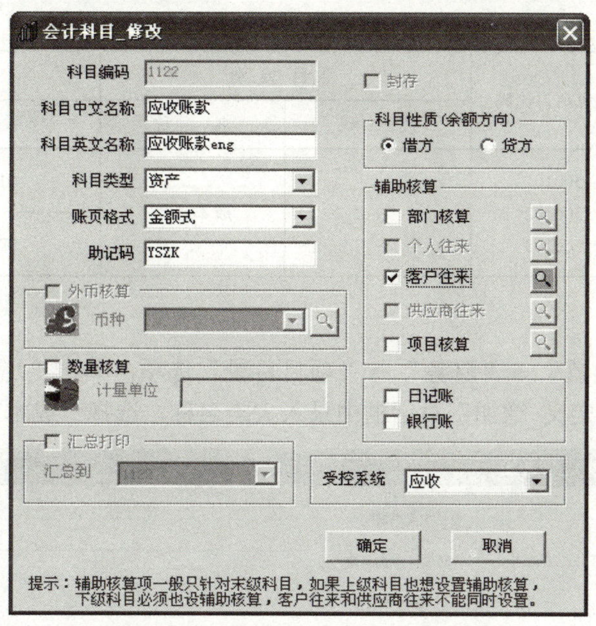

图3-9　“会计科目_修改”对话框

业务6：增加仓库信息（见表3-7）。

表3-7　仓库信息

仓 库 编 码	仓 库 名 称	所 属 部 门	计 价 方 式
01	原材料库	办公室	全月平均法
02	成品库	办公室	全月平均法

任务实施

1．选择“基础设置”→“购销存”→“仓库档案”选项。

2．单击“增加”按钮，根据表3-7填写完整，单击“保存”按钮，如图3-10所示。

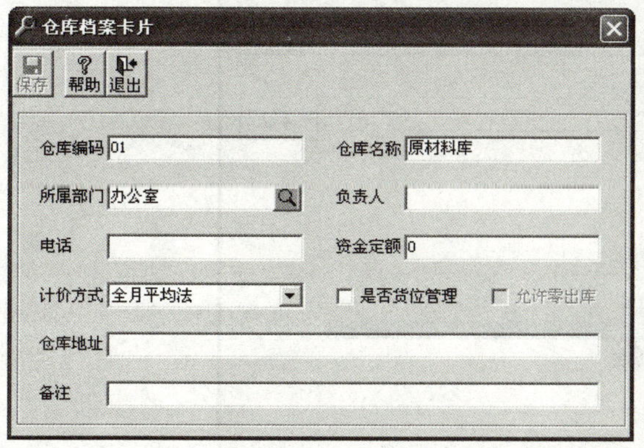

a）

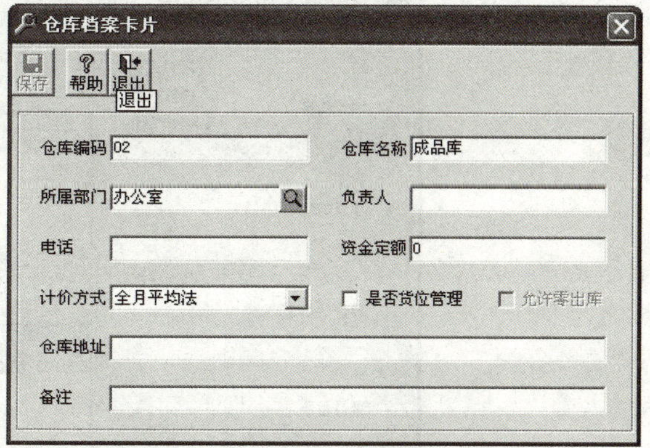

b）

图3-10　“增加仓库”界面

业务7：增加项目目录（见表3-8）。

表3-8　项目目录

<table>
<tr><td rowspan="2">项 目 大 类</td><td rowspan="2">核算科目代码</td><td colspan="2">项 目 类 别</td><td colspan="2">项　　目</td></tr>
<tr><td>代　码</td><td>名　称</td><td>代　码</td><td>名　称</td></tr>
<tr><td rowspan="2">成本对象
（成本对象项目）</td><td rowspan="2">500101
500102
500103</td><td rowspan="2">1</td><td rowspan="2">成本计算</td><td>01</td><td>D101</td></tr>
<tr><td>02</td><td>D607</td></tr>
</table>

任务实施

1．选择“基础设置”→“财务”→“项目目录”选项，单击“增加”按钮。

2．在“项目大类定义_增加”对话框中录入大类名称，选择“成本对象”（见图3-11）。

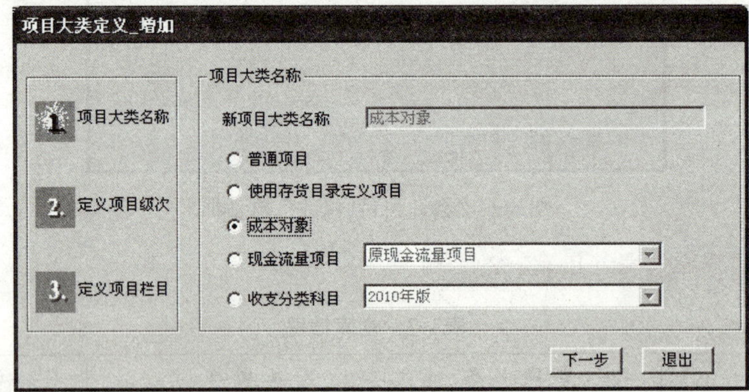

图3-11　“项目大类定义_增加”对话框

3．单击“下一步”按钮，在“项目档案”窗口单击▼（见图3-12），即可将已设置为项目核算的科目从“待选科目”选至“已选科目”，单击“确定”按钮。

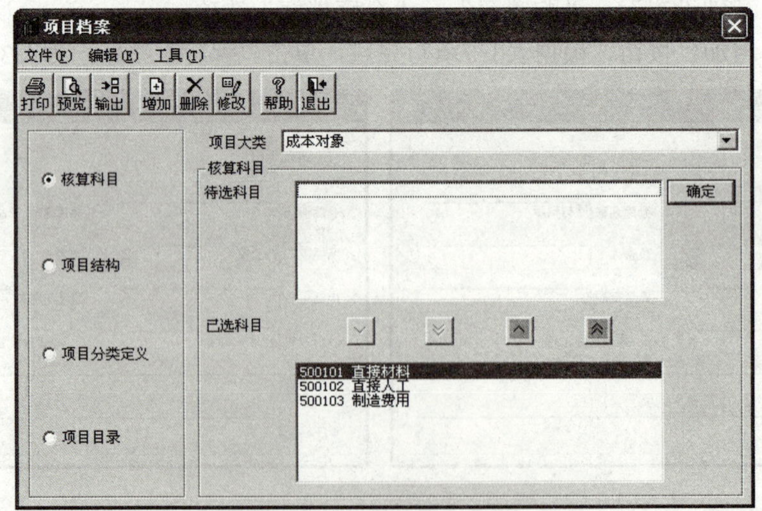

图3-12　“项目档案_核算科目”窗口

4．在“项目档案”窗口中，选择左边的“项目分类定义”，分别在“分类编码”和“分类名称”录入“1”和“成本核算对象”（见图3-13），再单击“确定”按钮，即可保存成功。

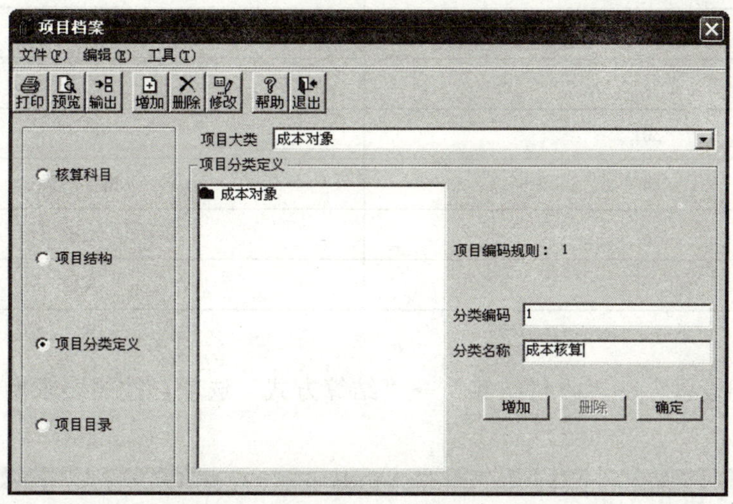

图3-13　“项目档案_项目分类定义”界面

5．选择左边的“项目目录”，单击“维护”按钮，在“项目目录维护”窗口单击“增加”按钮，录入相关信息完成（见图3-14）。

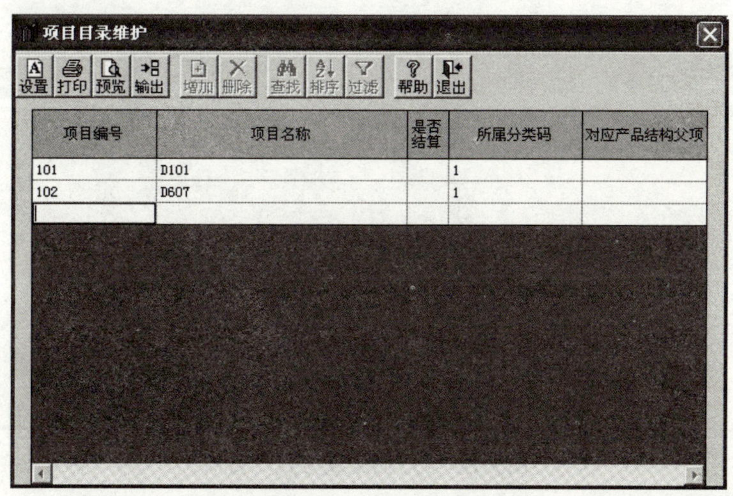

图3-14　“项目目录维护”窗口

业务8：增加结算方式（见表3-9）。

表3-9　结算方式

编　　码	结 算 方 式
1	现金结算
2	支票结算
201	现金支票

（续）

编　　码	结 算 方 式
202	转账支票
3	汇兑
301	电汇
4	银行汇票
5	网银
6	其他

任务实施

选择“基础设置”→“收付结算”→“结算方式”选项，按照要求增加结算方式（见图3-15）。

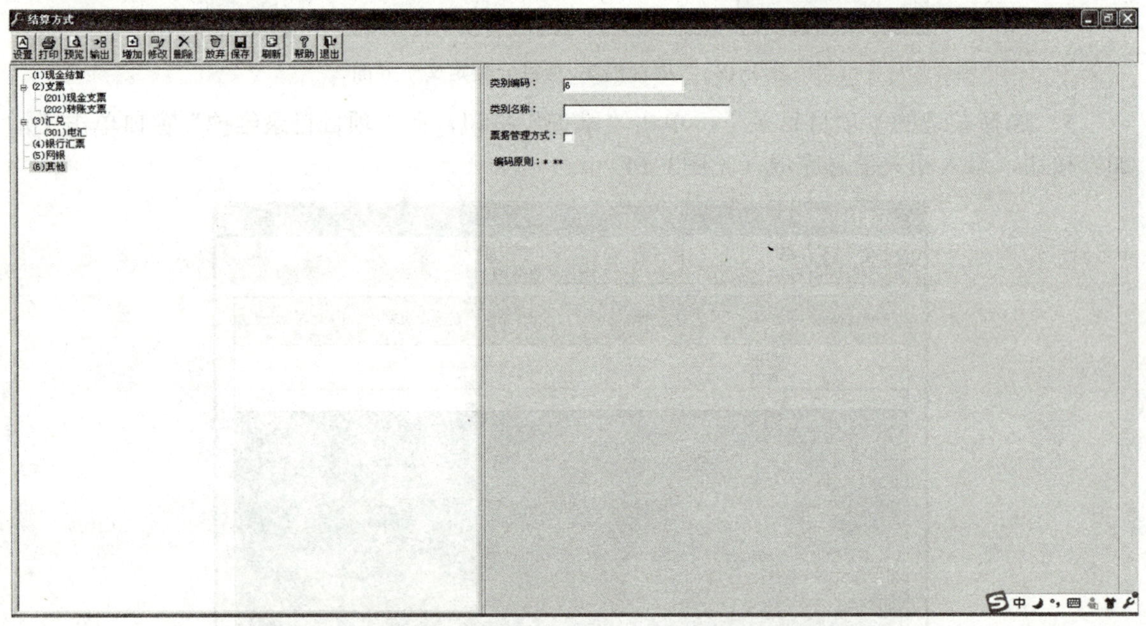

图3-15　“增加结算方式”窗口

单元四 初始设置

学习目标

知识目标

（1）了解总账日常账务处理的操作流程。

（2）学会总账初始设置，填制凭证、审核凭证、修改和查看凭证。

（3）熟悉记账、查账和打印功能。

（4）熟练掌握会计电算化核算软件的日常账务操作。

能力目标

能够根据企业的实际情况进行总账相关岗位的日常操作，熟练掌握日常账务处理和期末处理等环节。

案例导读

小王是某企业的一名会计。为了适应管理的需要，单位最近购进了用友畅捷通T3软件，软件公司按所购的模块收费，领导安排小王结合单位的实际情况配合实施顾问来选择模块，本着能满足单位需要且不浪费的原则。你能帮小王作出选择吗？

任务1 总账系统初始化

知识学习

总账系统是会计信息系统的一个子系统，在整个会计信息系统中既是中枢又是最基本的系统，它综合、全面、概括地反映企业供产销各个方面，其他各个子系统的数据都必须传输到总账系统，同时还要把某些数据传送给其他子系统供其利用，许多企事业单位的会计电算化工作往往都是从账务处理系统开始的。

初始化也称初始设置，是指将通用会计软件转成专用会计软件，将手工会计业务数据移植到计算机中等一系列准备工作，主要是根据企业的实际情况进行相应参数的设置，使得软件的核算能够按照每个企业的核算特点来运行。总账初始设置是使用财务软件的基础，初始化工作的好坏，直接影响到会计电算化的效果，其业务操作流程如下：启动与注册总账系统→设置业务处理控制参数→设置会计科目→设置明细权限→设置凭证类别→设置项目目录→输入期初余额。

技能学习

业务1：根据要求设置总账控制参数（见表4-1）。

表4-1 总账控制参数

选 项 卡	控 制 对 象	参 数 设 置
凭证	制单控制	制单序时控制
		资金及往来赤字控制
		不允许修改、作废他人填制的凭证
		可以使用其他系统受控科目（制单权限不控制到科目）
	凭证控制	打印凭证页脚姓名
		出纳凭证必须经由出纳签字
	凭证编号方式	凭证进行系统自动编号
	外币核算	外币核算采用固定汇率
	预算控制	进行预算控制
账簿	打印位数宽度	账簿打印位数、每页打印行数按系统默认的标准
	明细账查询权限控制到科目	否
	明细账打印方式	明细账打印按年排页
会计日历		会计日历为2017年3月1日至12月31日
其他	排序方式	部门、个人、项目按编码方式排序

任务实施

1. 打开“总账”，在“设置”菜单中单击“选项”按钮。
2. 单击“凭证”标签页，如图4-1所示。

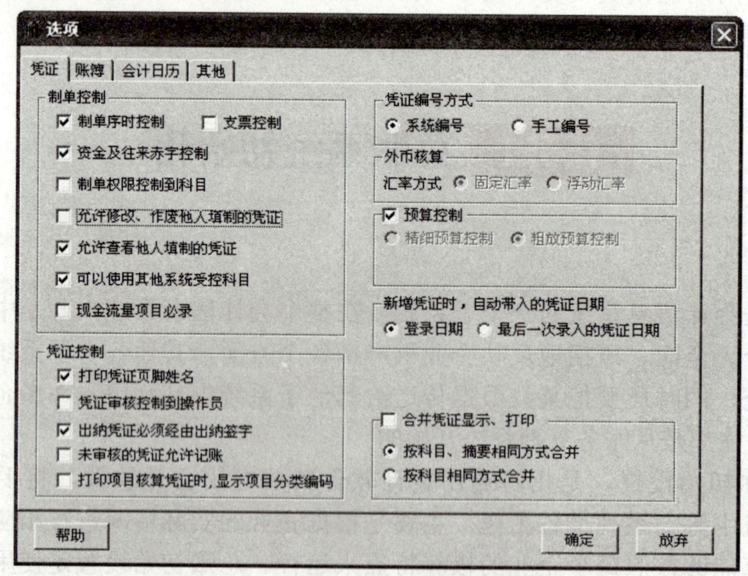

图4-1 “选项”—“凭证”标签页

（1）在“制单控制”复选框中，分别选中“制单序时控制”“资金及往来赤字控制”“允许查看他人填制的凭证”“可以使用其他系统受控科目”，其余为非选择项。

（2）在“凭证控制”复选框中，分别选中“打印凭证页脚姓名”“出纳凭证必须经由出纳签字”，其余为非选择项。

（3）在“凭证编号方式”复选框中，选中“系统编号”。

（4）在“外币核算”复选框中，选中“固定汇率”。

（5）选中“预算控制”。

3. 单击“账簿”标签页，屏幕显示如图4-2所示。

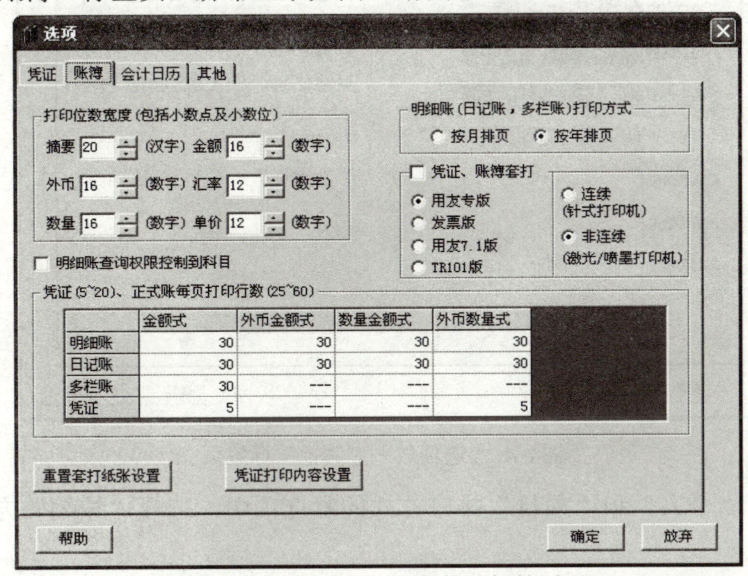

图4-2 “选项”—“账簿”标签页

（1）账簿打印位数、每页打印行数按软件默认的标准设定，明细账查询权限控制到科目。

（2）明细账打印方式选择“按年排页”。

4. 单击“会计日历”标签页，屏幕显示如图4-3所示。

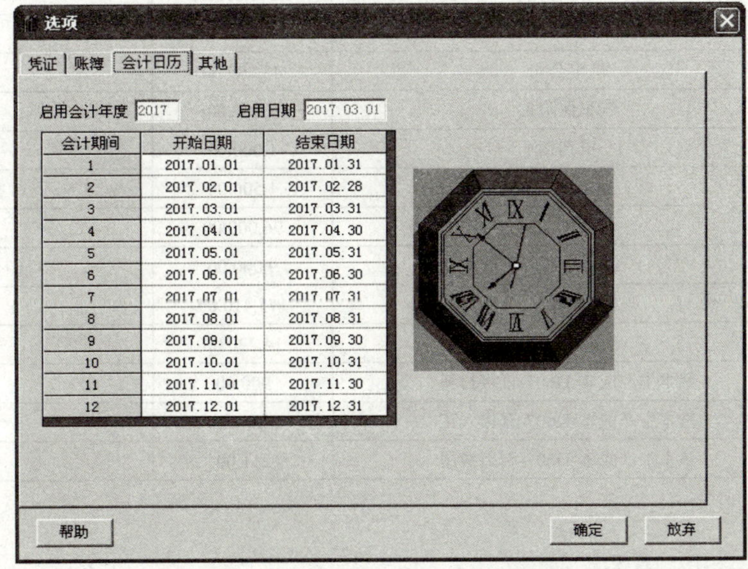

图4-3 “选项”—“会计日历”标签页

确定会计日历：2017年3月1日至12月31日。

5. 单击“其他”标签页，屏幕显示如图4-4所示。

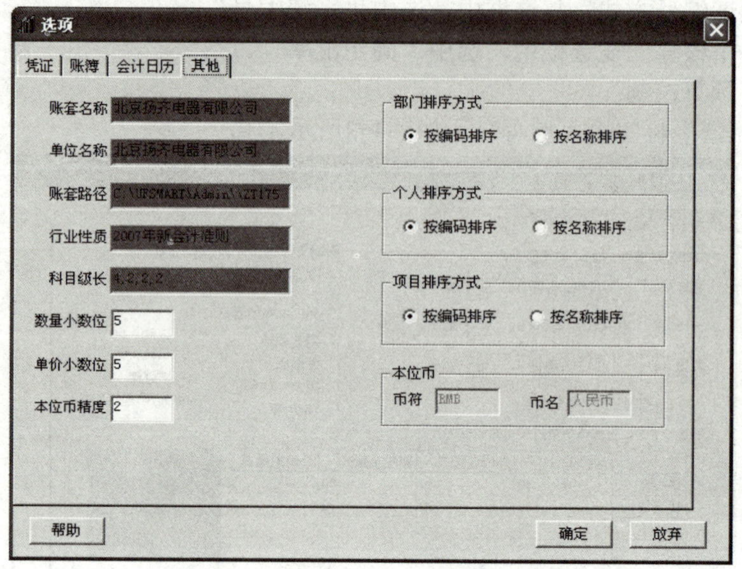

图4-4 “选项”—“其他”标签页

在“部门”“个人”和“项目”排序方式的复选项中，选择“按编码方式排序”，单击“确定”按钮。

业务2：录入总账期初余额（见表4-2）。

表4-2 期初余额表

总账科目	明细账科目	借方余额	贷方余额	数量
库存现金		103,138.19		
银行存款	中国建设银行北京市朝阳区支行-416221224653122	1,240,895.95		
	交通银行北京朝阳区支行-41924996968264	655,121.00		
预付账款	供电公司	45,789.00		
	汽车保险费	1,200.00		
	报刊费	1,000.00		
其他应收款		1,500.00		
原材料	Y824	96,000.00		300
	Y217	9,000.00		100
库存商品	D101	175,410.00		50
	D607	14,220.00		10
生产成本	基本生产成本-D607-直接材料	900.00		
	基本生产成本-D607-直接人工	326.00		
	基本生产成本-D607-制造费用	211.00		

任务实施

选择“总账”→“设置”→“期初余额”选项，在“期初余额录入”界面直接录入对

应金额（见图4-5～图4-8）。

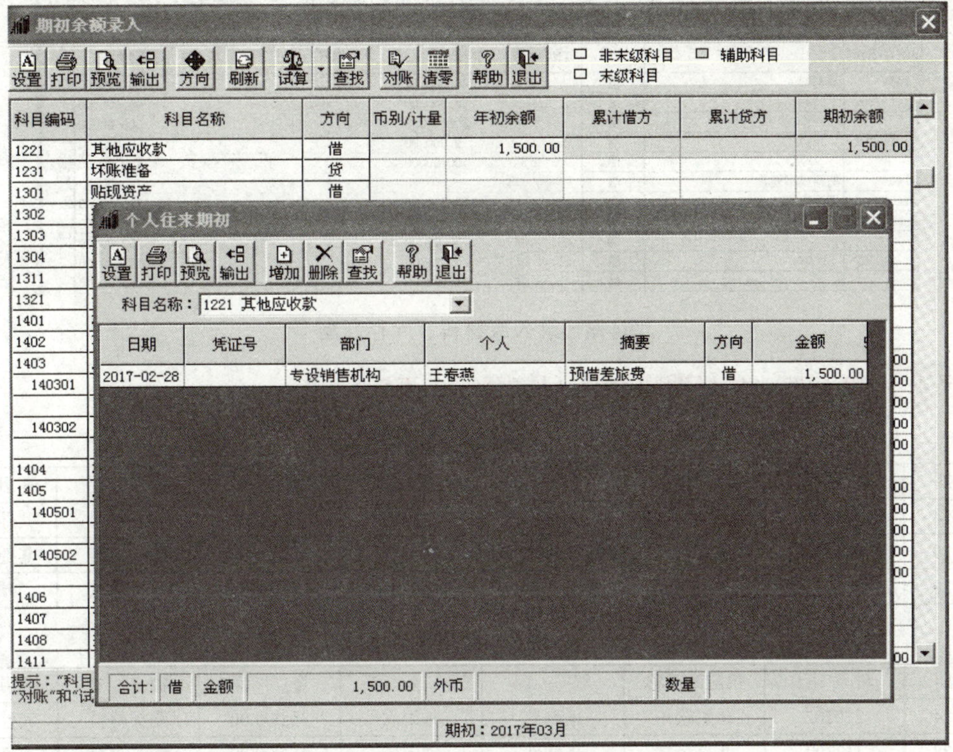

图4-5　录入其他应收款

期初余额录入

科目编码	科目名称	方向	币别/计量	年初余额	累计借方	累计贷方	期初余额
1001	库存现金	借		103,138.19			103,138.19
1002	银行存款	借		1,896,016.95			1,896,016.95
100201	建行北京市朝阳区支行	借		1,240,895.95			1,240,895.95
100202	交行北京市朝阳区支行	借		655,121.00			655,121.00
1003	存放中央银行款项	借					
1011	存放同业	借					
1012	其他货币资金	借					
1021	结算备付金	借					
1031	存出保证金	借					
1101	交易性金融资产	借					

图4-6　录入库存现金、银行存款

期初余额录入

科目编码	科目名称	方向	币别/计量	年初余额	累计借方	累计贷方	期初余额
112303	汽车保险费	借		1,200.00			1,200.00
112304	报刊费	借		1,000.00			1,000.00
1131	应收股利	借					
1132	应收利息	借					
1201	应收代位追偿款	借					

图4-7　录入预付账款

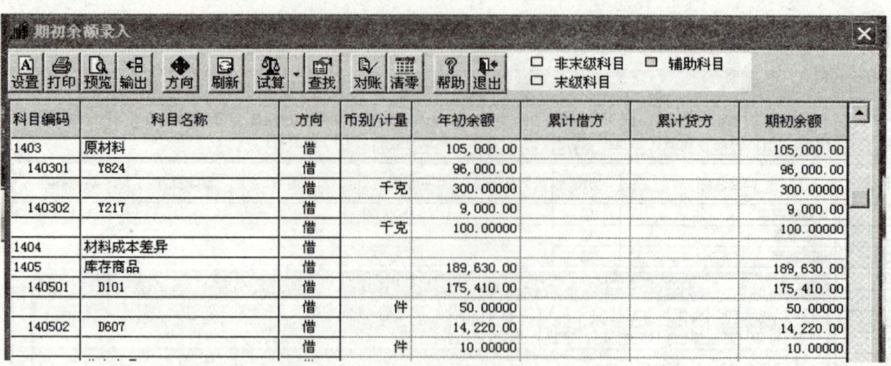

科目编码	科目名称	方向	币别/计量	年初余额	累计借方	累计贷方	期初余额
1403	原材料	借		105,000.00			105,000.00
140301	Y824	借		96,000.00			96,000.00
		借	千克	300.00000			300.00000
140302	Y217	借		9,000.00			9,000.00
		借	千克	100.00000			100.00000
1404	材料成本差异	借					
1405	库存商品	借		189,630.00			189,630.00
140501	D101	借		175,410.00			175,410.00
		借	件	50.00000			50.00000
140502	D607	借		14,220.00			14,220.00
		借	件	10.00000			10.00000

图4-8 录入原材料、库存商品

业务3：录入应收、应付期初余额（见表4-3、表4-4）。

表4-3 应收款项期初余额表

日 期	科 目	供应商简称	部 门	业务员	金 额	摘 要	使用格式
2017-2-14	1122	北京沃宜	采购部	赵约翰	110,000.00	购买材料	其他应收单
2017-2-19	1122	北京亿玉	采购部	钟国庆	123,249.46	购买材料	其他应收单
2017-2-26	2203	北京凯壹	采购部	李丽芬	500,000.00	预付货款	预收款

表4-4 应付款项期初余额表

日 期	科 目	供应商简称	部 门	业务员	金 额	摘 要	使用格式
2017-2-24	220202	北京欧拓	采购部	张雨欣	30,000.00	购买材料	其他应付单
2017-2-28	112302	北京晟林	采购部	钟国庆	46,800.00	购买材料	预付款
2017-2-27	220202	北京达芬	采购部	李丽芬	301,346.40	预付货款	其他应付单

任务实施

1．选择“采购管理”→“供应商往来”→“期初余额”选项，单击“增加”按钮，弹出对话框如图4-9所示。

2．根据表4-4的要求，选择单据名称为“其他应付单（预付款）”，单击“确认”按钮。

3．根据题目要求将“其他应付单（预付款）”填写完整，如图4-10、图4-11所示。

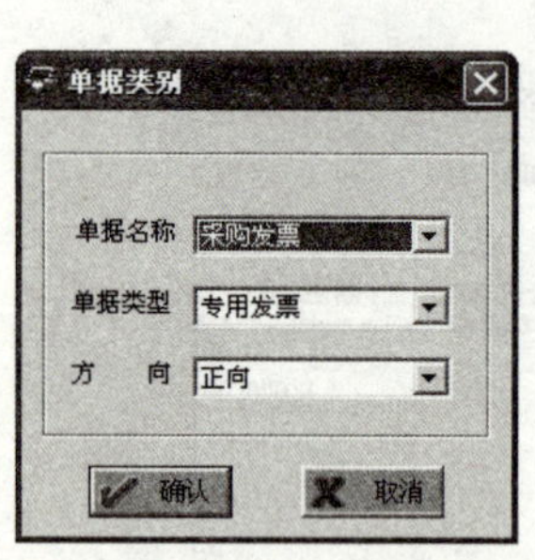

图4-9 “单据类别”对话框一

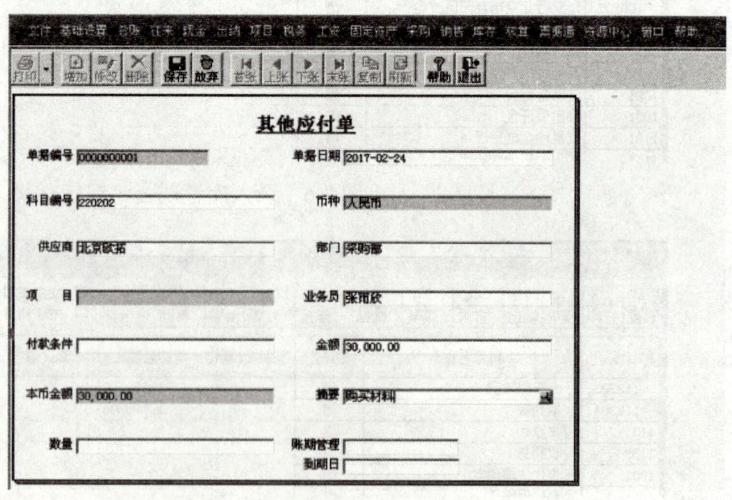

图4-10 “其他应付单”窗口

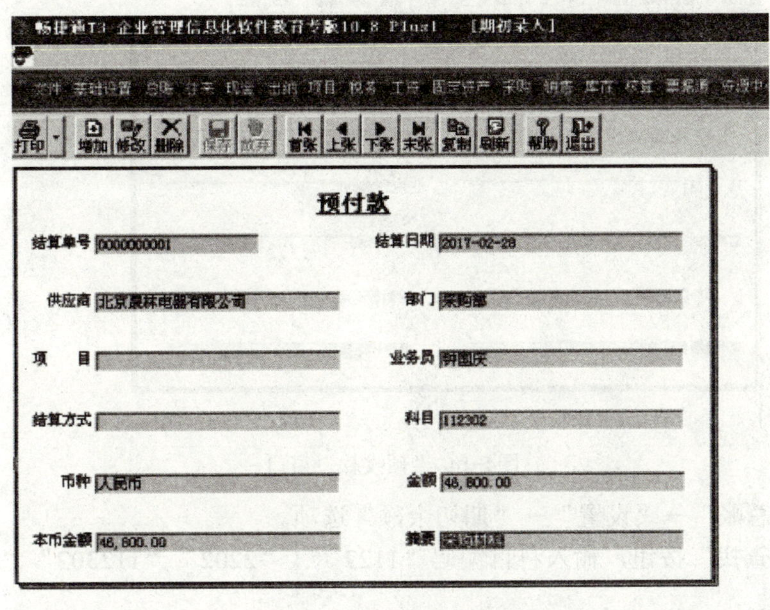

图4-11 “预付款”窗口

4．选择“采购管理”→“供应商往来”→“期初余额”选项，单击“增加”按钮，弹出对话框如图4-12所示。

5．根据表4-3的要求，选择单据名称为“其他应收单（预收款）”，单击“确认”按钮。

6．根据题目要求将“其他应收单（预收款）”填写完整，如图4-13、图4-14所示。

单据类别

单据名称 应收单

单据类型 其他应收单

方　向 正向

确认　取消

图4-12 “单据类别”对话框二

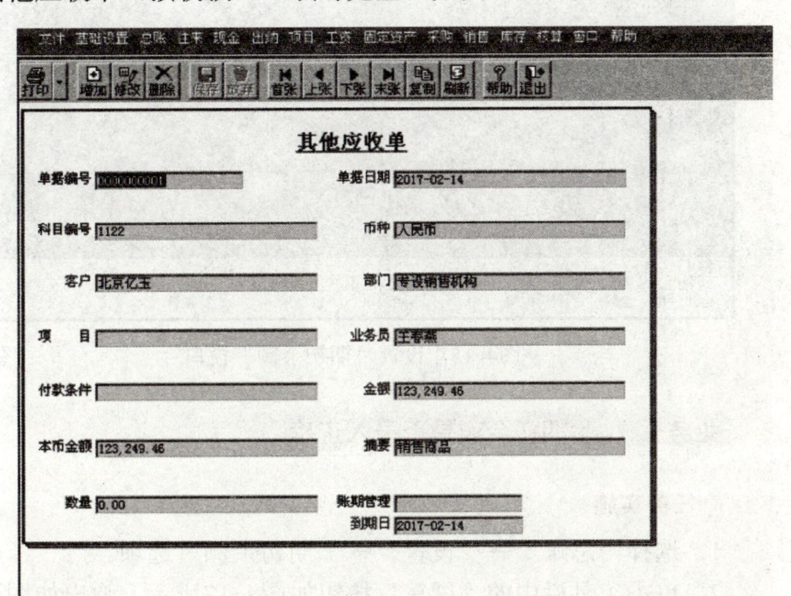

图4-13 “其他应收单”窗口

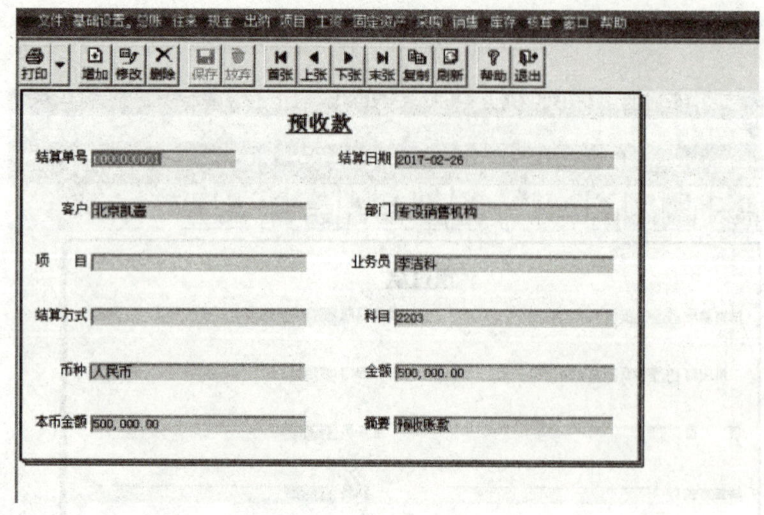

图4-14 “预收款”窗口

7．选择“总账”→“设置”→“期初余额”选项。

8．单击“查找”按钮，输入科目编码“1122”（“2202”“112302”“2203”），单击“确认”按钮。

9．双击“期初余额”栏，弹出如图4-15所示界面，单击“引入”按钮，弹出如图4-16所示对话框，单击“是”，总账中的期初余额就填写完毕。

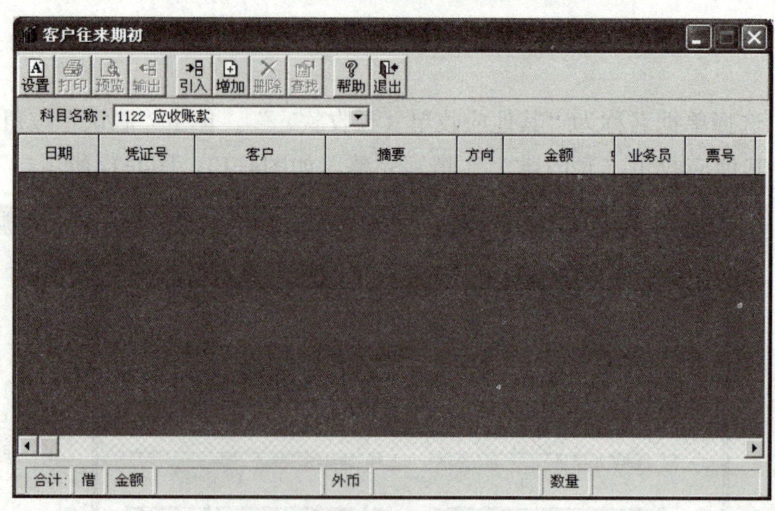

图4-15 设置“期初余额”窗口

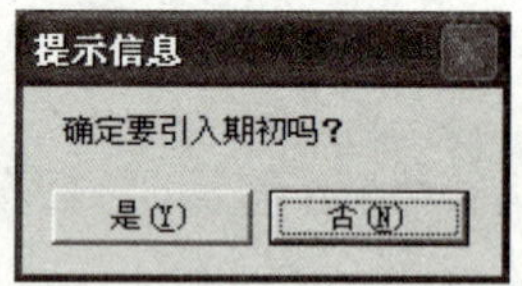

图4-16 确认“引入期初”对话框

业务4：检验期初余额是否录入正确。

任务实施

1．选择“总账”→“设置”→“期初余额”选项。

2．单击工具栏中的“试算”按钮如图4-17所示，弹出如图4-18所示的对话框。

注：若试算平衡表显示不平衡，则需要对总账期初余额进行差错纠错。

期初余额录入

设置 打印 预览 输出 方向 刷新 试算 查找 对账 清零 帮助 退出

□ 非末级科目　□ 辅助科目
□ 末级科目

科目编码	科目名称	方向	币别/计量	年初余额	累计借方	累计贷方	期初余额
1001	库存现金	借		103,138.19			103,138.19
1002	银行存款	借		1,896,016.95			1,896,016.95
100201	建行北京市朝阳区支行	借		1,240,895.95			1,240,895.95
100202	交行北京市朝阳区支行	借		655,121.00			655,121.00
1003	存放中央银行款项	借					
1011	存放同业	借					
1012	其他货币资金	借					
1021	结算备付金	借					
1031	存出保证金	借					
1101	交易性金融资产	借					
1111	买入返售金融资产	借					
1121	应收票据	借					
1122	应收账款	借		233,249.46			233,249.46
1123	预付账款	借		94,789.00			94,789.00
112301	供电公司	借		45,789.00			45,789.00
112302	供应商	借		46,800.00			46,800.00
112303	汽车保险费	借		1,200.00			1,200.00
112304	报刊杂志费	借		1,000.00			1,000.00
1131	应收股利	借					
1132	应收利息	借					
1201	应收代位追偿款	借					
1211	应收分保账款	借					
1212	应收分保合同准备金	借					
1221	其他应收款	借		1,500.00			1,500.00
1231	坏账准备	贷					

提示："科目余额录入从明细科目录入，如遇有辅助科目核算，则先完成辅助科目余额的初始"完成期初余额录入后，　应进行"对账"和"试算"二个功能操作，在系统已经记账后，不能进行期初余额的修改操作。

期初：2017年03月

图4-17 “期初余额录入”窗口

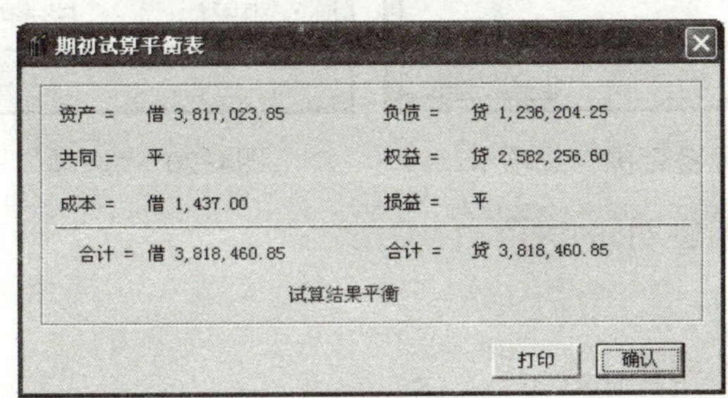

图4-18 “期初试算平衡表”对话框

任务2 购销存与核算系统初始化

知识学习

购销存和核算系统的初始化分为参数设置、科目设置和期初余额录入。购销存和核算系统的参数设置都可以通过其自身模块中的“业务范围设置”进行修改，企业根据自身具体情况，依据业务操作流程进行个性化设置。核算系统中的科目设置，可以简化凭证生成时的科目选择操作，提高操作效率。采购和销售系统中的期初余额是可以直接传递到总账系统的。采购系统中的供应商往来期初可以增加“采购发票”“其他应付单”“预付款”三种类型的单据，相应的销售系统中的客户往来期初可以增加“销售发票”“其他应收单”和“预收款”三种类型的单据。

技能学习

业务1：在相关系统中设置“销售生成出库单”“允许使用零出库”。

任务实施

1．选择“销售”→“销售业务范围设置”→“业务范围”选项卡（见图4-19），在“销售生成出库单”前的复选框内打钩。

2．选择“业务控制”选项卡（见图4-20），在“允许零出库”前的复选框内打钩。

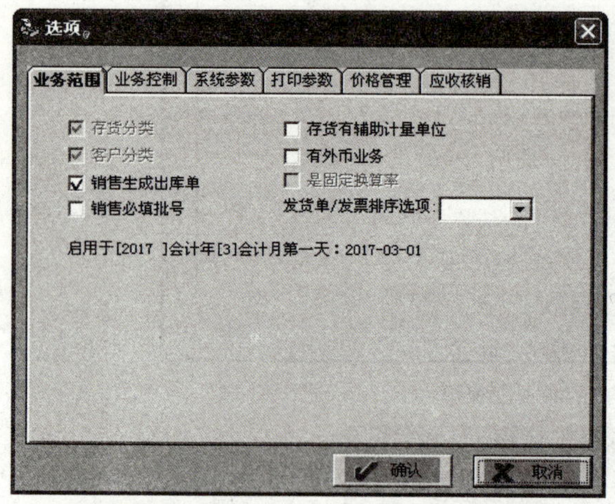

图4-19 “选项”—“业务范围”选项卡

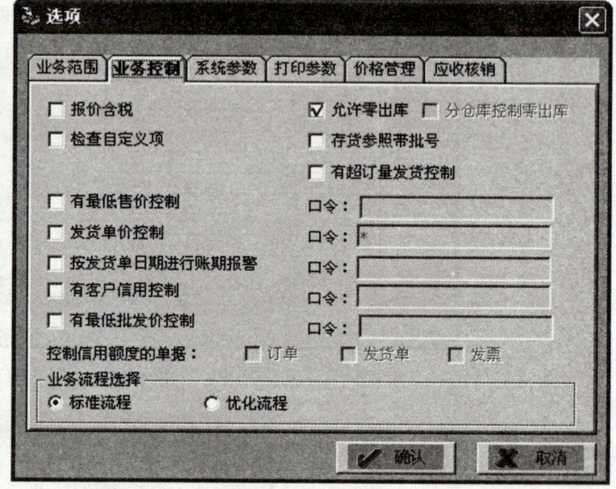

图4-20 “选项”—“业务控制”选项卡

业务2：录入采购、销售期初余额。

具体任务实施见任务1。

业务3：录入库存系统期初余额。

任务实施

1．选择“库存”→“期初数据”→“库存期初”选项。

2．在“仓库”下拉选项框中选择“原材料库”，录入期初余额（见图4-21）。

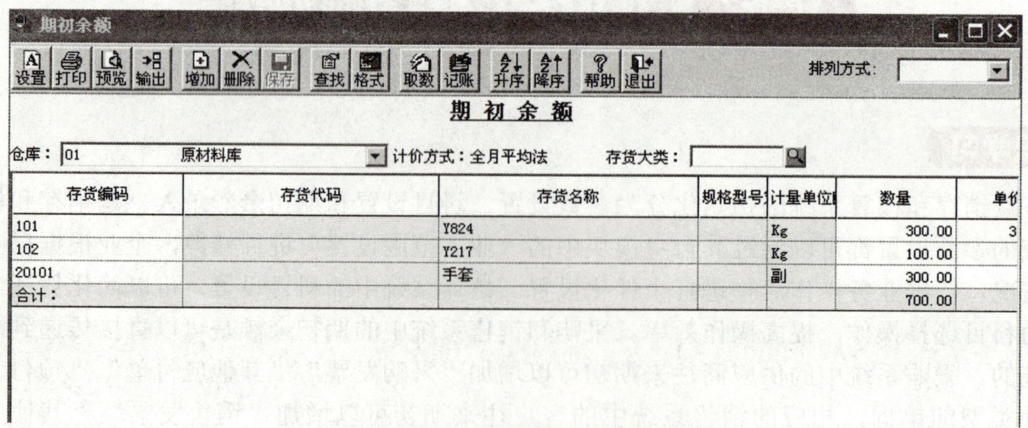

存货编码	存货代码	存货名称	规格型号	计量单位	数量	单价
101		Y824		Kg	300.00	3
102		Y217		Kg	100.00	
20101		手套		副	300.00	
合计：					700.00	

图4-21 “原材料库”录入期初余额

3．选择“成品库”，录入期初余额（见图4-22）。

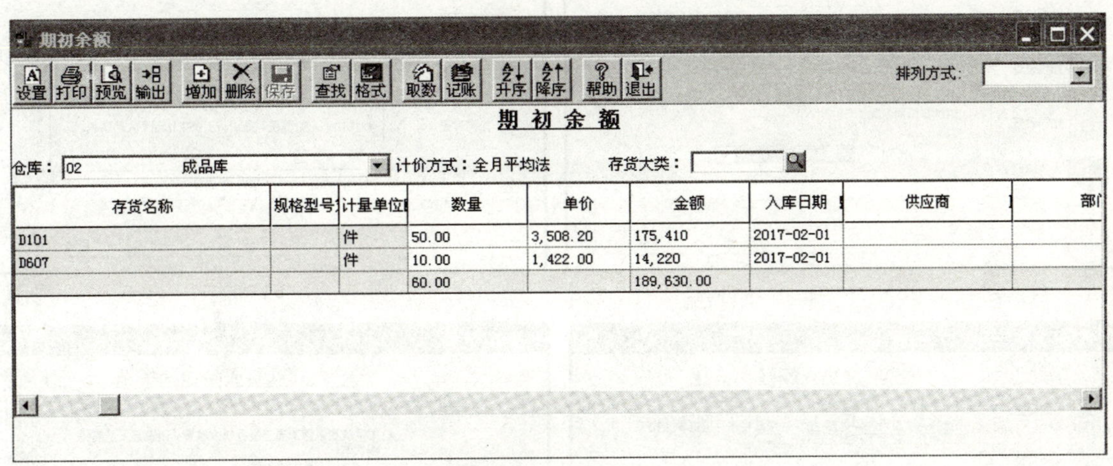

图4-22 在“成品库”录入期初余额

业务4：对购销存及核算系统进行期初记账。

任务实施

1．选择“采购”—“期初记账”选项，单击“记账”按钮。

2．选择“库存”—“期初数据”—“库存期初”选项，单击“记账”按钮。

任务3 工资管理系统初始化

知识学习

在使用工资管理系统之前，需要建立工资账套并进行相关的初始设置。根据企业会计核算的需要选择“单个工资类别”或“多个工资类别”，并建立人员档和工资项目，并设置好工资公式。

技能学习

业务1：启用工资账套。

任务实施

打开“工资管理系统”，根据系统提示建立账套，完成相关设置，如图4-23所示。

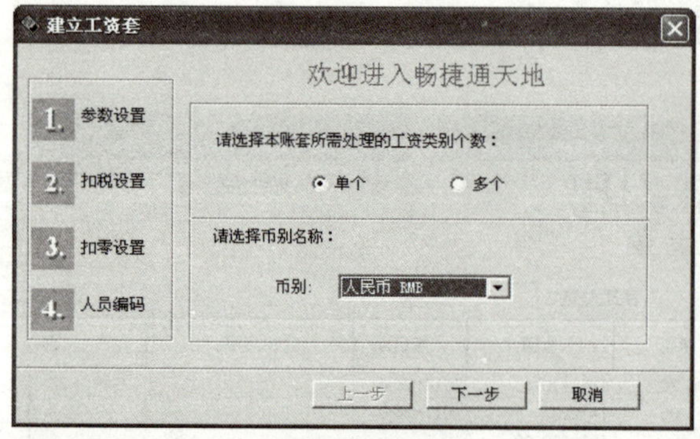

a）

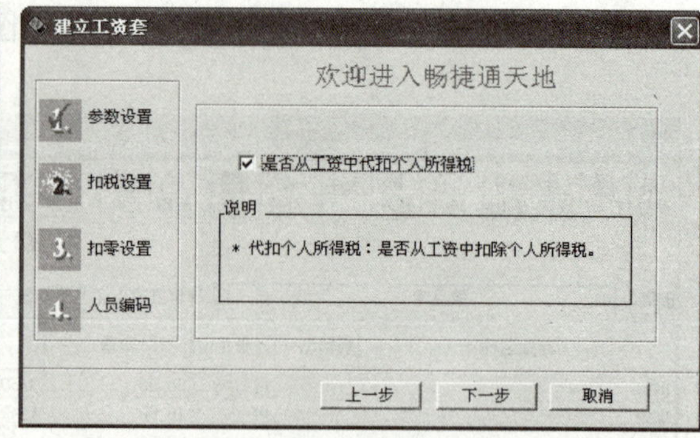

b）

c）

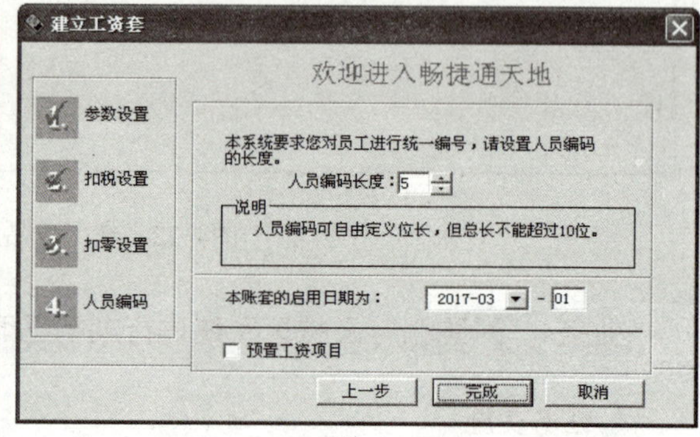

d）

图4-23 “建立工资账套”步骤

业务2：对工资系统的相关设置进行修改。

任务实施

1．选择“工资”→“设置”→“选项”选项。

2．在“选项”中可以对参数进行相应修改，如选择“预置工资项目”。

3．工资类别一旦启用，则不可以改变。如若选择的是多个工资类别，则可以选择“工资类别”→“新建工资类别”项目，完成工资类别的建立。

业务3：增加“管理人员”“销售人员”“D101工人”“D607工人”四个工资类别。

任务实施

选择“工资”→“设置”→“人员类别”项目，单击“增加”按钮，输入人员类别，如图4-24所示。

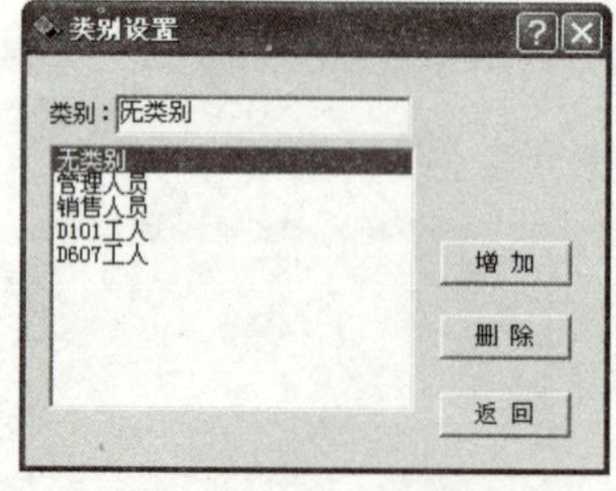

图4-24 “类别设置”对话框

业务4：录入人员档案（见表4-5）。

表4-5　员工档案表

编　码	姓　名	部　门	职　务
10101	何华	办公室	法定代表人
10102	赵俊	办公室	总经理
10103	黄落华	办公室	办公室职员
10104	落月	办公室	仓管员
20101	刘焕	财务部	财务经理
20102	孙浩然	财务部	会计
20103	李梓涵	财务部	出纳
30101	张雨欣	采购部	采购经理
30102	赵丽芬	采购部	采购员
30103	钟国庆	采购部	采购员
40101	王春燕	销售门市	销售经理
40102	李洁科	销售门市	销售员
40103	赵约翰	销售门市	销售员
50101	张雯雯	生产车间	生产车间主任
50102	薛琪	生产车间	生产车间研究员
50201	周忠华	生产车间	D101生产工人
50202	张洁	生产车间	D101生产工人
50203	潘申阳	生产车间	D101生产工人
50204	姜小牙	生产车间	D607生产工人
50205	樊懋	生产车间	D607生产工人
50206	石子涵	生产车间	D607生产工人

任务实施

1. 选择“工资”→“设置”→“人员档案”选项，单击如图4-25所示中的“批增”按钮。

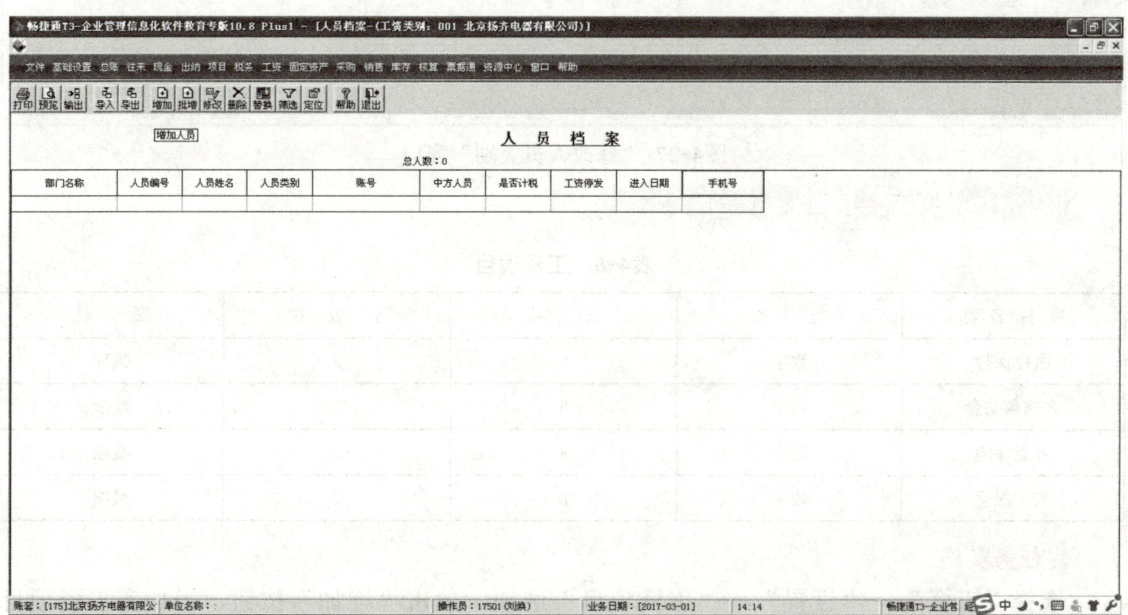

图4-25　“设置人员档案”窗口

2．选择要录入的部门，并修改人员类别，如图4-26和图4-27所示。

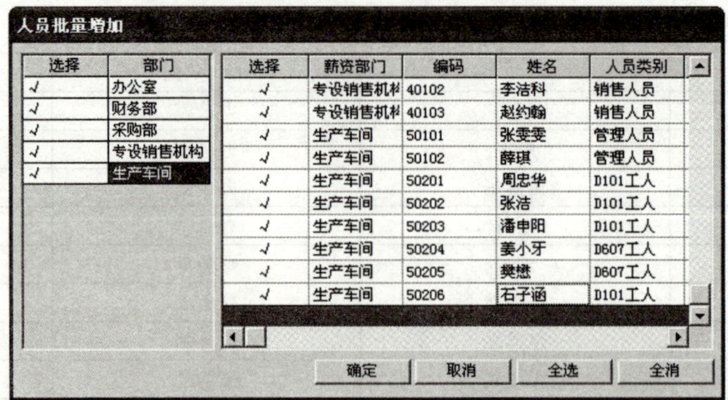

图4-26 “选择录入部门”对话框

畅捷通T3-企业管理信息化软件教育专版10.8 Plus1 - [人员档案-(工资类别：001 北京扬齐电器有限公司)]

文件 基础设置 总账 往来 现金 出纳 项目 税务 工资 固定资产 采购 销售 库存 核算 票据通 资源中心 窗口 帮助

打印 预览 输出 导入 导出 增加 批增 修改 删除 替换 筛选 定位 帮助 退出

人 员 档 案

总人数：21

部门名称	人员编号	人员姓名	人员类别	账号	中方人员	是否计税	工资停发	进入日期	手机号
办公室	10101	何华	管理人员		是	是	否		
办公室	10102	赵俊	管理人员		是	是	否		
办公室	10103	黄落华	管理人员		是	是	否		
办公室	10104	落月	管理人员		是	是	否		
财务部	20101	刘焕	管理人员		是	是	否		
财务部	20102	孙浩然	管理人员		是	是	否		
财务部	20103	李子涵	管理人员		是	是	否		
采购部	30101	张雨欣	管理人员		是	是	否		
采购部	30102	赵丽芬	管理人员		是	是	否		
采购部	30103	钟国庆	管理人员		是	是	否		
专设销售机构	40101	王春燕	销售人员		是	是	否		
专设销售机构	40102	李洁科	销售人员		是	是	否		
专设销售机构	40103	赵约翰	销售人员		是	是	否		
生产车间	50101	张雯雯	管理人员		是	是	否		
生产车间	50102	薛琪	管理人员		是	是	否		
生产车间	50201	周忠华	D101工人		是	是	否		
生产车间	50202	张洁	D101工人		是	是	否		
生产车间	50203	潘申阳	D101工人		是	是	否		
生产车间	50204	姜小牙	D607工人		是	是	否		
生产车间	50205	樊想	D607工人		是	是	否		
生产车间	50206	石子涵	D101工人		是	是	否		

账套：[175]北京扬齐电器有限公 单位名称：: 操作员：17501 (刘焕) 业务日期：[2017-03-01] 14:17 畅捷通T3-企业管 经销地：

图4-27 “修改人员类别”窗口

业务5：增加工资项目（见表4-6）。

表4-6 工资项目

项目名称	类 型	长 度	小数位	属 性
医疗保险	数字	8	2	减项
大病救助金	数字	8	2	减项
养老保险	数字	8	2	减项
失业保险	数字	8	2	减项

任务实施

选择“工资”→“设置”→“工资项目”选项，单击“增加”按钮，增加完工资项目后单击“确认”按钮（见图4-28）。

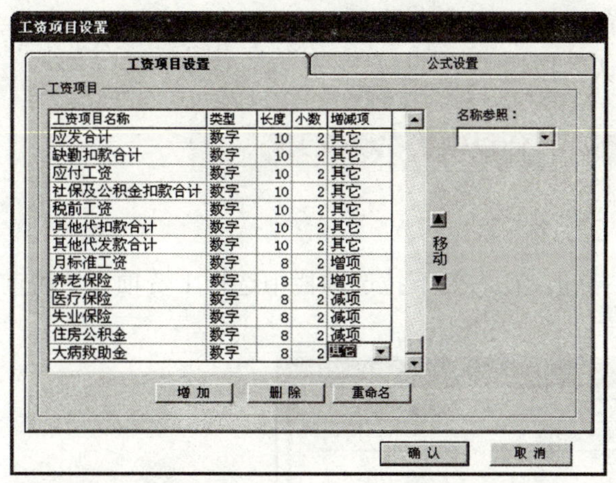

图4-28 “工资项目设置”—“工资项目”选项卡

业务6：设置工资公式（见表4-7）。

表4-7 工资公式

工 资 项 目	计 算 公 式
医疗保险	应付工资×0.02
养老保险	应付工资×0.08
失业保险	应付工资×0.01
住房公积金	应付工资×0.1
社保及公积金扣款合计	养老保险+医疗保险+失业保险+住房公积金

任务实施

1．选择“工资”→“设置”→“工资项目”→“公式设置”选项卡。

2．在左边工具栏“工资项目”的下方单击“增加”按钮，增加需要设置工资公式的工资项目（见图4-29）。

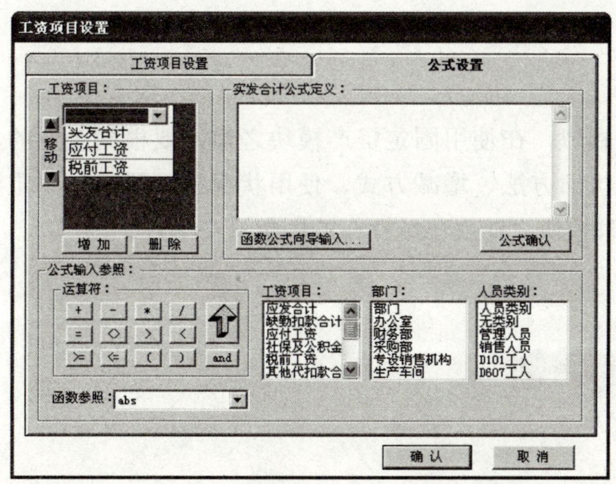

图4-29 “工资项目设置”—“公式设置”选项卡

3．在右边的空白窗口输入公式（见图4-30）。

4．单击“公式确认”按钮。

业务7：设置个人所得税计税依据“税前工资”。

任务实施

单击“计税依据”按钮，在右侧下拉选项栏中选择工资项目“税前工资”（见图4-31）。

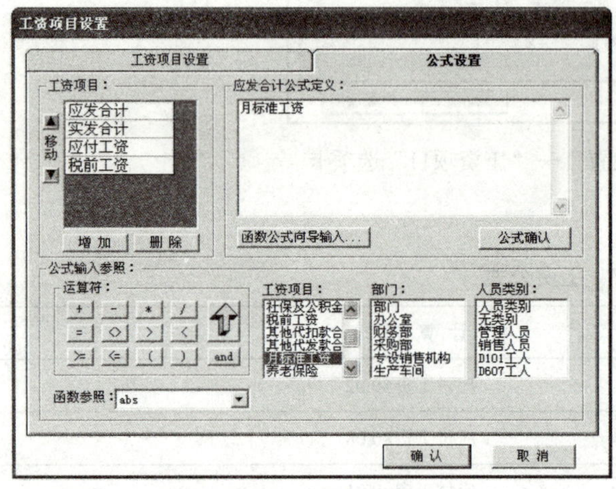

图4-30 “工资项目设置”—“输入公式”对话框

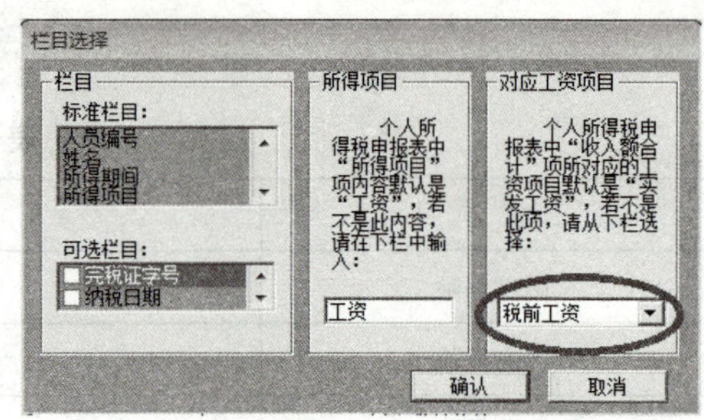

图4-31 选择“税前工资”对话框

任务4 固定资产管理系统初始化

知识学习

与工资管理系统相似，在使用固定资产模块之前，要根据企业的具体情况，将资产类别、固定资产卡片、折旧方法、增减方式、使用状况等设置好。固定资产原始卡片是指企业在使用固定资产管理模块之前就已经存在的固定资产卡片。

技能学习

业务1：启用固定资产。

任务实施

打开“固定资产管理”模块，根据提示操作（见图4-32）。

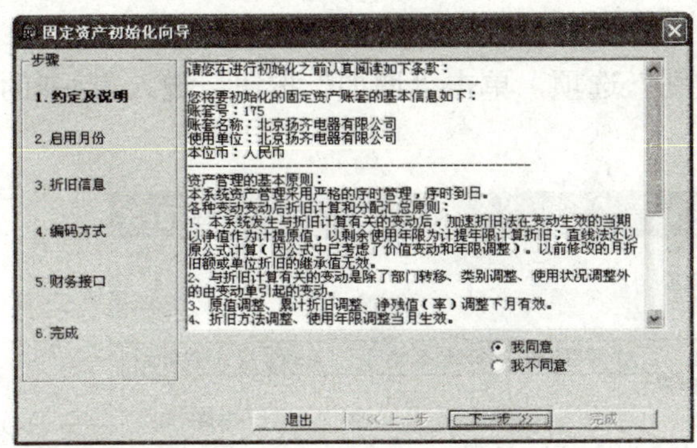

a）

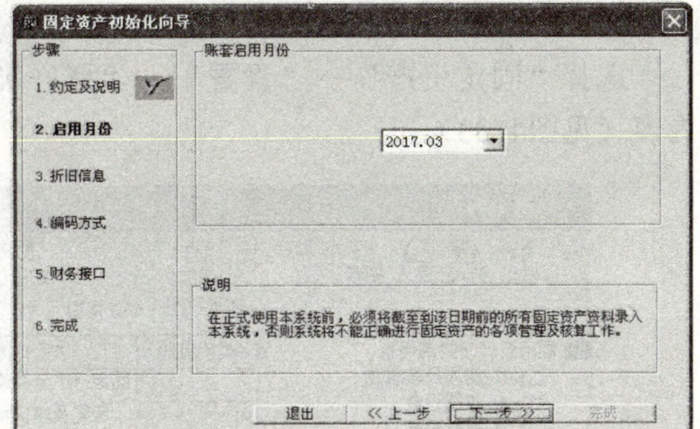

b）

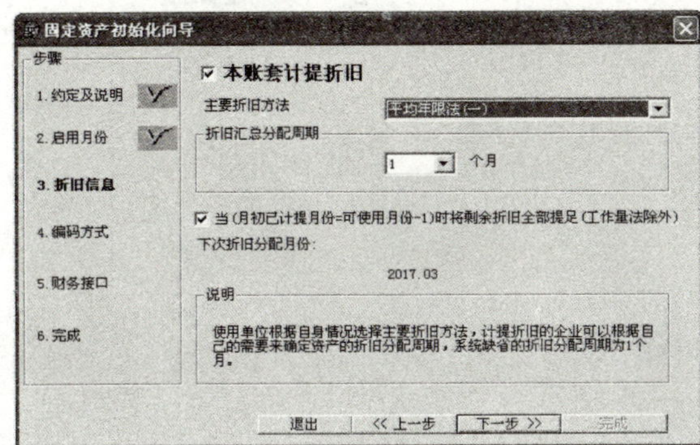

c）

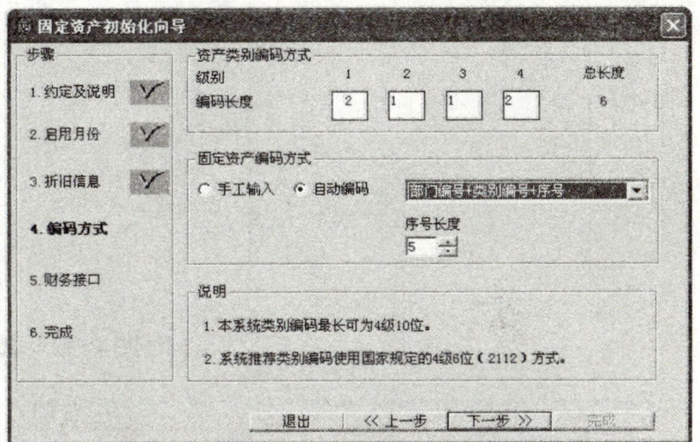

d）

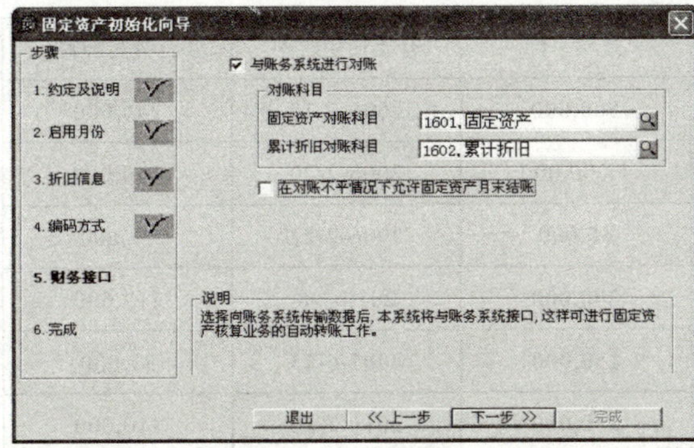

e）

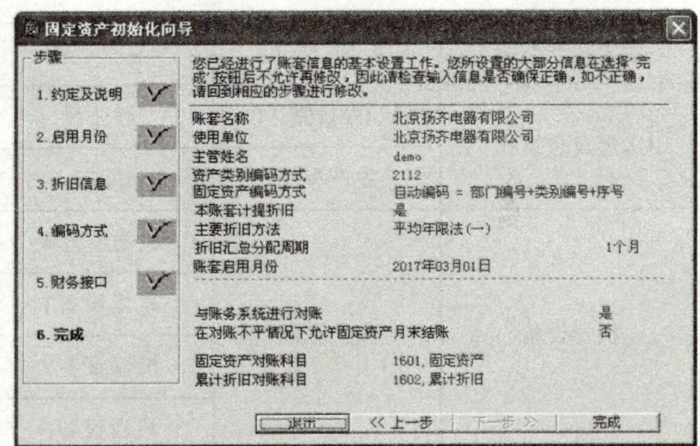

f）

图4-32 “固定资产管理”模块初始化

业务2：增加资产类别（见表4-8）。

表4-8　资产类别

类 别 编 号	01	02	03	04
类 别 名 称	房屋及建筑物	机器设备	运输工具	电器设备
计 量 单 位	幢	台	辆	台
计 提 折 旧	总提折旧	正常计提	正常计提	正常计提

任务实施

选择“固定资产”→“设置”→“资产类别”选项，单击“增加”按钮，键入表4-8的内容（见图4-33）。

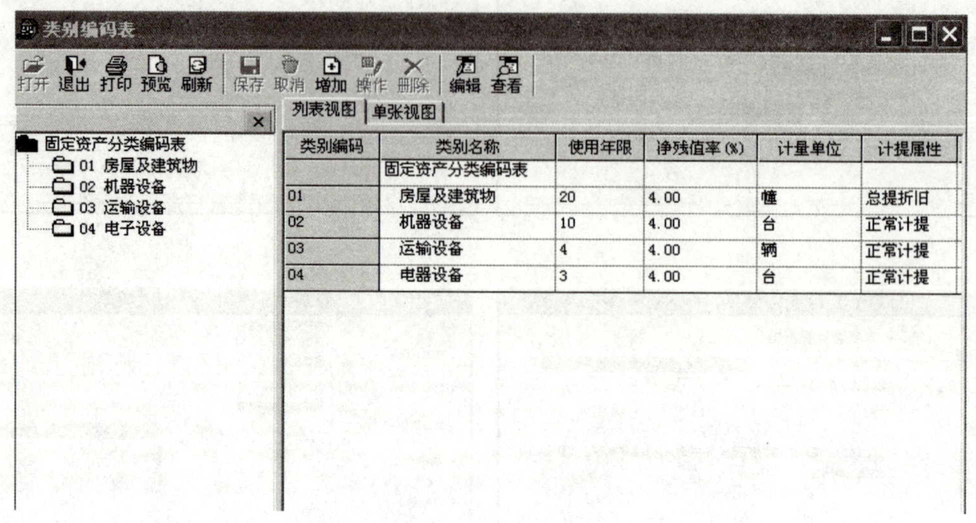

图4-33 增加资产类别

业务3：录入原始卡片信息（见表4-9）。

表4-9 固定资产原始卡片

固定资产类别		使用部门	品名	原价	开始使用时间	已提折旧额
房屋及建筑物		办公室	办公楼	500,000	2006-2-19	240,000
		生产车间	厂房	1,000,000	2006-2-20	480,000
机器设备		生产车间	机器设备W	60,000	2006-2-22	57,600
			机器设备T	200,000	2010-3-8	113,600
			机器设备Y	150,000	2007-6-15	81,600
			机器设备P	250,000	2011-7-20	110,000
运输工具		办公室	轿车	180,000	2013-2-4	129,600
电器设备	空调	生产车间	2.5匹格力空调	40,000	2015-5-14	9,612
		办公室	空调B	20,000	2015-5-19	4,806
	电脑	生产车间	计算机DELL	15,000	2015-4-21	4,005
		财务部	计算机HP	12,500	2016-4-19	3,276.75

任务实施

在固定资产模块主界面中选择“原始卡片录入”项目，根据表4-9的内容录入完整，单击“保存”按钮（见图4-34）。

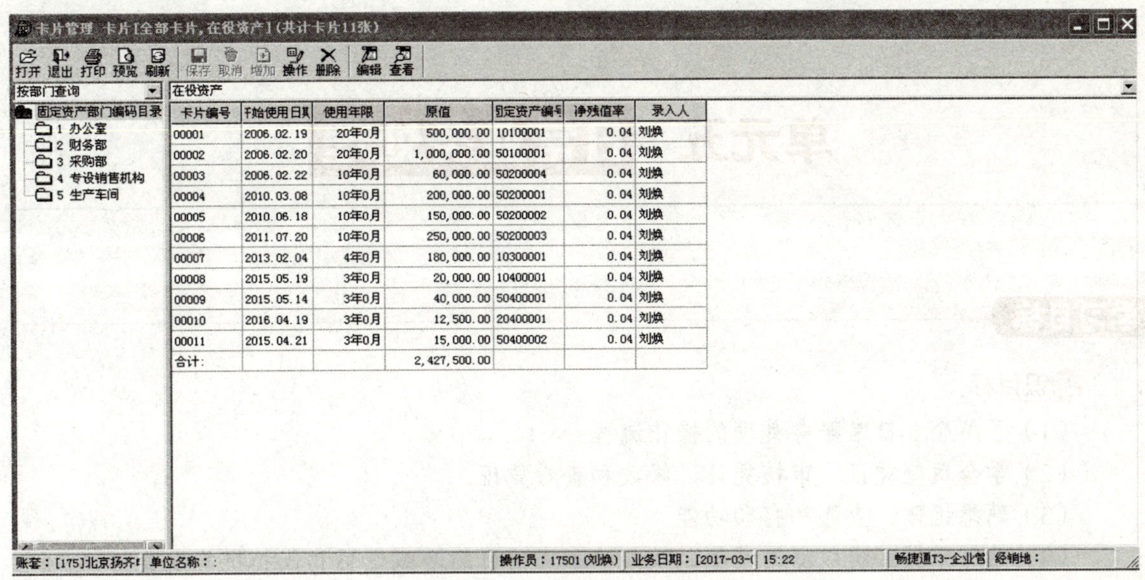

卡片管理 卡片[全部卡片，在役资产]（共计卡片11张）
打开 退出 打印 预览 刷新 保存 取消 增加 操作 删除 编辑 查看
按部门查询
在役资产
固定资产部门编码目录
1 办公室
2 财务部
3 采购部
4 专设销售机构
5 生产车间
卡片编号 开始使用日期 使用年限 原值 固定资产编号 净残值率 录入人
00001 2006.02.19 20年0月 500,000.00 10100001 0.04 刘焕
00002 2006.02.20 20年0月 1,000,000.00 50100001 0.04 刘焕
00003 2006.02.22 10年0月 60,000.00 50200004 0.04 刘焕
00004 2010.03.08 10年0月 200,000.00 50200001 0.04 刘焕
00005 2010.06.18 10年0月 150,000.00 50200002 0.04 刘焕
00006 2011.07.20 10年0月 250,000.00 50200003 0.04 刘焕
00007 2013.02.04 4年0月 180,000.00 10300001 0.04 刘焕
00008 2015.05.19 3年0月 20,000.00 10400001 0.04 刘焕
00009 2015.05.14 3年0月 40,000.00 50400001 0.04 刘焕
00010 2016.04.19 3年0月 12,500.00 20400001 0.04 刘焕
00011 2015.04.21 3年0月 15,000.00 50400002 0.04 刘焕
合计: 2,427,500.00
账套：[175]北京扬齐 单位名称：
操作员：17501（刘焕） 业务日期：[2017-03-0 15:22
畅捷通T3-企业管 经销地：

图4-34 “卡片管理”窗口

单元五 日常业务处理

学习目标

知识目标

（1）了解企业日常账务处理的操作流程。

（2）学会填制凭证、审核凭证、修改和查看凭证。

（3）熟悉记账、查账和打印功能。

（4）熟练掌握工资数据的调整以及某些工资项目的增减设置和代扣税的设置。

（5）熟练掌握固定资产增减变动的处理方法与操作技术，包括计提折旧、查看折旧清单和分配表，以及填制凭证和进行批量制单。

（6）掌握几种常见的购销存业务的处理。

能力目标

能够根据企业的实际情况进行总账、工资、固定资产和购销存相关岗位的日常操作，熟练掌握日常账务处理和期末处理等环节。

初始化设置完成后，就可以开始进行日常账务处理了。本单元以一般的会计业务流程为线索，结合具体业务介绍日常会计业务处理的各项基本操作。

日常业务处理的任务是通过输入和处理各种记账凭证，完成记账工作，查询和打印输出各种日记账、明细账和总分类账，同时对部门、项目、个人往来和单位辅助账进行管理。记账凭证是登记账簿的依据，是总账系统的唯一数据源，填制凭证也是最基础和最频繁的工作，在实行计算机处理账务后，电子账簿的准确与完整完全依赖于记账凭证，因此在实际工作中，必须确保准确完整地输入记账凭证。

企业基本情况

1．企业名称：北京扬齐电器有限公司

2．企业性质：有限责任公司

3．地址：北京市朝阳区亮迈路066号　　　电话：010-11863506

4．税务登记证号：637392144360765616

5．开户银行：工行北京市鑫平路支行；人民币基本结算账户：58651053747107

6．企业法人代表（董事长）：何华

7．总经理（主管会计工作负责人）：赵俊

8．财务负责人（会计机构负责人）：刘焕；会计：孙浩然；出纳：李梓涵

9．企业下设办公室、财务部、采购部、销售门市部及生产车间，生产及销售D101、

D607两种产品，生产每件D101、D607产品耗用Y824、Y217两种材料。

北京扬齐电器有限公司财务人员及权限见表5-1。

表5-1 北京扬齐电器有限公司财务人员及相关权限

编号	姓名	部门	权限
17501	刘焕	财务部	账套主管：拥有软件操作和管理的所有权限
17502	孙浩然	财务部	会计：拥有公用目录设置、往来、总账系统（除出纳签字、审核凭证、记账、恢复记账前状态、结账等权限外）、项目管理、工资管理、固定资产、采购管理、销售管理、库存管理、核算、应收管理及应付管理等模块的所有操作权限
17503	李梓涵	财务部	出纳：拥有总账中出纳签字权限及现金管理的全部权限

任务1 熟悉主要会计政策

知识学习

1．北京扬齐电器有限公司为有限责任公司，是增值税一般纳税人，不属于可以享受固定资产加速折旧企业所得税政策的行业。

2．存货按实际成本法核算，原材料及包装物发出计价采用月末一次加权平均法，材料的共同运费按数量分配，分配率保留2位小数，尾差计入最后一个对象。库存商品发出计价采用月末一次加权平均法，工程物资发出计价采用月末一次加权平均法。发出存货单位成本保留2位小数，如有尾差计入结存存货成本。周转材料价值摊销采用一次摊销法。原材料及周转材料发生盘盈时，按最近一次不含税买价作为入账价值；库存商品发生盘盈时，按当月完工入库的该库存商品的单位成本作为入账价值。

3．产品成本计算采用品种法，设置直接材料、直接人工、制造费用三个成本项目。原材料在生产开始时一次性投入；共同耗用的材料采用按产品产量进行分配，分配率保留2位小数，尾差计入最后一个对象。

4．工资及五险一金分配按实际生产工时进行分配，分配率保留2位小数，尾差计入最后一个对象；五险一金的承担和计提比例如下：企业承担部分为养老保险金20%，医疗保险金8%，失业保险金2%，工伤保险金0.5%，生育保险金1%，住房公积金10%；个人承担部分为养老保险金8%，医疗保险金2%，失业保险金1%，住房公积金10%；计提工会费、计提职工教育经费，根据不同部门分别计入相应的会计科目。

5．制造费用按生产工时比例在各种产品之间分配，分配率保留2位小数，尾差计入最后一个对象。生产费用在完工产品与在产品之间的分配采用约当产量法，分配率保留2位小数，尾差计入月末在产品成本。

6．固定资产不包括研发用固定资产。固定资产折旧采用年限平均法，净残值率为4%。折旧年限分别为：房屋及建筑物20年，生产设备10年，运输工具4年，电子设备3年，折旧率保留4位小数（采用小数点的形式），月折旧额保留2位小数。

7．期间费用（电费等）按实际用量进行分摊。

8．应收款项（应收账款及其他应收款）的坏账准备采用余额百分比法计提，计提比例为5%。

9．企业每月末按照实际天数计算提取贷款利息，银行于每月20日收取其发放贷款的利息，涉及同一银行同日扣取多笔利息支出的，编制一张复合记账凭证。

10．企业适用的增值税税率为13%，会计处理时各期确认的应交税费——应交增值税（进项税额）应当与当期增值税纳税申报表保持口径一致；当期取得的增值税专用发票已在取得发票当天全部办妥认证手续（不考虑待认证情况）；企业的增值税专用发票符合抵扣规定的均已抵扣并取得认证清单。城市维护建设税税率为7%；教育费附加征收率为3%；地方教育费附加征收率为2%。

11．企业所得税率为25%，月度按照实际利润额计算预缴企业所得税。截至2015年12月31日，以前各年度应纳税所得额均大于零，不存在不征税收入、免税收入、减免所得税额，且截至2016年3月31日无欠缴及多缴所得税情况。

12．应收系统受控科目分别有应收账款、预收账款等，应付系统受控科目分别有预付账款——一般供应商、应付账款，往来单位可以使用双重性质科目。各子系统生成的凭证其科目方向不得任意改变。

任务2 日常业务处理实操练习

技能学习

会计电算化系统中总账、报表、工资、固定资产、购销存、核算等模块的应用。除收/付款单、销售出库单及由系统自动生成无法修改的单据之外，录入购销订单/购销发票/各种入库单等原始单据时，其日期、编号必须与题面原始单据一致，若不一致，可根据软件相关功能进行修改设置。

北京扬齐电器有限公司2017年3月发生部分经济业务如下，依据相关业务填制记账凭证。以“17502”的身份根据2017年3月发生的经济业务，在已启用的总账、工资管理、固定资产、购销存及核算等模块中进行相应的业务操作并填制或生成记账凭证。

业务1：根据要求填制凭证。原始凭证于2017年3月1日取得，共2张（见图5-1、图5-2），要求：在购销存及核算系统中完成（一张凭证）。

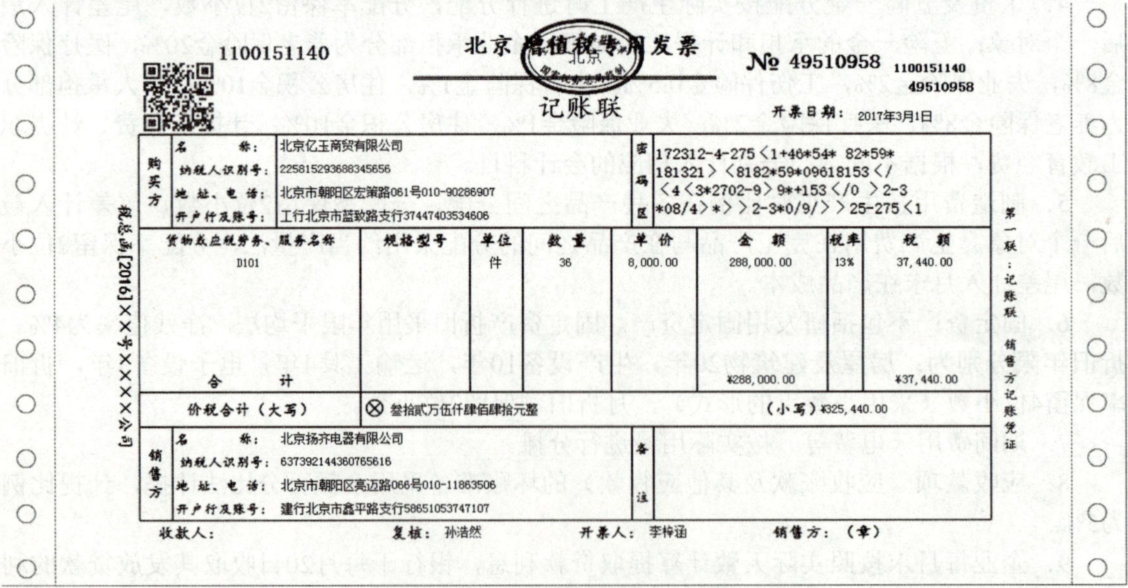

1100151140　　北京增值税专用发票　　№ 49510958　1100151140　49510958

记账联　　开票日期：2017年3月1日

购买方	名称：北京亿玉商贸有限公司 纳税人识别号：225815293688345656 地址、电话：北京市朝阳区宏策路061号010-90286907 开户行及账号：工行北京市蓝致路支行37447403534606				密码区	172312-4-275 <1+46*54* 82*59* 181321> <8182*59*09618153</ <4<3*2702-9>9*+153</0 >2-3 *08/4>*>>2-3*0/9/>>25-275<1		
货物或应税劳务、服务名称	规格型号	单位	数量	单价	金额		税率	税额
D101		件	36	8,000.00	288,000.00		13%	37,440.00
合计					¥288,000.00			¥37,440.00
价税合计（大写）	⊗叁拾贰万伍仟肆佰肆拾元整				（小写）¥325,440.00			
销售方	名称：北京扬齐电器有限公司 纳税人识别号：637392144360765616 地址、电话：北京市朝阳区亮迈路066号010-11863506 开户行及账号：建行北京市鑫平路支行58651053747107				备注			

收款人：　　复核：孙浩然　　开票人：李梓涵　　销售方：（章）

税总函[2016]××号×××××公司

第一联：记账联　销售方记账凭证

图5-1　增值税专用发票记账联

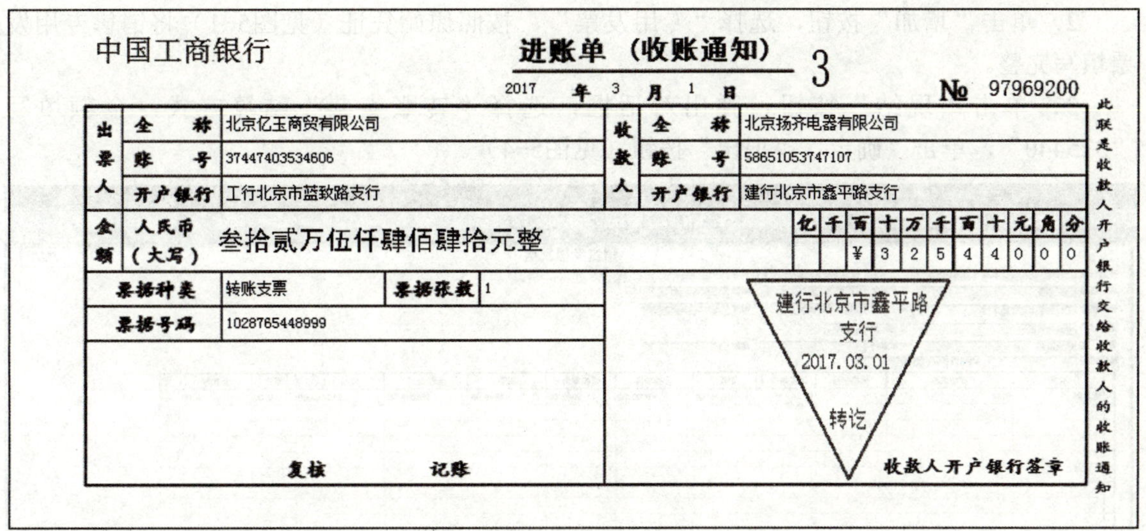

中国工商银行 进账单（收账通知） 3

2017 年 3 月 1 日 № 97969200

出票人	全称	北京亿玉商贸有限公司	收款人	全称	北京扬齐电器有限公司
	账号	37447403534606		账号	58651053747107
	开户银行	工行北京市蓝致路支行		开户银行	建行北京市鑫平路支行
金额	人民币（大写）	叁拾贰万伍仟肆佰肆拾元整		亿千百十万千百十元角分	¥325440.00
票据种类	转账支票	票据张数	1		
票据号码	1028765448999				

建行北京市鑫平路支行 2017.03.01 转讫

复核 记账 收款人开户银行签章

此联是收款人开户银行交给收款人的收账通知

图5-2 银行进账单

任务实施

1. 选择“销售管理”→“销售发票”选项（见图5-3）。

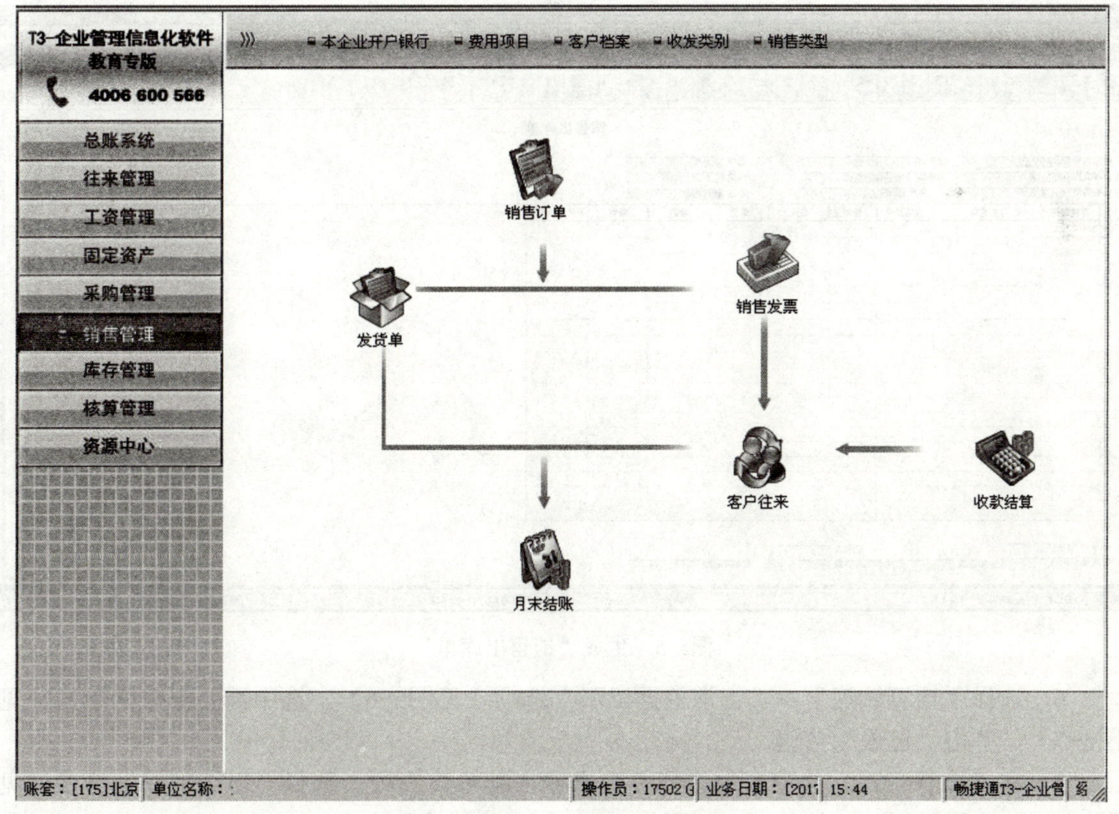

图5-3 启动“销售管理”模块

2．单击“增加”按钮，选择“专用发票”，按照原始凭证（见图5-1）将销售专用发票填写完整。

3．单击“现结”按钮，弹出对话框，选择“转账支票”结算方式，金额填写“325440”，单击“确定”“退出”按钮（见图5-4）。

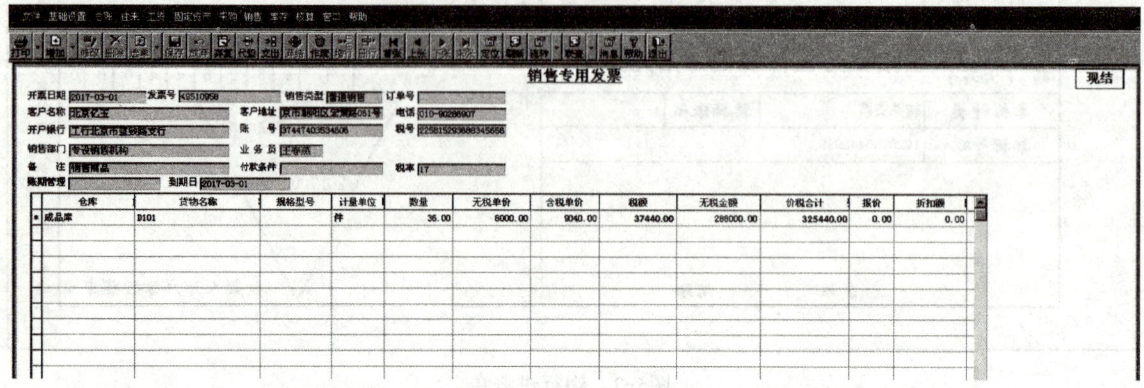

图5-4 填制原始凭证

4．单击“复核”按钮。

5．选择“库存管理”→“销售出库单生成/审核”选项（见图5-5），单击“审核”按钮。

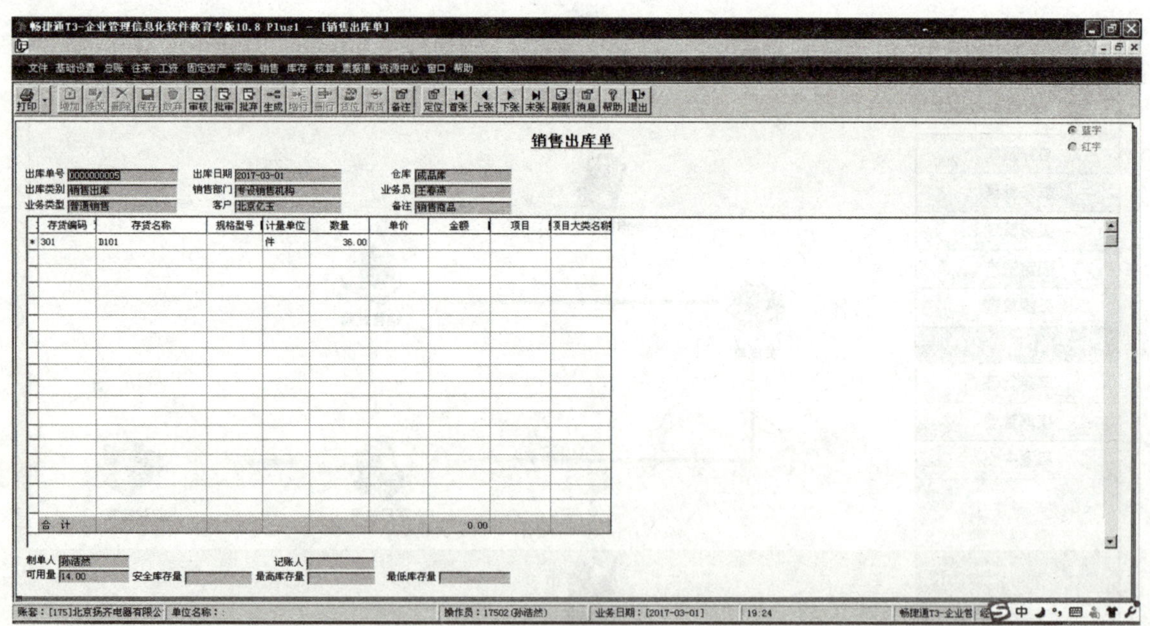

图5-5 生成“销售出库单”

6．选择“核算管理”→“正常单据记账”选项（见图5-6），选中需要记账的单据（见图5-7），单击“记账”按钮。

7．在“核算管理”的窗口中选择“客户往来制单”选项，选择“现结制单”选项（见图5-8），选择需要制单的单据（见图5-9），单击“制单”按钮。

8．将凭证补充完整，在银行存款的辅助项目核算对话框中（见图5-10），输入结算方式“转账支票”、票号“1028765448999”，单击“生成”按钮（见图5-11）。

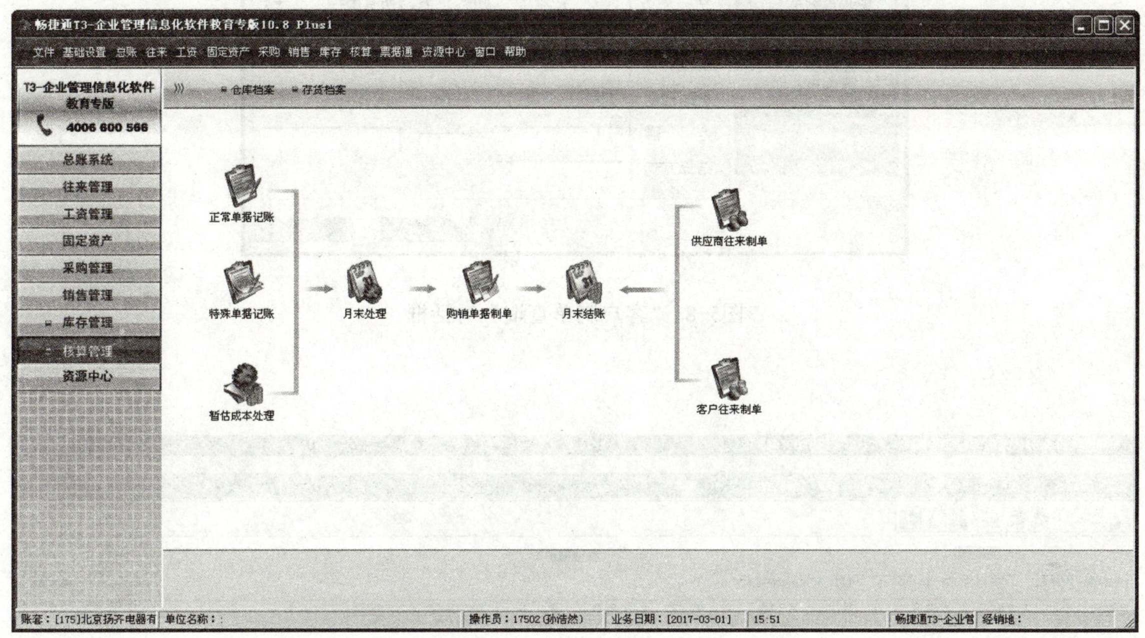

图5-6 启动“客户往来制单”模块

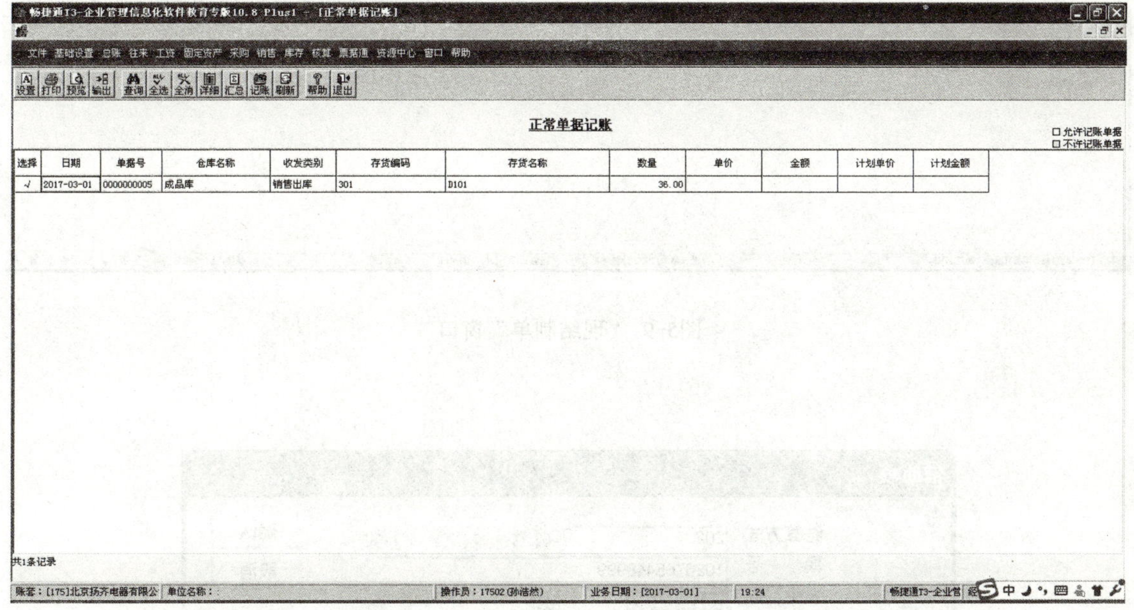

选择	日期	单据号	仓库名称	收发类别	存货编码	存货名称	数量	单价	金额	计划单价	计划金额
√	2017-03-01	0000000005	成品库	销售出库	301	D101	36.00				

图5-7 “单据记账”窗口

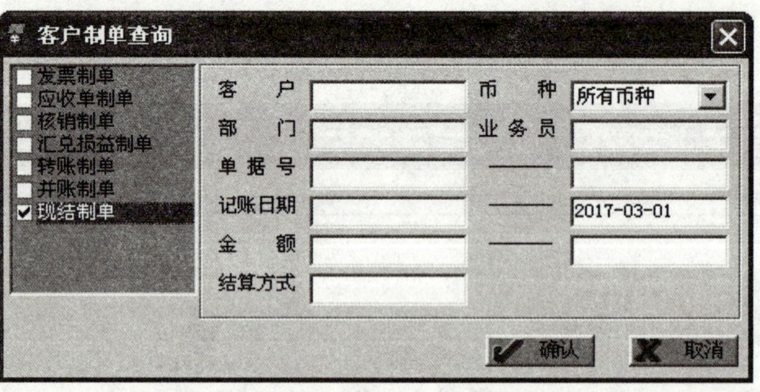

图5-8 “客户制单查询”对话框

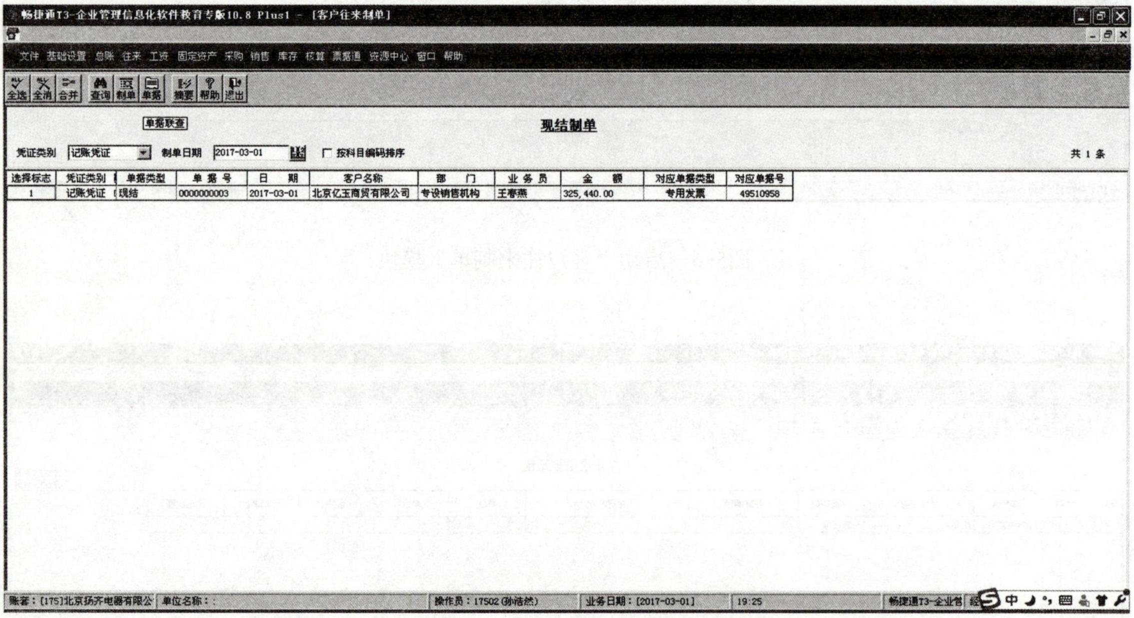

畅捷通T3-企业管理信息化软件教育专版10.8 Plus1 - [客户往来制单]

文件 基础设置 总账 往来 工资 固定资产 采购 销售 库存 核算 票据通 资源中心 窗口 帮助

全选 全消 合并 查询 制单 单据 摘要 帮助 退出

单据联查

现结制单

凭证类别 记账凭证 制单日期 2017-03-01 按科目编码排序 共 1 条

选择标志	凭证类别	单据类型	单据号	日期	客户名称	部门	业务员	金额	对应单据类型	对应单据号
1	记账凭证	现结	0000000003	2017-03-01	北京亿玉商贸有限公司	专设销售机构	王春燕	325,440.00	专用发票	49510958

账套：[175]北京扬齐电器有限公司 单位名称：: 操作员：17502 (孙浩然) 业务日期：[2017-03-01] 19:25 畅捷通T3-企业管

图5-9 “现结制单”窗口

图5-10 “辅助项”对话框

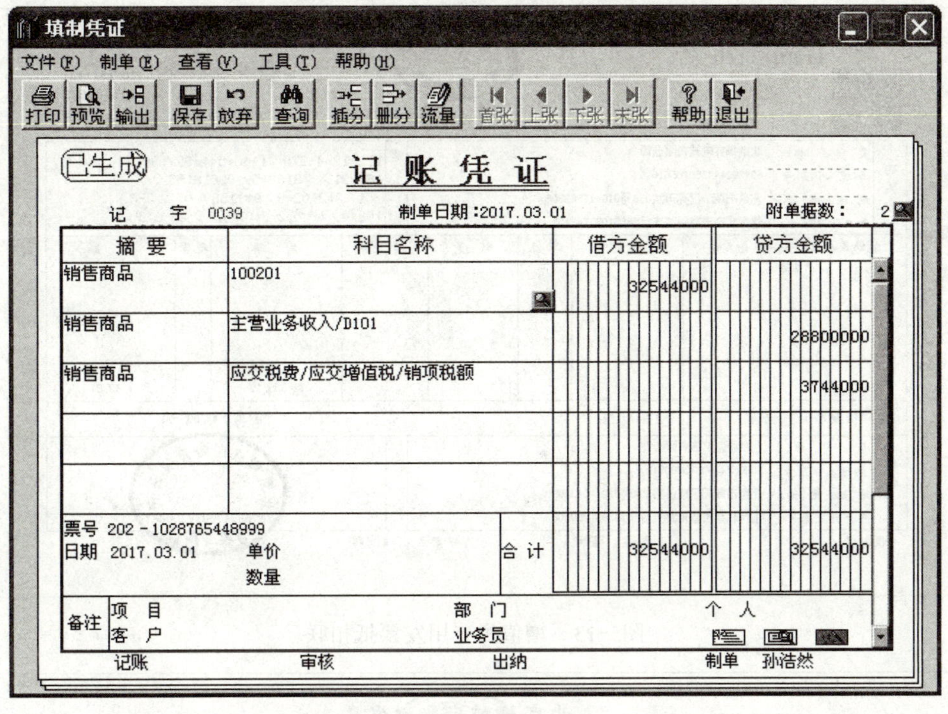

填制凭证

文件(F)　制单(E)　查看(V)　工具(T)　帮助(H)

打印　预览　输出　保存　放弃　查询　插分　删分　流量　首张　上张　下张　末张　帮助　退出

已生成

记账凭证

记　字　0039　　制单日期：2017.03.01　　附单据数：　2

摘要	科目名称	借方金额	贷方金额
销售商品	100201	32544000	
销售商品	主营业务收入/D101		28800000
销售商品	应交税费/应交增值税/销项税额		3744000
票号 202－1028765448999 日期 2017.03.01　单价 数量	合计	32544000	32544000

备注　项　目　　部　门　　个　人
　　　客　户　　业务员

记账　　审核　　出纳　　制单　孙浩然

图5-11　生成“记账凭证”一

业务2：根据要求填制凭证。原始凭证于2017年3月3日取得，共3张（见图5-12～图5-14），要求：在总账系统中完成（一张凭证）。

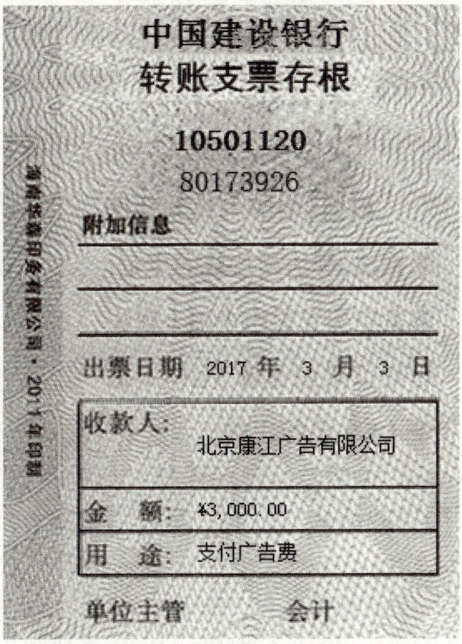

中国建设银行
转账支票存根

10501120
80173926

附加信息

出票日期　2017 年　3　月　3　日

收款人：	北京康江广告有限公司
金　额：	¥3,000.00
用　途：	支付广告费

单位主管　　会计

海南华森印务有限公司・2017年印制

图5-12　转账支票存根

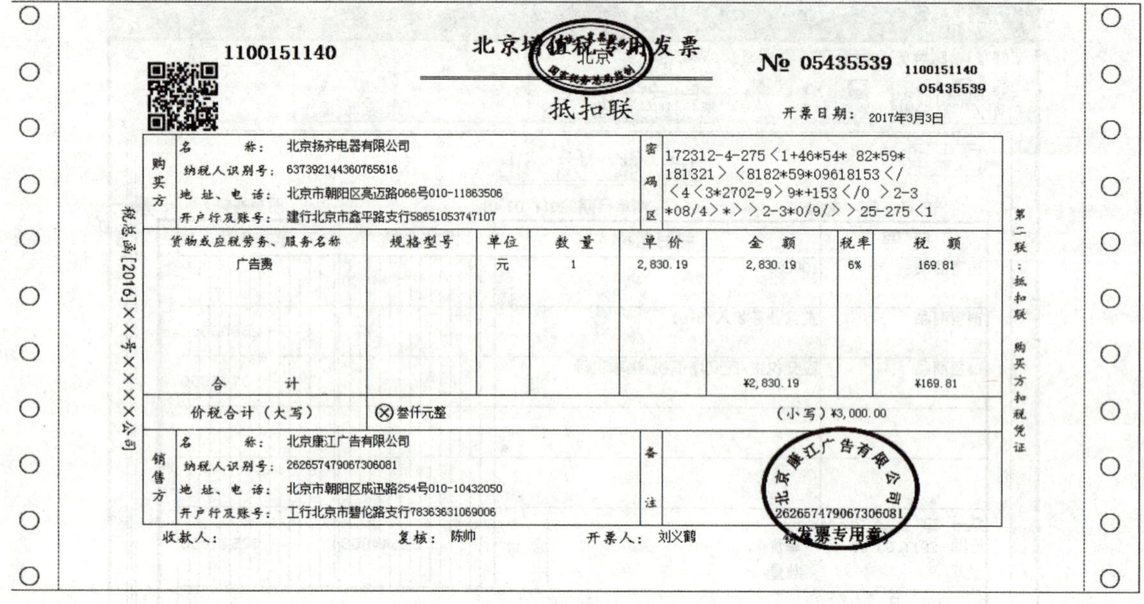

1100151140　北京增值税专用发票　№ 05435539　1100151140 05435539

抵扣联

开票日期：2017年3月3日

购买方	名　称：北京扬齐电器有限公司 纳税人识别号：637392144360765616 地址、电话：北京市朝阳区亮迈路066号010-11863506 开户行及账号：建行北京市鑫平路支行58651053747107	密码区	172312-4-275 <1+46*54* 82*59* 181321> <8182*59*09618153</ <4<3*2702-9>9*+153</0 >2-3 *08/4>*>>2-3*0/9/>>25-275<1

货物或应税劳务、服务名称	规格型号	单位	数量	单价	金额	税率	税额
广告费		元	1	2,830.19	2,830.19	6%	169.81
合　计					¥2,830.19		¥169.81
价税合计（大写）	⊗叁仟元整				（小写）¥3,000.00		

销售方	名　称：北京康江广告有限公司 纳税人识别号：262657479067306081 地址、电话：北京市朝阳区成迅路254号010-10432050 开户行及账号：工行北京市彗伦路支行78363631069006	备注	北京康江广告有限公司 262657479067306081 发票专用章

收款人：　复核：陈帅　开票人：刘义鹤

税总函[2016]××号××××公司

第二联：抵扣联　购买方扣税凭证

图5-13　增值税专用发票抵扣联

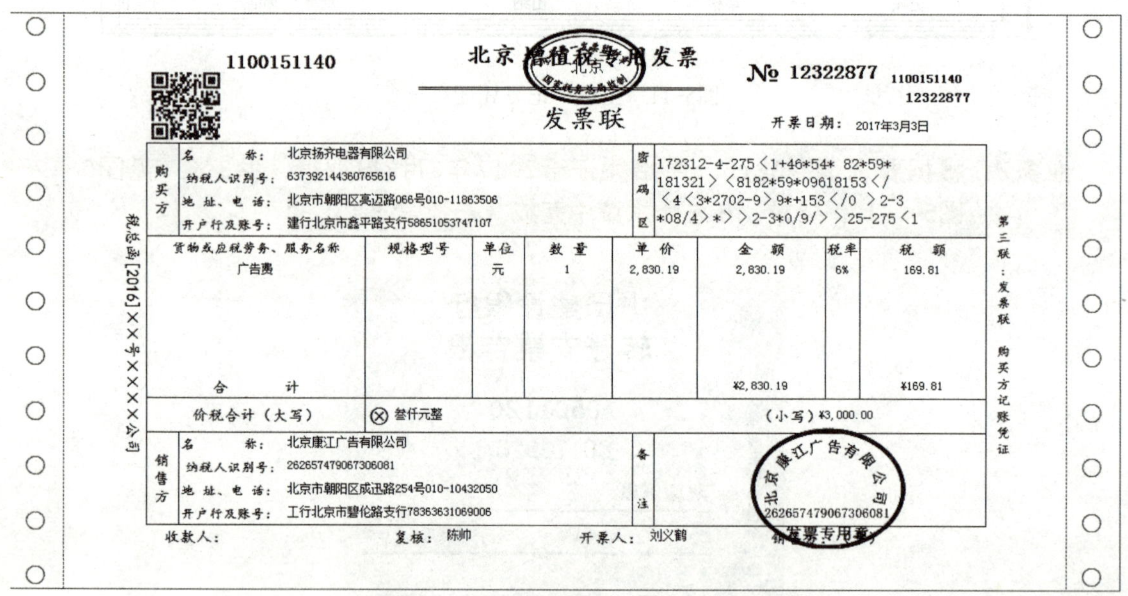

1100151140　北京增值税专用发票　№ 12322877　1100151140 12322877

发票联

开票日期：2017年3月3日

购买方	名　称：北京扬齐电器有限公司 纳税人识别号：637392144360765616 地址、电话：北京市朝阳区亮迈路066号010-11863506 开户行及账号：建行北京市鑫平路支行58651053747107	密码区	172312-4-275 <1+46*54* 82*59* 181321> <8182*59*09618153</ <4<3*2702-9>9*+153</0 >2-3 *08/4>*>>2-3*0/9/>>25-275<1

货物或应税劳务、服务名称	规格型号	单位	数量	单价	金额	税率	税额
广告费		元	1	2,830.19	2,830.19	6%	169.81
合　计					¥2,830.19		¥169.81
价税合计（大写）	⊗叁仟元整				（小写）¥3,000.00		

销售方	名　称：北京康江广告有限公司 纳税人识别号：262657479067306081 地址、电话：北京市朝阳区成迅路254号010-10432050 开户行及账号：工行北京市彗伦路支行78363631069006	备注	北京康江广告有限公司 262657479067306081 发票专用章

收款人：　复核：陈帅　开票人：刘义鹤

税总函[2016]××号××××公司

第三联：发票联　购买方记账凭证

图5-14　增值税专用发票发票联

任务实施

1．进入畅捷通T3总账系统，在主界面直接选择“填制凭证”选项（见图5-15）。

2．单击“增加”按钮，即可修改凭证日期，录入附单据数，录入摘要，选择科目，录入金额。

3．贷方辅助项自动弹出，结算方式选择“转账支票”，票号录入“1050112080173926”（见图5-16），单击“确认”按钮，贷方金额栏可使用“=”。

4．单击“保存”按钮（见图5-17）。

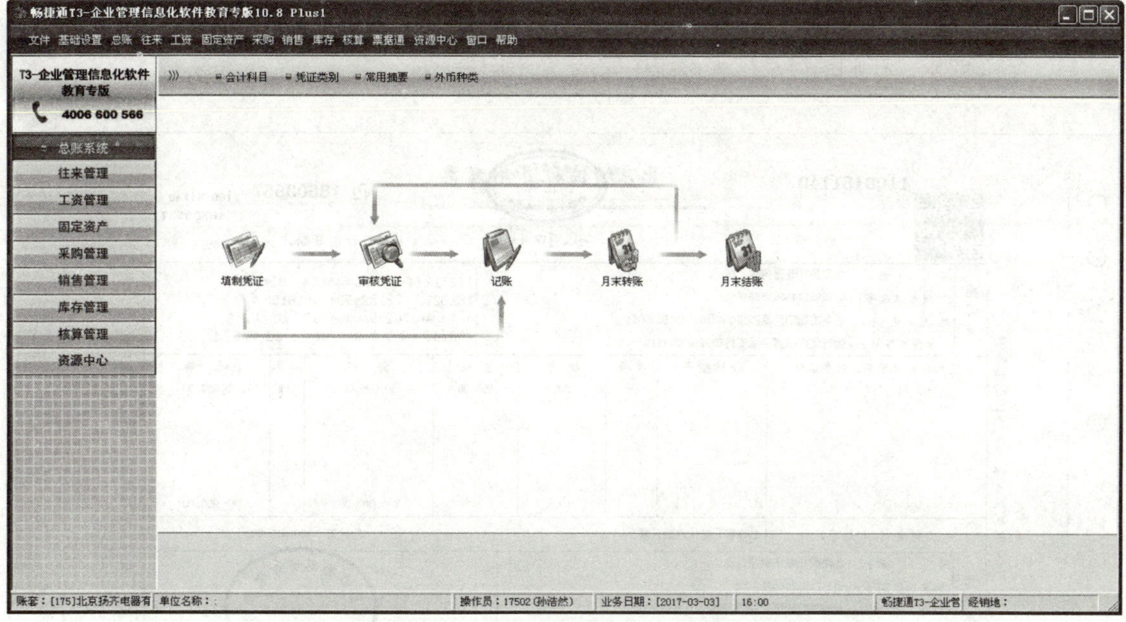

图5-15　启动“填制凭证”模块

图5-16　“辅助项”对话框

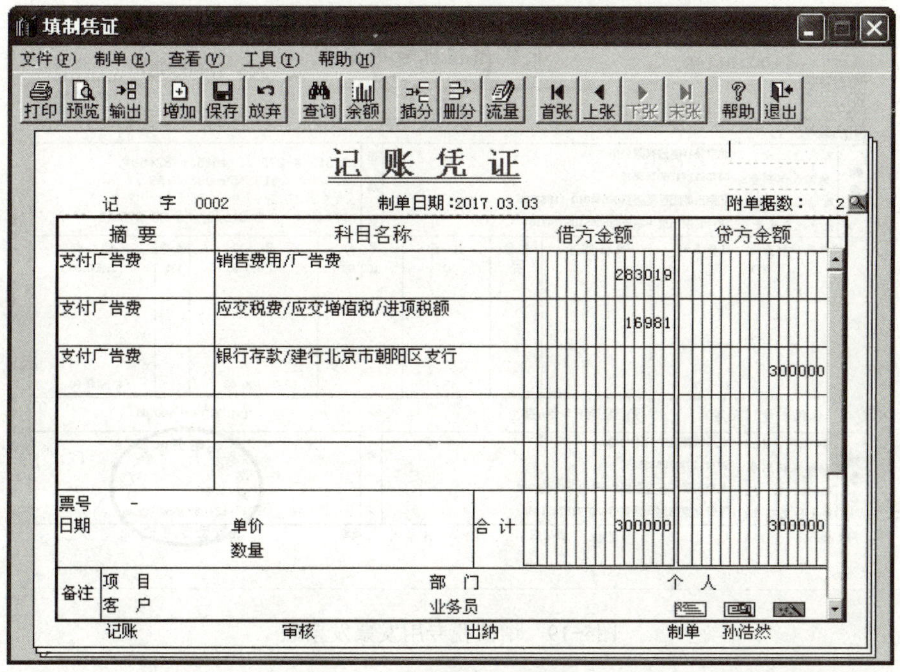

图5-17　生成“记账凭证”二

业务3：根据要求填制凭证。原始凭证于2017年3月6日取得，共3张（见图5-18～图5-20），要求：在购销存及核算系统中完成（一张凭证）。

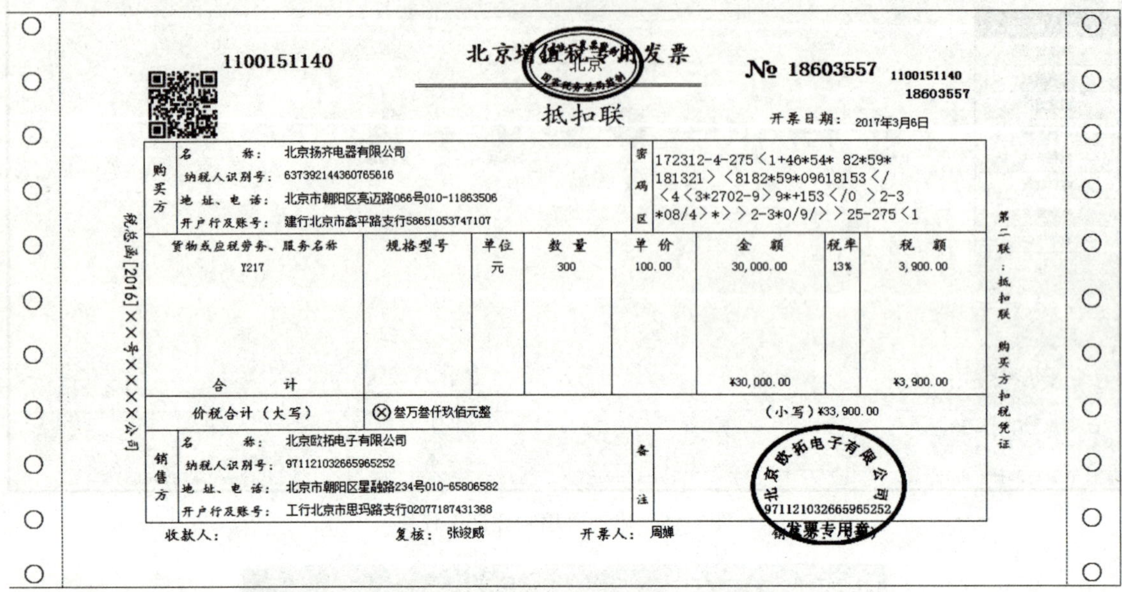
1100151140　　北京增值税专用发票　　№ 18603557　1100151140 18603557

抵扣联　　开票日期：2017年3月6日

购买方	名　　称：北京扬齐电器有限公司 纳税人识别号：637392144360765616 地址、电话：北京市朝阳区亮迈路066号010-11863506 开户行及账号：建行北京市鑫平路支行58651053747107	密码区	172312-4-275＜1+46*54* 82*59* 181321＞＜8182*59*09618153＜/ ＜4＜3*2702-9＞9*+153＜/0 ＞2-3 *08/4＞*＞＞2-3*0/9/＞＞25-275＜1

货物或应税劳务、服务名称	规格型号	单位	数量	单价	金额	税率	税额
Y217		元	300	100.00	30,000.00	13%	3,900.00
合　计					¥30,000.00		¥3,900.00
价税合计（大写）	⊗叁万叁仟玖佰元整				（小写）¥33,900.00		

销售方	名　　称：北京欧拓电子有限公司 纳税人识别号：971121032665965252 地址、电话：北京市朝阳区星融路234号010-65806582 开户行及账号：工行北京市思玛路支行02077187431368	备注	北京欧拓电子有限公司 971121032665965252 发票专用章

收款人：　　复核：张竣威　　开票人：周娜　　销售方：（章）

税总函[2016]××号×××公司

第二联：抵扣联　购买方扣税凭证

图5-18　增值税专用发票抵扣联

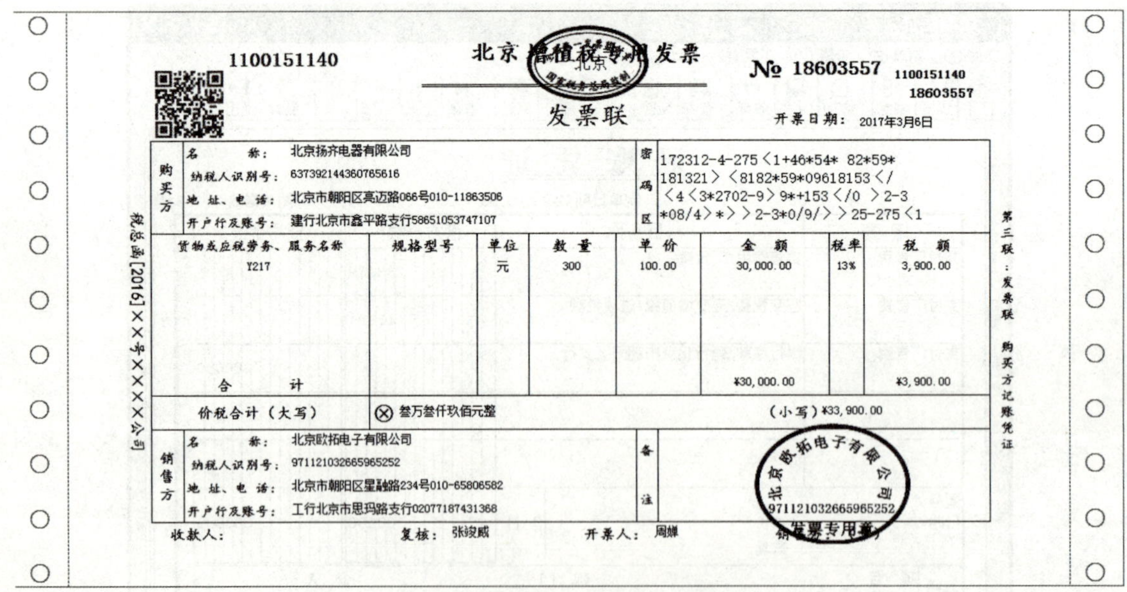
1100151140　　北京增值税专用发票　　№ 18603557　1100151140 18603557

发票联　　开票日期：2017年3月6日

购买方	名　　称：北京扬齐电器有限公司 纳税人识别号：637392144360765616 地址、电话：北京市朝阳区亮迈路066号010-11863506 开户行及账号：建行北京市鑫平路支行58651053747107	密码区	172312-4-275＜1+46*54* 82*59* 181321＞＜8182*59*09618153＜/ ＜4＜3*2702-9＞9*+153＜/0 ＞2-3 *08/4＞*＞＞2-3*0/9/＞＞25-275＜1

货物或应税劳务、服务名称	规格型号	单位	数量	单价	金额	税率	税额
Y217		元	300	100.00	30,000.00	13%	3,900.00
合　计					¥30,000.00		¥3,900.00
价税合计（大写）	⊗叁万叁仟玖佰元整				（小写）¥33,900.00		

销售方	名　　称：北京欧拓电子有限公司 纳税人识别号：971121032665965252 地址、电话：北京市朝阳区星融路234号010-65806582 开户行及账号：工行北京市思玛路支行02077187431368	备注	北京欧拓电子有限公司 971121032665965252 发票专用章

收款人：　　复核：张竣威　　开票人：周娜　　销售方：（章）

税总函[2016]××号×××公司

第三联：发票联　购买方记账凭证

图5-19　增值税专用发票发票联

入　库　单　　　　No. 16070121

供货单位：北京欧拓电子有限公司　　　　2017 年 3 月 6 日

编号	品名	规格	单位	数量	单价	金额	备注
	Y217		kg	300		0.00	
合计						0.00	

仓库主管：　　记账：　　保管：　　经手人：　　制单：

图5-20　入库单

任务实施

1．选择“采购管理”→“采购发票”选项（见图5-21）。

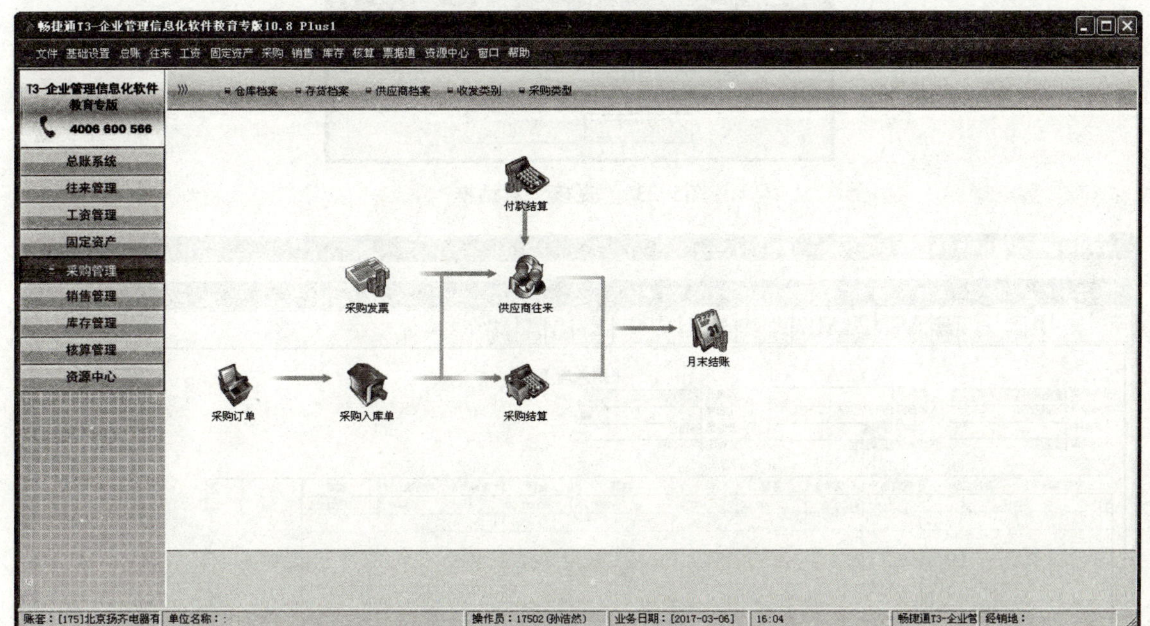

图5-21　启动“采购发票”模块

2．单击“增加”按钮，填写采购专用发票（见图5-22）。

3．选择“复核”→“是”选项（见图5-23）。

4．选择“流转”→“流转生成入库单”选项（见图5-24），并将入库单填写完整（见图5-25）并单击“保存”按钮。

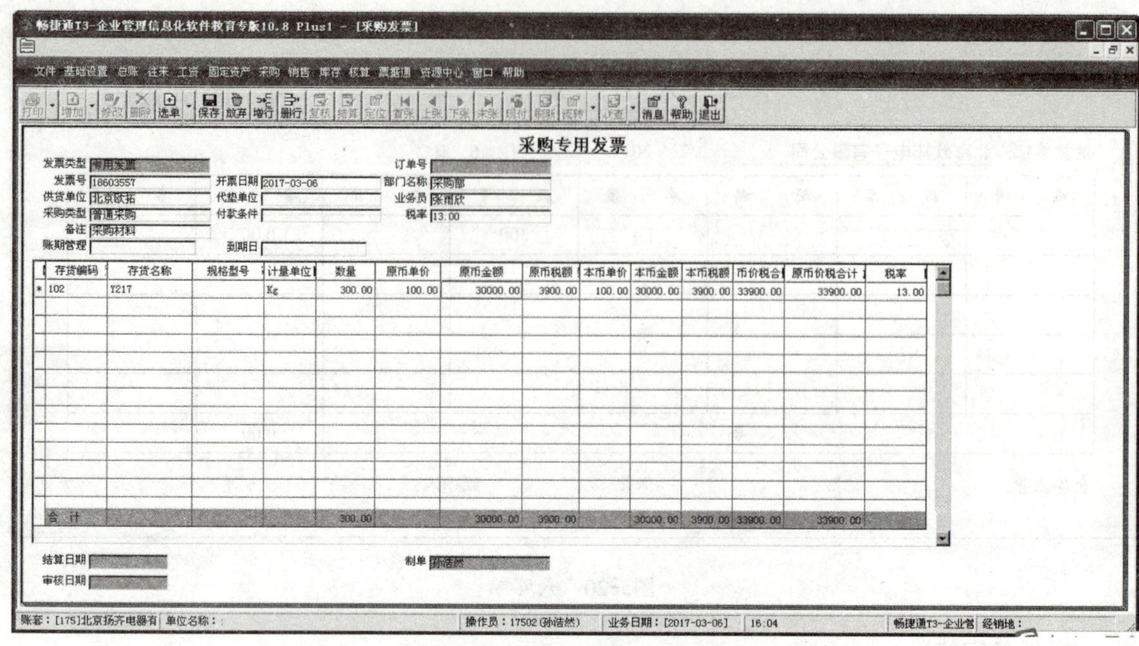

图5-22 填写“采购专用发票”

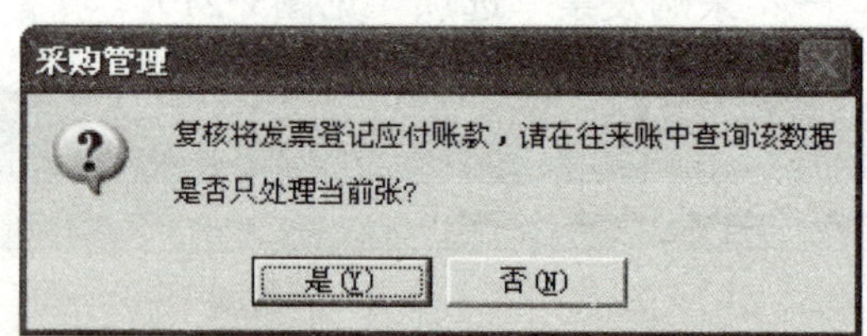

图5-23 “复核”对话框

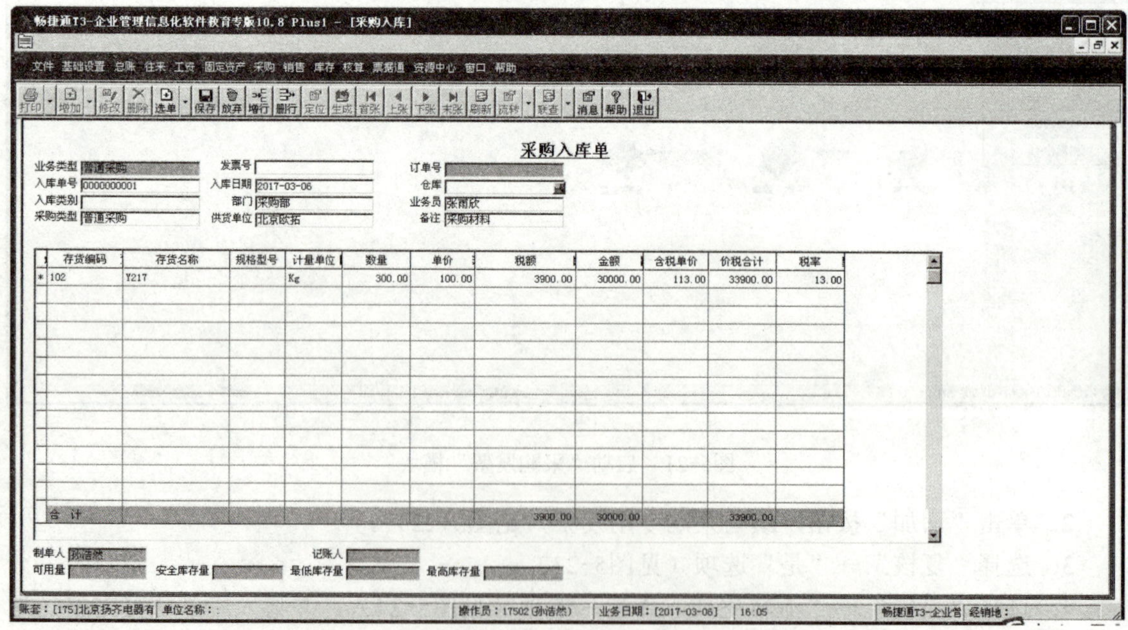

图5-24 流转生成入库单

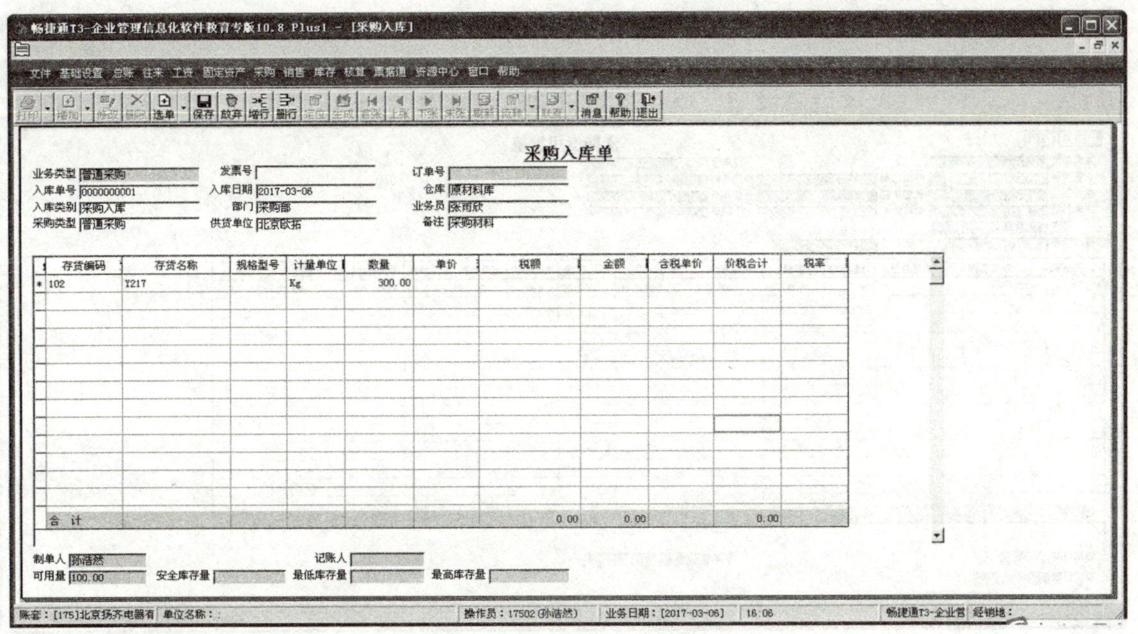

图5-25 填写完整“入库单”

5. 单击“结算”按钮，弹出如图5-26所示的对话框，单击“确认”按钮，弹出如图5-27所示的对话框并单击“确定”按钮，完成结算后的发票如图5-28所示。

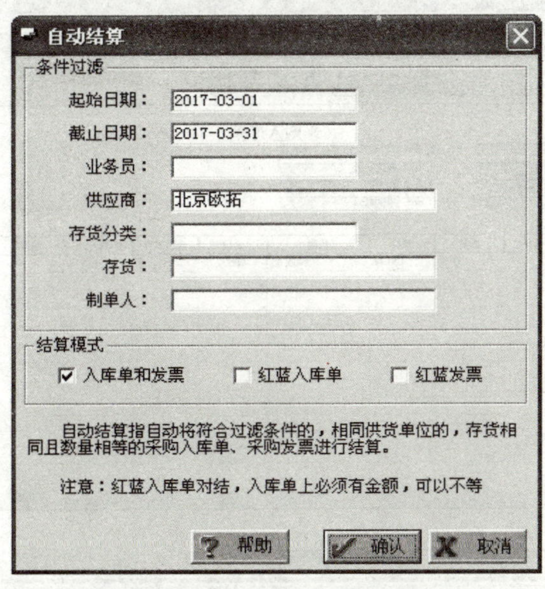

图5-26 “自动结算”对话框

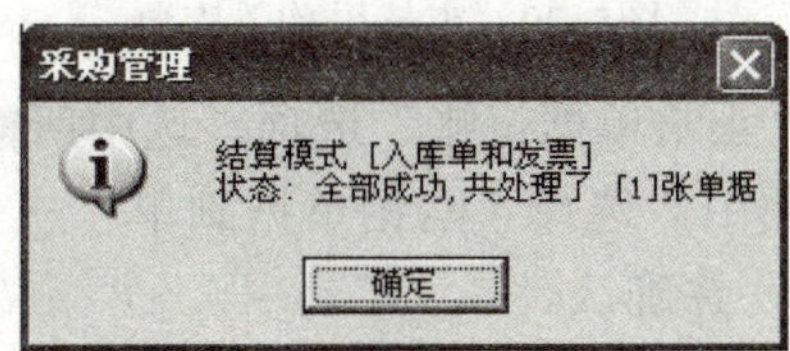

图5-27 “确认结算”对话框

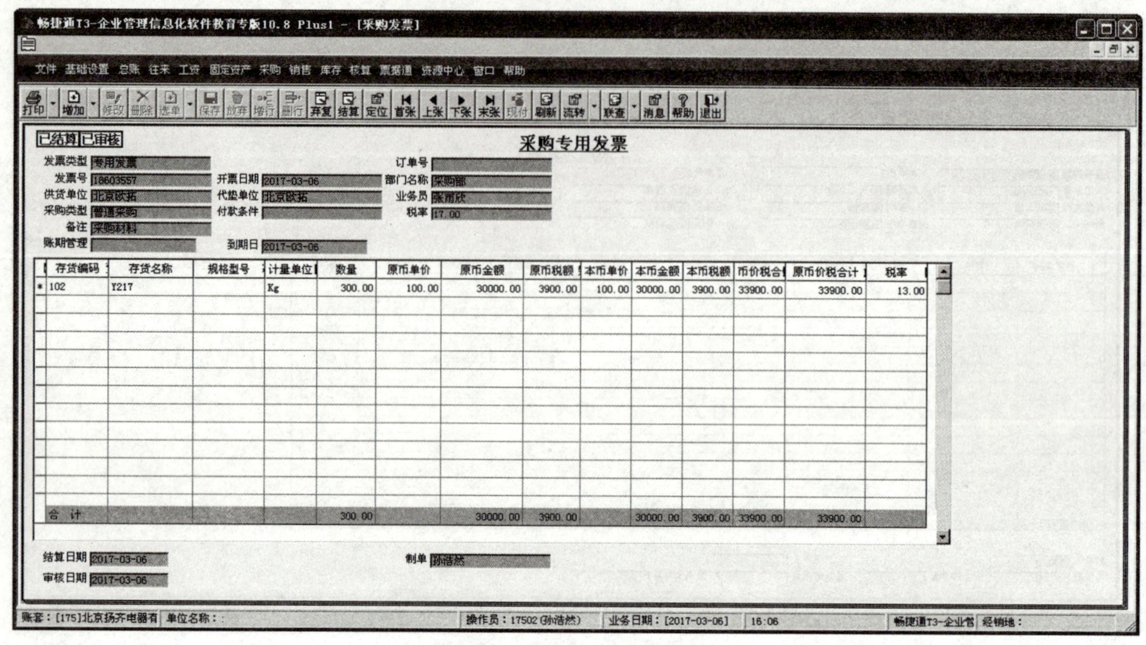

图5-28 生成结算后发票

6．选择“库存管理”→“采购入库单审核”选项，单击“审核”按钮（见图5-29）。

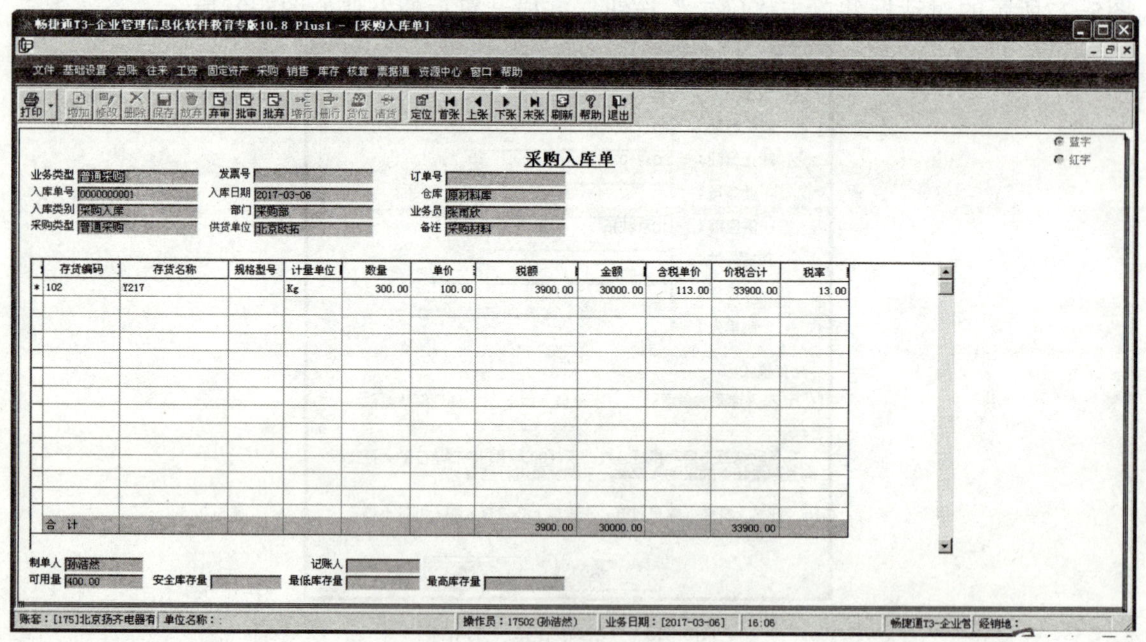

图5-29 审核采购入库单

7．选择“核算管理”→“正常单据记账”选项，选中所需记账的单据（见图5-30）。

8．在“核算管理”主界面中，选择“购销单据制单”→“选择”选项（见图5-31），单击“全选”按钮（见图5-32）并确认。

9．选中所需制单的单据（见图5-33）。

10．将分录补充完整，单击“合成”按钮（见图5-34），生成记账凭证（见图5-35）。

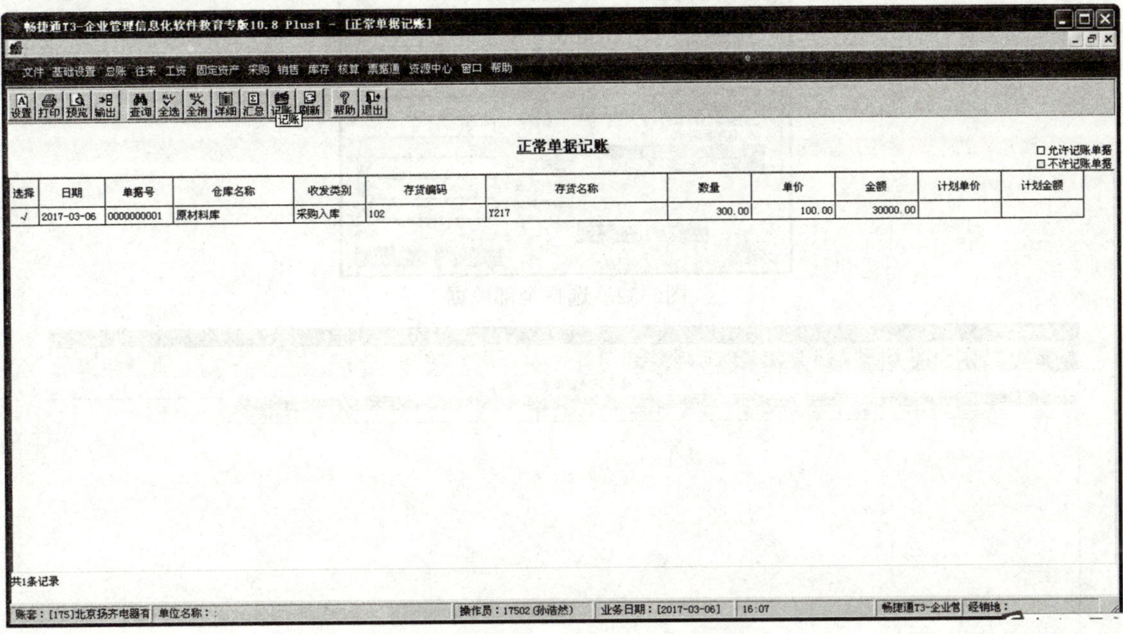

图5-30 选择记账单据

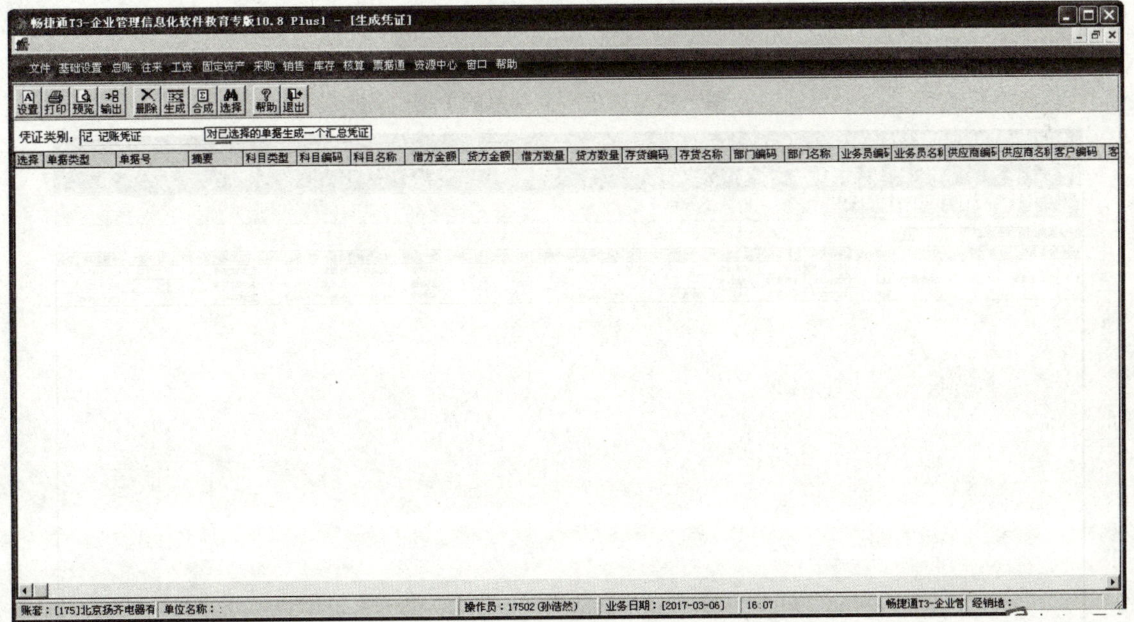

图5-31 选择购销单据制单

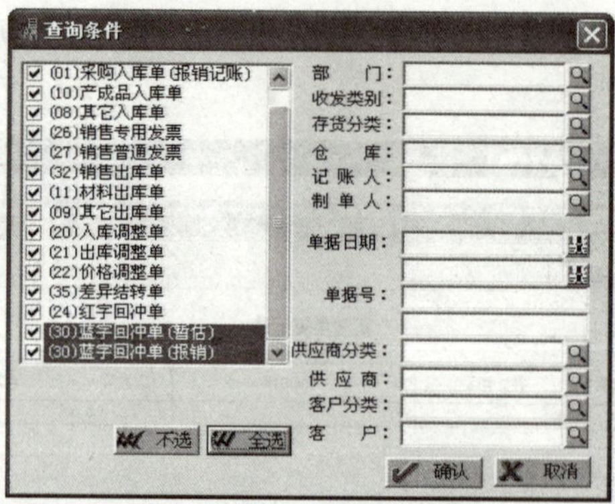

图5-32　选择全部单据

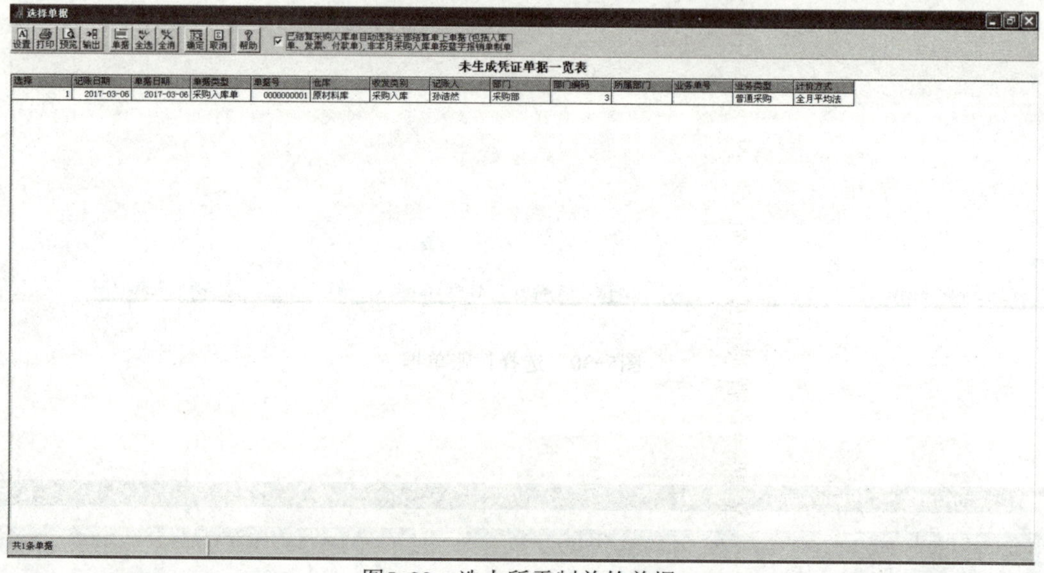

图5-33　选中所需制单的单据

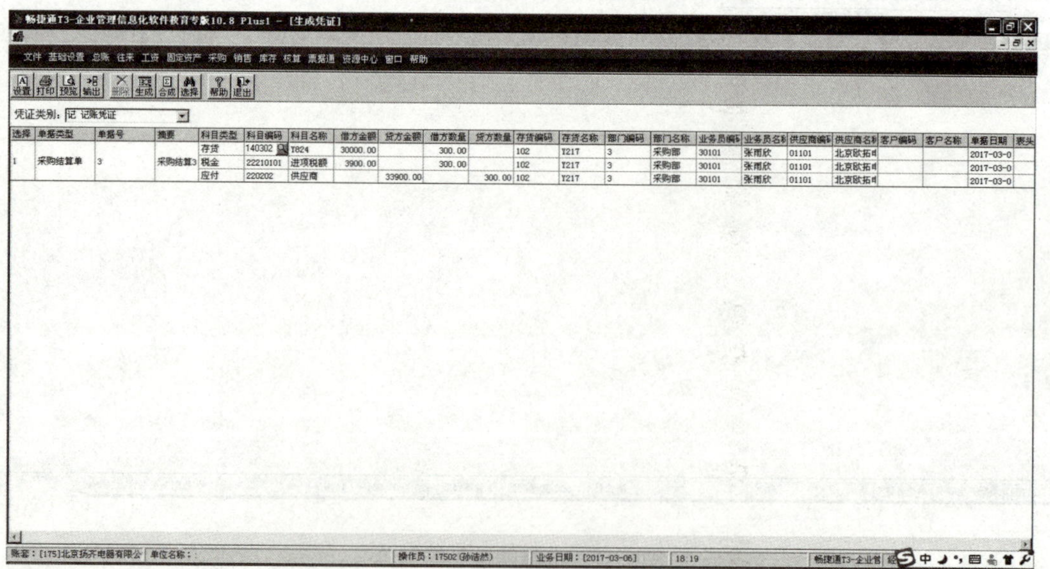

图5-34　补充分录

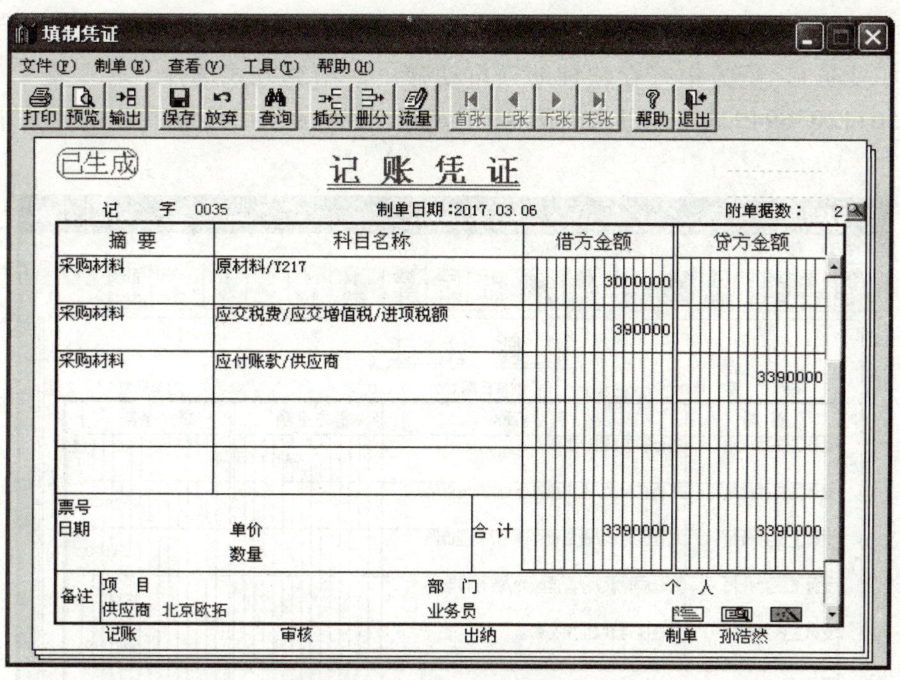

图5-35 生成"记账凭证"三

业务4：根据要求填制凭证。原始凭证于2017年3月10日取得，共2张（见图5-36、表5-2），要求：在总账系统中完成（一张凭证）。

中国建设银行
转账支票存根
10501120
07694931
附加信息
出票日期 2017 年 3 月 10 日
收款人: 北京扬齐电器有限公司
金 额: ¥42,436.00
用 途:
单位主管 会计

图5-36 转账支票存根

表5-2 工资发放表

	应付工资总额	养老保险	医疗保险	失业保险	住房公积金	个人所得税	实发工资
管理人员合计	34,700	2,776	766	347	3,470	177	27,164
销售人员合计	6,800	544	154	68	680	0	5,354
生产人员合计	12,600	1,008	288	126	1,260	0	9,918
合计	54,100	4,328	1,208	541	5,410	177	42,436

任务实施

操作如业务1，贷方银行存款辅助项自动弹出，结算方式选择“转账支票”，票号录入“105011207694931”，单击“确认”按钮，贷方金额栏可使用“=”（见图5-37和图5-38）。

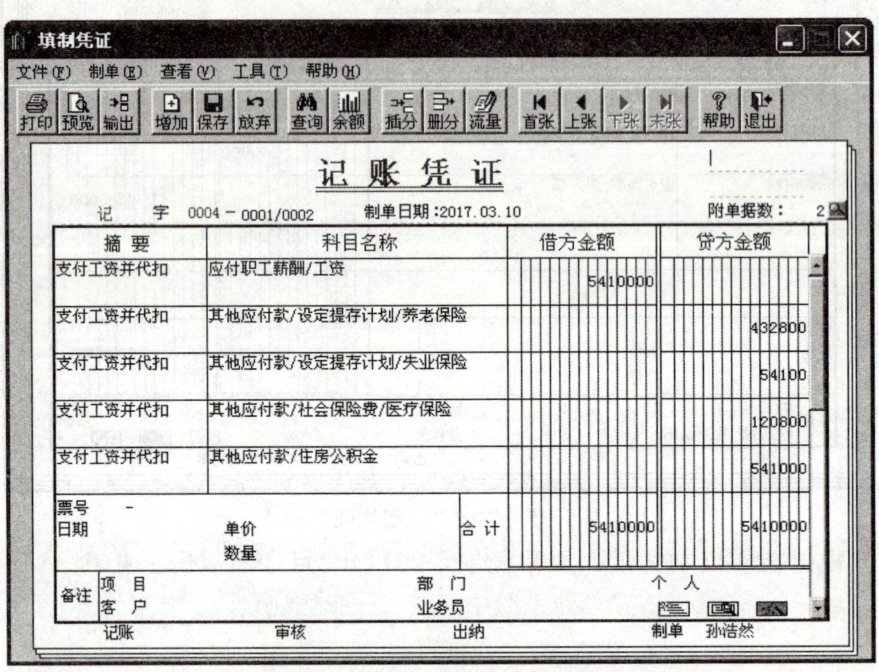

图5-37 生成“记账凭证”四

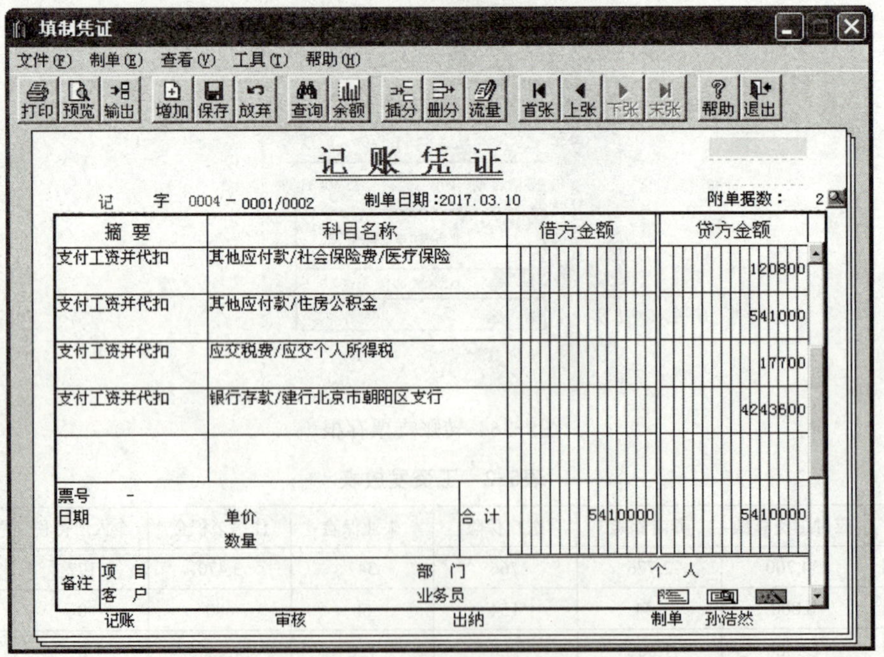

图5-38 生成“记账凭证”五

业务5：根据要求填制凭证。原始凭证于2017年3月13日取得，共1张（见图5-39），要求：在总账系统中完成（一张凭证）。

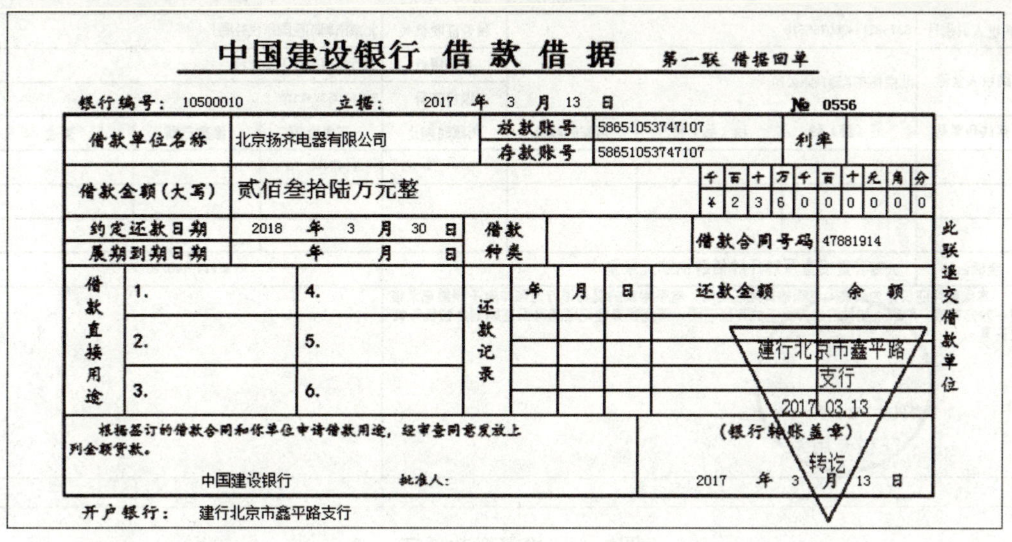

中国建设银行 借 款 借 据 第一联 借据回单

银行编号：10500010　　立据：2017 年 3 月 13 日　　№ 0556

借款单位名称	北京扬齐电器有限公司	放款账号	58651053747107	利率	
		存款账号	58651053747107		
借款金额（大写）	贰佰叁拾陆万元整	千百十万千百十元角分	¥ 2 3 6 0 0 0 0 0 0		
约定还款日期	2018 年 3 月 30 日	借款种类		借款合同号码	47881914
展期到期日期	年 月 日				
借款直接用途	1. 4. 2. 5. 3. 6.	还款记录	年 月 日	还款金额	余额
根据签订的借款合同和你单位申请借款用途，经审查同意发放上列金额贷款。中国建设银行 批准人：		（银行转账盖章）2017 年 3 月 13 日			

开户银行：建行北京市鑫平路支行

此联退交借款单位

图5-39　银行借款借据

任务实施

操作如业务1，借方银行存款辅助项自动弹出，结算方式选择“其他”（见图5-40）。

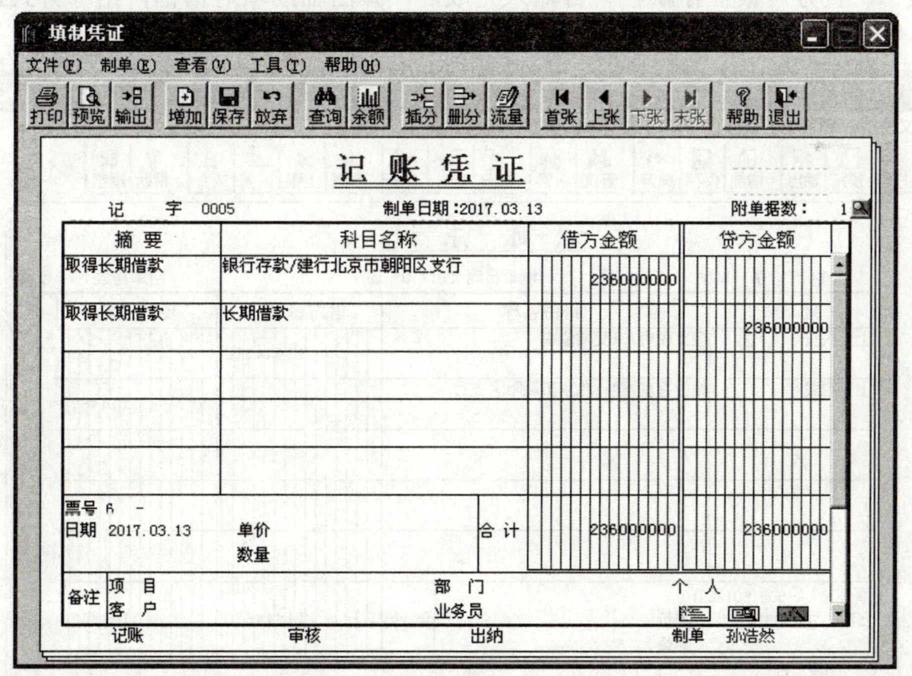

图5-40　生成“记账凭证”六

业务6：根据要求填制凭证。原始凭证于2017年3月15日取得，共1张（见图5-41），要求：在总账系统中完成（一张凭证）。

电子缴款凭证

打印日期：2017年3月15日　　　　国 508780128910

纳税人识别号	637392144360765616			税务征收机关	北京市朝阳区国家税务局		
纳税人全称	北京扬齐电器有限公司			开户银行	建行北京市鑫平路支行		
				银行账号	58651053747107		
系统税票号	征（费）种	税（品）目	所属时期起	所属时期止	实缴金额	缴款日期	备注
	增值税				114, 446. 70		
金额合计	（大写）壹拾壹万肆仟肆佰肆拾陆元柒角				¥114, 446. 70		

本缴款凭证仅作为纳税人记账核算凭证使用，电子缴税的需与银行对账单电子划缴记录核对一致方有效。纳税人如需汇总开具正式完税证明，请凭税务登记证或身份证明到主管税务机关开具。

税务机关（电子章）　北京市朝阳区国家税务局 征税专用章

图5-41　电子缴款凭证一

任务实施

填制凭证时，借方科目金额的确定可使用畅捷通T3查询明细账的余额功能，即工具栏“余额”，贷方“银行存款”科目输入完成后，弹出辅助项对话框，结算方式选择“其他”，票号录入“508780129810”，单击“保存”按钮（见图5-42）。

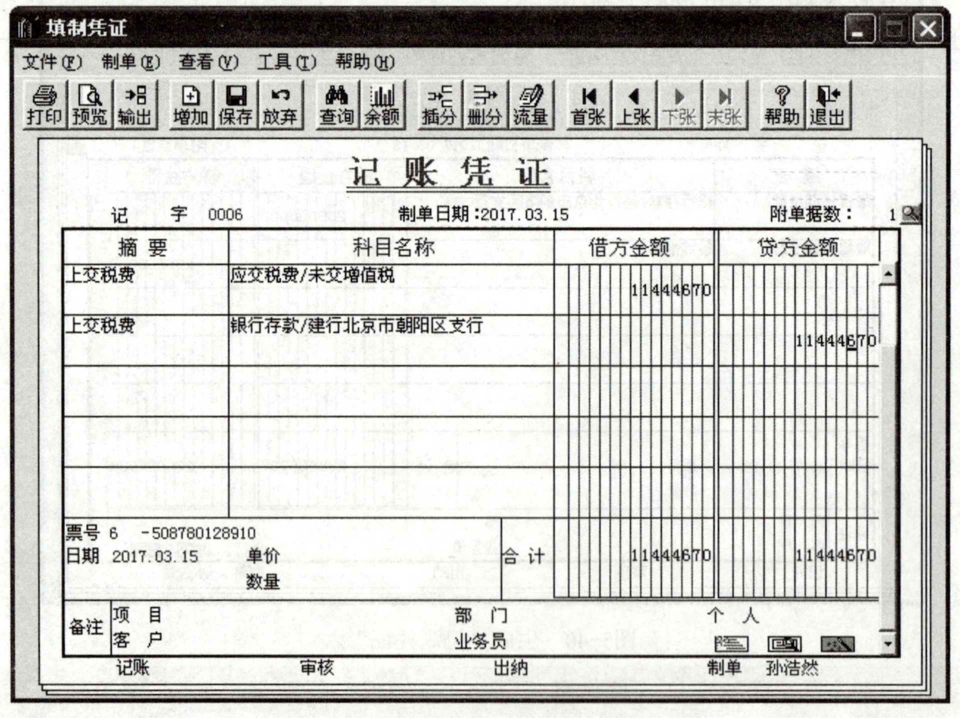

图5-42　生成“记账凭证”七

业务7：根据要求填制凭证。原始凭证于2017年3月15日取得，共1张（见图5-43），要求：在总账系统中完成（一张凭证）。

电子缴款凭证

打印日期：2017年3月15日　　　　地 81550273958443

纳税人识别号	637392144360765616			税务征收机关	北京市朝阳区地方税务局		
纳税人全称	北京扬齐电器有限公司			开户银行	建行北京市鑫平路支行		
				银行账号	58651053747107		
系统税票号	征（费）种	税（品）目	所属时期起	所属时期止	实缴金额	缴款日期	备注
	城市维护建设税				8,011.27		
	教育费附加				3,433.40		
	地方教育费附加				2,288.93		
金额合计	（大写）壹万叁仟柒佰叁拾叁元陆角				¥13,733.60		

本缴款凭证仅作为纳税人记账核算凭证使用，电子缴税的需与银行对账单电子划缴记录核对一致方有效。纳税人如需汇总开具正式完税证明，请凭税务登记证或身份证明到主管税务机关开具。

（印章：北京市朝阳区地方税务局　税务机关（电子章）　征税专用章）

图5-43　电子缴款凭证二

操作如业务4，贷方银行存款辅助项自动弹出，结算方式选择“转账支票”，票号录入“81550273958443”（见图5-44）。

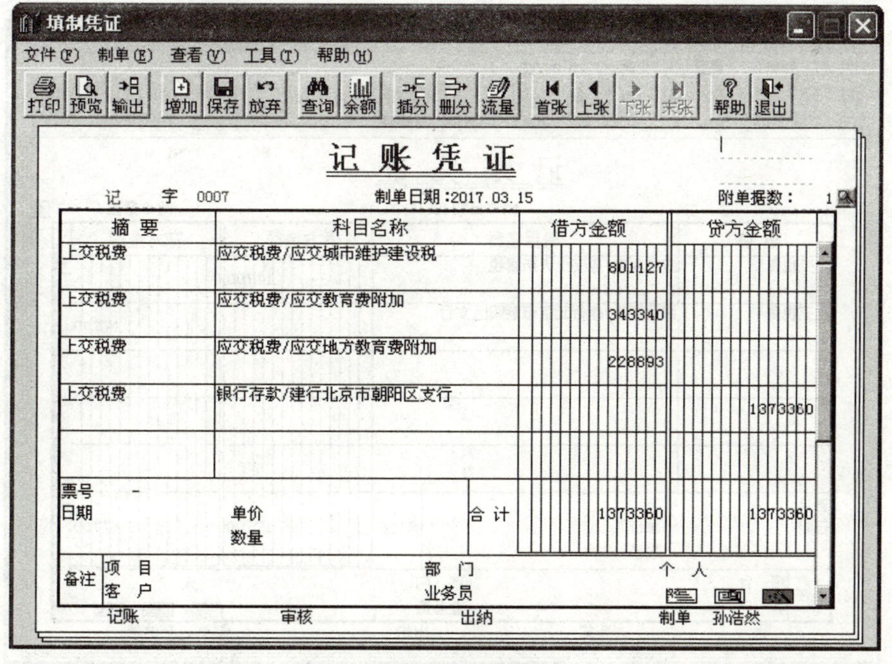

填制凭证

文件(F)　制单(E)　查看(V)　工具(T)　帮助(H)

打印　预览　输出　增加　保存　放弃　查询　余额　插分　删分　流量　首张　上张　下张　末张　帮助　退出

记 账 凭 证

记　字 0007　　制单日期:2017.03.15　　附单据数: 1

摘要	科目名称	借方金额	贷方金额
上交税费	应交税费/应交城市维护建设税	801127	
上交税费	应交税费/应交教育费附加	343340	
上交税费	应交税费/应交地方教育费附加	228893	
上交税费	银行存款/建行北京市朝阳区支行		1373360
票号 - 日期	单价 数量	合计 1373360	1373360

备注　项目　　部门　　个人
　　　客户　　业务员

记账　　审核　　出纳　　制单 孙浩然

图5-44　生成“记账凭证”八

业务8：根据要求填制凭证。原始凭证于2017年3月15日取得，共1张（见图5-45），要求：在总账系统中完成（一张凭证）。

电子缴款凭证

打印日期：2017年3月15日　　　　3150719667291 0

纳税人识别号	637392144360765616				税务征收机关	北京市朝阳区税务局		
纳税人全称	北京扬齐电器有限公司				开户银行	建行北京市鑫平路支行		
					银行账号	58651053747107		
系统税票号	征（费）种	税（品）目	所属时期起	所属时期止	实缴金额	缴款日期		备注
	个人所得税				177.00			
金额合计	（大写）壹佰柒拾柒元整					¥177.00		
本缴款凭证仅作为纳税人记账核算凭证使用，电子缴税的需与银行对账单电子划缴记录核对一致方有效。纳税人如需汇总开具正式完税证明，请凭税务登记证或身份证明到主管税务机关开具。 北京市朝阳区税务局 税务机关（电子章） 征税专用章								

图5-45　电子缴款凭证三

操作如业务5，贷方银行存款辅助项自动弹出，结算方式选择“转账支票”，票号录入“31507196672910”（见图5-46）。

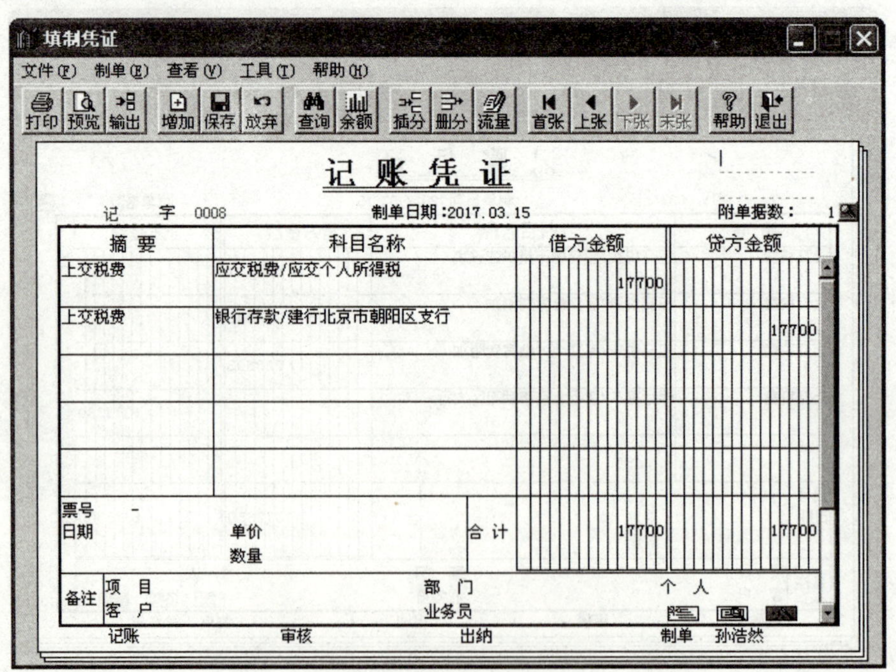

图5-46　生成“记账凭证”九

业务9：根据要求填制凭证。原始凭证于2017年3月15日取得，共1张（见图5-47），要求：在总账系统中完成（一张凭证）。

电子缴款凭证

打印日期：　2017年3月15日　　　　104459366022

纳税人识别号	637392144360765616				税务征收机关	北京市朝阳区税务局		
纳税人全称	北京扬齐电器有限公司				开户银行	建行北京市鑫平路支行		
					银行账号	58651053747107		
系统税票号	征（费）种	税（品）目	所属时期起	所属时期止	实缴金额	缴款日期	备注	
	企业所得税				57，870.05			
金额合计	（大写）伍万柒仟捌佰柒拾元伍分					¥57，870.05		
本缴款凭证仅作为纳税人记账核算凭证使用，电子缴税的需与银行对账单电子划缴记录核对一致方有效。纳税人如需汇总开具正式完税证明，请凭税务登记证或身份证明到主管税务机关开具。税务机关（电子章）［印章：北京市朝阳区税务局 征税专用章］								

图5-47　电子缴款凭证四

任务实施

操作如业务6，贷方银行存款辅助项自动弹出，结算方式选择“转账支票”，票号录入“104459366022”（见图5-48）。

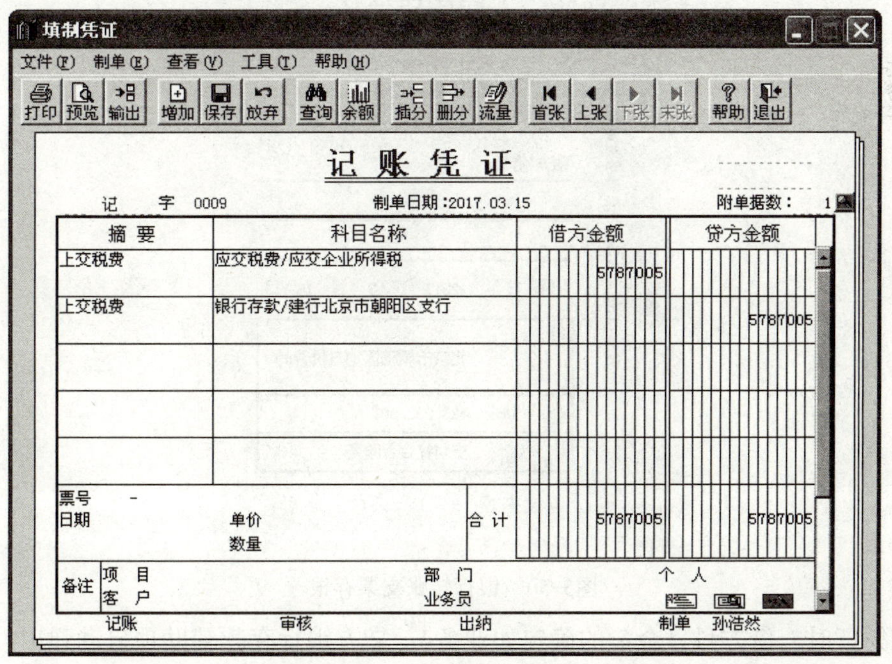

图5-48　生成“记账凭证”十

业务10：根据要求填制凭证。原始凭证于2017年3月15日取得，共1张（见图5-49），要求：在总账系统中完成（一张凭证）。

社会保险专业基金票据 65125790

支票号：

付款单位	北京扬齐电器有限公司											
征缴险种	征缴项目	金额										
		亿	千	百	十	万	千	百	十	元	角	分
	医疗保险						5	6	5	0	0	0
	养老保险					1	5	1	4	8	0	0
	失业保险						1	6	2	3	0	0
	生育保险							5	4	1	0	0
	工伤保险							2	7	0	5	0
	小写金额合计				¥	2	3	2	3	2	5	0
大写金额	零亿零仟零佰零拾贰万叁仟贰佰叁拾贰元伍角零分											

第二联 收据

征缴单位（盖章）：北京扬齐电器有限公司　　经办人：　　2017 年 3 月 16 日

图5-49　社会保险专业基金票据

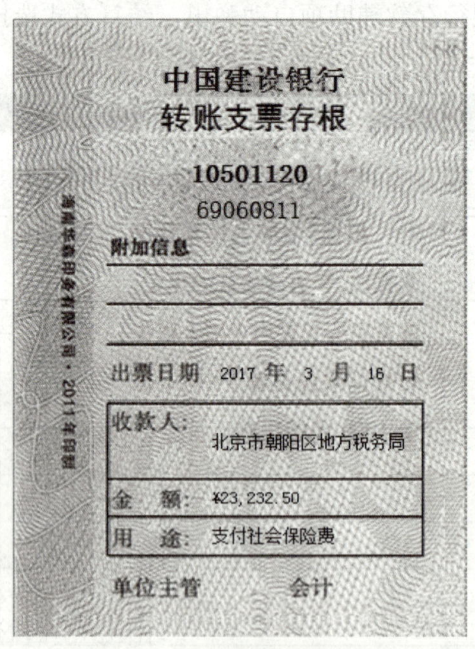
中国建设银行
转账支票存根
10501120
69060811
附加信息
出票日期 2017 年 3 月 16 日
收款人：北京市朝阳区地方税务局
金　额：¥23,232.50
用　途：支付社会保险费
单位主管　　会计

图5-50　银行转账支票存根一

填制凭证时，借方科目金额的确定如业务4，贷方银行存款辅助项自动弹出，结算方式选择“转账支票”，票号录入“1050112069060811”（见图5-51和图5-52）。

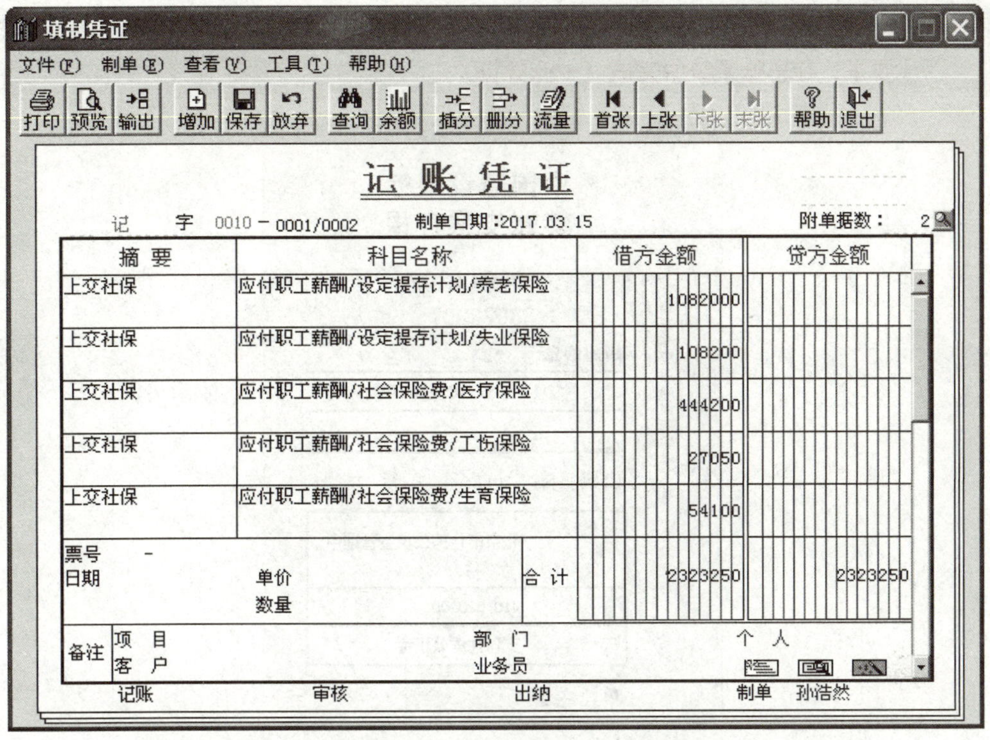

图5-51　生成“记账凭证”十一

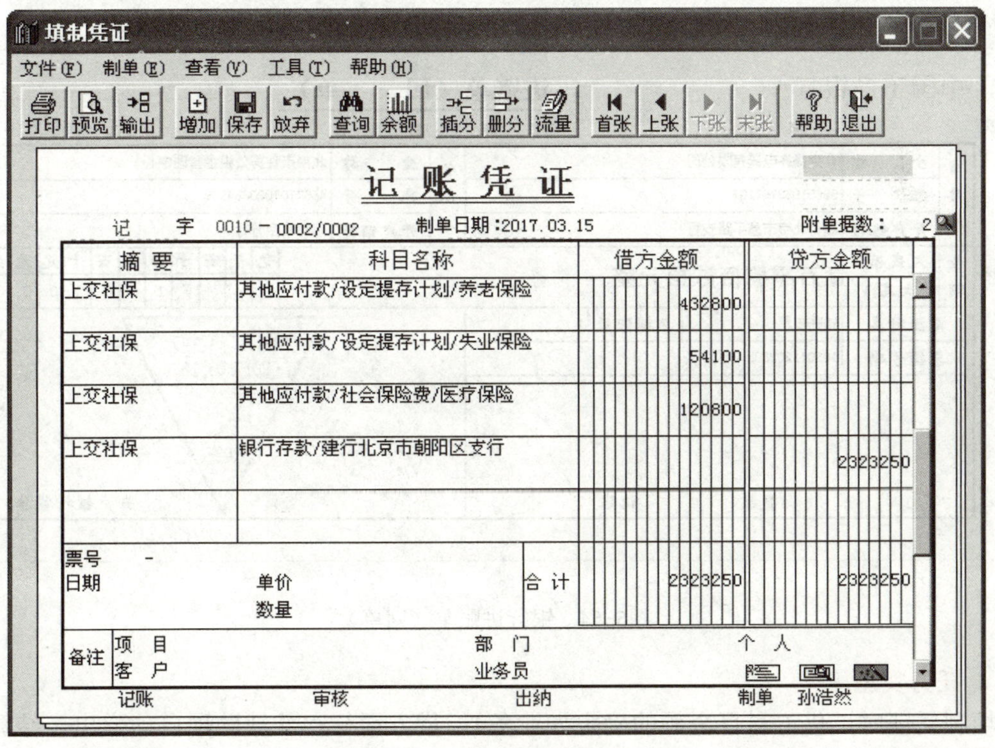

图5-52　生成“记账凭证”十二

业务11：根据要求填制凭证。原始凭证于2017年3月16日取得，共2张（见图5-53、图5-54），要求：在总账系统中完成（一张凭证）。

中国建设银行
转账支票存根

10501120
23082237

附加信息

出票日期 2017 年 3 月 16 日

收款人：	北京市住房公积金管理中心
金　额：	¥10,820.00
用　途：	支付住房公积金

单位主管　　会计

图5-53　银行转账支票存根二

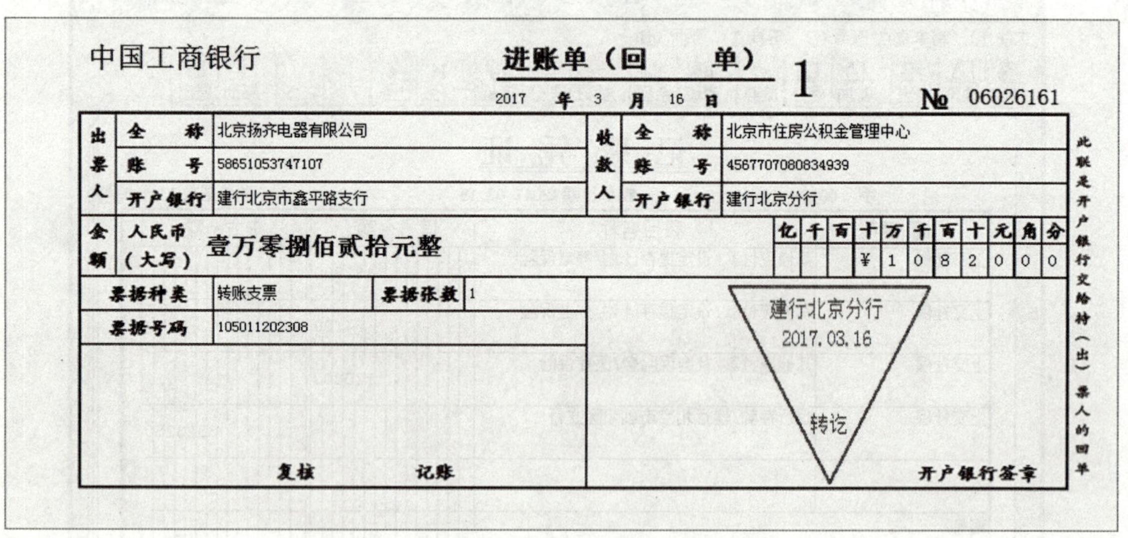

中国工商银行　　进账单（回　单）　1

2017 年 3 月 16 日　　№ 06026161

<table>
<tr><td rowspan="3">出票人</td><td>全　称</td><td>北京扬齐电器有限公司</td><td rowspan="3">收款人</td><td>全　称</td><td>北京市住房公积金管理中心</td></tr>
<tr><td>账　号</td><td>58651053747107</td><td>账　号</td><td>4567707080834939</td></tr>
<tr><td>开户银行</td><td>建行北京市鑫平路支行</td><td>开户银行</td><td>建行北京分行</td></tr>
<tr><td>金额</td><td>人民币（大写）</td><td colspan="2">壹万零捌佰贰拾元整</td><td colspan="2">亿 千 百 十 万 千 百 十 元 角 分
¥ 1 0 8 2 0 0 0</td></tr>
<tr><td colspan="2">票据种类</td><td>转账支票　票据张数 1</td><td colspan="3" rowspan="3">建行北京分行
2017.03.16
转讫

开户银行签章</td></tr>
<tr><td colspan="2">票据号码</td><td>105011202308</td></tr>
<tr><td colspan="3">复核　　记账</td></tr>
</table>

此联是开户银行交给持（出）票人的回单

图5-54　银行进账单（回单）

任务实施

填制凭证时，借方科目金额的确定如业务4，贷方银行存款辅助项自动弹出，结算方式选择“转账支票”，票号录入“1050112023082237”（见图5-55）。

填制凭证

文件(F) 制单(E) 查看(V) 工具(T) 帮助(H)

打印 预览 输出 增加 保存 放弃 查询 余额 插分 删分 流量 首张 上张 下张 末张 帮助 退出

记账凭证

记　字　0011　　制单日期：2017.03.15　　附单据数：　2

摘要	科目名称	借方金额	贷方金额
上交住房公积金	应付职工薪酬/住房公积金	541000	
上交住房公积金	其他应付款/住房公积金	541000	
上交住房公积金	100201		1082000
票号 202－1050112023082237 日期 2017.03.15　单价 数量	合计	1082000	1082000

备注　项　目　　部　门　　个　人
　　　客　户　　业务员

记账　　审核　　出纳　　制单　孙浩然

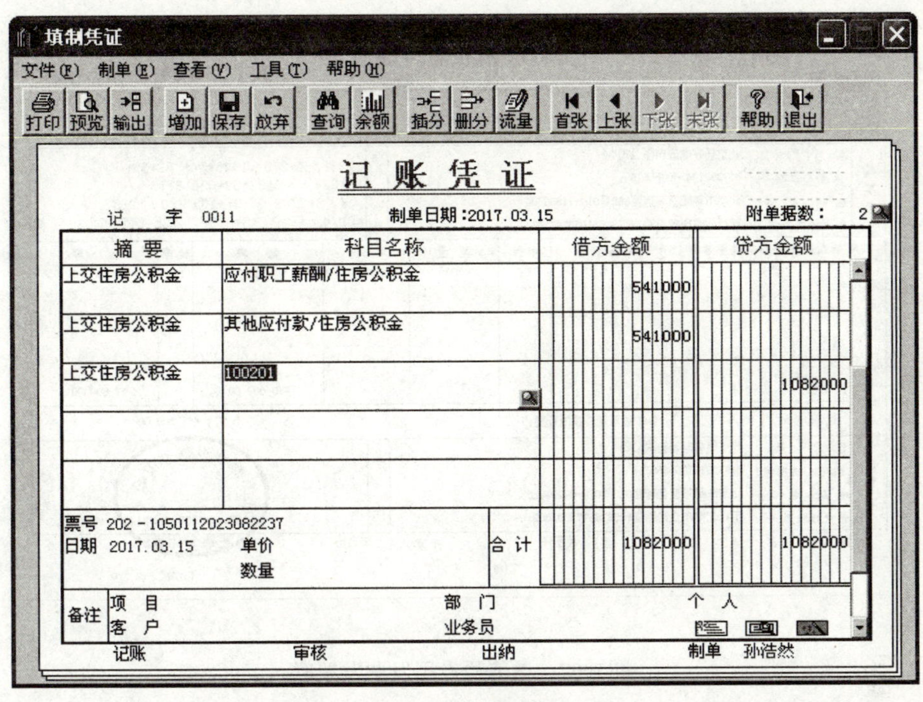

图5-55　生成“记账凭证”十三

业务12：根据要求填制凭证。原始凭证于2017年3月19日取得，共2张（见图5-56、图5-57），要求：在购销存及核算系统中完成（一张凭证）。

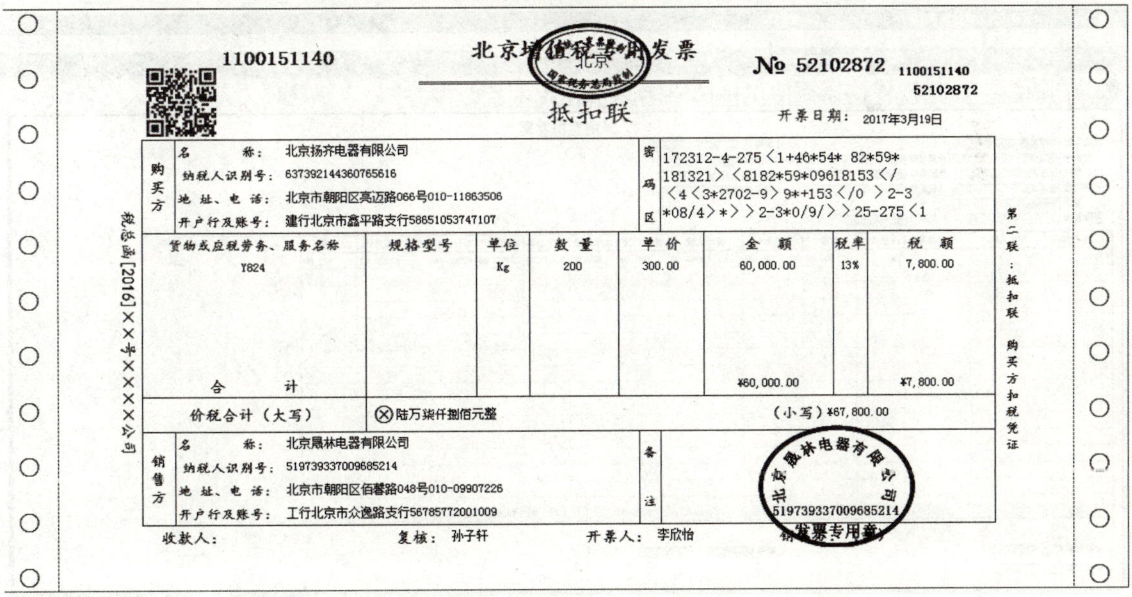

1100151140　　北京增值税专用发票　　№ 52102872　1100151140　52102872

抵扣联　　开票日期：2017年3月19日

购买方	名称：北京扬齐电器有限公司 纳税人识别号：637392144360765616 地址、电话：北京市朝阳区高迈路066号010-11863506 开户行及账号：建行北京市鑫平路支行58651053747107	密码区	172312-4-275 <1+46*54* 82*59* 181321> <8182*59*09618153</ <4<3*2702-9>9*+153</0 >2-3 *08/4>*>>2-3*0/9/>>25-275<1

货物或应税劳务、服务名称	规格型号	单位	数量	单价	金额	税率	税额
Y824		Kg	200	300.00	60,000.00	13%	7,800.00
合　　计					¥60,000.00		¥7,800.00
价税合计（大写）	⊗陆万柒仟捌佰元整				（小写）¥67,800.00		

销售方	名称：北京晟林电器有限公司 纳税人识别号：519739337009685214 地址、电话：北京市朝阳区佰馨路048号010-09907226 开户行及账号：工行北京市众逸路支行56785772001009	备注	（北京晟林电器有限公司 519739337009685214 发票专用章）

收款人：　　复核：孙子轩　　开票人：李欣怡　　销售方：（章）

税总函[2016]××号×××公司

第二联：抵扣联　购买方扣税凭证

图5-56　增值税专用发票抵扣联

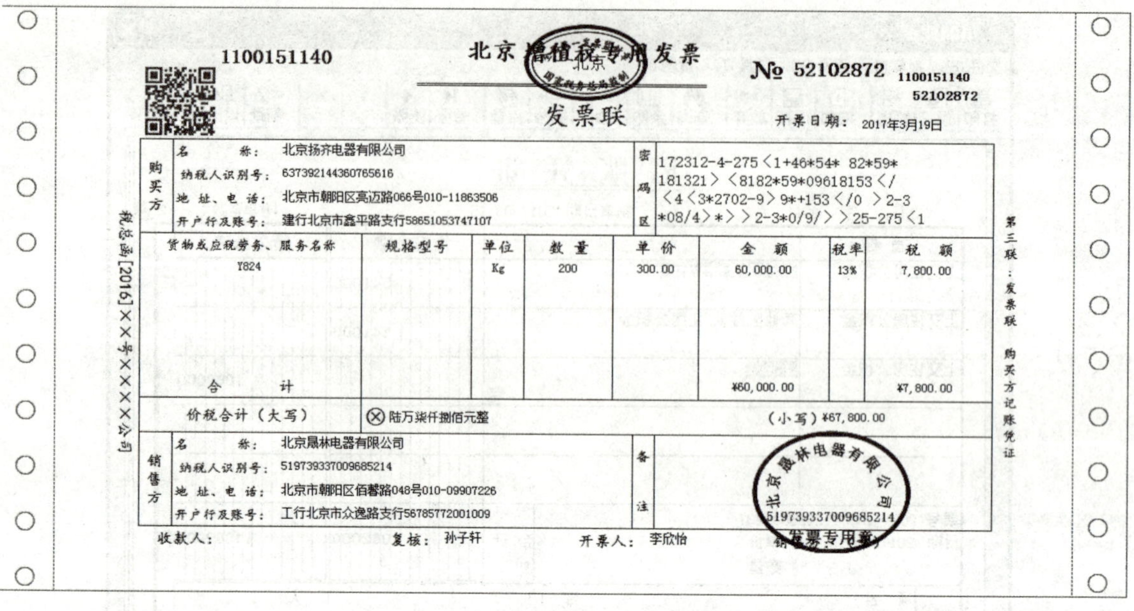
北京增值税专用发票

1100151140

№ 52102872 1100151140 52102872

发票联

开票日期：2017年3月19日

购买方	名称：北京扬齐电器有限公司 纳税人识别号：637392144360765616 地址、电话：北京市朝阳区高迈路066号010-11863506 开户行及账号：建行北京市鑫平路支行58651053747107			密码区	172312-4-275<1+46*54* 82*59* 181321><8182*59*09618153</ <4<3*2702-9>9*+153</0 >2-3 *08/4>*>>2-3*0/9/>>25-275<1		
货物或应税劳务、服务名称	规格型号	单位	数量	单价	金额	税率	税额
Y824		Kg	200	300.00	60,000.00	13%	7,800.00
合计					¥60,000.00		¥7,800.00
价税合计（大写）	⊗陆万柒仟捌佰元整				（小写）¥67,800.00		
销售方	名称：北京晟林电器有限公司 纳税人识别号：519739337009685214 地址、电话：北京市朝阳区佰馨路048号010-09907226 开户行及账号：工行北京市众逸路支行56785772001009			备注			

收款人： 复核：孙子轩 开票人：李欣怡

税总函[2016]××号××××公司

第三联：发票联 购买方记账凭证

图5-57 增值税专用发票发票联

任务实施

1．选择“采购管理”→“采购发票”选项。

2．单击“增加”按钮，填写采购专用发票（见图5-58）。

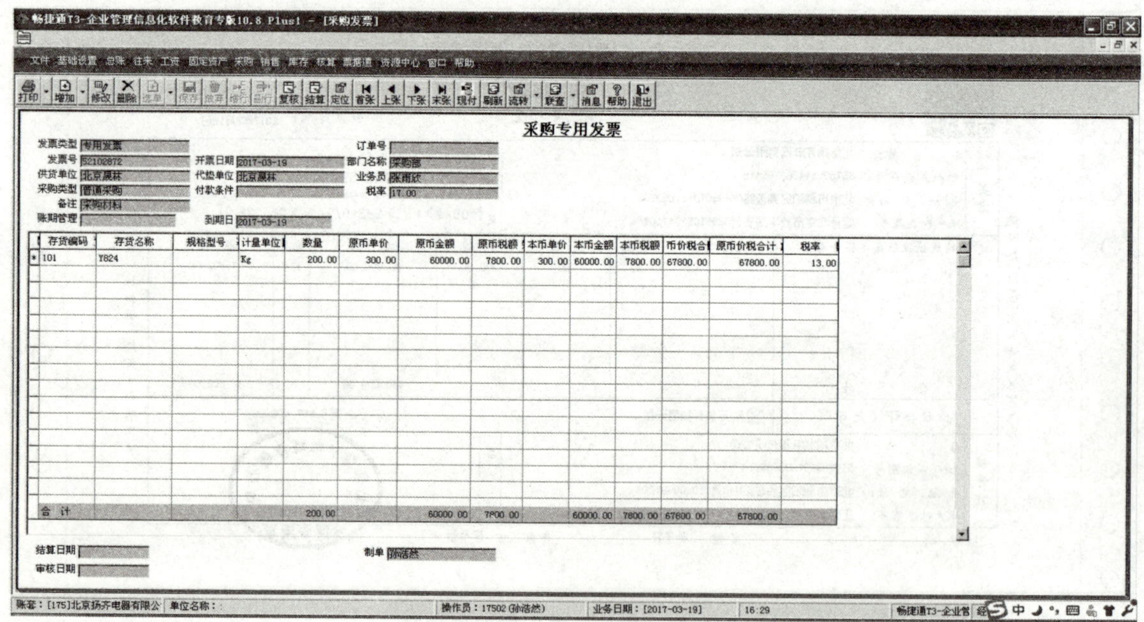

存货编码	存货名称	规格型号	计量单位	数量	原币单价	原币金额	原币税额	本币单价	本币金额	本币税额	币价税合	原币价税合计	税率
101	Y824		Kg	200.00	300.00	60000.00	7800.00	300.00	60000.00	7800.00	67800.00	67800.00	13.00
合计				200.00		60000.00	7800.00		60000.00	7800.00	67800.00	67800.00	

图5-58 填写“采购专用发票”

3．单击“复核”按钮（见图5-59）。

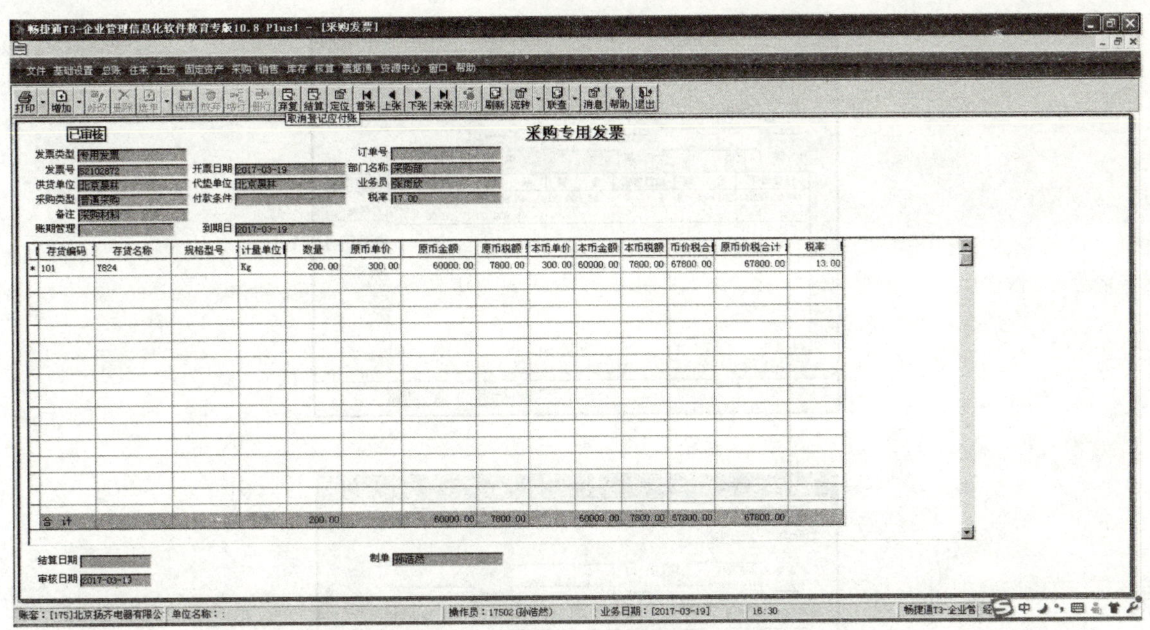

图5-59　复核采购专用发票

4．选择“供应商往来”→“预付冲应付”选项（见图5-60）。

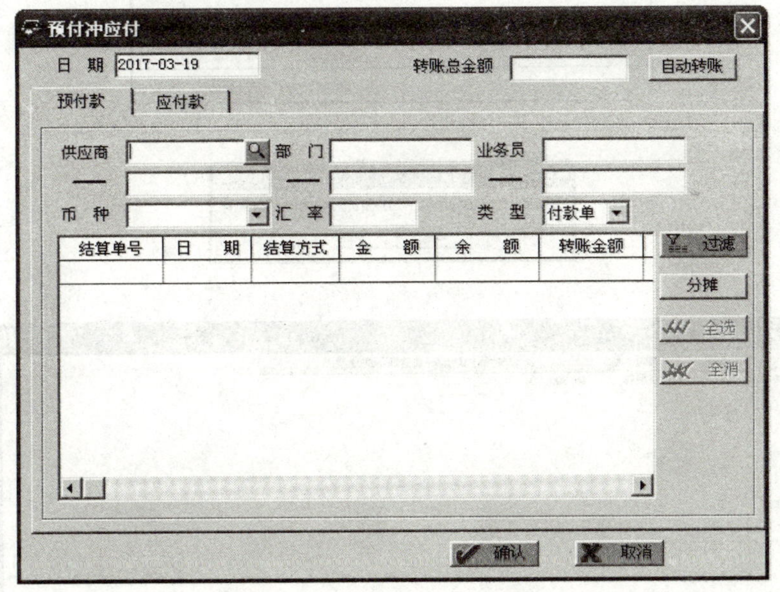

图5-60　“预付冲应付”界面

5．选择“供应商”→“过滤”→“自动转账”选项，如图5-61所示。

6．选择“核算管理”→“供应商往来制单”→“应付单制单”选项（见图5-62）。

7．选中需要制单的单据（见图5-63），单击“制单”按钮。

8．添加附件张数，将“应付账款”改为“预付账款”，单击“生成”按钮（见图5-64）。

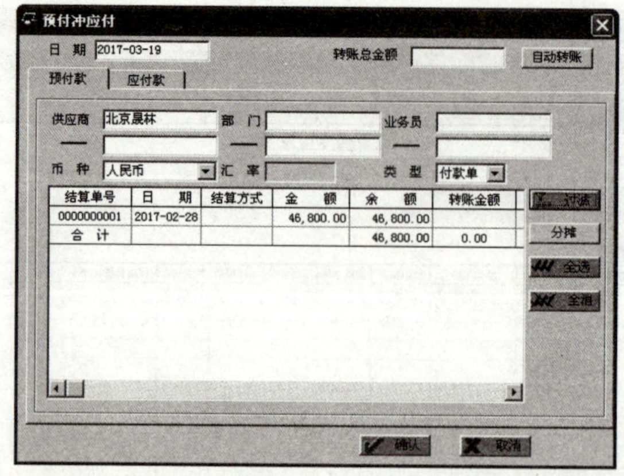

a）

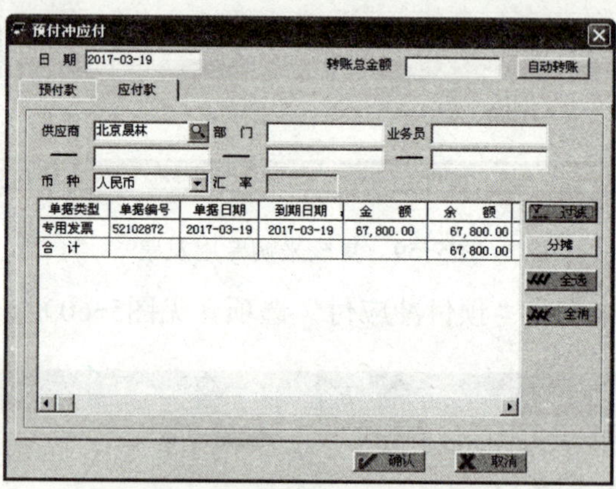

b）

应付款管理

您是否对北京晨林[01102]开始的所有供应商实现自动转账操作?

确定 取消

c）

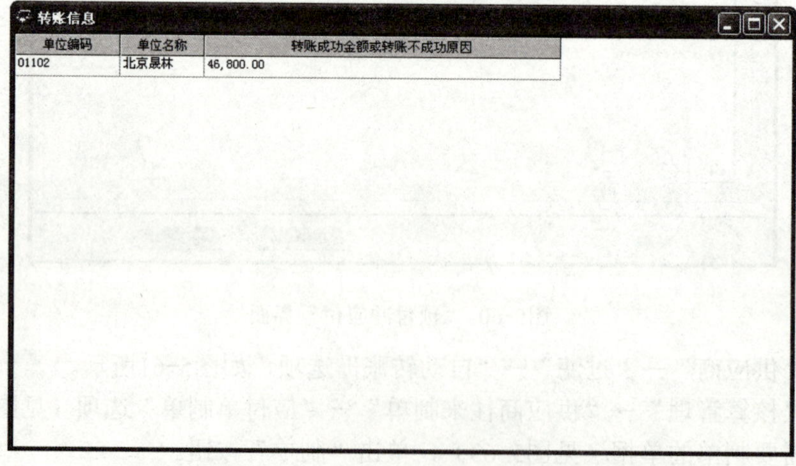

d）

图5-61 设置自动转账

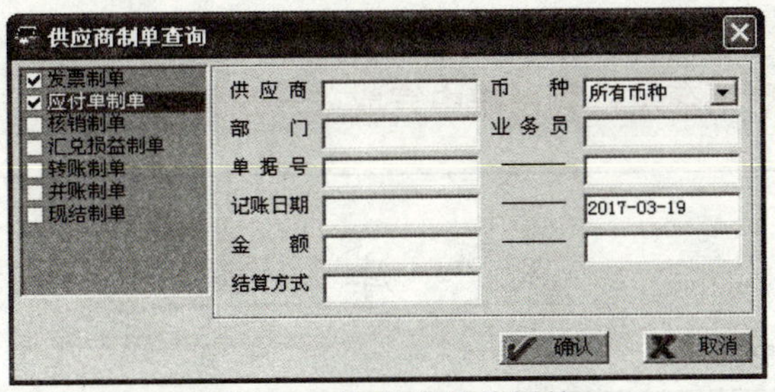

图5-62 设置应付单制单

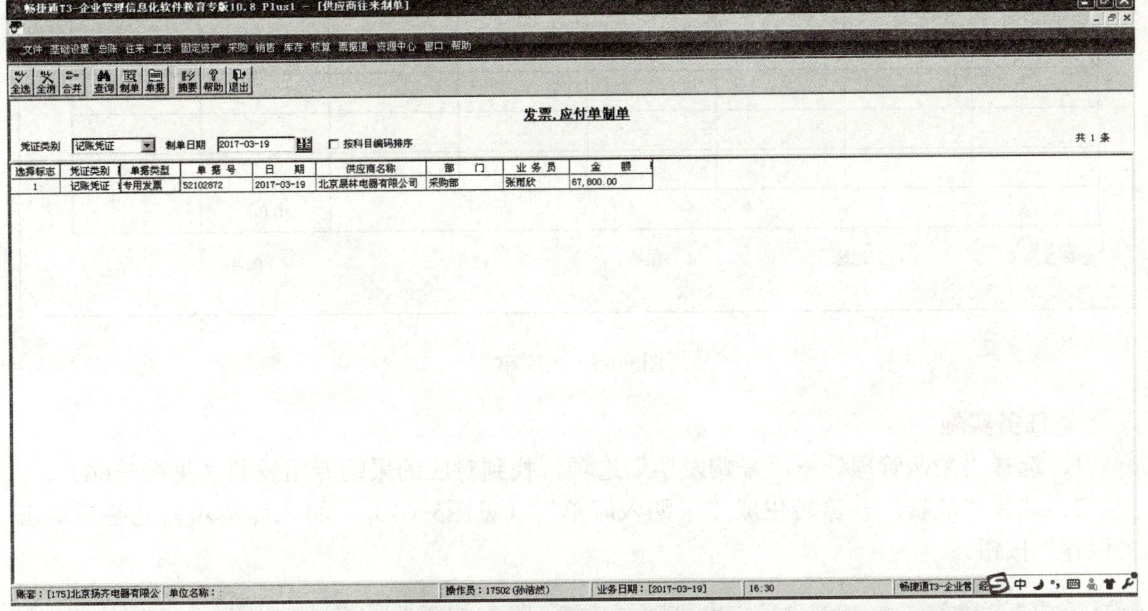

图5-63 完成发票应付单制单

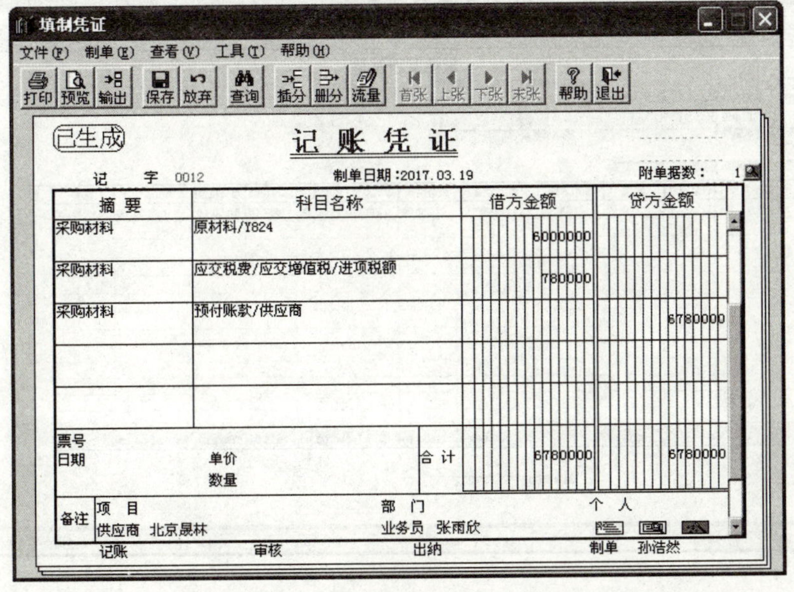

图5-64 生成“记账凭证”十四

业务13：根据要求填制凭证。原始凭证于2017年3月20日取得，共1张（见图5-65），要求：在购销存及核算系统中完成（一张凭证）。

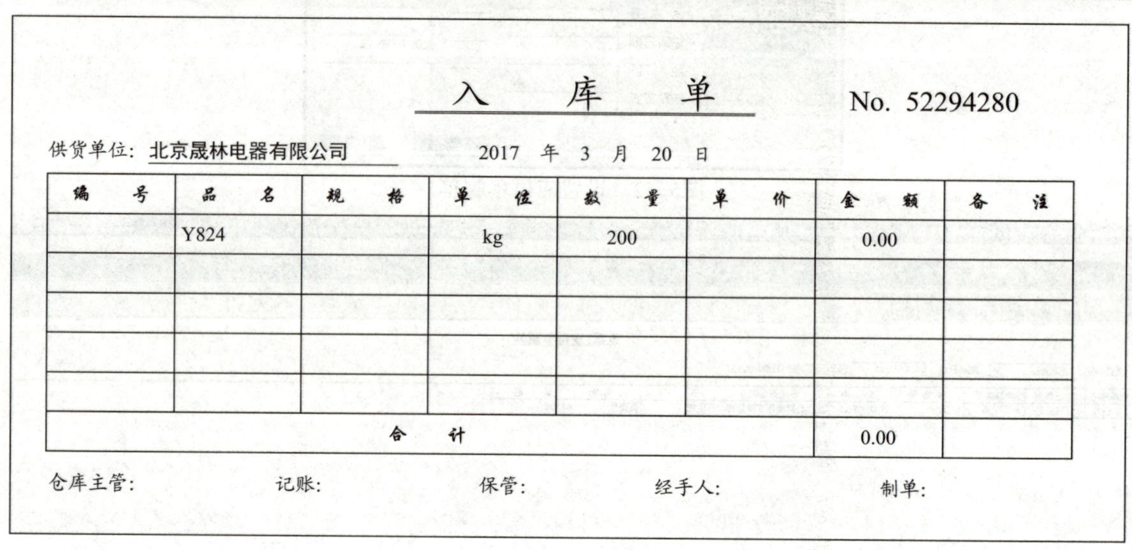

入　库　单

No. 52294280

供货单位：北京晟林电器有限公司　　2017 年 3 月 20 日

编号	品名	规格	单位	数量	单价	金额	备注
	Y824		kg	200		0.00	
合计						0.00	

仓库主管：　　记账：　　保管：　　经手人：　　制单：

图5-65　入库单

任务实施

1．选择“采购管理”→“采购发票”选项，找到对应的采购专用发票（见图5-66）。

2．选择“流转”→流转生成“采购入库单”（见图5-67），将入库单填写完整后单击“保存”按钮。

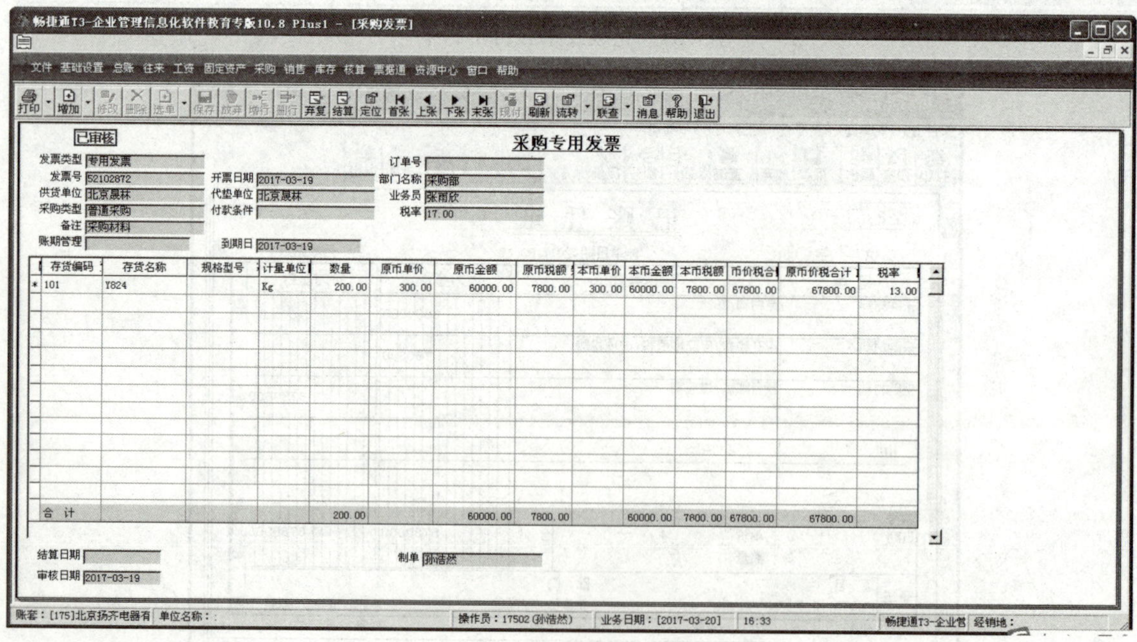

采购专用发票

发票类型 专用发票
发票号 52102872　开票日期 2017-03-19　订单号
供货单位 北京晟林　代垫单位 北京晟林　部门名称 采购部
采购类型 普通采购　付款条件　业务员 张雨欣
备注 采购材料　税率 17.00
账期管理　到期日 2017-03-19

存货编码	存货名称	规格型号	计量单位	数量	原币单价	原币金额	原币税额	本币单价	本币金额	本币税额	币价税合	原币价税合计	税率
101	Y824		Kg	200.00	300.00	60000.00	7800.00	300.00	60000.00	7800.00	67800.00	67800.00	13.00
合计				200.00		60000.00	7800.00		60000.00	7800.00	67800.00	67800.00	

结算日期　　制单 孙浩然
审核日期 2017-03-19

图5-66　确定“采购专用发票”

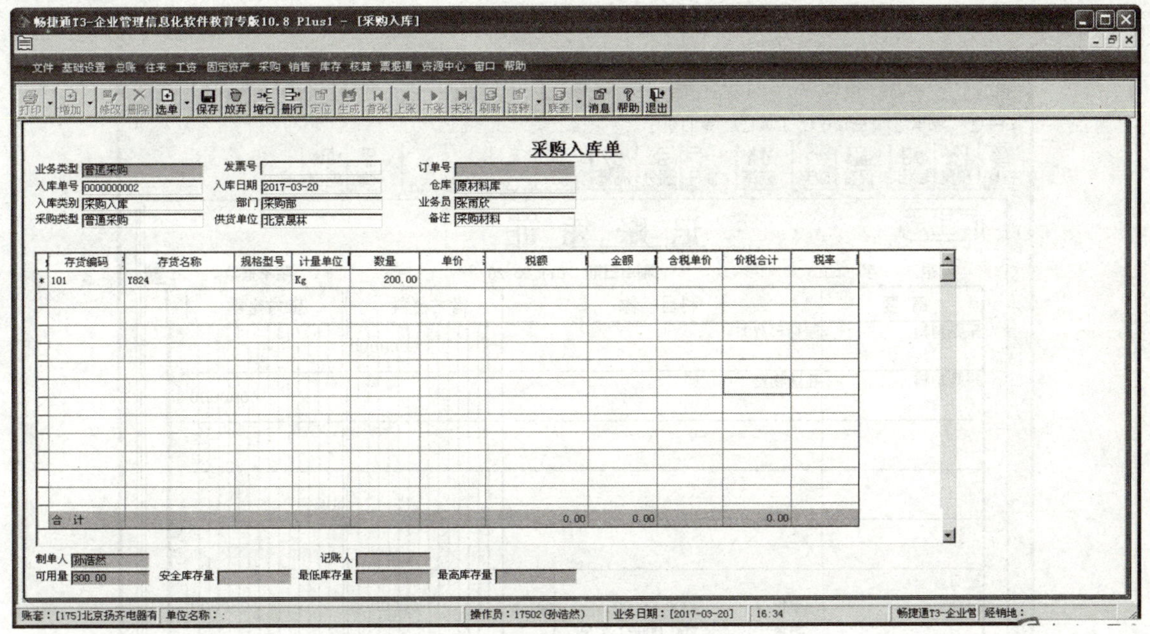

图5-67 流转生成“采购入库单”

3．在采购发票的页面上单击“结算”按钮。

4．选择“库存管理”→“采购入库单审核”选项，单击“审核”按钮。

5．选择“核算管理”→“正常单据记账”选项，选中需要记账的单据，单击“记账”按钮。

6．在“核算管理”主界面选择“购销单据制单”选项，选中需要制单的单据，将分录补充完整（见图5-68）。

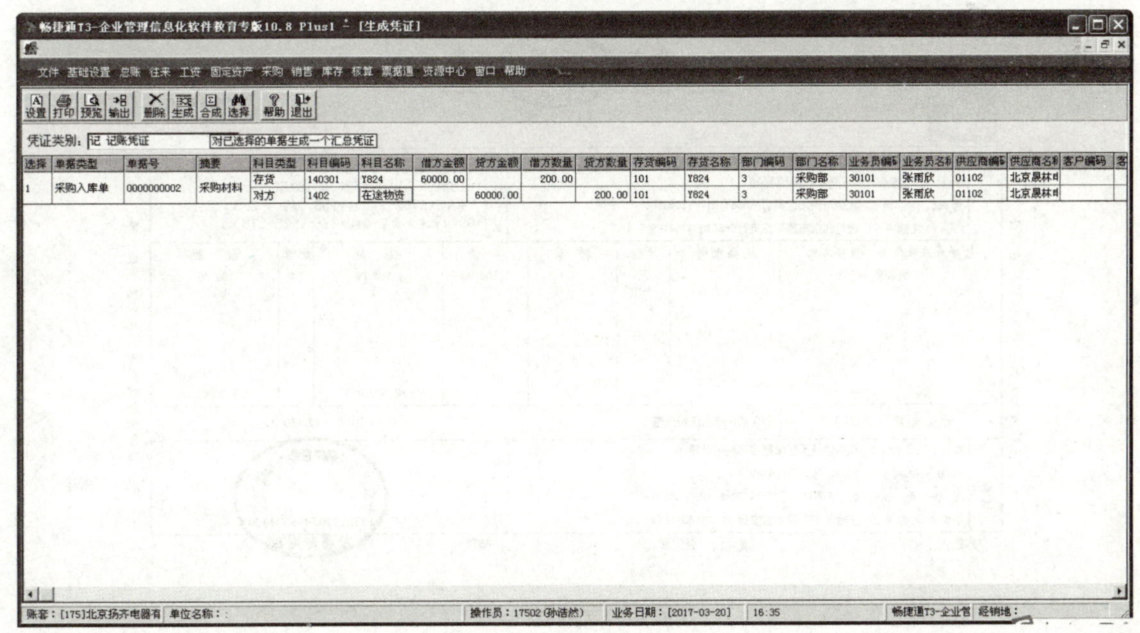

图5-68 购销单据制单

7. 单击“生成”按钮，完成凭证（见图5-69）。

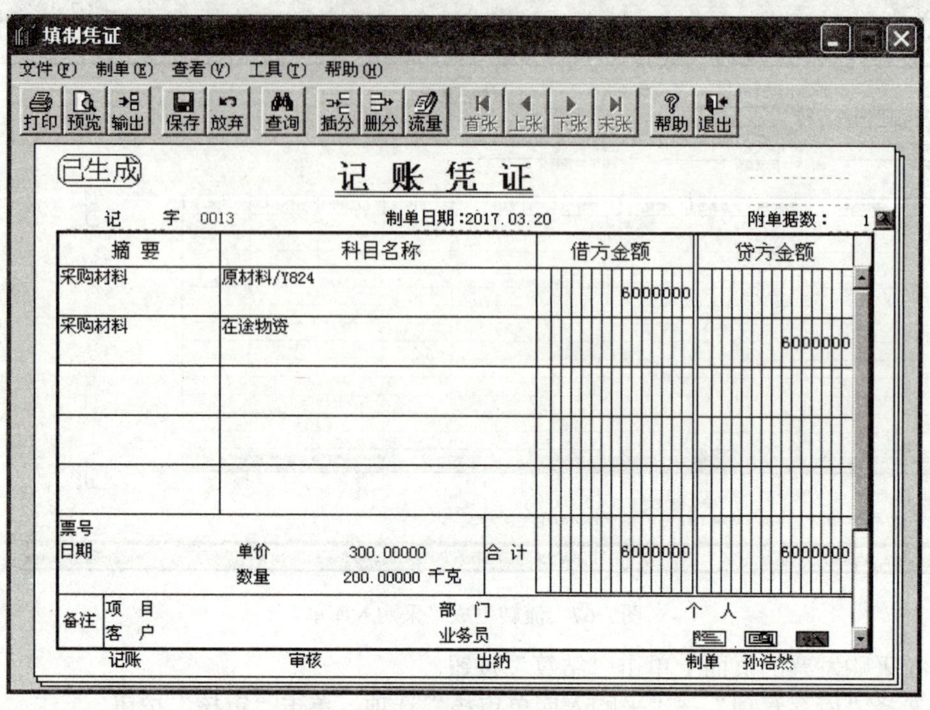

图5-69 生成“记账凭证”十五

业务14：根据要求填制凭证。原始凭证于2017年3月22日取得，共3张（见图5-70～图5-72），要求：在总账系统中完成（一张凭证）。

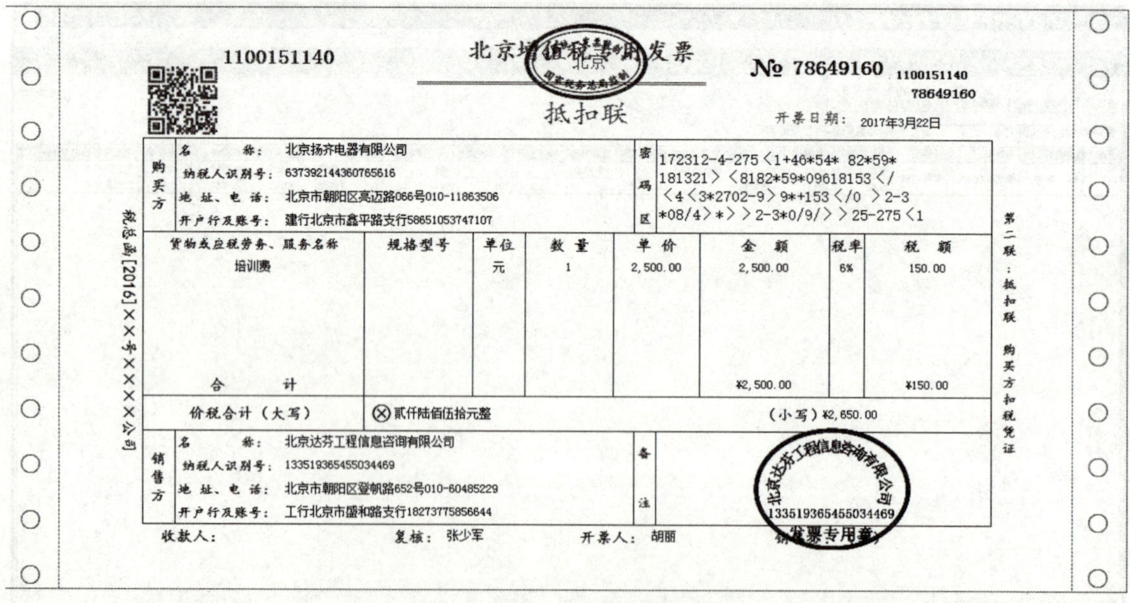

1100151140　　北京增值税专用发票　　№ 78649160　1100151140　78649160

抵扣联　　开票日期：2017年3月22日

购买方	名称：北京扬齐电器有限公司 纳税人识别号：637392144360765616 地址、电话：北京市朝阳区高迈路066号010-11863506 开户行及账号：建行北京市鑫平路支行58651053747107	密码区	172312-4-275<1+46*54* 82*59* 181321><8182*59*09618153</ <4<3*2702-9>9*+153</0 >2-3 *08/4>*>>2-3*0/9/>>25-275<1

货物或应税劳务、服务名称	规格型号	单位	数量	单价	金额	税率	税额
培训费		元	1	2,500.00	2,500.00	6%	150.00
合计					¥2,500.00		¥150.00

价税合计（大写）　⊗贰仟陆佰伍拾元整　　（小写）¥2,650.00

销售方	名称：北京达芬工程信息咨询有限公司 纳税人识别号：133519365455034469 地址、电话：北京市朝阳区登帆路652号010-60485229 开户行及账号：工行北京市盛和路支行18273775856644	备注	北京达芬工程信息咨询有限公司 133519365455034469 发票专用章

收款人：　　复核：张少军　　开票人：胡丽

税总函[2016]××号××××公司

第二联：抵扣联 购买方扣税凭证

图5-70 增值税专用发票抵扣联

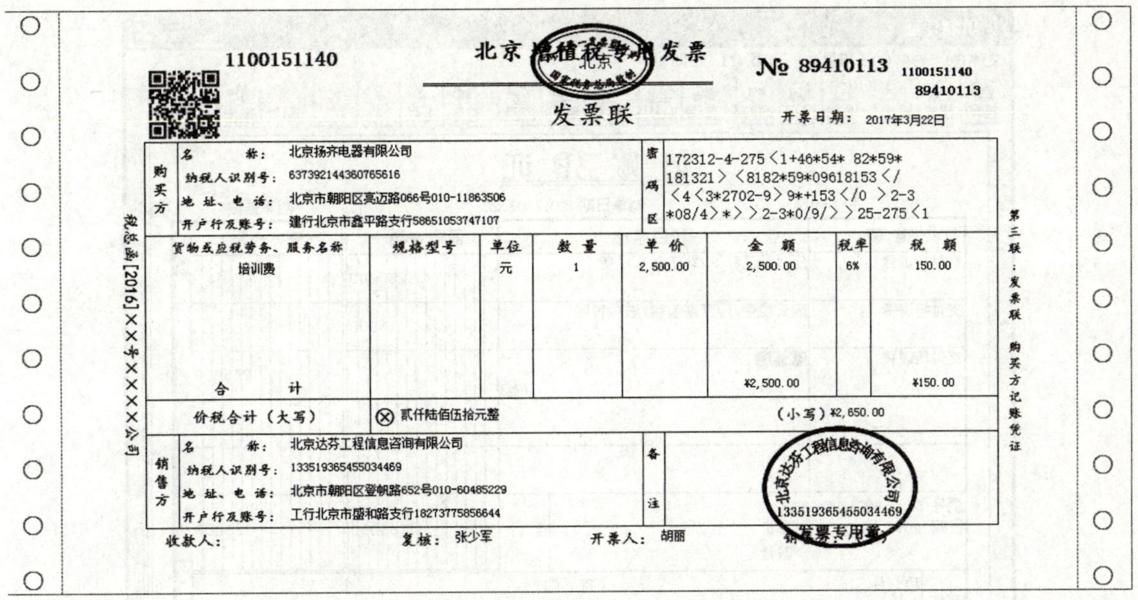

1100151140　　北京增值税专用发票　　№ 89410113　1100151140　89410113

发票联　　开票日期：2017年3月22日

购买方	名称：北京扬齐电器有限公司 纳税人识别号：637392144360765616 地址、电话：北京市朝阳区高迈路066号010-11863506 开户行及账号：建行北京市鑫平路支行58651053747107	密码区	172312-4-275 <1+46*54* 82*59* 181321> <8182*59*09618153</ <4<3*2702-9>9*+153</0 >2-3 *08/4>*>>2-3*0/9/>>25-275<1

货物或应税劳务、服务名称	规格型号	单位	数量	单价	金额	税率	税额
培训费		元	1	2,500.00	2,500.00	6%	150.00
合　计					¥2,500.00		¥150.00
价税合计（大写）	⊗贰仟陆佰伍拾元整				（小写）¥2,650.00		

销售方	名称：北京达芬工程信息咨询有限公司 纳税人识别号：133519365455034469 地址、电话：北京市朝阳区登帆路652号010-60485229 开户行及账号：工行北京市盛和路支行18273775856644	备注	

收款人：　　复核：张少军　　开票人：胡丽　　销售方：（章）

税总函[2016]××号××××公司　　第三联：发票联　购买方记账凭证

图5-71　增值税专用发票发票联

中国建设银行　网上银行电子回单

电子回单号码：68312954364

付款人	户名	北京扬齐电器有限公司	收款人	户名	北京达芬工程信息咨询有限公司
	账号	58651053747107		账号	18273775856644
	开户银行	建行北京市鑫平路支行		开户银行	工行北京市盛和路支行
金额		人民币（大写）：贰仟陆佰伍拾元整			¥2,650.00 元
摘要		支付培训费	业务种类		转账
用途		支付培训费			
交易流水号		90731125051433	时间戳		
		备注：			
		验证码：32051306			
记账网点	270	记账柜员	694	记账日期	2017年3月22日

打印日期：2017年3月22日

图5-72　网上银行电子回单

任务实施

操作如业务1，贷方银行存款辅助项自动弹出，结算方式选择“网银”（见图5-73）。

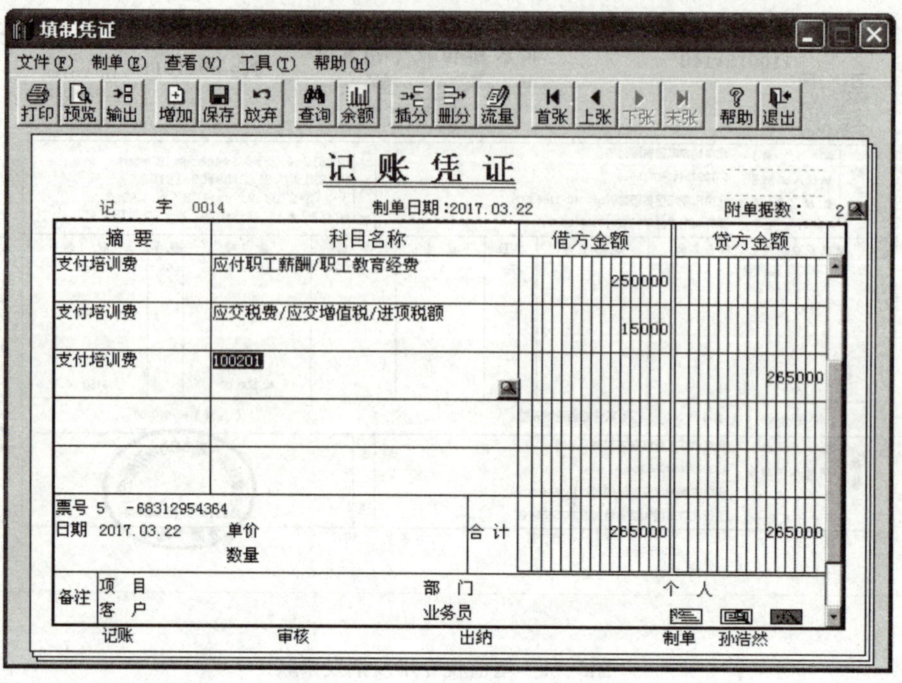

图5-73 填制记账凭证一

业务15：根据要求填制凭证。原始凭证于2017年3月22日取得，共3张（见图5-74～图5-76），要求：在总账系统中完成（一张凭证）。

中国建设银行 网上银行电子回单

电子回单号码：68312954364

付款人	户名	北京扬齐电器有限公司	收款人	户名	建行北京鑫平路支行
	账号	58651053747107		账号	56799900433224
	开户银行	建行北京市鑫平路支行		开户银行	建行北京鑫平路支行
金额		人民币（大写）：壹拾元伍角			¥10.50 元
摘要		收付费	业务种类		转账
用途		手续费			
交易流水号		90731125051433	时间戳		
		备注： 验证码：32051306			

记账网点	270	记账柜员	694	记账日期	2017年3月22日

打印日期： 2017年3月22日

图5-74 网上银行电子回单

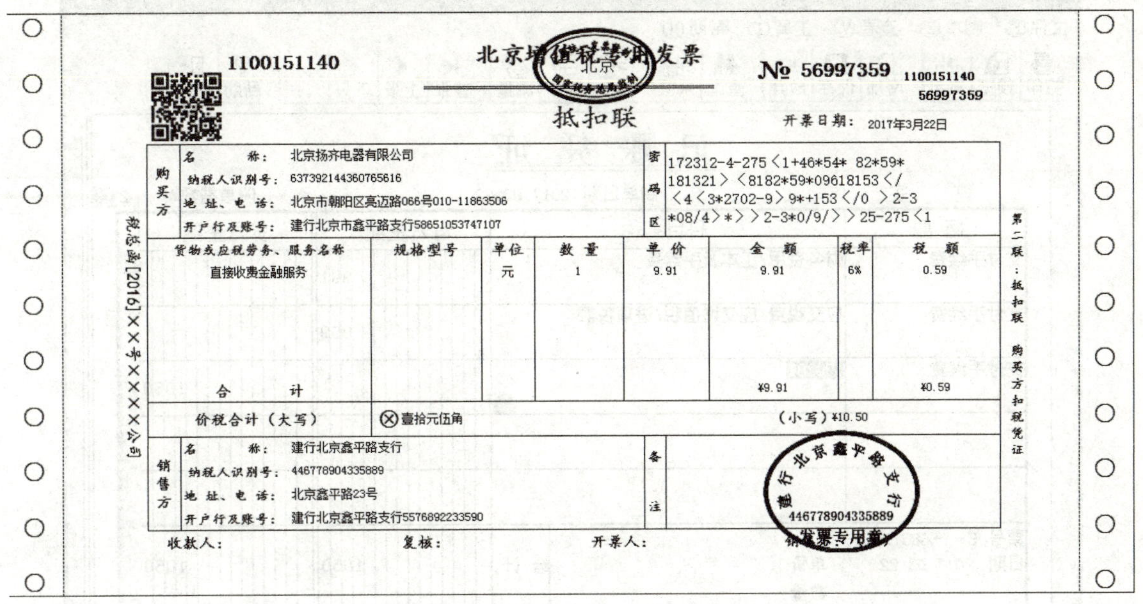

1100151140

北京增值税专用发票

№ 56997359 1100151140 56997359

抵扣联

开票日期：2017年3月22日

购买方	名称：北京扬齐电器有限公司 纳税人识别号：637392144360765616 地址、电话：北京市朝阳区高迈路066号010-11863506 开户行及账号：建行北京市鑫平路支行58651053747107	密码区	172312-4-275＜1+46*54* 82*59* 181321＞＜8182*59*09618153＜/ ＜4＜3*2702-9＞9*+153＜/0 ＞2-3 *08/4＞*＞＞2-3*0/9/＞＞25-275＜1

货物或应税劳务、服务名称	规格型号	单位	数量	单价	金额	税率	税额
直接收费金融服务		元	1	9.91	9.91	6%	0.59
合计					¥9.91		¥0.59
价税合计（大写）	⊗壹拾元伍角				（小写）¥10.50		

销售方	名称：建行北京鑫平路支行 纳税人识别号：446778904335889 地址、电话：北京鑫平路23号 开户行及账号：建行北京鑫平路支行5576892233590	备注	建行北京鑫平路支行 446778904335889 发票专用章

收款人： 复核： 开票人： 销售方：（章）

税总函[2016]××号××××公司

第二联：抵扣联 购买方扣税凭证

图5-75 增值税专用发票抵扣联

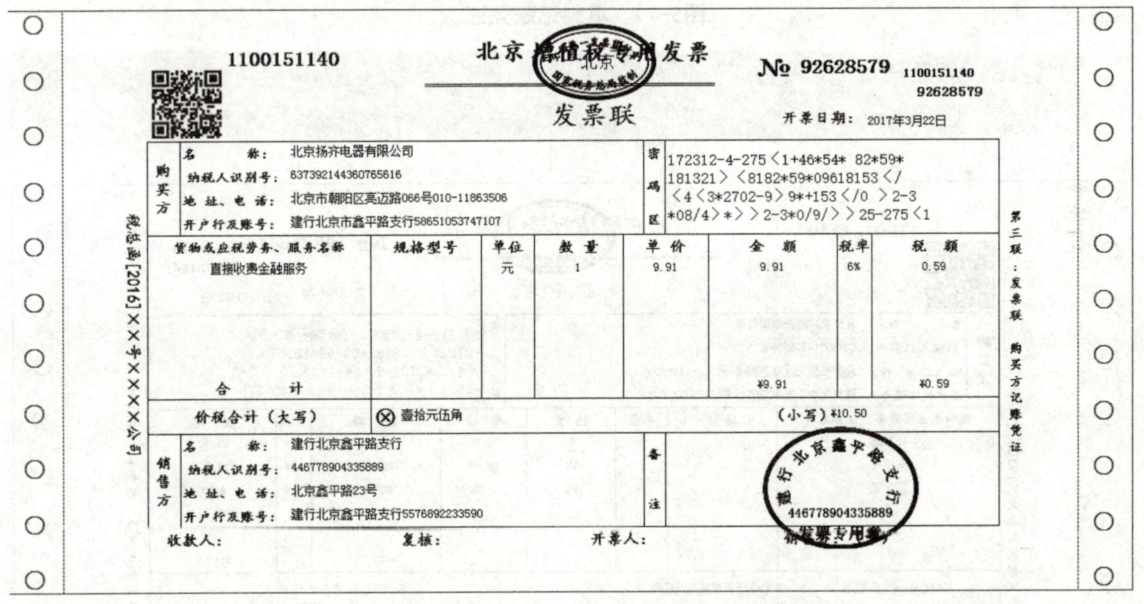

1100151140

北京增值税专用发票

№ 92628579 1100151140 92628579

发票联

开票日期：2017年3月22日

购买方	名称：北京扬齐电器有限公司 纳税人识别号：637392144360765616 地址、电话：北京市朝阳区高迈路066号010-11863506 开户行及账号：建行北京市鑫平路支行58651053747107	密码区	172312-4-275＜1+46*54* 82*59* 181321＞＜8182*59*09618153＜/ ＜4＜3*2702-9＞9*+153＜/0 ＞2-3 *08/4＞*＞＞2-3*0/9/＞＞25-275＜1

货物或应税劳务、服务名称	规格型号	单位	数量	单价	金额	税率	税额
直接收费金融服务		元	1	9.91	9.91	6%	0.59
合计					¥9.91		¥0.59
价税合计（大写）	⊗壹拾元伍角				（小写）¥10.50		

销售方	名称：建行北京鑫平路支行 纳税人识别号：446778904335889 地址、电话：北京鑫平路23号 开户行及账号：建行北京鑫平路支行5576892233590	备注	建行北京鑫平路支行 446778904335889 发票专用章

收款人： 复核： 开票人： 销售方：（章）

税总函[2016]××号××××公司

第三联：发票联 购买方记账凭证

图5-76 增值税专用发票发票联

任务实施

操作如业务1，贷方银行存款辅助项自动弹出，结算方式选择“网银”（见图5-77）。

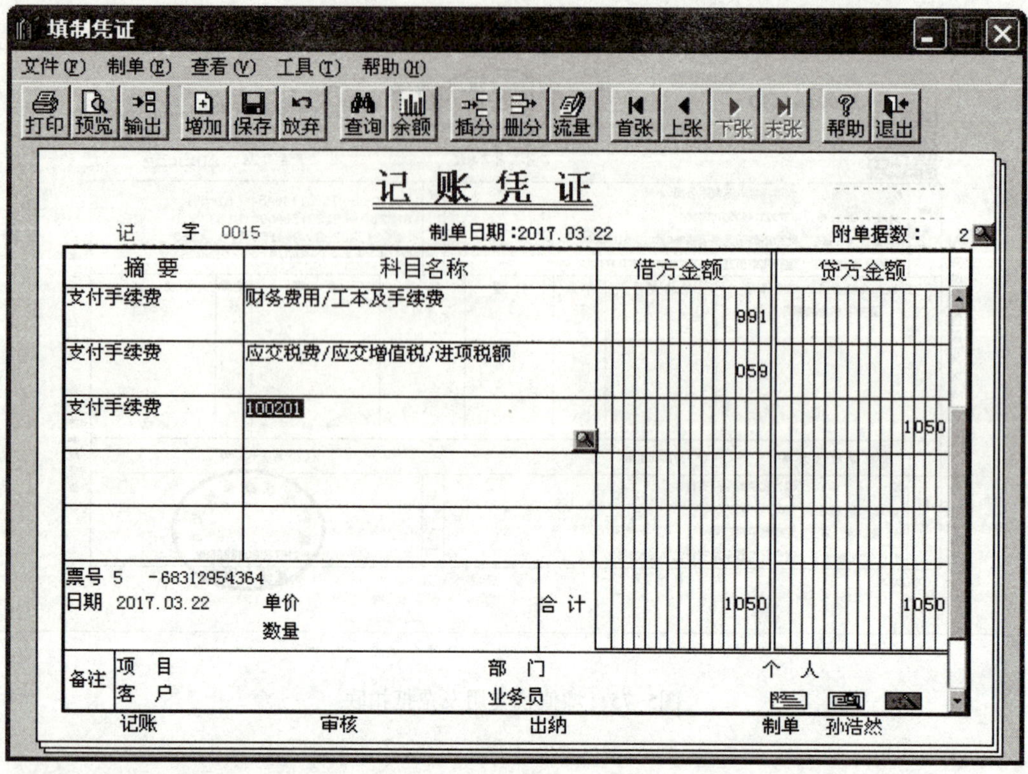

图5-77 填制记账凭证二

业务16：根据要求填制凭证。原始凭证于2017年3月23日取得，共4张（见图5-78~图5-80、表5-3），要求：在总账系统中完成（一张凭证）。

1100151140　　北京增值税专用发票　　№ 16821541　1100151140　16821541

抵扣联　　开票日期：2017年3月23日

购买方	名称：北京扬齐电器有限公司 纳税人识别号：637392144360765616 地址、电话：北京市朝阳区亮迈路066号010-11863506 开户行及账号：建行北京市鑫平路支行58651053747107	密码区	172312-4-275 <1+46*54* 82*59* 181321 > <8182*59*09618153 </ <4 <3*2702-9 > 9*+153 </0 >2-3 *08/4 >* > >2-3*0/9/ > >25-275 <1

货物或应税劳务、服务名称	规格型号	单位	数量	单价	金额	税率	税额
计算器		个	9	30.00	270.00	13%	35.10
笔记本		个	10	15.00	150.00	13%	19.50
签字笔		支	20	2.50	50.00	13%	6.50
合计					¥470.00		¥61.10
价税合计（大写）	⊗伍佰叁拾壹元壹角				（小写）¥531.10		

销售方	名称：北京略泓文化用品有限公司 纳税人识别号：658663946950470205 地址、电话：北京市朝阳区绿雷路650号010-13890786 开户行及账号：工行北京市展阳路支行17064398869313	备注	北京略泓文化用品有限公司 658663946950470205 发票专用章

收款人：　　复核：朱笑玮　　开票人：胡浩然

税总函[2016]××号××××公司

第二联：抵扣联 购买方扣税凭证

图5-78 增值税专用发票抵扣联

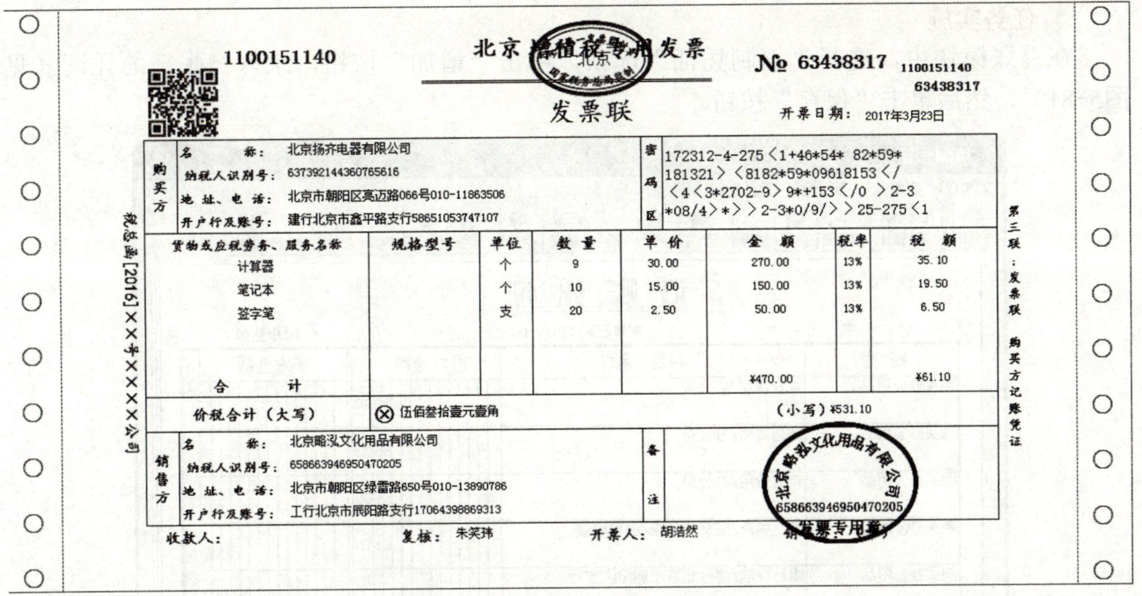

1100151140　　北京增值税专用发票　　№ 63438317　1100151140 63438317

发票联　　开票日期：2017年3月23日

购买方	名称：北京扬齐电器有限公司 纳税人识别号：637392144360765616 地址、电话：北京市朝阳区亮迈路066号010-11863506 开户行及账号：建行北京市鑫平路支行58651053747107				密码区	172312-4-275<1+46*54* 82*59* 181321><8182*59*09618153</ <4<3*2702-9>9*+*153</0 >2-3 *08/4>*>>2-3*0/9/>>25-275<1		
货物或应税劳务、服务名称	规格型号	单位	数量	单价	金额	税率	税额	
计算器		个	9	30.00	270.00	13%	35.10	
笔记本		个	10	15.00	150.00	13%	19.50	
签字笔		支	20	2.50	50.00	13%	6.50	
合计					¥470.00		¥61.10	
价税合计（大写）	⊗伍佰叁拾壹元壹角				（小写）¥531.10			
销售方	名称：北京略泓文化用品有限公司 纳税人识别号：658663946950470205 地址、电话：北京市朝阳区绿雷路650号010-13890786 开户行及账号：工行北京市辰阳路支行17064398869313				备注			

收款人：　　复核：朱芙玮　　开票人：胡浩然　　销售方：（章）

税总函[2016]××号××××公司

第三联：发票联　购买方记账凭证

图5-79　增值税专用发票发票联

中国建设银行 网上银行电子回单

电子回单号码：54937655246

付款人	户名	北京扬齐电器有限公司	收款人	户名	北京略泓文化用品有限公司
	账号	58651053747107		账号	17064398869313
	开户银行	建行北京市鑫平路支行		开户银行	工行北京市辰阳路支行
金额		人民币（大写）：伍佰叁拾壹元壹角			¥531.10 元
摘要		支付办公用品费	业务种类		转账
用途		支付办公用品费			
交易流水号		96267836922560	时间戳		
		备注： 验证码：81301852			

记账网点	236	记账柜员	650	记账日期	2017年3月23日

打印日期：2017年3月23日

图5-80　网上银行电子回单

表5-3　办公用品领用单

领用部门	计算器		笔记本		签字笔		领用人	合计
	数量	金额	数量	金额	数量	金额		
办公室	1		4		4			100
财务部	5		2		8			200
专设销售机构	1		3		4			85
生产车间	1		1		4			55
合计	9	270	10	150	20	50		440

任务实施

在总账模块中，选择“填制凭证”选项，单击“增加”按钮，录入一张新的凭证（见图5-81），然后单击“保存”按钮。

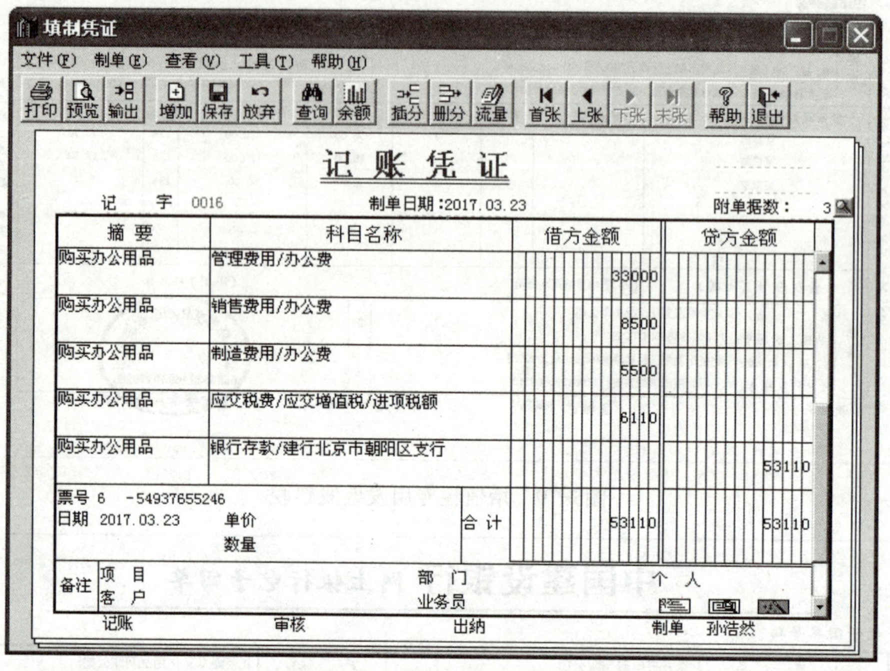

摘要	科目名称	借方金额	贷方金额
购买办公用品	管理费用/办公费	33000	
购买办公用品	销售费用/办公费	8500	
购买办公用品	制造费用/办公费	5500	
购买办公用品	应交税费/应交增值税/进项税额	6110	
购买办公用品	银行存款/建行北京市朝阳区支行		53110
票号 6 -54937655246 日期 2017.03.23 单价 数量	合计	53110	53110

图5-81　填制记账凭证三

业务17：根据要求填制凭证。原始凭证于2017年3月24日取得，共1张（见图5-82），要求：在购销存及核算系统中完成（一张凭证）。

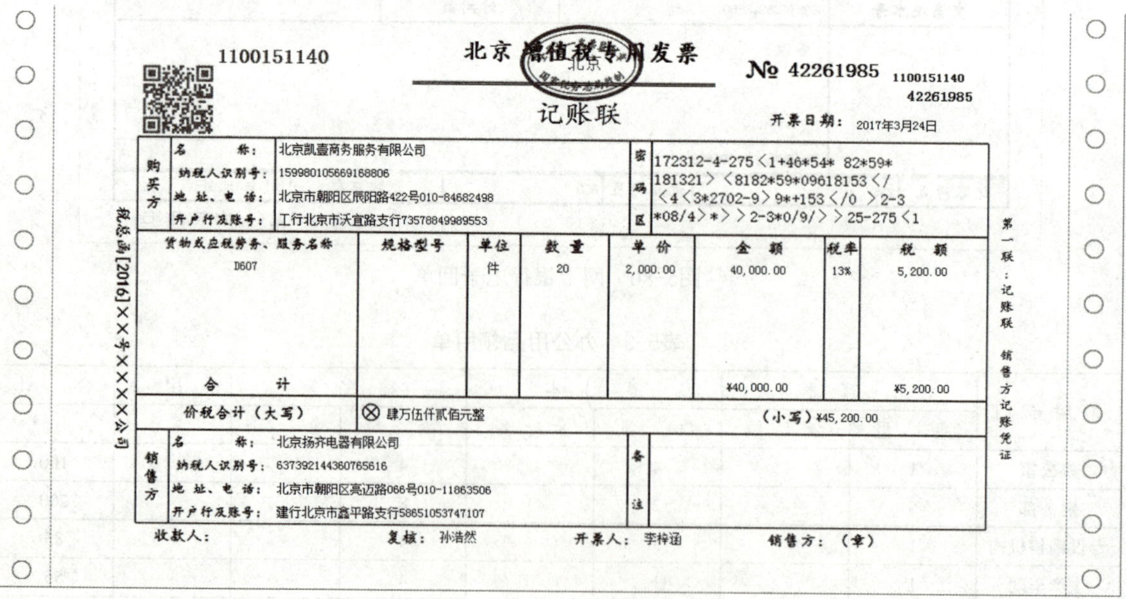

1100151140　　北京增值税专用发票　　№ 42261985　1100151140 42261985

记账联　　开票日期：2017年3月24日

购买方	名称：北京凯壹商务服务有限公司 纳税人识别号：159980105669168806 地址、电话：北京市朝阳区展阳路422号010-84682498 开户行及账号：工行北京市沃宜路支行73578849989553	密码区	172312-4-275＜1+46*54* 82*59* 181321＞ ＜8182*59*09618153＜/ ＜4＜3*2702-9＞9*+153＜/0 ＞2-3 *08/4＞*＞＞2-3*0/9/＞＞25-275＜1

货物或应税劳务、服务名称	规格型号	单位	数量	单价	金额	税率	税额
D607		件	20	2,000.00	40,000.00	13%	5,200.00
合计					¥40,000.00		¥5,200.00
价税合计（大写）	⊗肆万伍仟贰佰元整				（小写）¥45,200.00		

销售方	名称：北京扬齐电器有限公司 纳税人识别号：637392144360765616 地址、电话：北京市朝阳区亮迈路066号010-11863506 开户行及账号：建行北京市鑫平路支行58651053747107	备注	

收款人：　　复核：孙浩然　　开票人：李梓涵　　销售方：（章）

税总函[2016]××号×××公司

第一联：记账联 销售方记账凭证

图5-82　增值税专用发票记账联

任务实施

1. 选择“销售管理”→“销售发票”→“增加”选项。

2. 填写销售专用发票（见图5-83），单击“复核”按钮（见图5-84）。

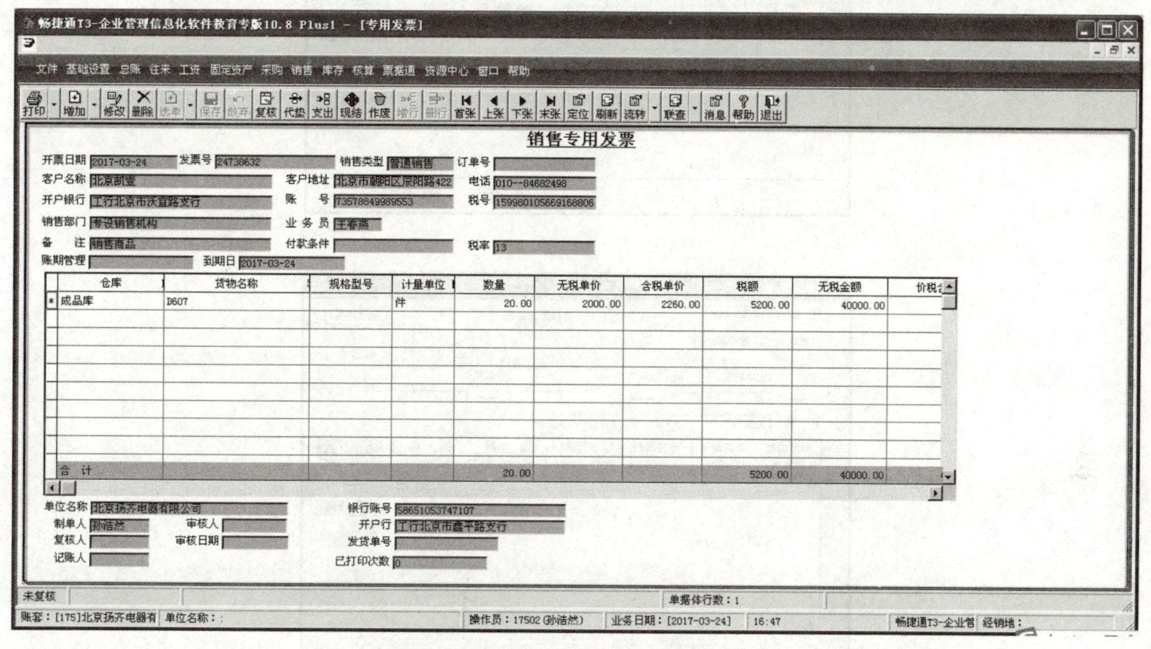

图5-83 填写销售专用发票界面

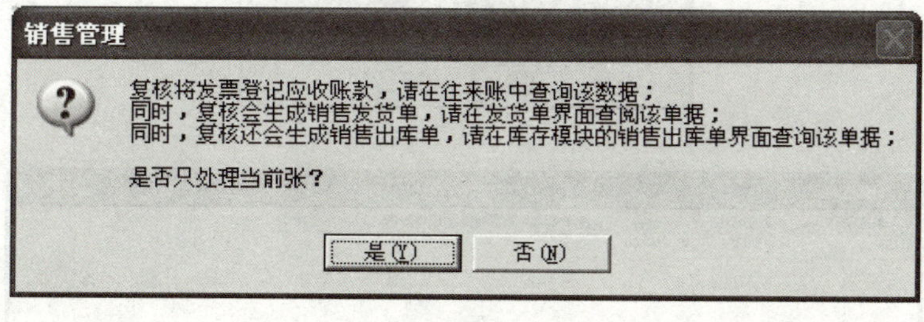

图5-84 复核发票

3. 选择“客户往来”→“预收冲应收”选项，选择“客户”“过滤”选项，单击“自动转账”按钮（见图5-85）。

4. 选择“库存管理”→“销售出库单生成/审核”选项，单击“审核”按钮（见图5-86）。

5. 选择“核算管理”→“客户往来制单”→“应收单制单”选项（见图5-87）。

6. 选中需要制单的单据（见图5-88），单击“制单”按钮。

7. 在凭证中添加附件，并将“应收账款”科目改成“预收账款”，单击“保存”按钮（见图5-89）。

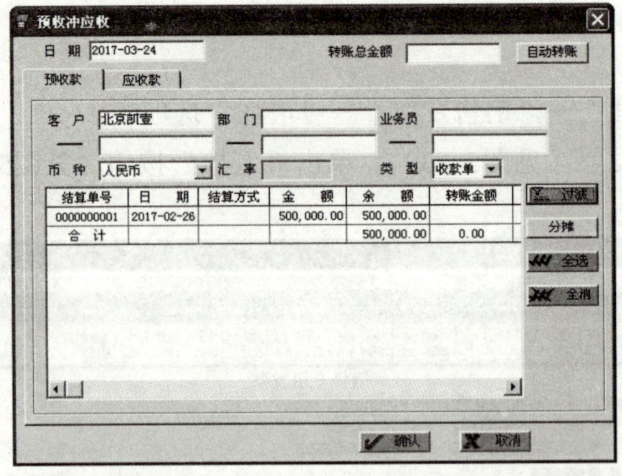

a）

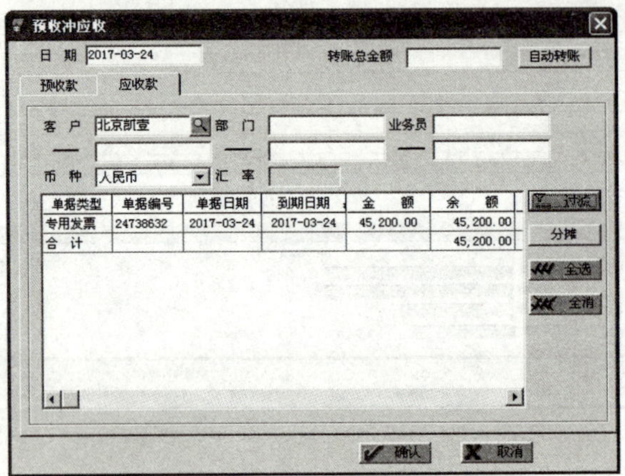

b）

c）

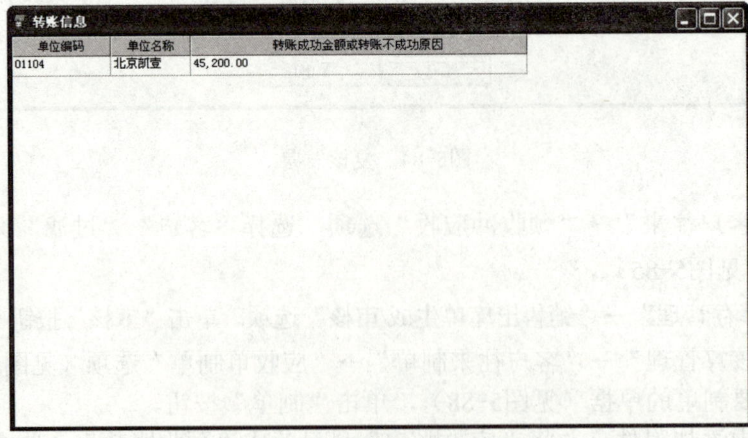

d）

图5-85 设置自动转账

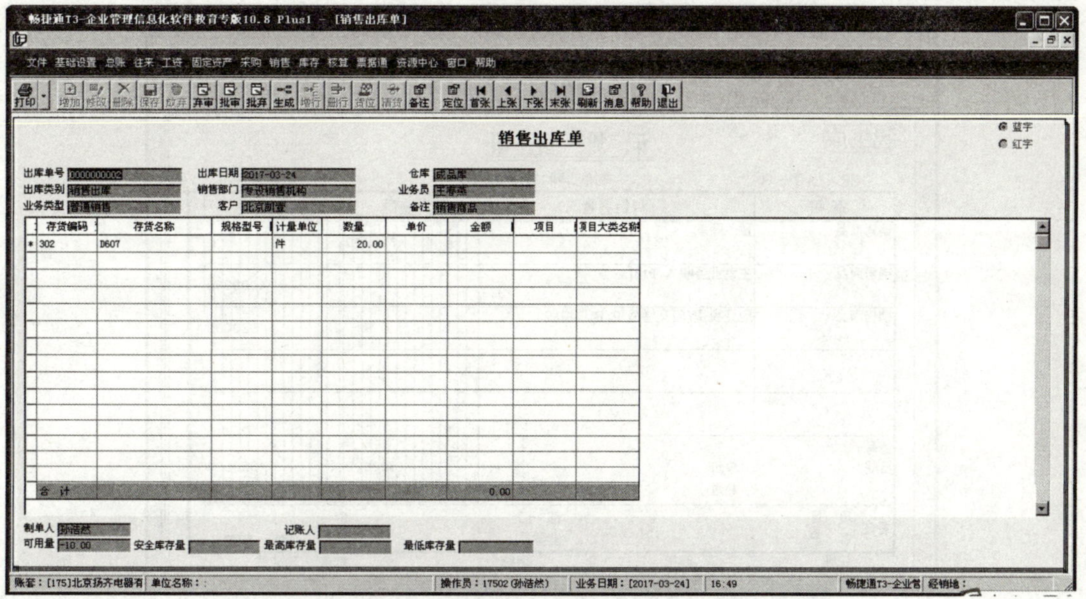

图5-86 审核销售出库单

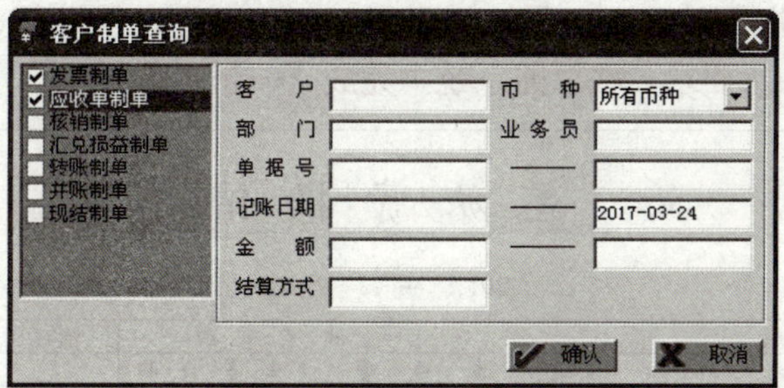

图5-87 设置应收单制单

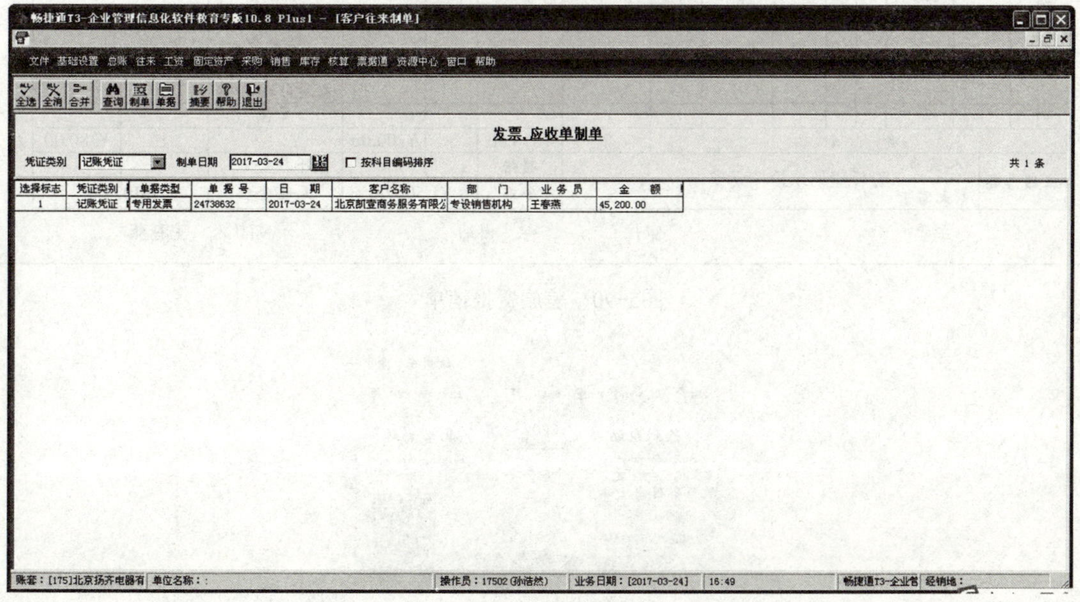

图5-88 完成“应收单制单”窗口

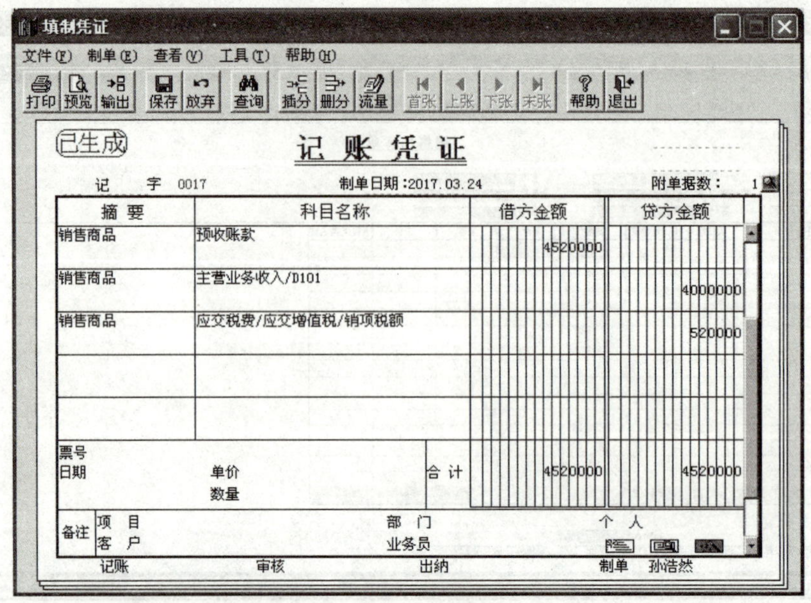

填制凭证

文件(F) 制单(E) 查看(V) 工具(T) 帮助(H)

打印 预览 输出 保存 放弃 查询 插分 删分 流量 首张 上张 下张 末张 帮助 退出

已生成

记账凭证

记 字 0017　　制单日期：2017.03.24　　附单据数： 1

摘要	科目名称	借方金额	贷方金额
销售商品	预收账款	4520000	
销售商品	主营业务收入/D101		4000000
销售商品	应交税费/应交增值税/销项税额		520000
票号 日期　　单价 数量	合计	4520000	4520000

备注　项目　　部门　　个人
客户　　业务员

记账　审核　出纳　制单 孙浩然

图5-89　生成“记账凭证”十六

业务18：根据要求填制凭证。原始凭证于2017年3月24日取得，共3张（见图5-90～图5-92），要求：在总账系统中完成（一张凭证）。

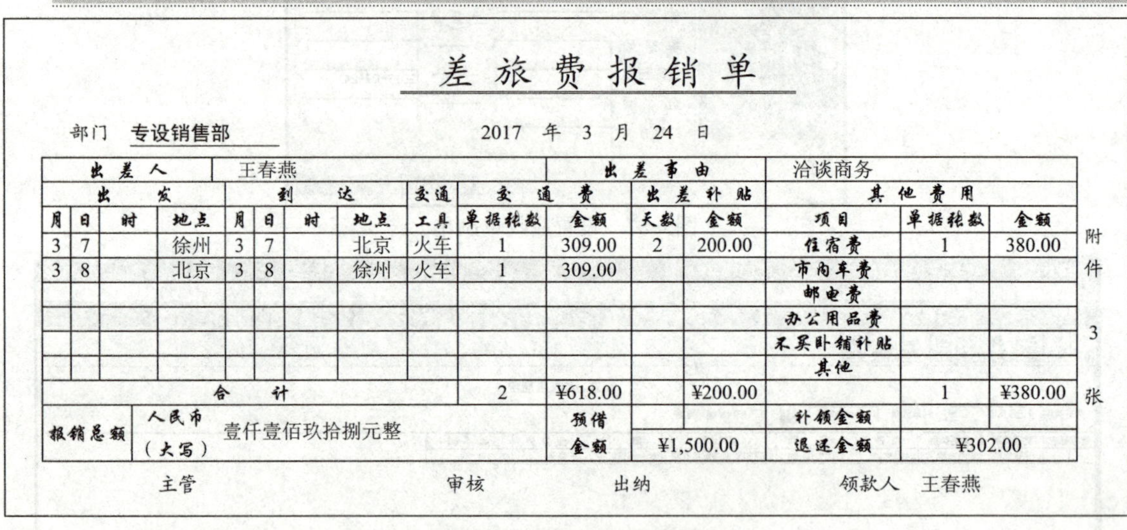

差旅费报销单

部门 专设销售部　　2017 年 3 月 24 日

出差人			王春燕								出差事由		洽谈商务		
出发				到达				交通	交通费		出差补贴		其他费用		
月	日	时	地点	月	日	时	地点	工具	单据张数	金额	天数	金额	项目	单据张数	金额
3	7		徐州	3	7		北京	火车	1	309.00	2	200.00	住宿费	1	380.00
3	8		北京	3	8		徐州	火车	1	309.00			市内车费		
													邮电费		
													办公用品费		
													不买卧铺补贴		
													其他		
合计									2	¥618.00		¥200.00		1	¥380.00
报销总额	人民币（大写）	壹仟壹佰玖拾捌元整							预借金额			¥1,500.00	补领金额 / 退还金额		¥302.00

附件 3 张

主管　　审核　　出纳　　领款人 王春燕

图5-90　差旅费报销单

图5-91　车票一

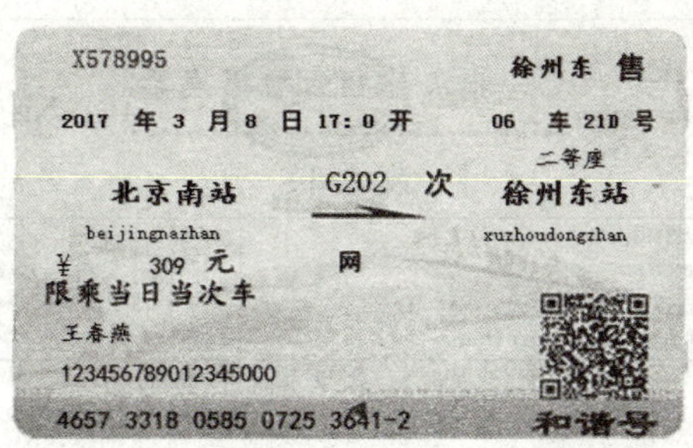

图5-92 车票二

任务实施

填制凭证时，贷方科目的确定可使用畅捷通T3查询明细账相关功能，即单击工具栏“余额”按钮可查询。例如，要查询“其他应收款”相关明细科目金额，可把光标定位在“其他应收款”科目，单击工具栏“余额”按钮，即可弹出该科目相关明细账窗口。借贷方差额部分再用库存现金科目平衡（见图5-93）。

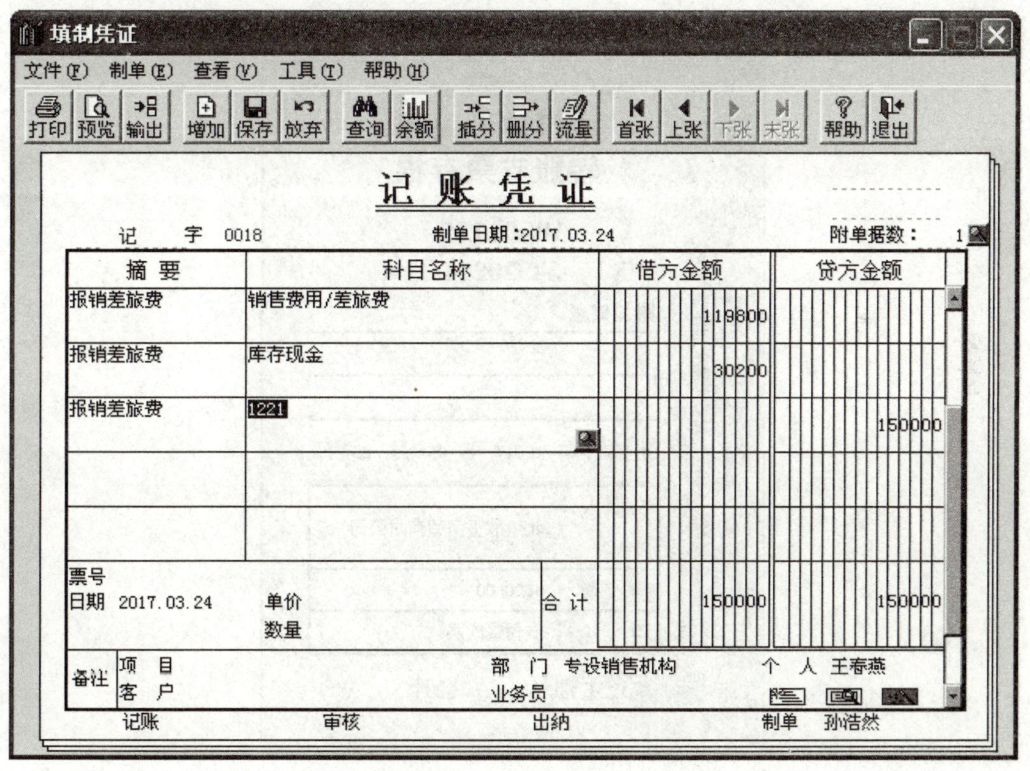

图5-93 填制记账凭证四

业务19：根据要求填制凭证。原始凭证于2017年3月25日取得，共2张（见图5-94、图5-95），要求：在总账系统中完成（一张凭证）。

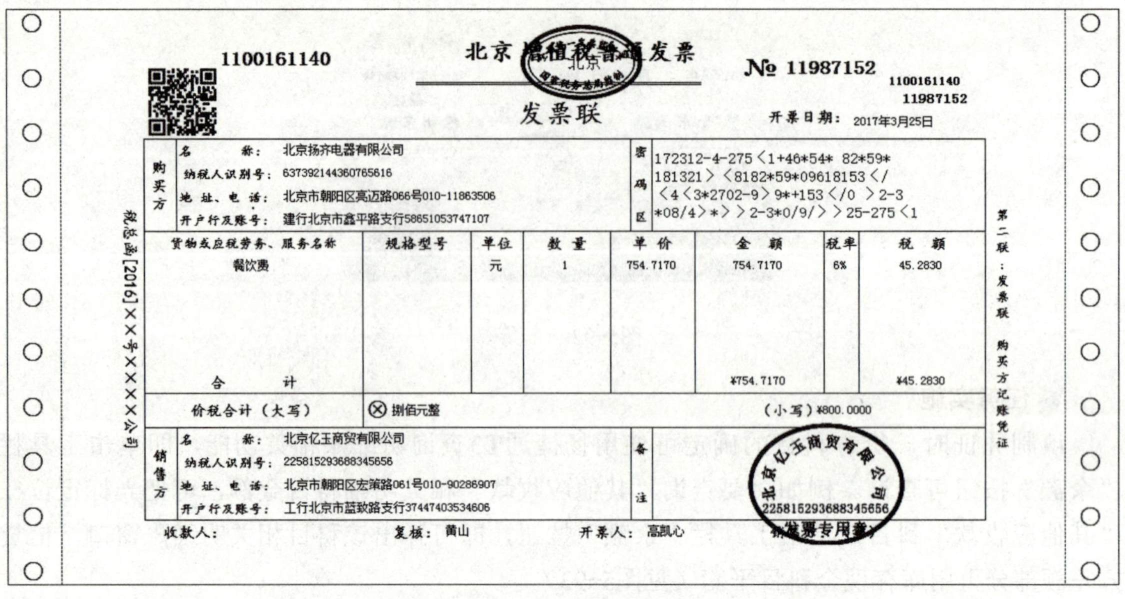

1100161140　　北京增值税普通发票　　№ 11987152

1100161140
11987152

发票联　　开票日期：2017年3月25日

购买方		密码区
名　　称：北京扬齐电器有限公司 纳税人识别号：637392144360765616 地址、电话：北京市朝阳区亮迈路066号010-11863506 开户行及账号：建行北京市鑫平路支行58651053747107		172312-4-275 <1+46*54* 82*59* 181321 > <8182*59*09618153 </ <4 <3*2702-9 > 9*+153 </0 > 2-3 *08/4 > * > > 2-3*0/9/ > > 25-275 <1

货物或应税劳务、服务名称	规格型号	单位	数量	单价	金额	税率	税额
餐饮费		元	1	754.7170	754.7170	6%	45.2830
合　　计					¥754.7170		¥45.2830
价税合计（大写）	⊗捌佰元整				（小写）¥800.0000		

销售方	备注
名　　称：北京亿玉商贸有限公司 纳税人识别号：225815293688345656 地址、电话：北京市朝阳区宏策路061号010-90286907 开户行及账号：工行北京市蓝致路支行37447403534606	北京亿玉商贸有限公司 225815293688345656 发票专用章

收款人：　　复核：黄山　　开票人：高凯心　　销售方：（章）

税总函[2016]××号××××公司

第二联：发票联　购买方记账凭证

图5-94　增值普通发票发票联

中国建设银行
转账支票存根

10501120
34320214

附加信息

出票日期　2017 年　3　月　25　日

收款人：北京欣玉商贸有限公司

金　额：¥800.00

用　途：支付餐饮费

单位主管　　　会计

图5-95　银行转账支票存根

任务实施

操作如业务1，贷方银行存款辅助项自动弹出，结算方式选择“转账支票”，票号录入“1050112023082237”（见图5-96）。

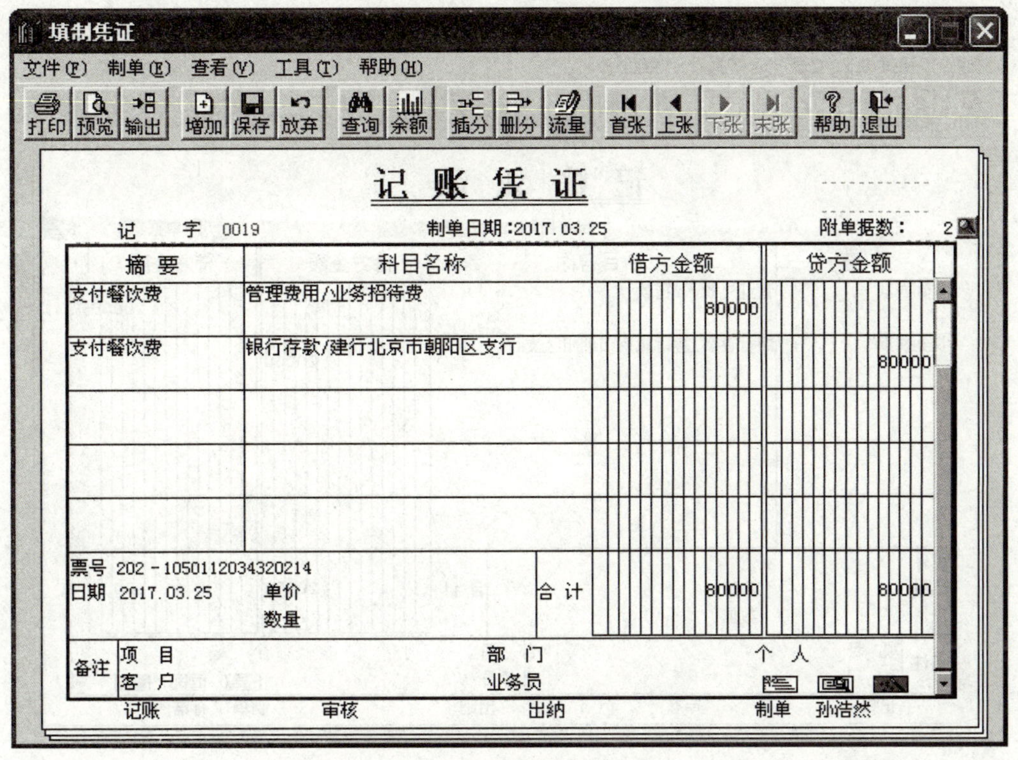

图5-96　填制记账凭证五

业务20：根据要求填制凭证。原始凭证于2017年3月27日取得，共1张（见图5-97），要求：在总账系统中完成（一张凭证）。

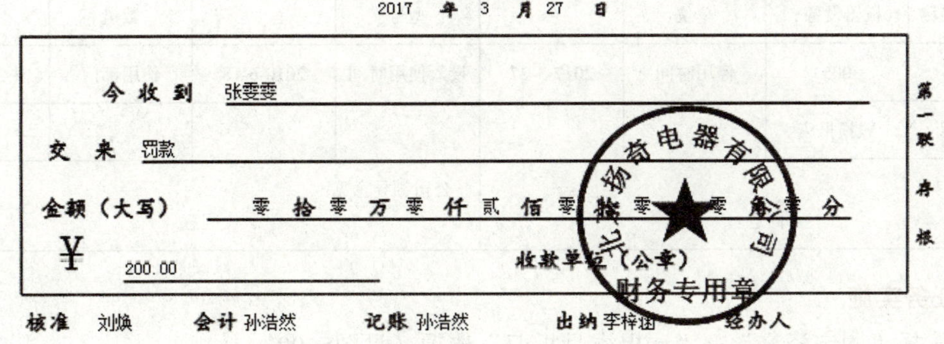
收款收据

No. 5636416

2017 年 3 月 27 日

今收到 张雯雯

交来 罚款

金额（大写） 零 拾 零 万 零 仟 贰 佰 零 拾 零 元 零 角 零 分

¥ 200.00

收款单位（公章） 北京扬奇电器有限公司 财务专用章

第一联 存根

核准 刘焕　会计 孙浩然　记账 孙浩然　出纳 李梓图　经办人

图5-97　收款收据

任务实施

在总账模块中，单击“填制凭证”，单击“增加”按钮，录入一张新的凭证（见图5-98），然后单击“保存”按钮。

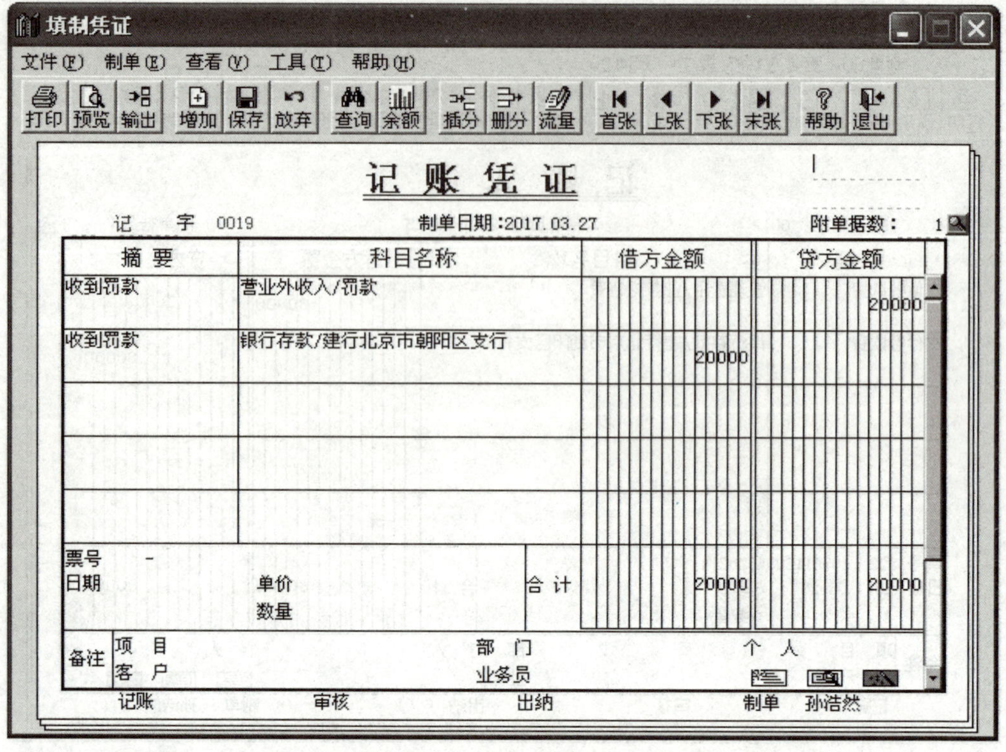

图5-98 填制记账凭证六

业务21：根据要求填制凭证。原始凭证于2017年3月27日取得，共1张（见表5-4），要求：在固定资产系统中完成（一张凭证）。

表5-4 固定资产处置申请表

固定资产名称	机器设备Y	单位	台	型号		数量	1
资产编号	005	停用时间	2017-3-27	投入使用时间	2010-6-18	使用部门	生产车间
处置原因	毁损报废						
财务部意见：同意				公司领导意见：同意			

任务实施

1．选择“固定资产”→“计提本月折旧”选项（见图5-99）。

2．选择“资产减少”选项，选择减少的固定资产，单击“增加”按钮，录入减少原因（见图5-100），单击“确定”按钮。

3．单击“批量制单”，选中固定资产减少的那一行（见图5-101），选择“制单设置”选项卡将分录补充完整（见图5-102），单击“制单”按钮生成凭证（见图5-103）。

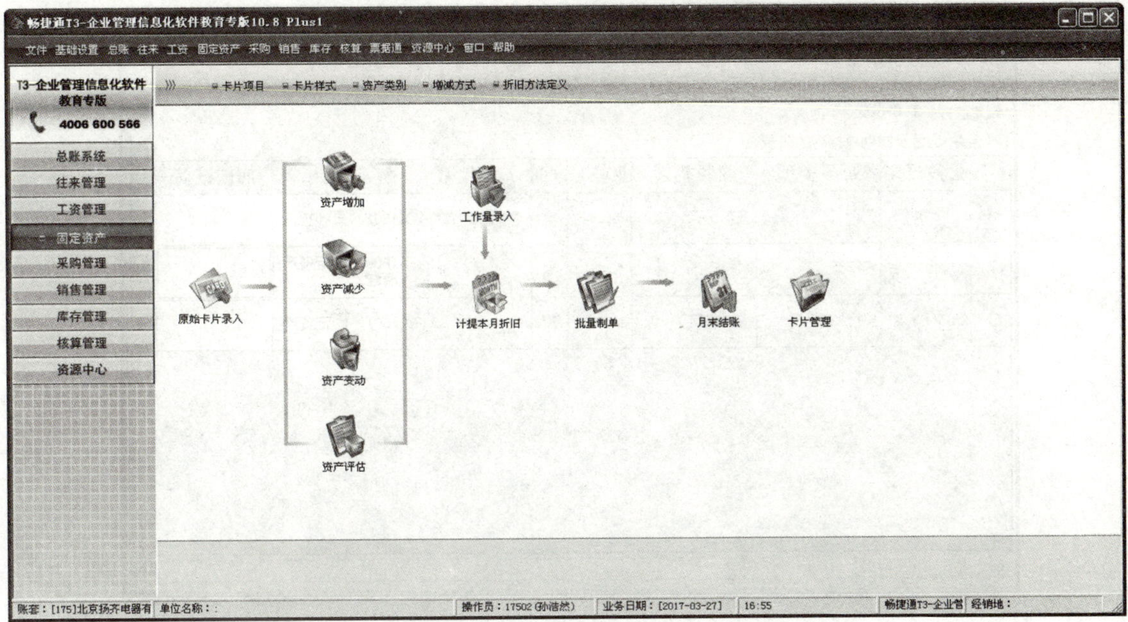

图5-99　启动“固定资产”模块

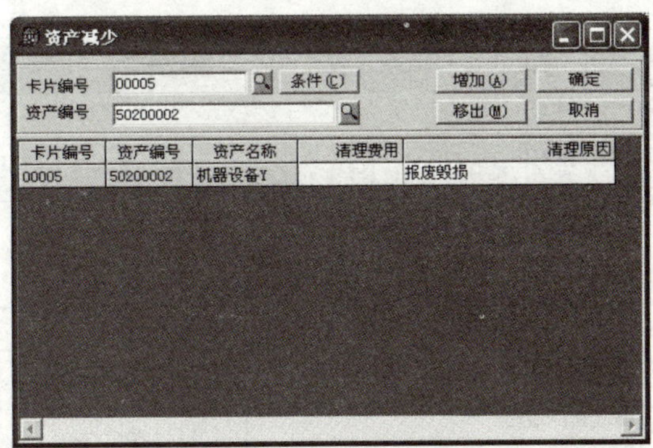

图5-100　设置资产减少

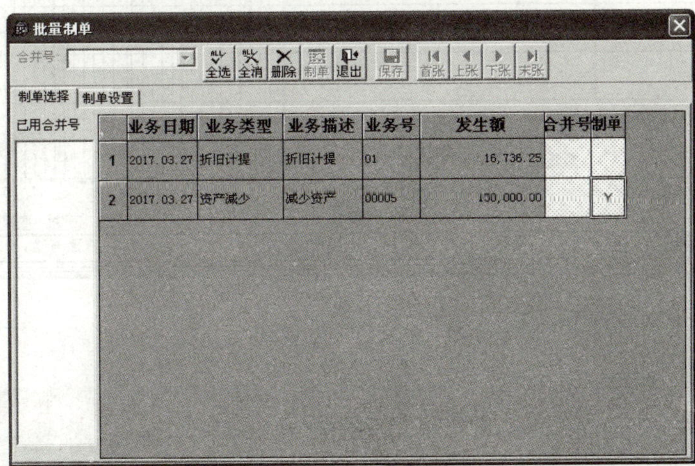

图5-101　设置批量制单

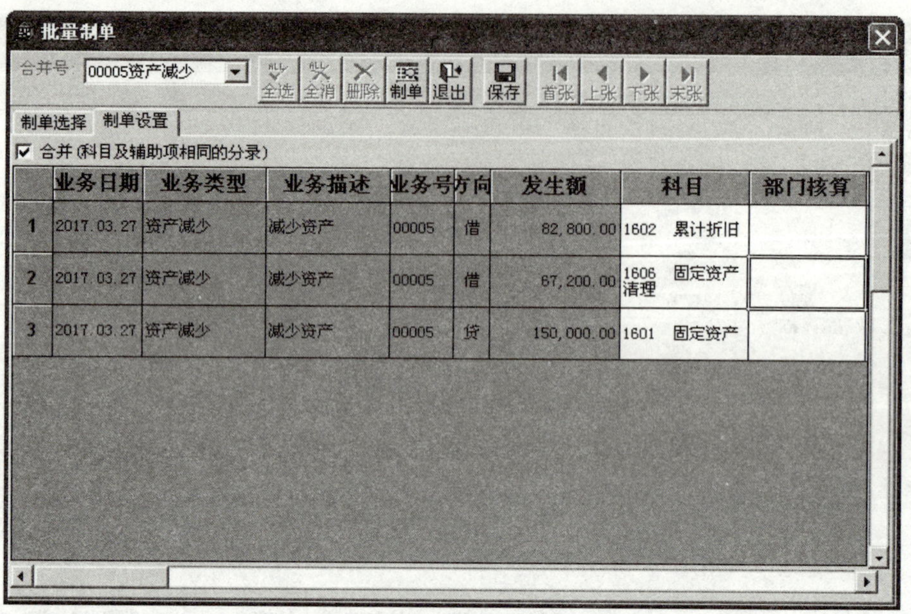

图5-102 补充分录

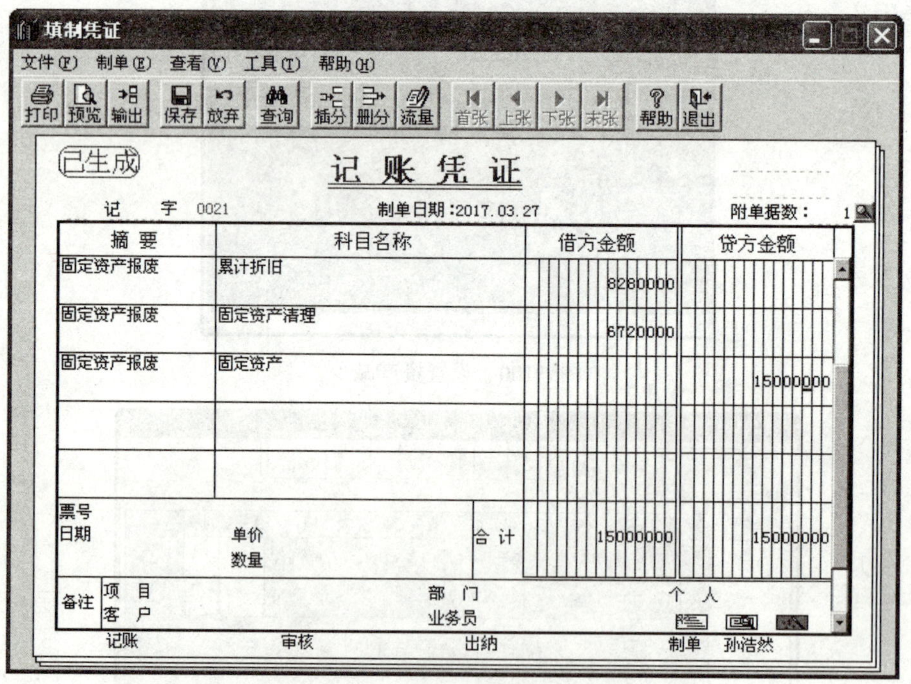

图5-103 生成“记账凭证”十七

业务22：根据要求填制凭证。原始凭证于2017年3月27日取得，共2张（见图5-104、图5-105），要求：在总账系统中完成（一张凭证）。

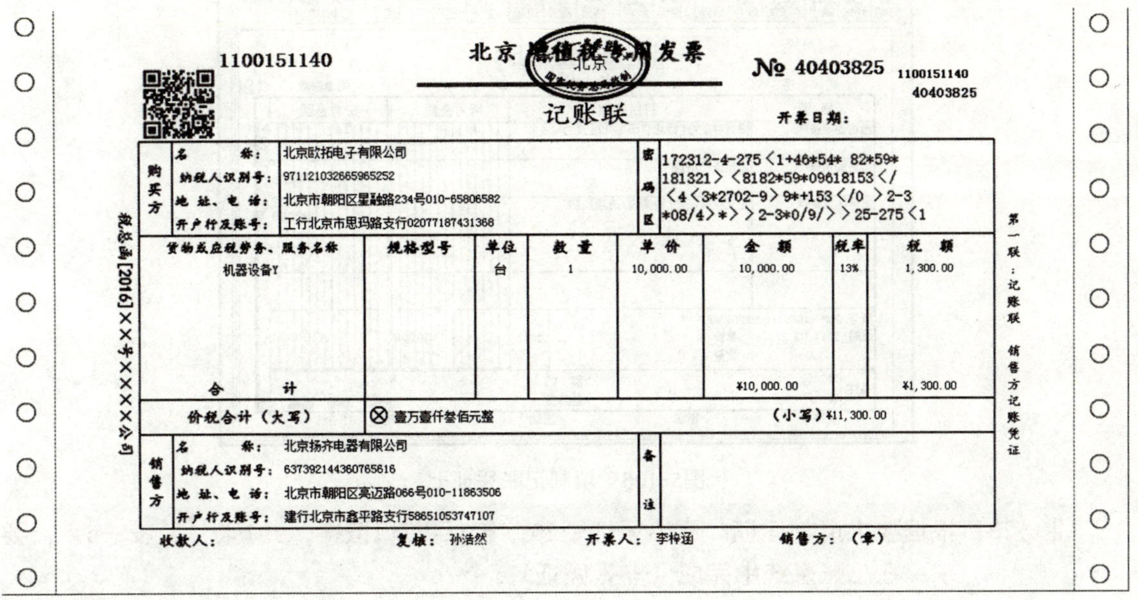

1100151140　　北京增值税专用发票　　№ 40403825　　1100151140 40403825

记账联　　开票日期：

购买方		密码区	
名　　称：	北京欧拓电子有限公司		172312-4-275 <1+46*54* 82*59*
纳税人识别号：	971121032665965252		181321> <8182*59*09618153 </
地 址、电 话：	北京市朝阳区星融路234号010-65806582		<4 <3*2702-9> 9*+153 </0 >2-3
开户行及账号：	工行北京市思玛路支行02077187431368		*08/4>*> >2-3*0/9/> >25-275 <1

货物或应税劳务、服务名称	规格型号	单位	数量	单价	金额	税率	税额
机器设备Y		台	1	10,000.00	10,000.00	13%	1,300.00
合　　计					¥10,000.00		¥1,300.00
价税合计（大写）	⊗壹万壹仟叁佰元整				（小写）¥11,300.00		

销售方		备注
名　　称：	北京扬齐电器有限公司	
纳税人识别号：	637392144360765816	
地 址、电 话：	北京市朝阳区亮迈路066号010-11863506	
开户行及账号：	建行北京市鑫平路支行58651053747107	

收款人：　　复核：孙浩然　　开票人：李梓涵　　销售方：（章）

税总函[2016]××号××××公司

第一联：记账联　销售方记账凭证

图5-104　增值税专用发票记账联

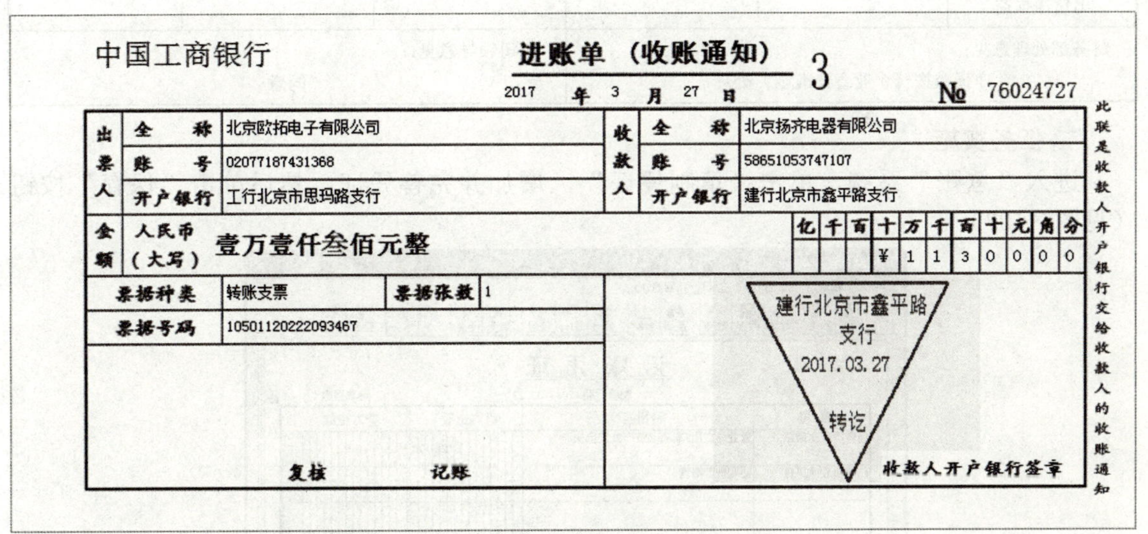

中国工商银行　　进账单（收账通知）　　3

2017 年 3 月 27 日　　№ 76024727

出票人		收款人	
全　　称	北京欧拓电子有限公司	全　　称	北京扬齐电器有限公司
账　　号	02077187431368	账　　号	58651053747107
开户银行	工行北京市思玛路支行	开户银行	建行北京市鑫平路支行

金额	人民币（大写）	壹万壹仟叁佰元整	亿	千	百	十	万	千	百	十	元	角	分
						¥	1	1	3	0	0	0	0

票据种类	转账支票	票据张数	1
票据号码	10501120222093467		

复核　　记账

建行北京市鑫平路支行 2017.03.27 转讫

收款人开户银行签章

此联是收款人开户银行交给收款人的收账通知

图5-105　银行进账单

任务实施

进入“总账”系统，单击“填制凭证”，增加并完善凭证，然后单击“保存”按钮（见图5-106）。

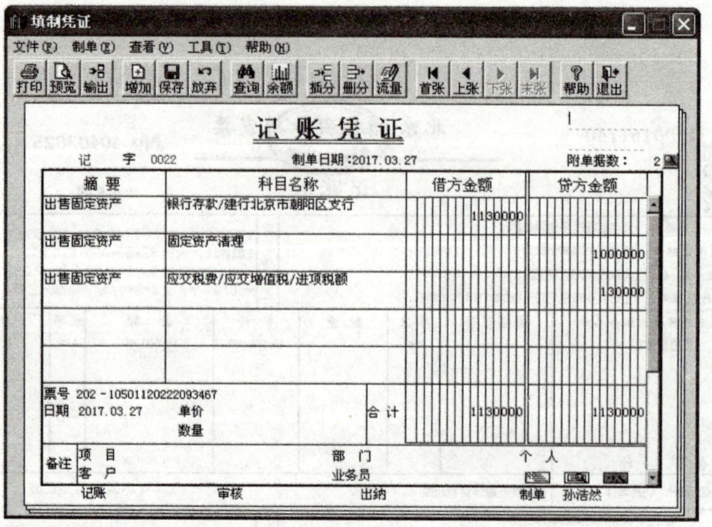

图5-106 填制记账凭证七

业务23：根据要求填制凭证。原始凭证于2017年3月27日取得，共1张（见表5-5），要求：在总账系统中完成（一张凭证）。

表5-5 固定资产处置结果表

2017年3月27日

固定资产名称	机器设备Y	原价		已计提折旧	
净值		出售价格		清理费用	
出售净损益					
财务部处理意见：净损益按《企业会计准则》处理			公司领导意见：同意		

任务实施

进入“总账”系统，单击“填制凭证”，增加并完善凭证，然后单击“保存”按钮（见图5-107）。

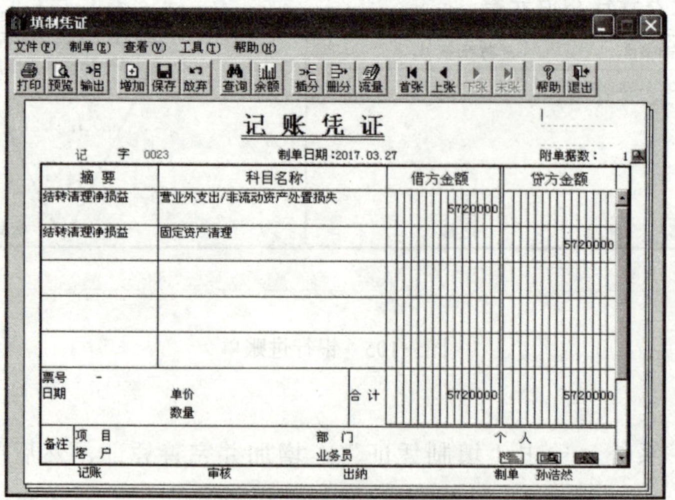

图5-107 填制记账凭证八

业务24：根据要求填制凭证。原始凭证于2017年3月28日取得，共5张（见图5-108～图5-111和表5-6），要求：在总账系统中完成（一张凭证），自来水单价为2. 03元。

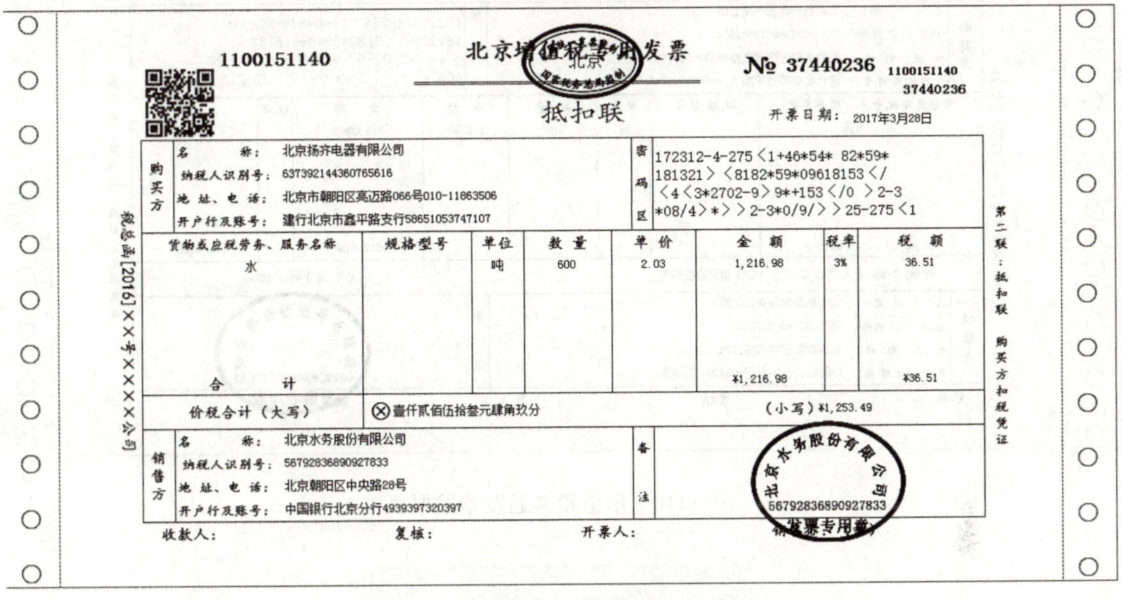

1100151140　　北京增值税专用发票　　№ 37440236　1100151140 37440236

抵扣联　　开票日期：2017年3月28日

购买方	名称：北京扬齐电器有限公司 纳税人识别号：637392144360765616 地址、电话：北京市朝阳区高迈路066号010-11863506 开户行及账号：建行北京市鑫平路支行58651053747107	密码区	172312-4-275＜1+46*54* 82*59* 181321＞＜8182*59*09618153＜/ ＜4＜3*2702-9＞9*+153＜/0 ＞2-3 *08/4＞*＞＞2-3*0/9/＞＞25-275＜1

货物或应税劳务、服务名称	规格型号	单位	数量	单价	金额	税率	税额
水		吨	600	2.03	1,216.98	3%	36.51
合计					¥1,216.98		¥36.51
价税合计（大写）	⊗壹仟贰佰伍拾叁元肆角玖分				（小写）¥1,253.49		

销售方	名称：北京水务股份有限公司 纳税人识别号：567928368909278333 地址、电话：北京朝阳区中央路28号 开户行及账号：中国银行北京分行4939397320397	备注	北京水务股份有限公司 56792836890927833 发票专用章

收款人：　　复核：　　开票人：　　销售方：（章）

税总函[2016]××号××××公司

第二联：抵扣联　购买方扣税凭证

图5-108　增值税专用发票抵扣联

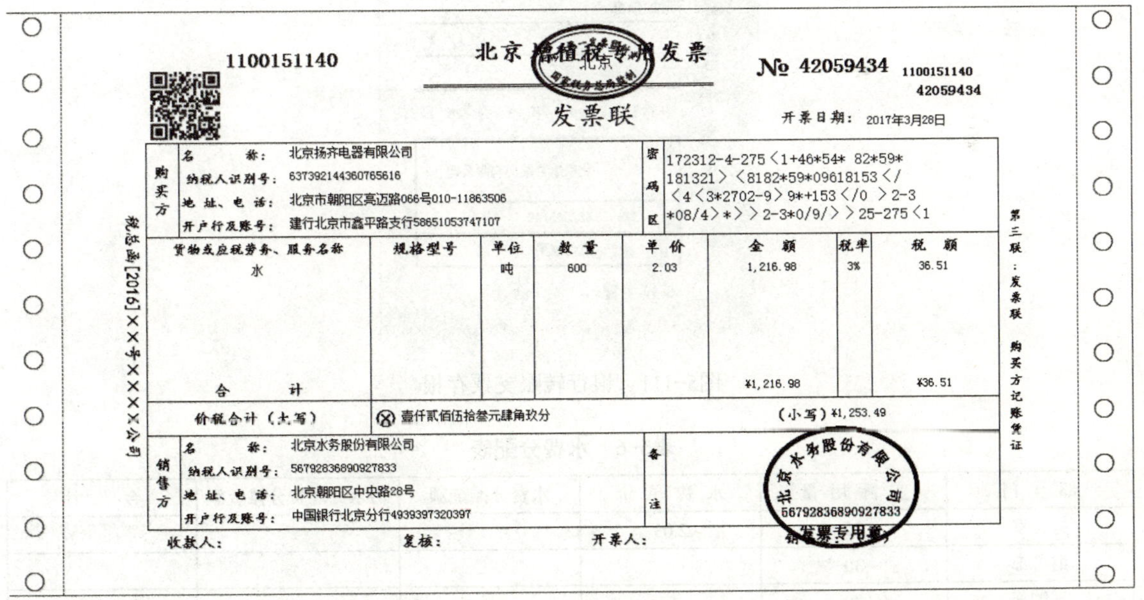

1100151140　　北京增值税专用发票　　№ 42059434　1100151140 42059434

发票联　　开票日期：2017年3月28日

购买方	名称：北京扬齐电器有限公司 纳税人识别号：637392144360765616 地址、电话：北京市朝阳区高迈路066号010-11863506 开户行及账号：建行北京市鑫平路支行58651053747107	密码区	172312-4-275＜1+46*54* 82*59* 181321＞＜8182*59*09618153＜/ ＜4＜3*2702-9＞9*+153＜/0 ＞2-3 *08/4＞*＞＞2-3*0/9/＞＞25-275＜1

货物或应税劳务、服务名称	规格型号	单位	数量	单价	金额	税率	税额
水		吨	600	2.03	1,216.98	3%	36.51
合计					¥1,216.98		¥36.51
价税合计（大写）	⊗壹仟贰佰伍拾叁元肆角玖分				（小写）¥1,253.49		

销售方	名称：北京水务股份有限公司 纳税人识别号：567928368909278333 地址、电话：北京朝阳区中央路28号 开户行及账号：中国银行北京分行4939397320397	备注	北京水务股份有限公司 56792836890927833 发票专用章

收款人：　　复核：　　开票人：　　销售方：（章）

税总函[2016]××号××××公司

第三联：发票联　购买方记账凭证

图5-109　增值税专用发票发票联

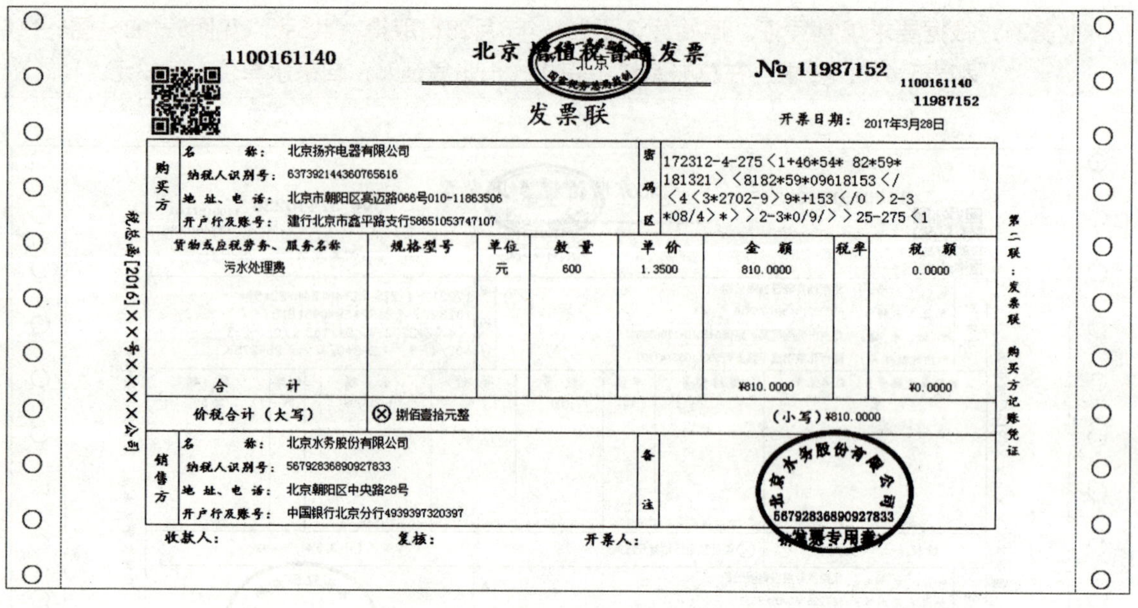
1100161140 北京增值税普通发票 № 11987152
1100161140
11987152
发票联
开票日期：2017年3月28日

购买方	名称：北京扬齐电器有限公司 纳税人识别号：637392144360765616 地址、电话：北京市朝阳区真迈路066号010-11863506 开户行及账号：建行北京市鑫平路支行58651053747107	密码区	172312-4-275＜1+46*54* 82*59*181321＞＜8182*59*09618153＜/＜4＜3*2702-9＞9*+153＜/0＞2-3*08/4＞*＞＞2-3*0/9/＞＞25-275＜1

货物或应税劳务、服务名称	规格型号	单位	数量	单价	金额	税率	税额
污水处理费		元	600	1.3500	810.0000		0.0000
合计					¥810.0000		¥0.0000
价税合计（大写）	⊗捌佰壹拾元整				（小写）¥810.0000		

销售方	名称：北京水务股份有限公司 纳税人识别号：56792836890927833 地址、电话：北京朝阳区中央路28号 开户行及账号：中国银行北京分行4939397320397	备注	

收款人： 复核： 开票人：

税总函[2016]××号××××公司

第二联：发票联 购买方记账凭证

图5-110 增值税普通发票发票联

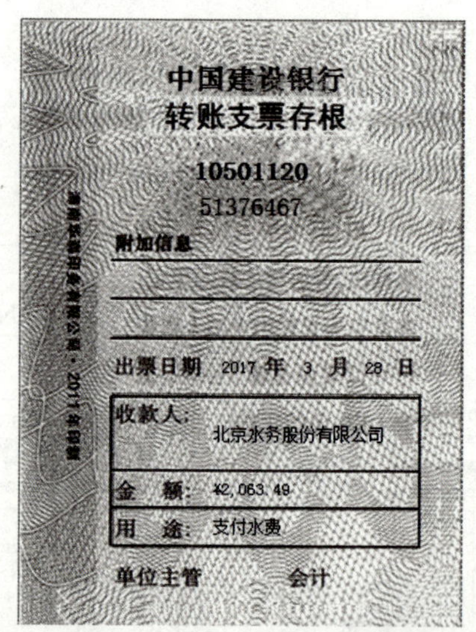
中国建设银行
转账支票存根
10501120
51376467
附加信息
出票日期 2017年 3 月 28 日
收款人：北京水务股份有限公司
金 额：¥2,063.49
用 途：支付水费
单位主管 会计

图5-111 银行转账支票存根

表5-6 水费分配表

部门	实际用量	水费单价	水费分摊金额	污水处理费分摊金额	合计
办公室	30	2.03			
财务部	30				
采购部	20				
专设销售机构	20				
生产车间	500				
合计	600				

任务实施

填制凭证时，借方管理费用的金额可采用倒挤方式求得，其辅助核算选取对应部门，贷方银行存款辅助项结算方式选“转账支票”，票号录入“1050112051376467”（见图5-112）。

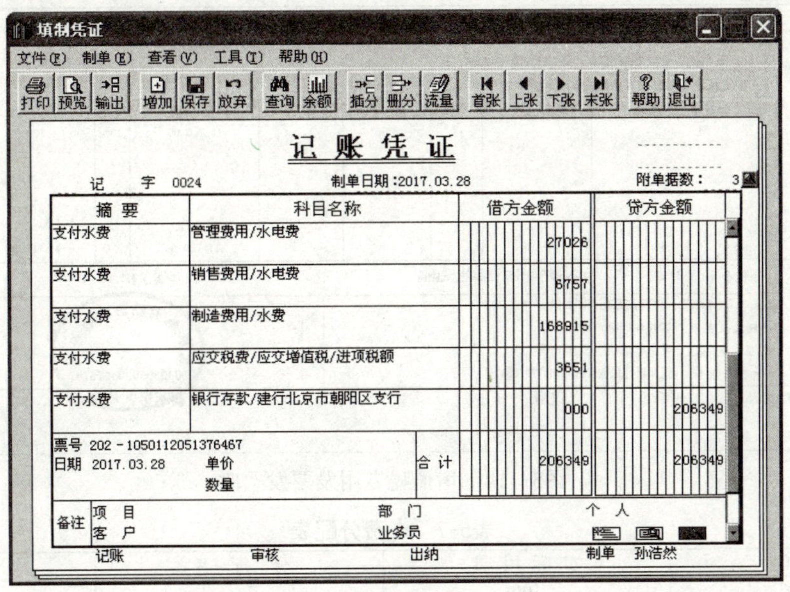

填制凭证

文件(F) 制单(E) 查看(V) 工具(T) 帮助(H)

打印 预览 输出 增加 保存 放弃 查询 余额 插分 删分 流量 首张 上张 下张 末张 帮助 退出

记 账 凭 证

记 字 0024　　制单日期：2017.03.28　　附单据数：3

摘 要	科目名称	借方金额	贷方金额
支付水费	管理费用/水电费	27026	
支付水费	销售费用/水电费	6757	
支付水费	制造费用/水费	168915	
支付水费	应交税费/应交增值税/进项税额	3651	
支付水费	银行存款/建行北京市朝阳区支行	000	206349
票号 202 - 1050112051376467 日期 2017.03.28 单价 数量	合 计	206349	206349

备注　项 目　　部 门　　个 人
　　　客 户　　业务员

记账　审核　出纳　制单 孙浩然

图5-112　填制记账凭证九

业务25：根据要求填制凭证。原始凭证于2017年3月29日取得，共3张（见图5-113、图5-114，表5-7），要求：在总账系统中完成（一张凭证）。

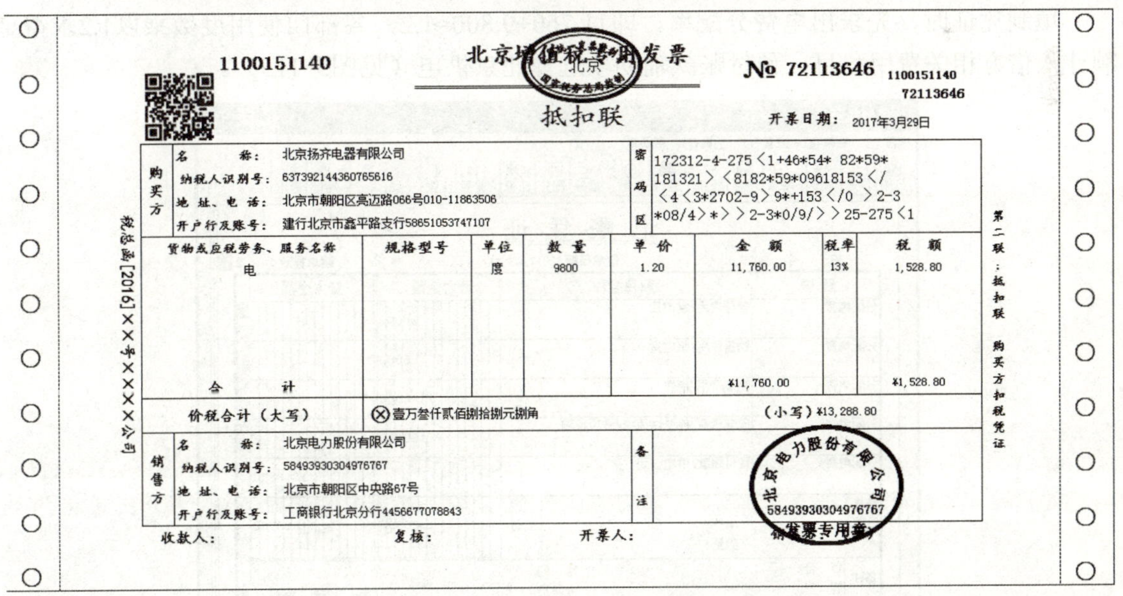

1100151140　　**北京增值税专用发票**　　№ 72113646　1100151140 72113646

抵扣联

开票日期：2017年3月29日

购买方	名　　称：北京扬齐电器有限公司 纳税人识别号：637392144360765616 地 址、电 话：北京市朝阳区亮迈路066号010-11863506 开户行及账号：建行北京市鑫平路支行58651053747107	密码区	172312-4-275<1+46*54* 82*59* 181321><8182*59*09618153</ <4<3*2702-9>9*+153</0 >2-3 *08/4>*>>2-3*0/9/>>25-275<1

货物或应税劳务、服务名称	规格型号	单位	数量	单价	金额	税率	税额
电		度	9800	1.20	11,760.00	13%	1,528.80
合　计					¥11,760.00		¥1,528.80
价税合计（大写）	⊗壹万叁仟贰佰捌拾捌元捌角				（小写）¥13,288.80		

销售方	名　　称：北京电力股份有限公司 纳税人识别号：58493930304976767 地 址、电 话：北京市朝阳区中央路67号 开户行及账号：工商银行北京分行4456677078843	备注	北京电力股份有限公司 58493930304976767 发票专用章

收款人：　　复核：　　开票人：　　销售方：（章）

第二联：抵扣联 购买方扣税凭证

税总函[2016]××号××××公司

图5-113　增值税专用发票抵扣联

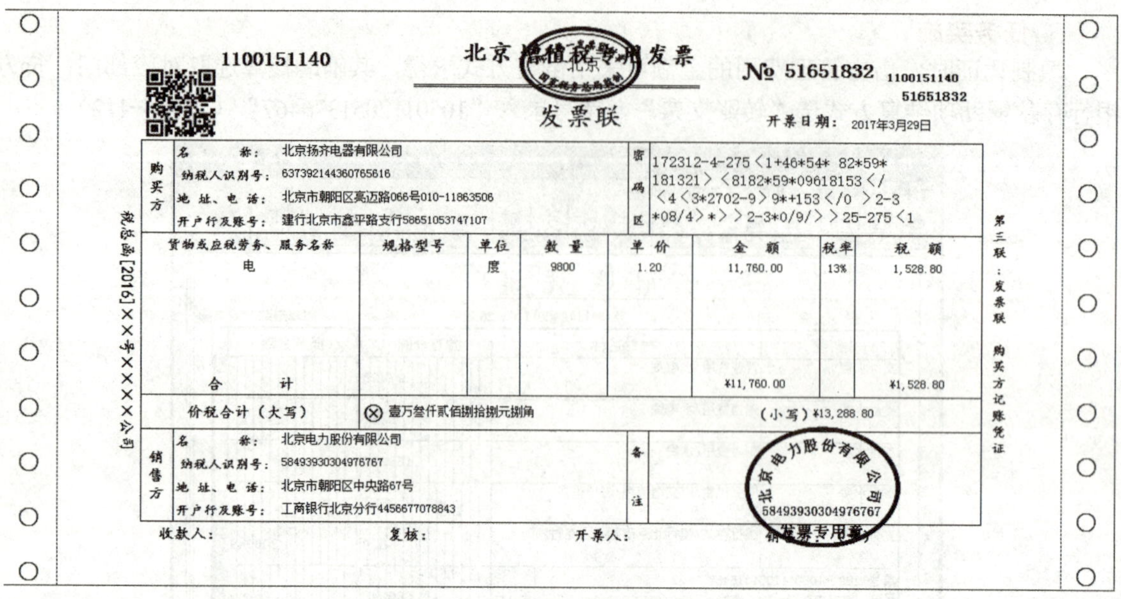

北京增值税专用发票 发票联

1100151140　№ 51651832　1100151140 51651832

开票日期：2017年3月29日

购买方	名称：北京扬齐电器有限公司 纳税人识别号：637392144360765616 地址、电话：北京市朝阳区高迈路066号010-11863506 开户行及账号：建行北京市鑫平路支行58651053747107			密码区	172312-4-275 <1+46*54* 82*59* 181321> <8182*59*09618153</ <4<3*2702-9>9*+153</0 >2-3 *08/4>*>>2-3*0/9/>>25-275<1		
货物或应税劳务、服务名称	规格型号	单位	数量	单价	金额	税率	税额
电		度	9800	1.20	11,760.00	13%	1,528.80
合计					¥11,760.00		¥1,528.80
价税合计（大写）	⊗壹万叁仟贰佰捌拾捌元捌角				（小写）¥13,288.80		
销售方	名称：北京电力股份有限公司 纳税人识别号：58493930304976767 地址、电话：北京市朝阳区中央路67号 开户行及账号：工商银行北京分行4456677078843			备注			

收款人：　复核：　开票人：　销售方：（章）

第三联：发票联　购买方记账凭证

规总函[2016]××号××××公司

图5-114　增值税专用发票发票联

表5-7　电费分配表

部　　门	实际用量	分配率	分配金额
办公室	100		
财务部	100		
专设销售机构	50		
采购部	50		
生产车间	9,500		
合计	9,800		

任务实施

填制凭证时，先求出电费分配率，即11,760÷9,800=1.2，各部门使用度数乘以1.2求得金额计入借方相关费用科目，预付账款辅助项选择北京供电（见图5-115）。

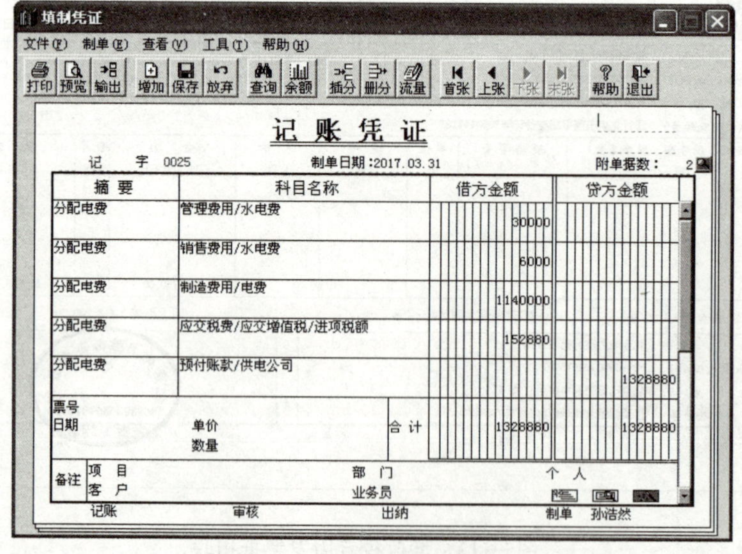

图5-115　填制记账凭证十

业务26：根据要求填制凭证。原始凭证于2017年3月31日取得，共1张（见表5-8），要求：在总账系统中完成（一张凭证）。

表5-8　报刊征订费分摊表

部　门	实际发生金额	收益开始日期	收益结束日期	收益期限（月）	月分摊金额
办公室	1,000			5	200
合计	1,000				200

任务实施

填制凭证时，借方管理费用的本期金额=总金额÷摊销期限=1,200÷12=100（见图5-116）。

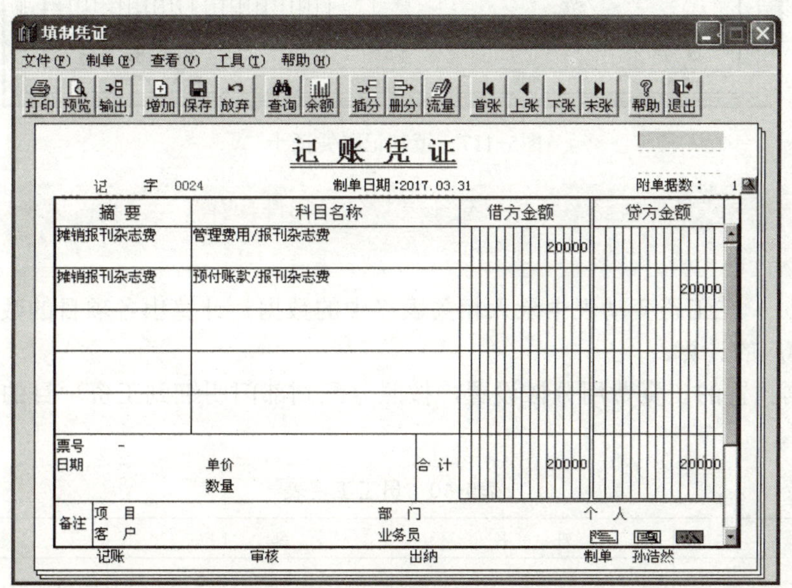

图5-116　填制记账凭证十一

业务27：按要求填制凭证。原始凭证于2017年3月31日取得，共1张（见表5-9），要求：在总账系统中完成（一张凭证）。

表5-9　汽车保险费费分摊表

部　门	实际发生金额	收益开始日期	收益结束日期	收益期限（月）	月分摊金额
办公室	1,200			12	100
合计	1,200				100

任务实施

操作如业务20。借方管理费用的本期金额=总金额÷摊销期限（见图5-117）。

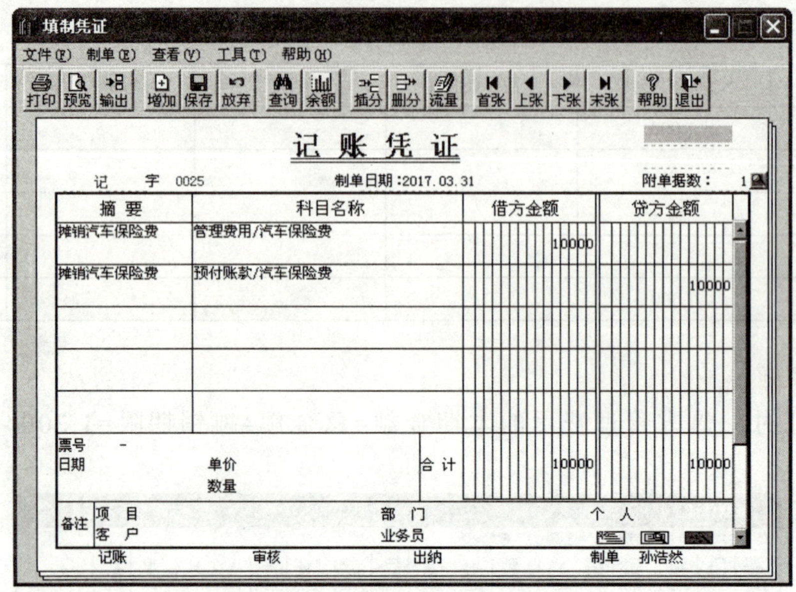

图5-117 填制记账凭证十二

业务28：根据要求填制凭证。原始凭证于2017年3月31日取得，共1张（见表5-10），要求：在工资系统中完成（一张凭证）。

提示：（1）在工资变动表中录入相关表格中的数据，计算出各项目的数据并汇总；并按项目进行相应的计算。

（2）根据预置的工资费用分摊设置，按照分配到部门明细到工资项目的要求合并生成一张凭证。

表5-10 员工工资表

编　码	姓　名	部　门	月标准工资
10101	何华	办公室	8,000
10102	赵俊	办公室	2,500
10103	黄落华	办公室	2,300
10104	落月	办公室	2,100
20101	刘焕	财务部	4,000
20102	孙浩然	财务部	2,500
20103	李梓涵	财务部	2,100
30101	张雨欣	采购部	2,500
30102	赵丽芬	采购部	2,200
30103	钟国庆	采购部	2,200
40101	王春燕	销售门市	2,500
40102	李洁科	销售门市	2,200

（续）

编　　码	姓　　名	部　　门	月标准工资
40103	赵约翰	销售门市	2,200
50101	张雯雯	生产车间	2,300
50102	薛琪	生产车间	2,100
50201	周忠华	生产车间	2,500
50202	张洁	生产车间	2,500
50203	潘申阳	生产车间	2,500
50204	姜小牙	生产车间	2,500
50205	樊懋	生产车间	2,500
50206	石子涵	生产车间	2,100

任务实施

1．以主管的身份登录，单击“工资变动”按钮，在“月标准工资”一栏输入月标准工资，并保存（见图5-118）。

2．以会计的身份登录，选择“工资管理”→“工资分摊”→“工资分摊设置”选项（见图5-119、图5-120）。

3．单击“增加”按钮，在对话框中录入“计提类别名称”“分摊计提比例”（见图5-121），单击“下一步”按钮。

4．输入工资分摊设置（见图5-122），单击“完成”按钮。

5．选中“应付工资”“所有部门”和“明细到工资项目”选项（见图5-123），单击“确定”按钮。

6．选中“合并科目相同、辅助项相同的分录”复选框（见图5-124），单击“制单”按钮（见图5-125、图5-126）。

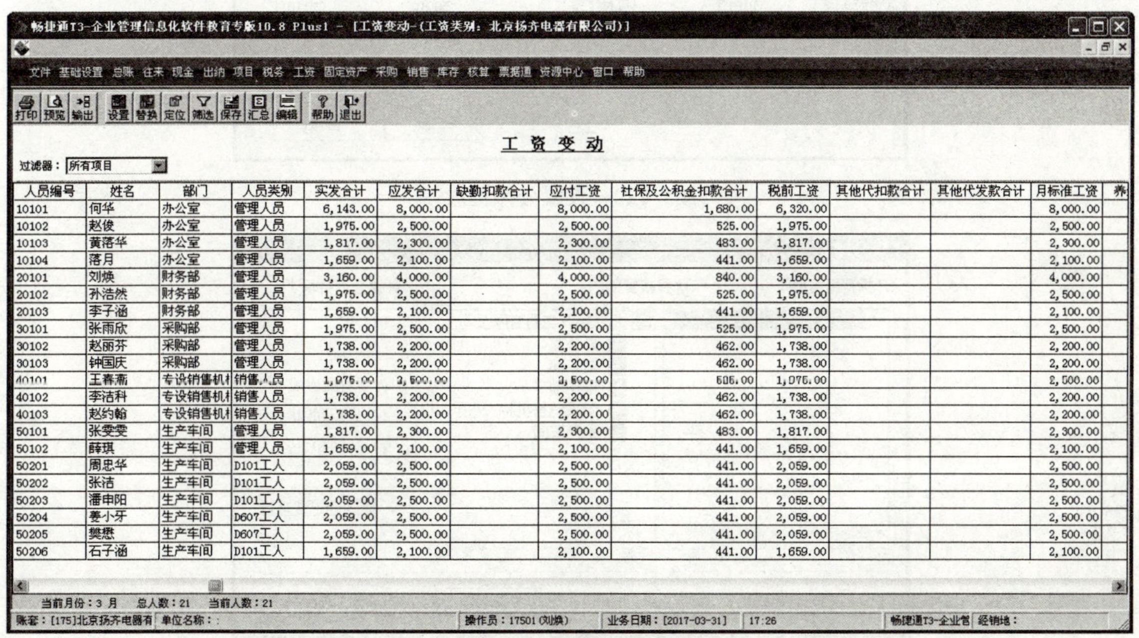

工资变动

过滤器：所有项目

人员编号	姓名	部门	人员类别	实发合计	应发合计	缺勤扣款合计	应付工资	社保及公积金扣款合计	税前工资	其他代扣款合计	其他代发款合计	月标准工资
10101	何华	办公室	管理人员	6,143.00	8,000.00		8,000.00	1,680.00	6,320.00			8,000.00
10102	赵俊	办公室	管理人员	1,975.00	2,500.00		2,500.00	525.00	1,975.00			2,500.00
10103	黄落华	办公室	管理人员	1,817.00	2,300.00		2,300.00	483.00	1,817.00			2,300.00
10104	落月	办公室	管理人员	1,659.00	2,100.00		2,100.00	441.00	1,659.00			2,100.00
20101	刘焕	财务部	管理人员	3,160.00	4,000.00		4,000.00	840.00	3,160.00			4,000.00
20102	孙浩然	财务部	管理人员	1,975.00	2,500.00		2,500.00	525.00	1,975.00			2,500.00
20103	李子涵	财务部	管理人员	1,659.00	2,100.00		2,100.00	441.00	1,659.00			2,100.00
30101	张雨欣	采购部	管理人员	1,975.00	2,500.00		2,500.00	525.00	1,975.00			2,500.00
30102	赵丽芬	采购部	管理人员	1,738.00	2,200.00		2,200.00	462.00	1,738.00			2,200.00
30103	钟国庆	采购部	管理人员	1,738.00	2,200.00		2,200.00	462.00	1,738.00			2,200.00
40101	王春燕	专设销售机村	销售人员	1,975.00	2,500.00		2,500.00	525.00	1,975.00			2,500.00
40102	李洁科	专设销售机村	销售人员	1,738.00	2,200.00		2,200.00	462.00	1,738.00			2,200.00
40103	赵约翰	专设销售机村	销售人员	1,738.00	2,200.00		2,200.00	462.00	1,738.00			2,200.00
50101	张雯雯	生产车间	管理人员	1,817.00	2,300.00		2,300.00	483.00	1,817.00			2,300.00
50102	薛琪	生产车间	管理人员	1,659.00	2,100.00		2,100.00	441.00	1,659.00			2,100.00
50201	周忠华	生产车间	D101工人	2,059.00	2,500.00		2,500.00	441.00	2,059.00			2,500.00
50202	张洁	生产车间	D101工人	2,059.00	2,500.00		2,500.00	441.00	2,059.00			2,500.00
50203	潘申阳	生产车间	D101工人	2,059.00	2,500.00		2,500.00	441.00	2,059.00			2,500.00
50204	姜小牙	生产车间	D607工人	2,059.00	2,500.00		2,500.00	441.00	2,059.00			2,500.00
50205	樊懋	生产车间	D607工人	2,059.00	2,500.00		2,500.00	441.00	2,059.00			2,500.00
50206	石子涵	生产车间	D101工人	1,659.00	2,100.00		2,100.00	441.00	1,659.00			2,100.00

当前月份：3 月　总人数：21　当前人数：21

图5-118　填制工资数据

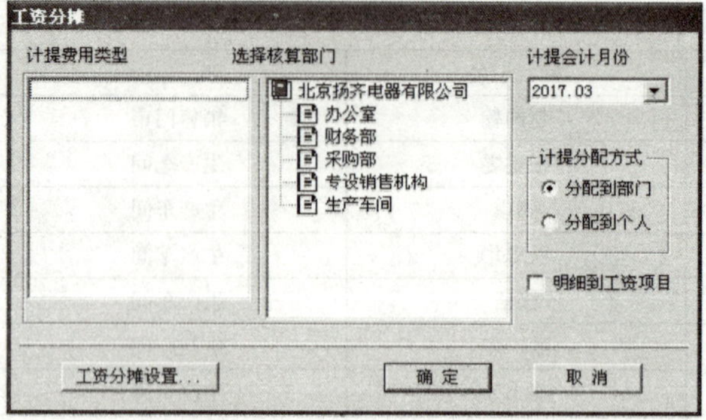

图5-119 设置工资分摊

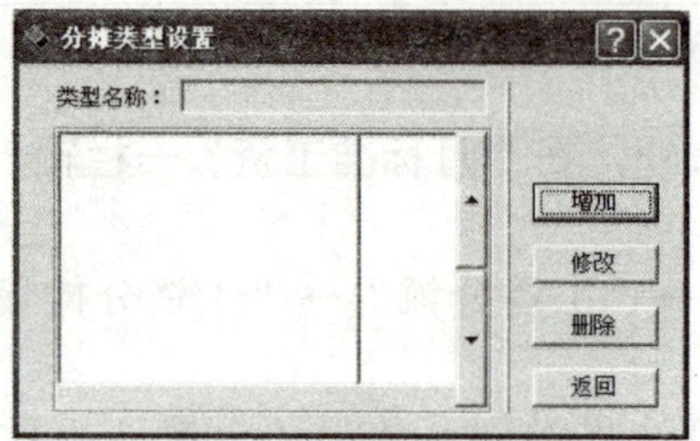

图5-120 设置分摊类型

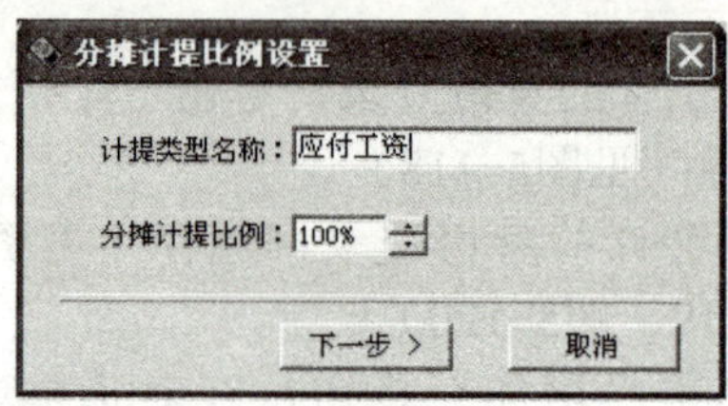

图5-121 设置分摊计提比例

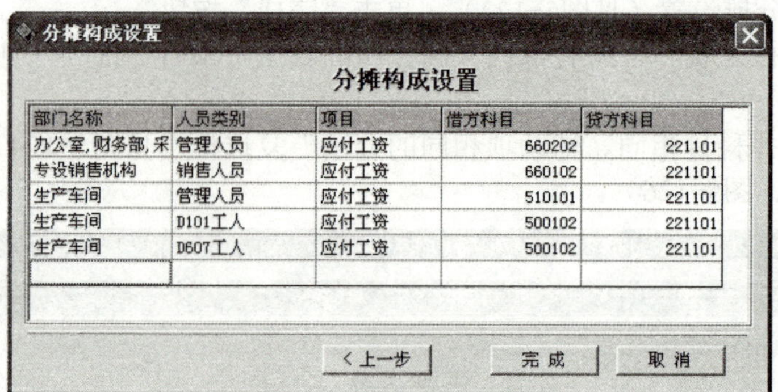

部门名称	人员类别	项目	借方科目	贷方科目
办公室,财务部,采	管理人员	应付工资	660202	221101
专设销售机构	销售人员	应付工资	660102	221101
生产车间	管理人员	应付工资	510101	221101
生产车间	D101工人	应付工资	500102	221101
生产车间	D607工人	应付工资	500102	221101

图5-122 设置分摊构成

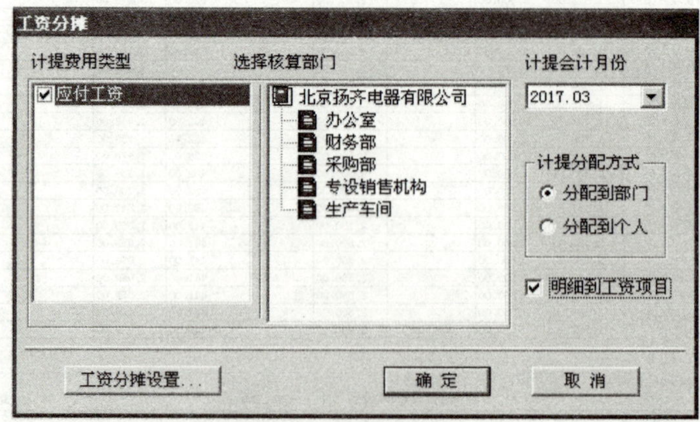

图5-123 设置工资分摊

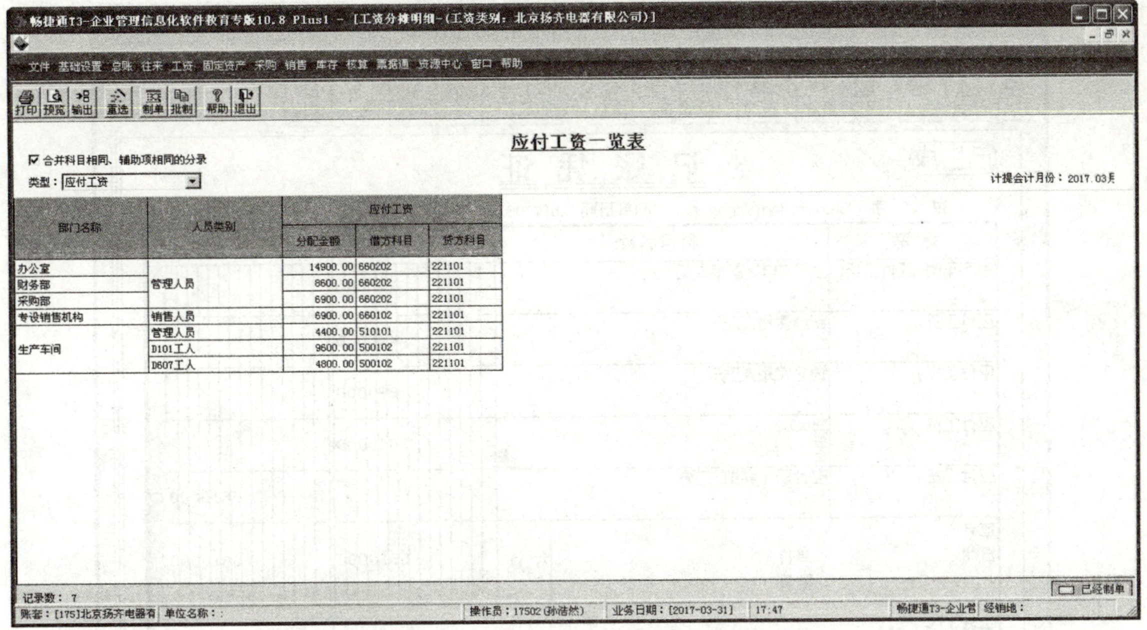

部门名称	人员类别	应付工资		
		分配金额	借方科目	贷方科目
办公室	管理人员	14900.00	660202	221101
财务部		8600.00	660202	221101
采购部		6900.00	660202	221101
专设销售机构	销售人员	6900.00	660102	221101
生产车间	管理人员	4400.00	510101	221101
	D101工人	9600.00	500102	221101
	D607工人	4800.00	500102	221101

图5-124 应付工资一览表

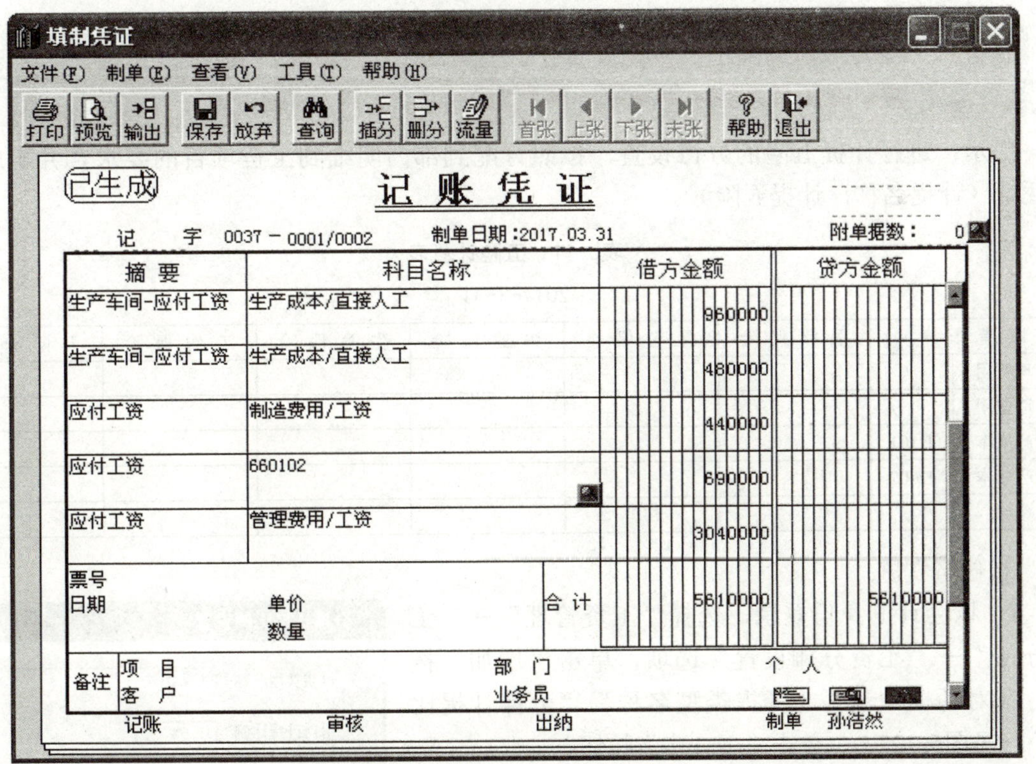

摘要	科目名称	借方金额	贷方金额
生产车间-应付工资	生产成本/直接人工	960000	
生产车间-应付工资	生产成本/直接人工	480000	
应付工资	制造费用/工资	440000	
应付工资	660102	690000	
应付工资	管理费用/工资	3040000	
票号 日期	单价 数量 合计	5610000	5610000

图5-125 生成“记账凭证”十八

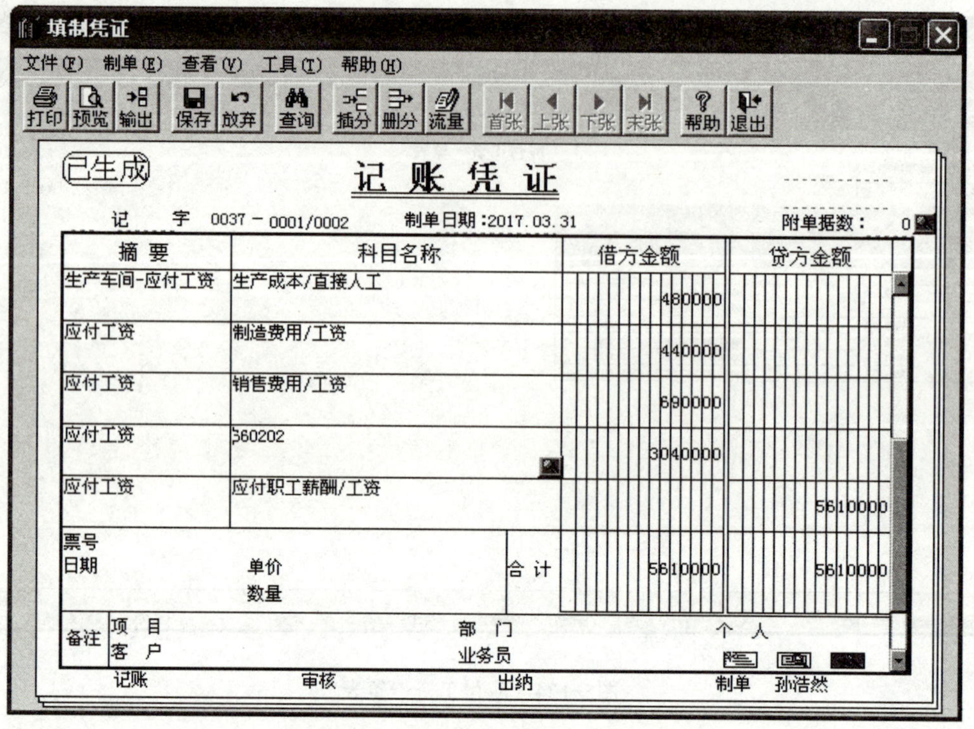

图5-126 生成“记账凭证”十九

业务29：按要求填制凭证。原始凭证于2017年3月31日取得，共1张（见表5-11），要求：在工资系统中完成（一张凭证）。

提示：进行计提五险的分摊设置，按照分配到部门明细到工资项目的要求合并生成一张凭证（计提名称：计提五险）。

表5-11 五险计算表

2017-3-31

应借账户		医疗保险	养老保险	失业保险	生育保险	工伤保险	五险合计
管理费用							
制造费用							
生产成本	D101						
生产成本	D607						
合计							

任务实施

1．以会计的身份登录，选择“工资管理”→“工资分摊”→“工资分摊设置”选项，单击“增加”按钮，在对话框中录入“计提类型名称”“分摊计提比例”（见图5-127），单击“下一步”按钮。

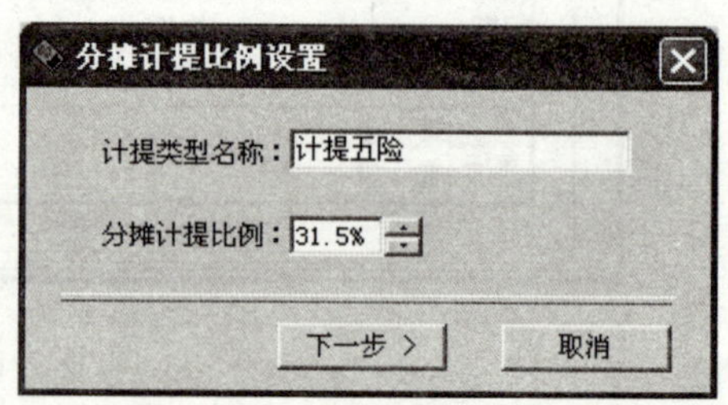

图5-127 设置分摊计提比例

2．录入工资分摊设置，如图5-128和图5-129所示，单击“完成”按钮。

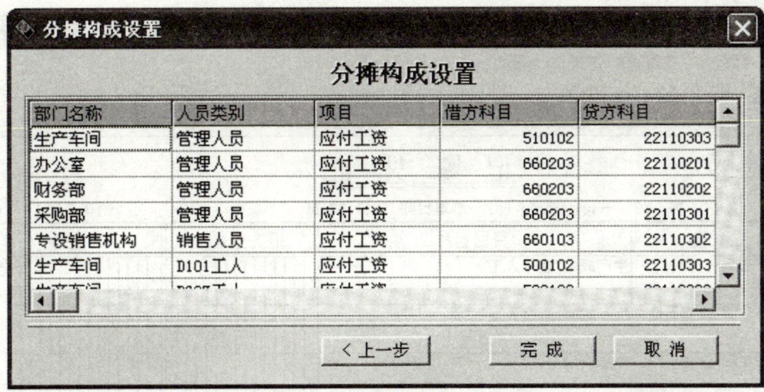

部门名称	人员类别	项目	借方科目	贷方科目
生产车间	管理人员	应付工资	510102	22110303
办公室	管理人员	应付工资	660203	22110201
财务部	管理人员	应付工资	660203	22110202
采购部	管理人员	应付工资	660203	22110301
专设销售机构	销售人员	应付工资	660103	22110302
生产车间	D101工人	应付工资	500102	22110303

图5-128　分摊构成设置

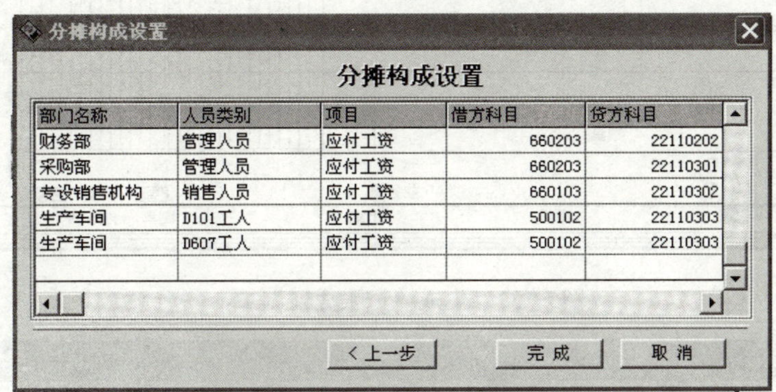

部门名称	人员类别	项目	借方科目	贷方科目
财务部	管理人员	应付工资	660203	22110202
采购部	管理人员	应付工资	660203	22110301
专设销售机构	销售人员	应付工资	660103	22110302
生产车间	D101工人	应付工资	500102	22110303
生产车间	D607工人	应付工资	500102	22110303

图5-129　分摊构成设置

3．选中“应付工资”“所有部门”和“明细到工资项目”选项并单击“确定”按钮。

4．选中“合并科目相同、辅助项相同的分录”复选框（见图5-130），单击“制单”按钮（见图5-131、图5-132）。

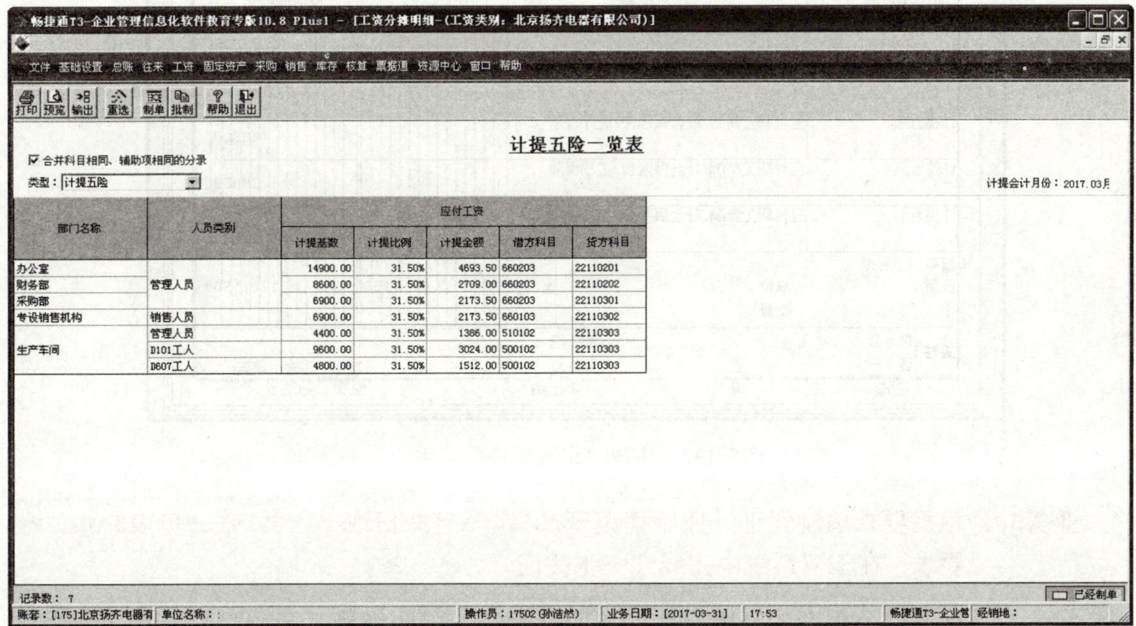

部门名称	人员类别	应付工资				
		计提基数	计提比例	计提金额	借方科目	贷方科目
办公室	管理人员	14900.00	31.50%	4693.50	660203	22110201
财务部		8600.00	31.50%	2709.00	660203	22110202
采购部		6900.00	31.50%	2173.50	660203	22110301
专设销售机构	销售人员	6900.00	31.50%	2173.50	660103	22110302
生产车间	管理人员	4400.00	31.50%	1386.00	510102	22110303
	D101工人	9600.00	31.50%	3024.00	500102	22110303
	D607工人	4800.00	31.50%	1512.00	500102	22110303

图5-130　计提五险一览表

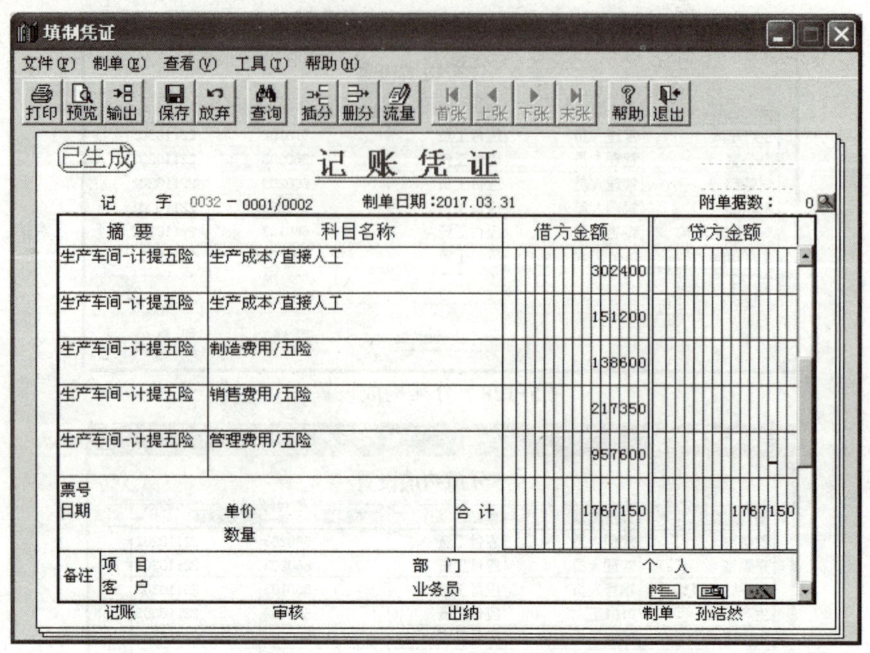

填制凭证

文件(F) 制单(E) 查看(V) 工具(T) 帮助(H)

打印 预览 输出 保存 放弃 查询 插分 删分 流量 首张 上张 下张 末张 帮助 退出

已生成

记账凭证

记 字 0032 － 0001/0002 制单日期：2017.03.31 附单据数： 0

摘要	科目名称	借方金额	贷方金额
生产车间-计提五险	生产成本/直接人工	302400	
生产车间-计提五险	生产成本/直接人工	151200	
生产车间-计提五险	制造费用/五险	138600	
生产车间-计提五险	销售费用/五险	217350	
生产车间-计提五险	管理费用/五险	957600	
票号 日期	单价 数量 合计	1767150	1767150

备注 项目 部门 个人 客户 业务员

记账 审核 出纳 制单 孙浩然

图5-131 生成“记账凭证”二十

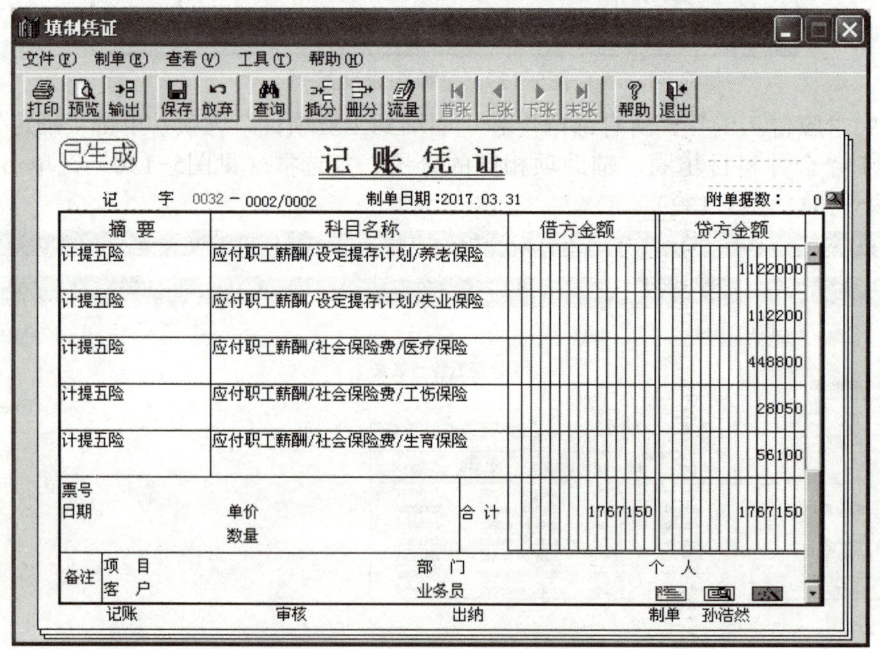

填制凭证

文件(F) 制单(E) 查看(V) 工具(T) 帮助(H)

打印 预览 输出 保存 放弃 查询 插分 删分 流量 首张 上张 下张 末张 帮助 退出

已生成

记账凭证

记 字 0032 － 0002/0002 制单日期：2017.03.31 附单据数： 0

摘要	科目名称	借方金额	贷方金额
计提五险	应付职工薪酬/设定提存计划/养老保险		1122000
计提五险	应付职工薪酬/设定提存计划/失业保险		112200
计提五险	应付职工薪酬/社会保险费/医疗保险		448800
计提五险	应付职工薪酬/社会保险费/工伤保险		28050
计提五险	应付职工薪酬/社会保险费/生育保险		56100
票号 日期	单价 数量 合计	1767150	1767150

备注 项目 部门 个人 客户 业务员

记账 审核 出纳 制单 孙浩然

图5-132 生成“记账凭证”二十一

业务30：根据要求填制凭证。原始凭证于2017年3月31日取得，共1张（见表5-12），要求：在工资系统中完成（一张凭证）。

提示：进行计提公积金的分摊设置，按照分配到部门明细到工资项目的要求合并生成一张凭证（计提名称：计提公积金）。

表5-12 住房公积金计算表

2017-3-31

应借账户		住房公积金
管理费用		
制造费用		
生产成本	D101	
生产成本	D607	
合计		

任务实施

1．以会计的身份登录，选择“工资管理”→“工资分摊”→“工资分摊设置”选项，单击“增加”按钮，在对话框中录入“计提类别名称”“分摊计提比例”，单击“下一步”按钮。

2．录入工资分摊设置，单击“完成”按钮。

3．选中“应付工资”“所有部门”和“明细到工资项目”选项并单击“确定”按钮。

4．选中“合并科目相同、辅助项相同的分录”复选框（见图5-133），单击“制单”按钮（见图5-134和图5-135）。

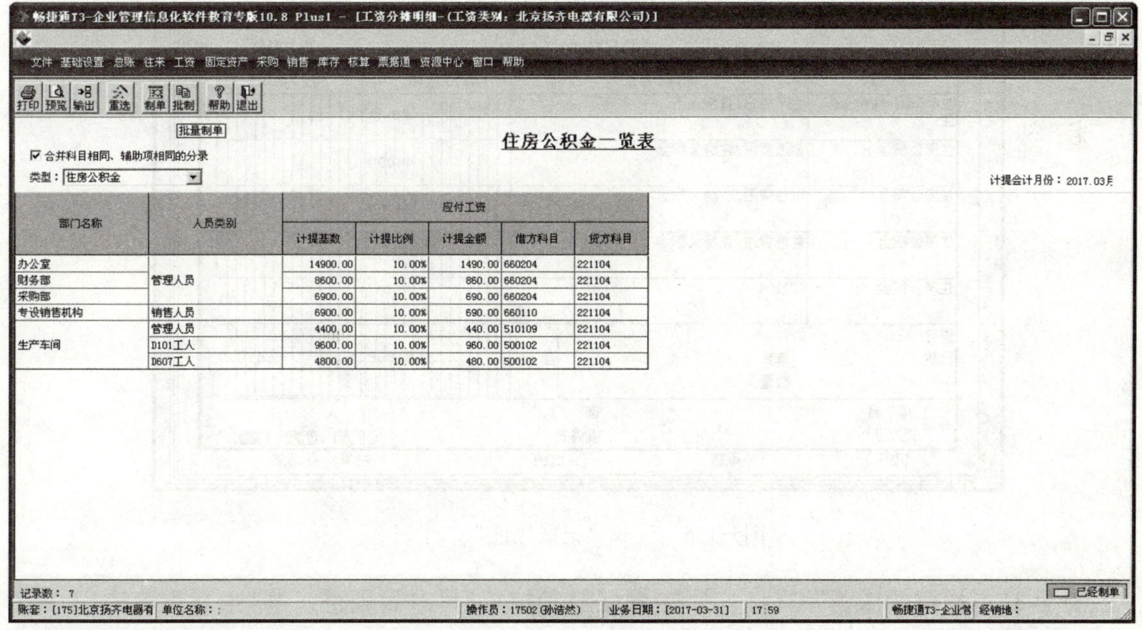

住房公积金一览表

部门名称	人员类别	应付工资				
		计提基数	计提比例	计提金额	借方科目	贷方科目
办公室	管理人员	14900.00	10.00%	1490.00	660204	221104
财务部		8600.00	10.00%	860.00	660204	221104
采购部		6900.00	10.00%	690.00	660204	221104
专设销售机构	销售人员	6900.00	10.00%	690.00	660110	221104
生产车间	管理人员	4400.00	10.00%	440.00	510109	221104
	D101工人	9600.00	10.00%	960.00	500102	221104
	D607工人	4800.00	10.00%	480.00	500102	221104

图5-133 住房公积金一览表

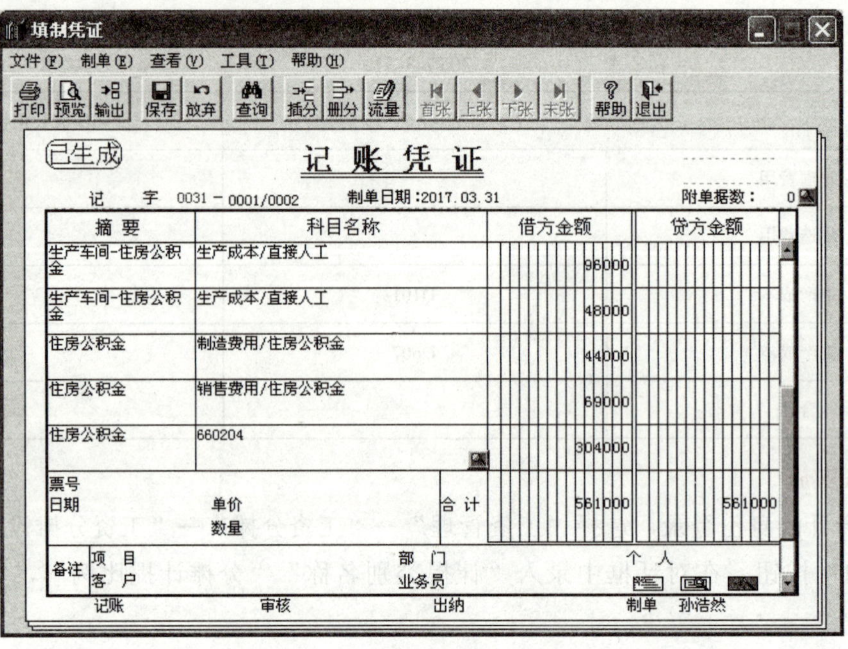

图5-134 生成“记账凭证”二十二

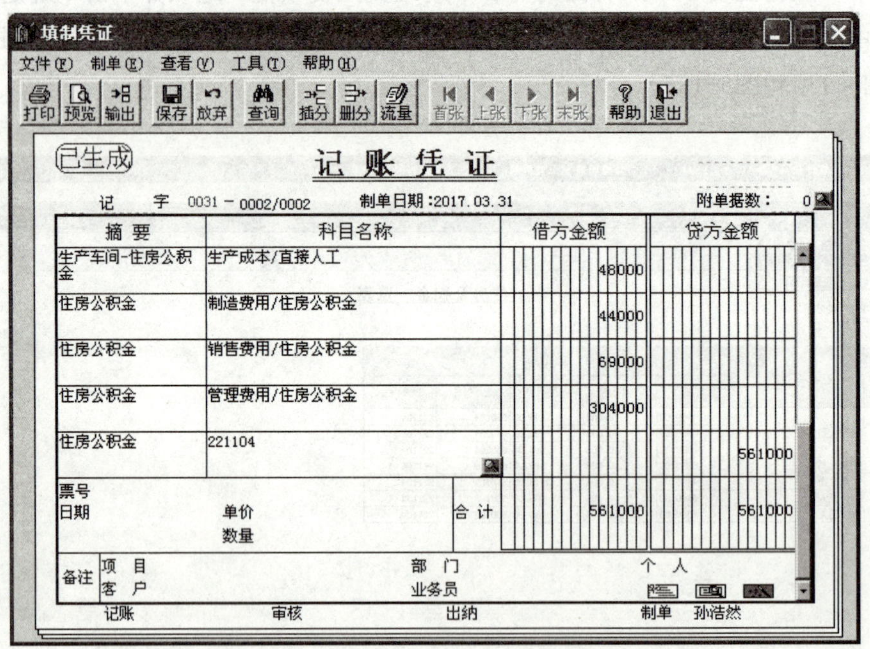

图5-135 生成“记账凭证”二十三

业务31：根据要求填制凭证。原始凭证于2017年3月31日取得，共1张（见表5-13），要求：在工资系统中完成（一张凭证）。

提示：进行计提职工教育经费的分摊设置，按照分配到部门明细到工资项目的要求合并生成一张凭证（计提名称：计提职工教育经费）。

表5-13　职工教育经费计算表

2017-3-31

应借账户		职工教育经费
管理费用		
制造费用		
生产成本	D101	
生产成本	D607	
合计		

任务实施

1. 以会计的身份登录，选择“工资管理”→“工资分摊”→“工资分摊设置”选项，单击“增加”按钮，在对话框中录入“计提类别名称”“分摊计提比例”，单击“下一步”按钮。

2. 键入工资分摊设置（见图5-136），单击“完成”按钮。

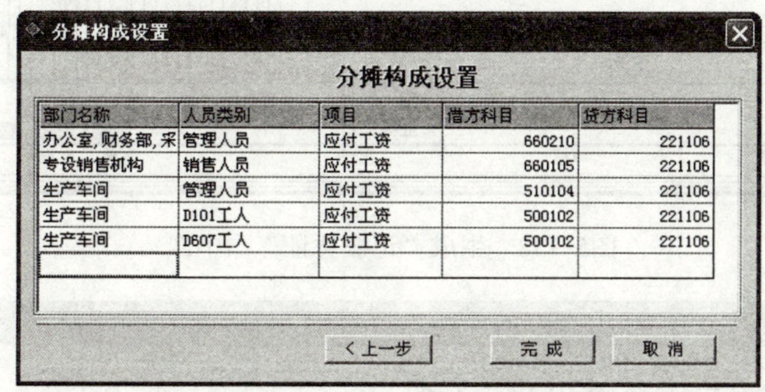

部门名称	人员类别	项目	借方科目	贷方科目
办公室,财务部,采	管理人员	应付工资	660210	221106
专设销售机构	销售人员	应付工资	660105	221106
生产车间	管理人员	应付工资	510104	221106
生产车间	D101工人	应付工资	500102	221106
生产车间	D607工人	应付工资	500102	221106

图5-136　分摊构成设置

3. 选中“应付工资”“所有部门”和“明细到工资项目”选项并单击“确定”按钮。

4. 选中“合并科目相同、辅助项相同的分录”复选框（见图5-137），单击“制单”按钮（见图5-138和图5-139）。

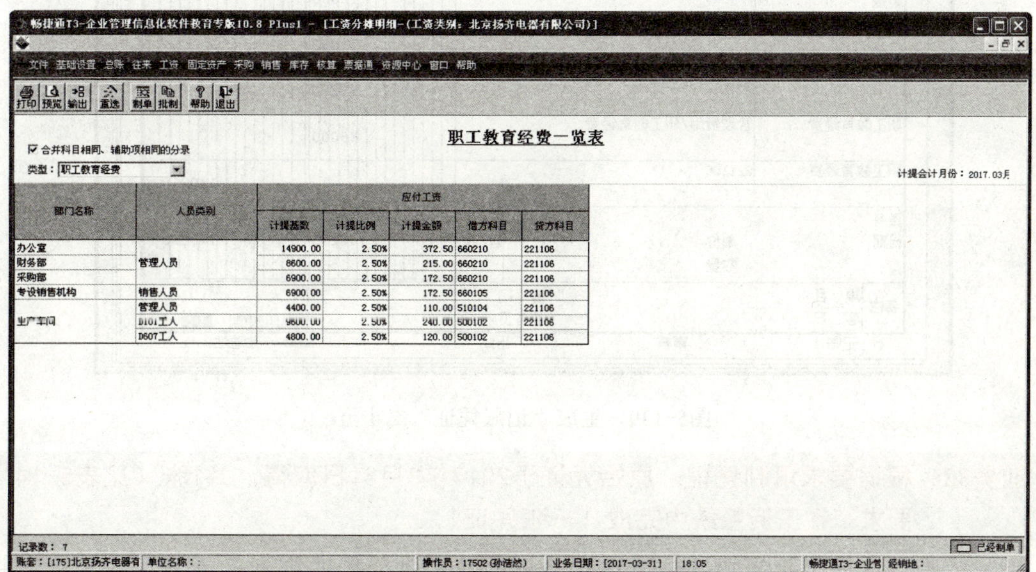

部门名称	人员类别	应付工资				
		计提基数	计提比例	计提金额	借方科目	贷方科目
办公室	管理人员	14900.00	2.50%	372.50	660210	221106
财务部		8600.00	2.50%	215.00	660210	221106
采购部		6900.00	2.50%	172.50	660210	221106
专设销售机构	销售人员	6900.00	2.50%	172.50	660105	221106
生产车间	管理人员	4400.00	2.50%	110.00	510104	221106
	D101工人	9600.00	2.50%	240.00	500102	221106
	D607工人	4800.00	2.50%	120.00	500102	221106

图5-137　职工教育经费一览表

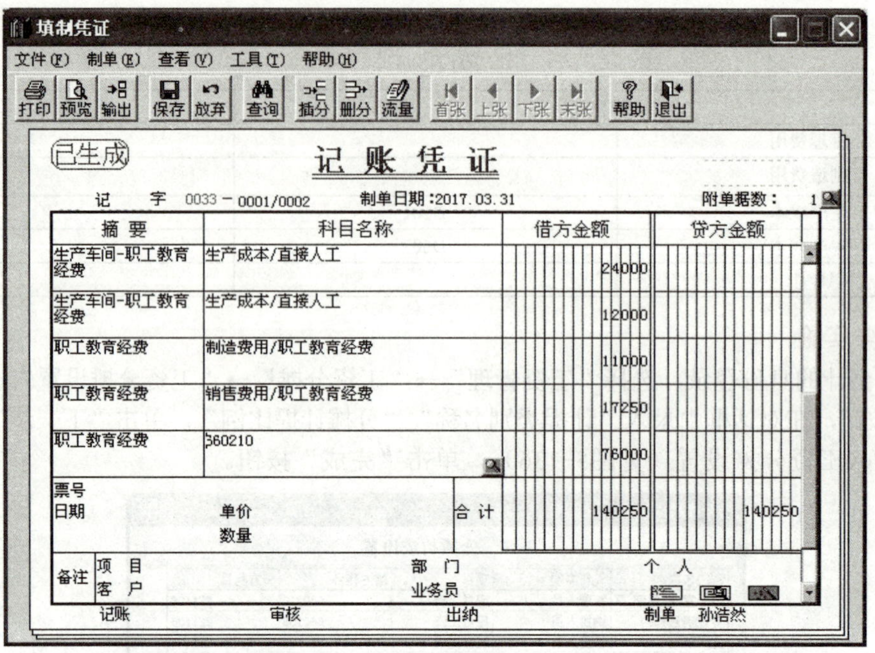

图5-138 生成“记账凭证”二十四

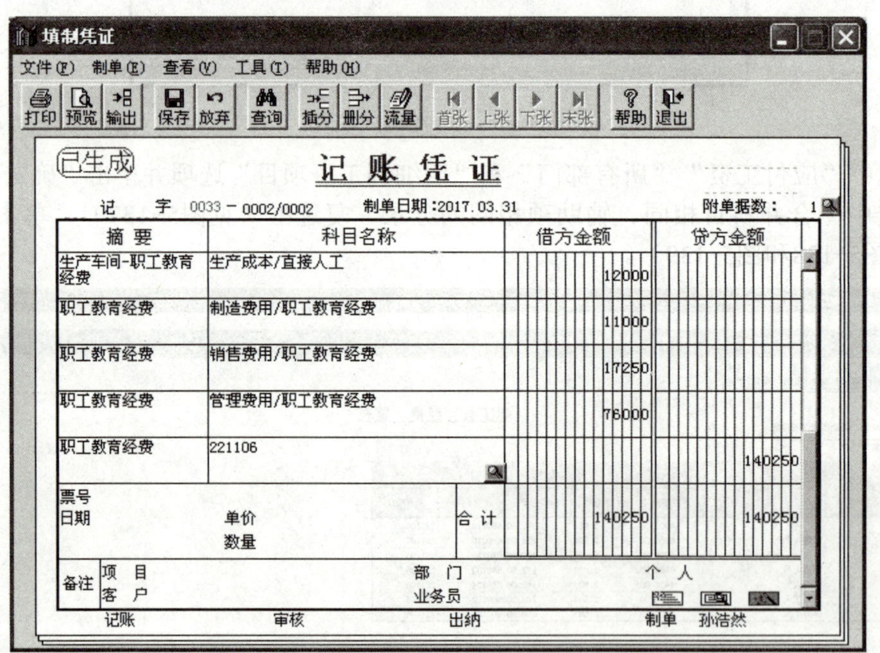

图5-139 生成“记账凭证”二十五

业务32：根据要求填制凭证。原始凭证于2017年3月31日取得，共1张（见表5-14），要求：在工资系统中完成（一张凭证）。

提示：进行计提工会经费的分摊设置，按照分配到部门明细到工资项目的要求合并生成一张凭证（计提名称：计提工会经费）。

表5-14　工会经费计算表

2017-3-31

应借账户		工会经费
管理费用		
制造费用		
生产成本	D101	
生产成本	D607	
合计		

任务实施

1．以会计的身份登录，选择“工资管理”→“工资分摊”→“工资分摊设置”选项，单击“增加”按钮，在对话框中录入“计提类型名称”“分摊计提比例”（见图5-140），单击“下一步”按钮。

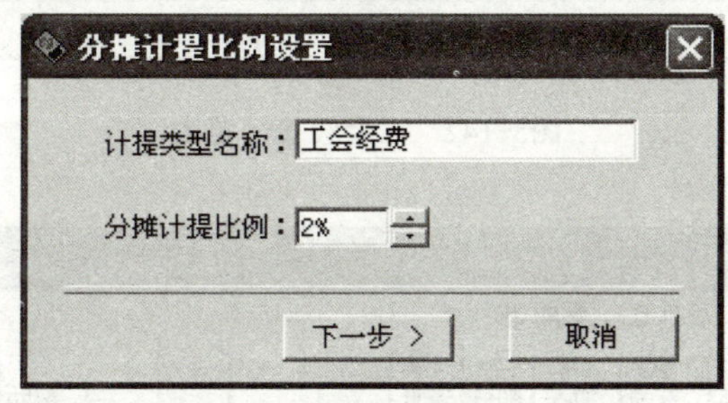

图5-140　分摊计提比例设置

2．录入工资分摊设置（见图5-141），单击“完成”按钮。

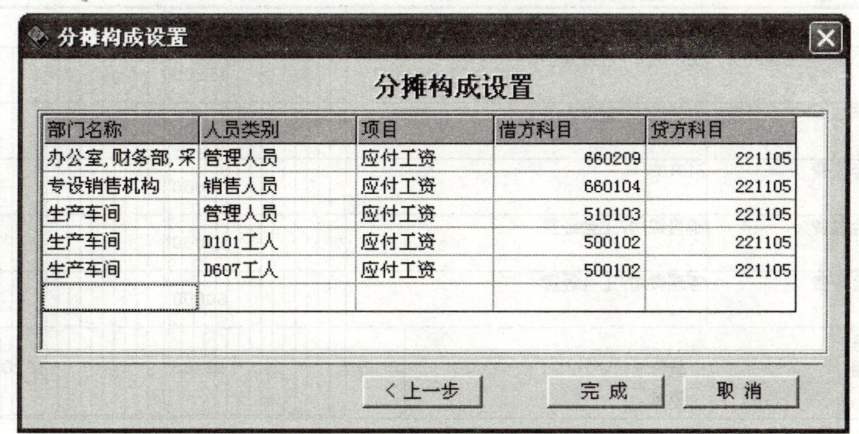

图5-141　分摊构成设置

3．选中“应付工资”“所有部门”和“明细到工资项目”选项并单击“确定”按钮。

4．选中“合并科目相同、辅助项相同的分录”复选框（见图5-142），单击“制单”按钮（见图5-143和图5-144）

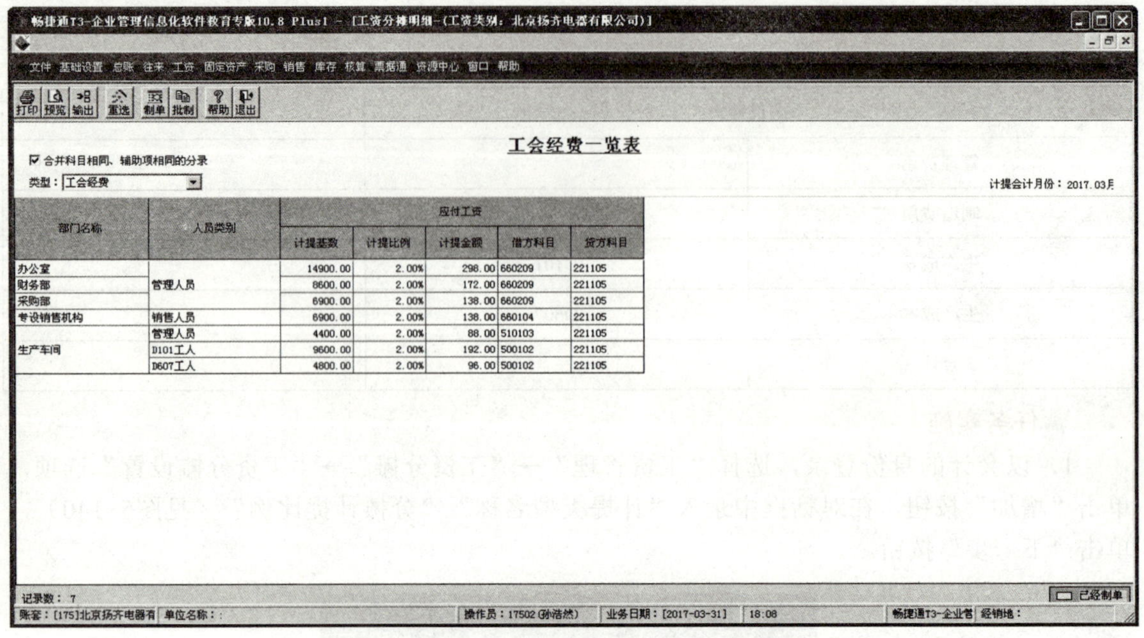

部门名称	人员类别	应付工资				
		计提基数	计提比例	计提金额	借方科目	贷方科目
办公室	管理人员	14900.00	2.00%	298.00	660209	221105
财务部		8600.00	2.00%	172.00	660209	221105
采购部		6900.00	2.00%	138.00	660209	221105
专设销售机构	销售人员	6900.00	2.00%	138.00	660104	221105
生产车间	管理人员	4400.00	2.00%	88.00	510103	221105
	D101工人	9600.00	2.00%	192.00	500102	221105
	D607工人	4800.00	2.00%	96.00	500102	221105

图5-142　工会经费一览表

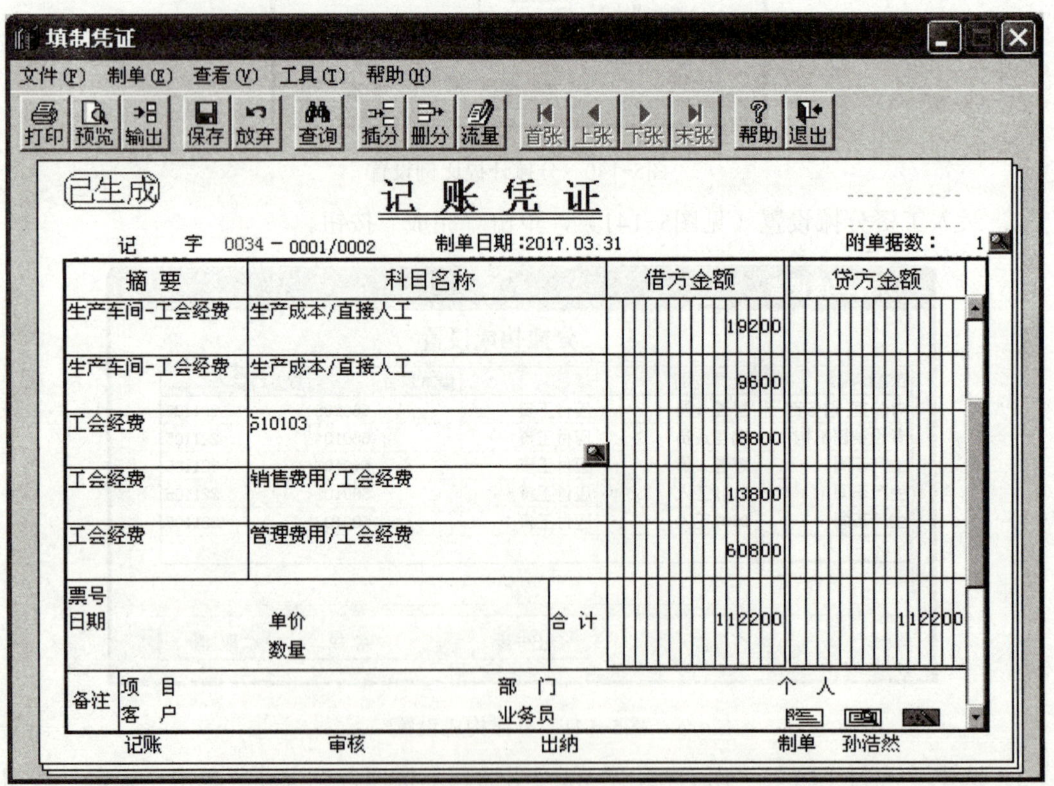

摘要	科目名称	借方金额	贷方金额
生产车间-工会经费	生产成本/直接人工	19200	
生产车间-工会经费	生产成本/直接人工	9600	
工会经费	510103	8800	
工会经费	销售费用/工会经费	13800	
工会经费	管理费用/工会经费	60800	

图5-143　生成“记账凭证”二十六

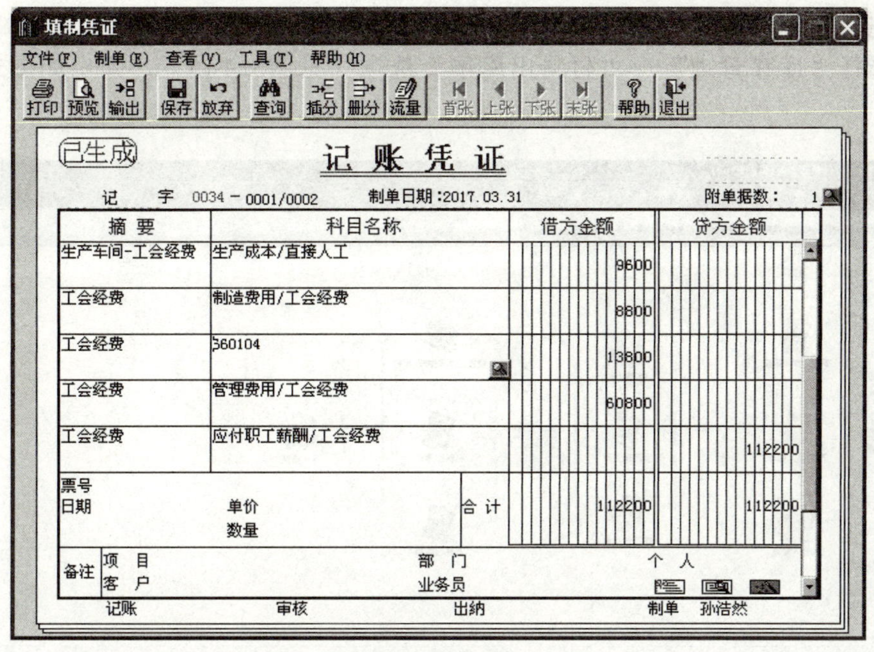

图5-144 生成“记账凭证”二十七

业务33：根据要求填制凭证。原始凭证于2017年3月31日取得，共1张（见表5-15），要求：在购销存及核算系统中完成（一张凭证）。

提示：按材料和用途分别填制材料出库单。

表5-15 原材料发出汇总表

领用部门	领用用途	产品	Y824		Y217		合计
			数量	金额	数量	金额	
生产车间	生产产品领用	D101	400				
生产车间	生产产品领用	D607			350		
合计							

业务34：根据要求填制凭证。原始凭证于2017年3月31日取得，共1张（见表5-16），要求：在购销存及核算系统中完成（一张凭证）。

提示：填制其他出库单。

表5-16 低值易耗品发料汇总表

领用部门	手套		合计/元
	数量	金额/元	
生产车间	30	30	30

任务实施

1．选择“库存管理”→“材料出库单”选项（见图5-145），弹出如图5-146所示界面。

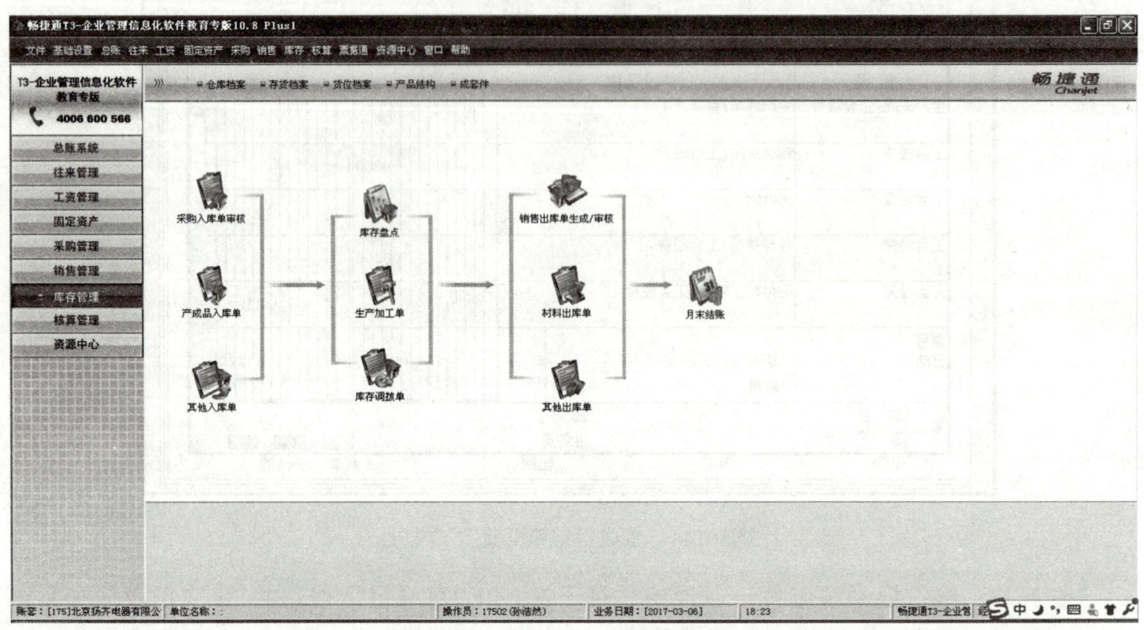

图5-145 启动“库存管理”模块

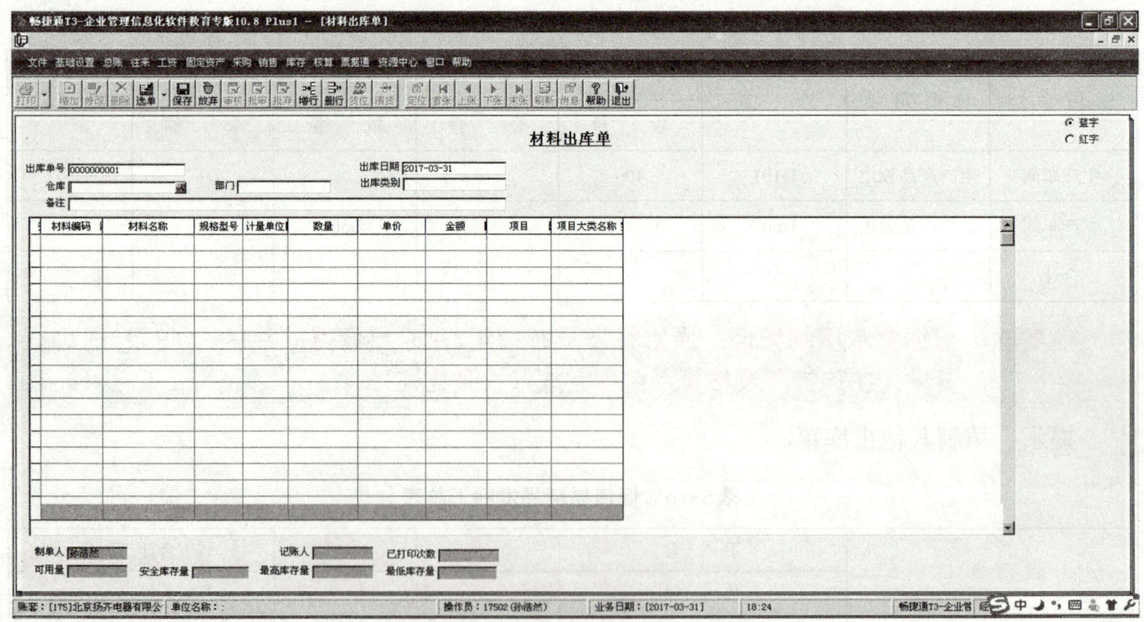

图5-146 材料出库单

2．根据原始凭证（见表5-15），将材料出库单填写完成，单击“保存”按钮。

3. 选择“库存管理”→“其他出库单”选项（见图5-147）。

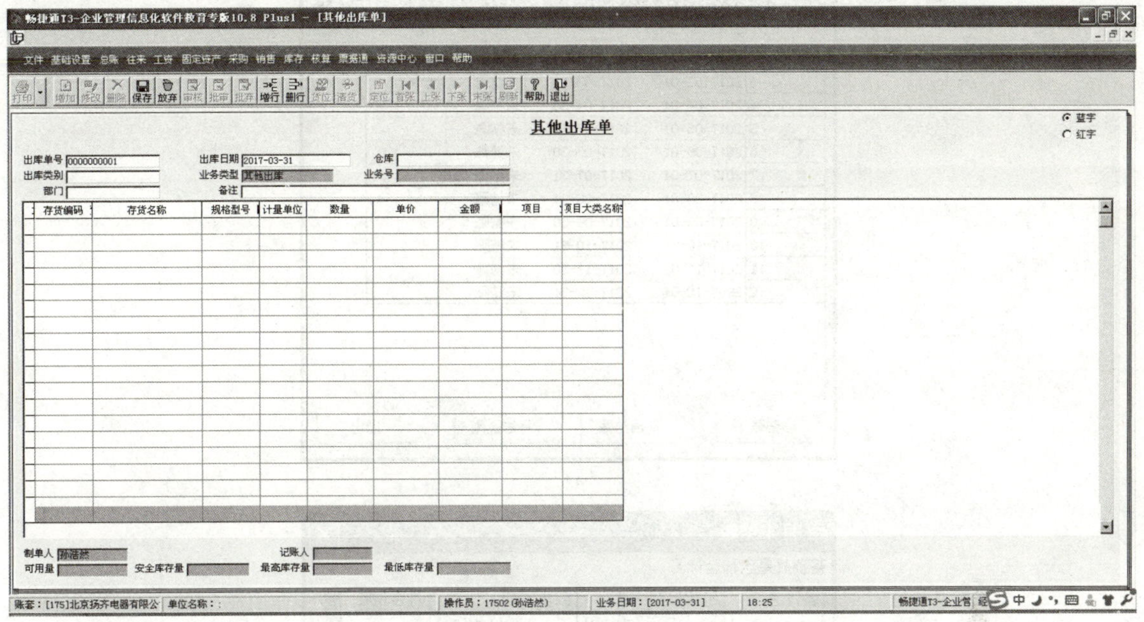

图5-147　其他出库单

4. 根据原始凭证（见表5-16），将其他出库单填写完成（见图5-148）。

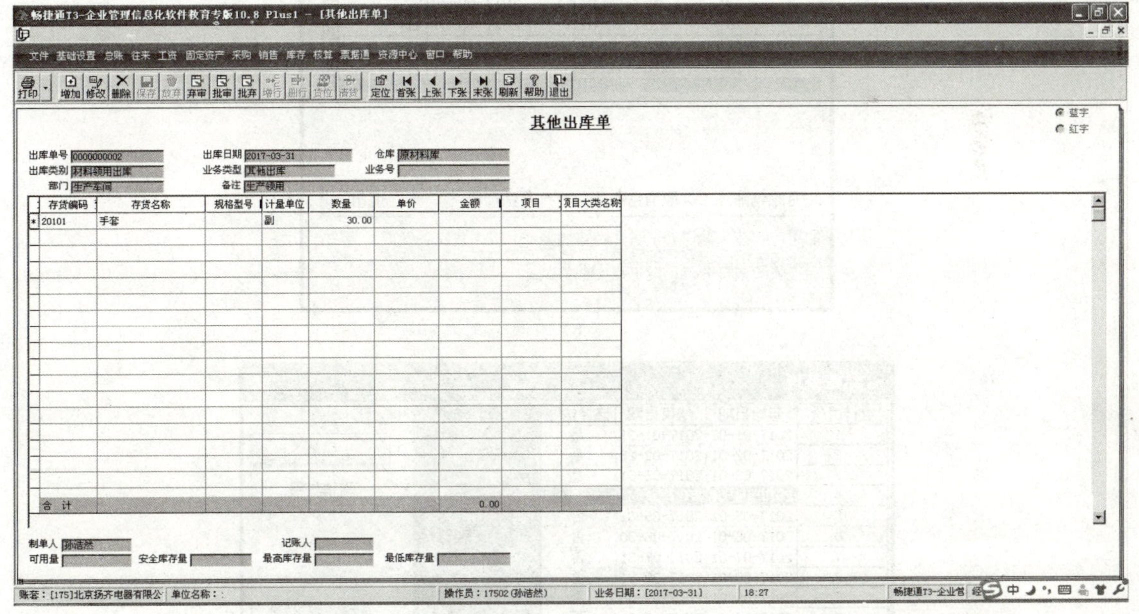

图5-148　其他出库单

5. 将“采购管理”“销售管理”和“库存管理”进行月末结账（见图5-149）。

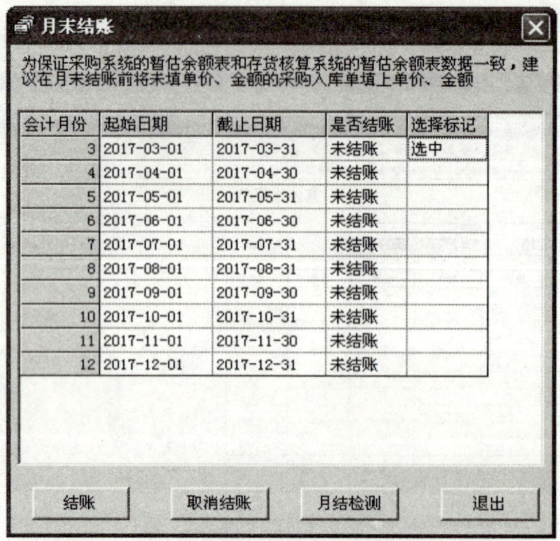

a）

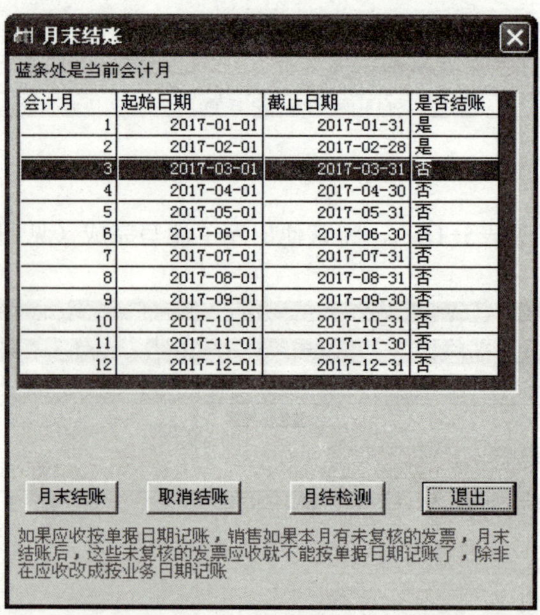

b）

结账处理

会计月份	起始日期	结束日期	已经结账
1	2017-01-01	2017-01-31	是
2	2017-02-01	2017-02-28	是
3	2017-03-01	2017-03-31	是
4	2017-04-01	2017-04-30	否
5	2017-05-01	2017-05-31	否
6	2017-06-01	2017-06-30	否
7	2017-07-01	2017-07-31	否
8	2017-08-01	2017-08-31	否
9	2017-09-01	2017-09-30	否
10	2017-10-01	2017-10-31	否
11	2017-11-01	2017-11-30	否
12	2017-12-01	2017-12-31	否

结账　取消结账　帮助　退出

c）

图5-149　月末结账处理

6. 选择“核算管理”→“正常单据记账”（见图5-150）。

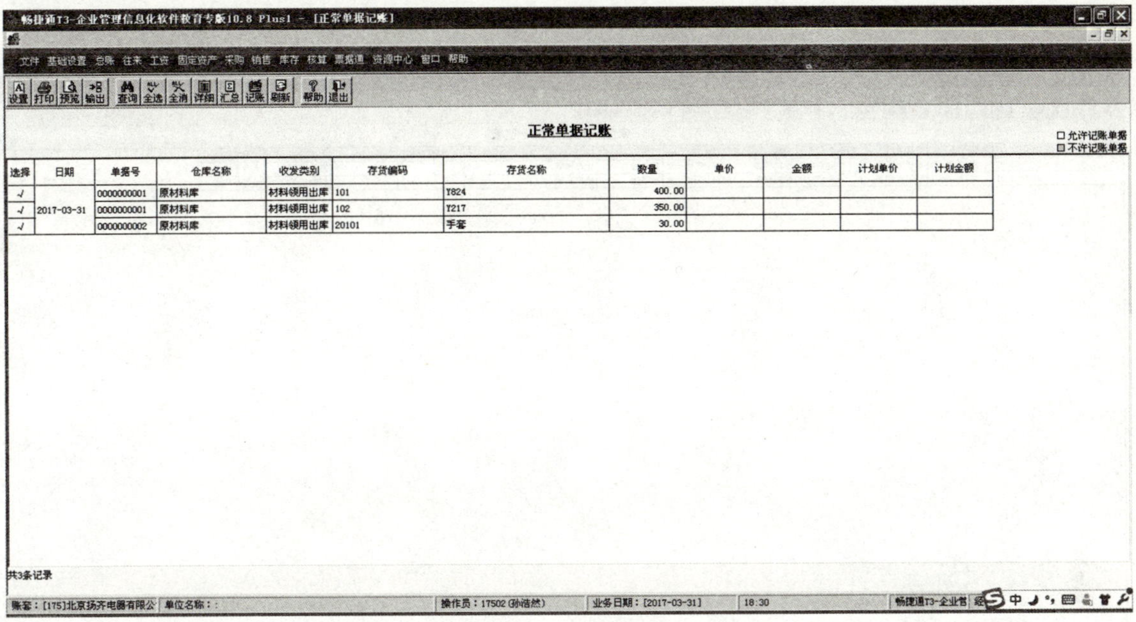

正常单据记账

选择	日期	单据号	仓库名称	收发类别	存货编码	存货名称	数量	单价	金额	计划单价	计划金额
√		0000000001	原材料库	材料领用出库	101	T824	400.00				
√	2017-03-31	0000000001	原材料库	材料领用出库	102	T217	350.00				
√		0000000002	原材料库	材料领用出库	20101	手套	30.00				

共3条记录

图5-150　正常单据记账

7. 在“核算管理”主界面选择“月末处理”选项，处理原材料库。

8. 在“核算管理”主界面选择“购销单据制单”→“选择”→“全选”→“确认”选项（见图5-151）。

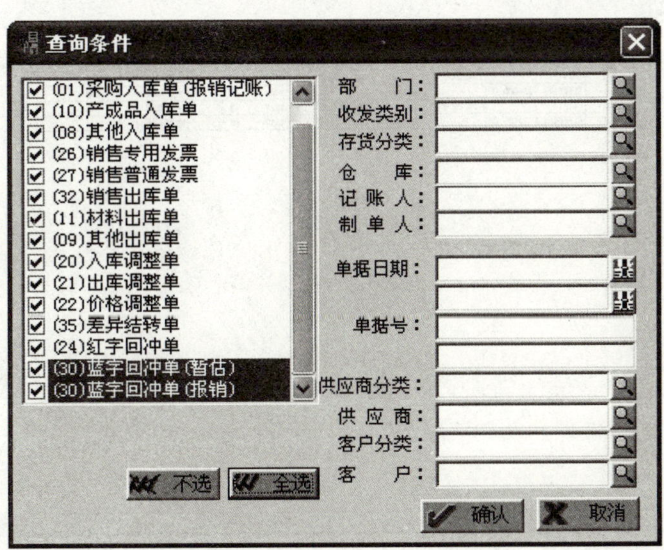

图5-151　购销单据制单

9．选中“材料出库单”（见图5-152），单击“制单”按钮并将分录补充完整（图5-153）单击“生成”按钮（见图5-154）。

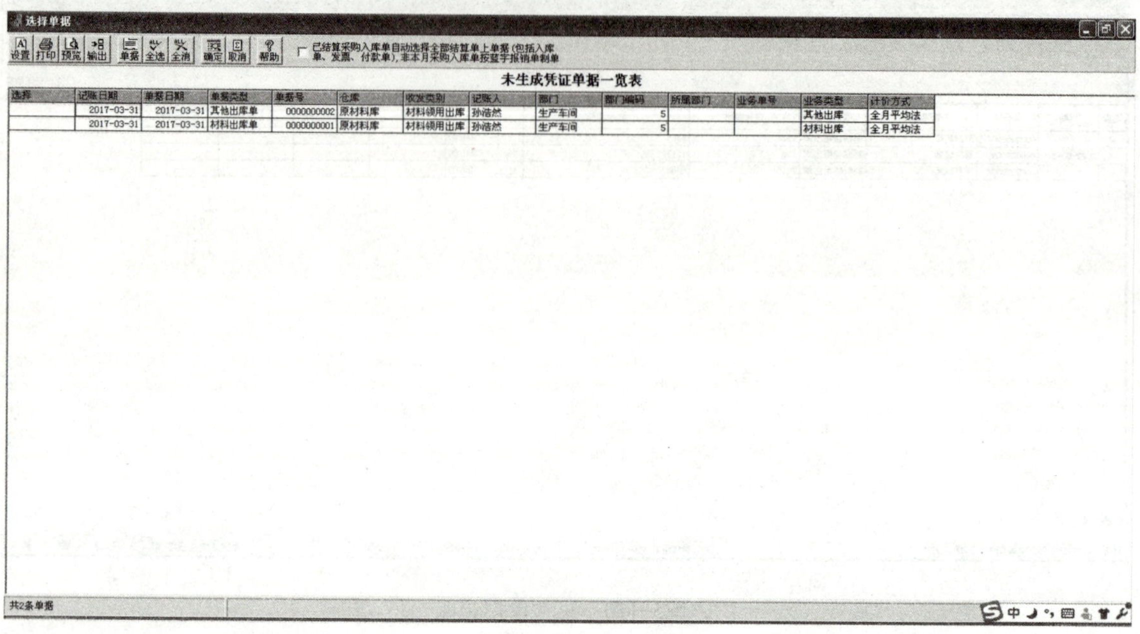

选择	记账日期	单据日期	单据类型	单据号	仓库	收发类别	记账人	部门	部门编码	所属部门	业务单号	业务类型	计价方式
	2017-03-31	2017-03-31	其他出库单	0000000002	原材料库	材料领用出库	孙浩然	生产车间	5			其他出库	全月平均法
	2017-03-31	2017-03-31	材料出库单	0000000001	原材料库	材料领用出库	孙浩然	生产车间	5			材料出库	全月平均法

图5-152　未生成凭证单据一览表

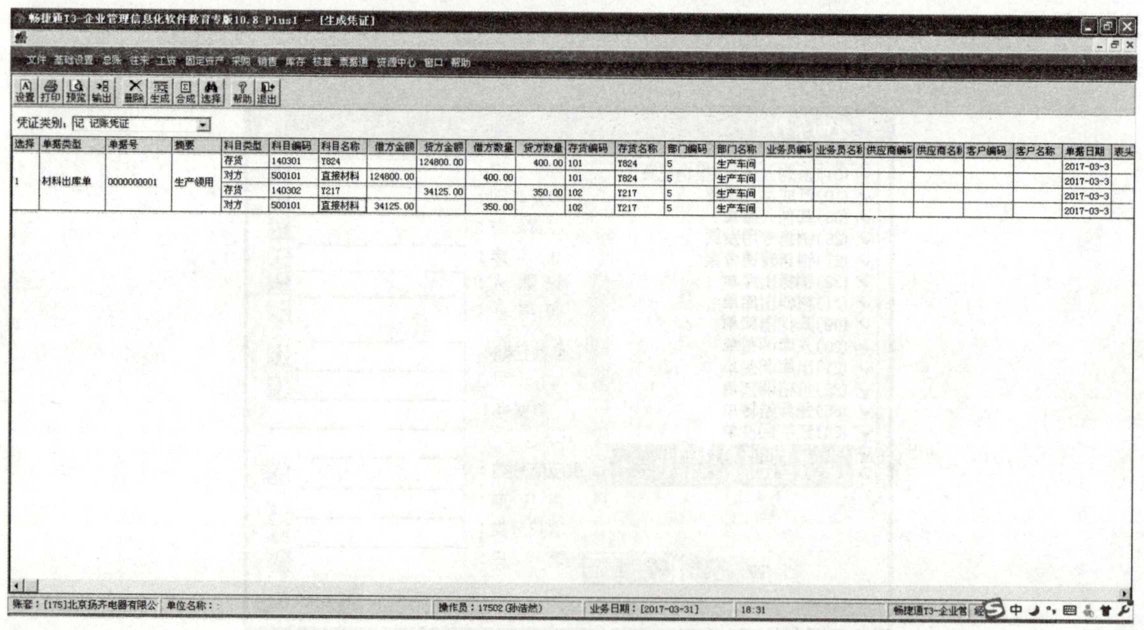

选择	单据类型	单据号	摘要	科目类型	科目编码	科目名称	借方金额	贷方金额	借方数量	贷方数量	存货编码	存货名称	部门编码	部门名称	业务员编码	业务员名称	供应商编码	供应商名称	客户编码	客户名称	单据日期	表头
1	材料出库单	0000000001	生产领用	存货	140301	Y824		124800.00		400.00	101	Y824	5	生产车间							2017-03-3	
				对方	500101	直接材料	124800.00		400.00		101	Y824	5	生产车间							2017-03-3	
				存货	140302	Y217		34125.00		350.00	102	Y217	5	生产车间							2017-03-3	
				对方	500101	直接材料	34125.00		350.00		102	Y217	5	生产车间							2017-03-3	

图5-153　补充分录

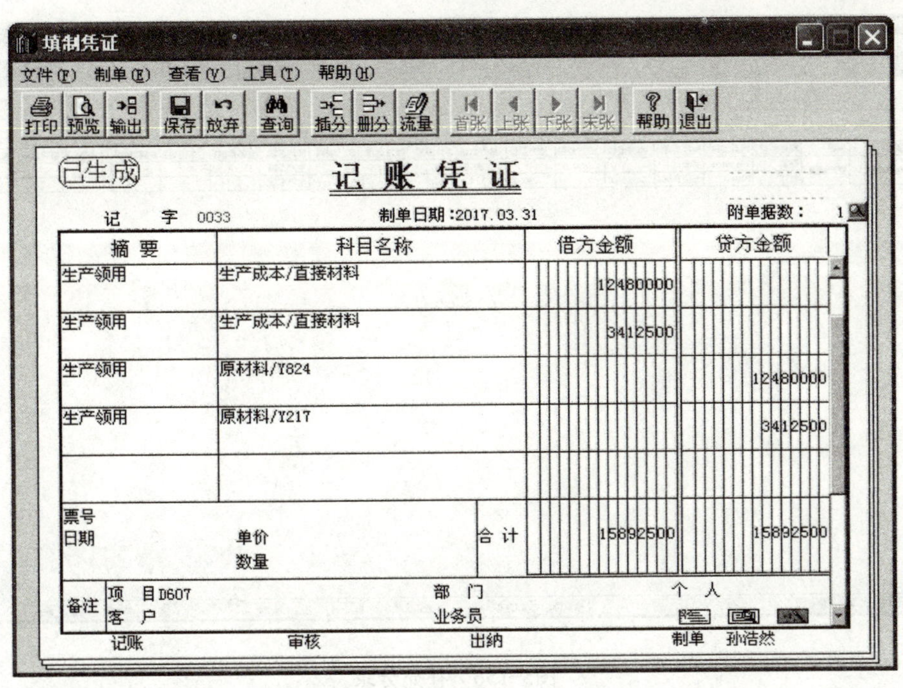

图5-154　生成“记账凭证”二十八

10．选中“其他出库单”（见图5-155），单击“制单”按钮并将分录补充完整（见图5-156），单击“生成”按钮（见图5-157）。

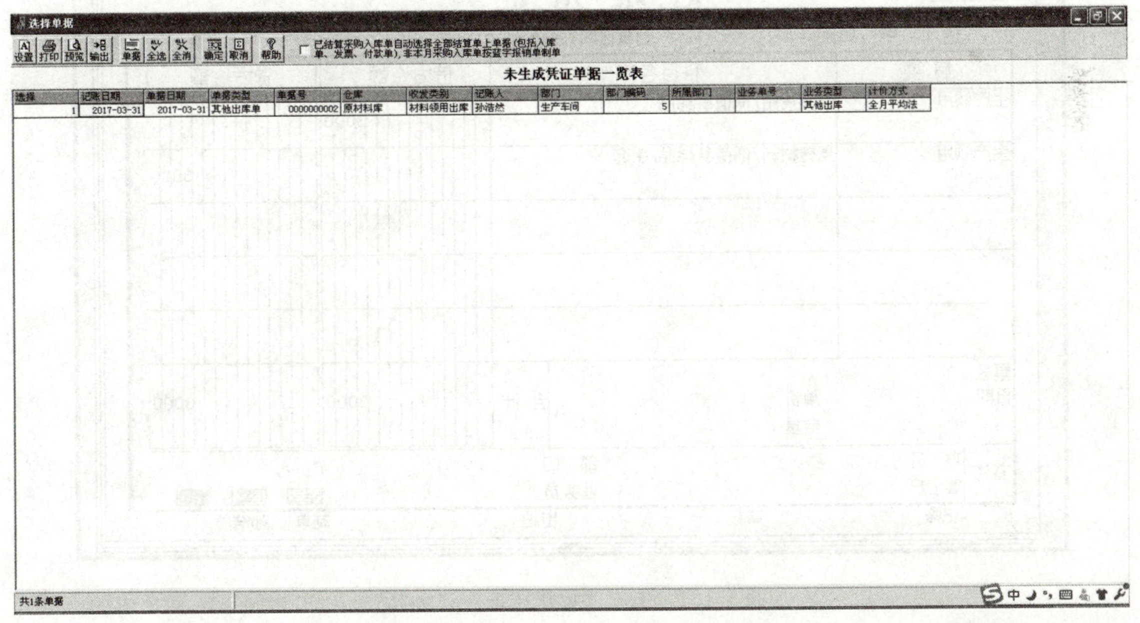

图5-155　未生成凭证单据一览表

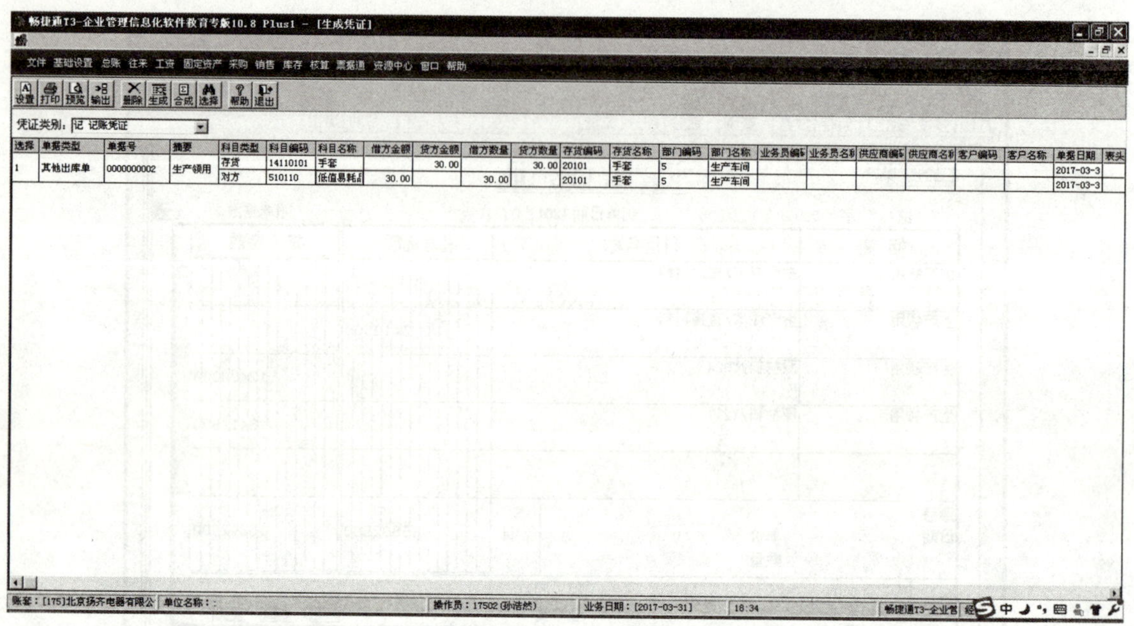

图5-156 补充分录

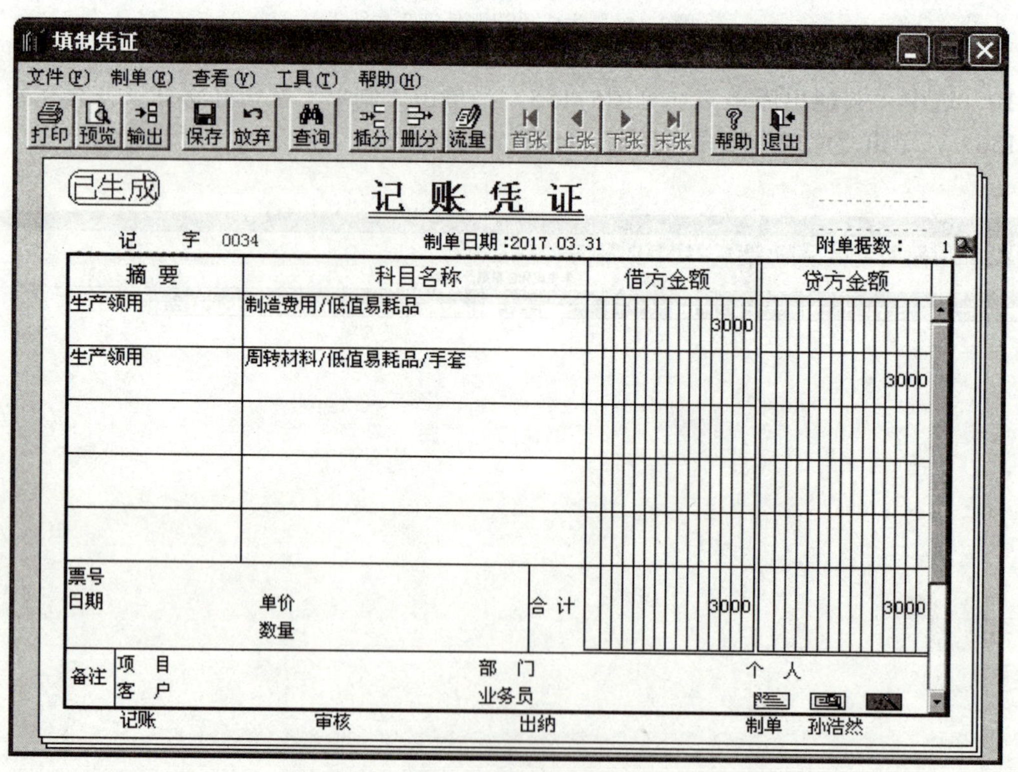

图5-157 生成“记账凭证”二十九

业务35：根据要求填制凭证。原始凭证于2017年3月31日取得，共1张（见表5-17），要求：在固定资产系统中完成（一张凭证）。

表5-17　固定资产负债表

固定资产类别		使用部门	品名	原价/元	开始使用时间	月折旧额
房屋及建筑物		办公室	办公楼	500,000	2006-2-19	
		生产车间	厂房	1,000,000	2006-2-20	
机器设备		生产车间	机器设备W	60,000	2006-2-22	
			机器设备T	200,000	2010-3-8	
			机器设备Y	150,000	2007-6-15	
			机器设备P	250,000	2011-7-20	
运输工具		办公室	轿车	180,000	2013-2-4	
电器设备	空调	生产车间	2.5匹格力空调	40,000	2015-5-14	
		办公室	空调B	20,000	2015-5-19	
	计算机	生产车间	计算机DELL	15,000	2015-4-21	
		财务部	计算机HP	12,500	2016-4-19	

任务实施

1. 选择“固定资产管理”→“计提折旧”选项，弹出对话框单击“是”按钮。
2. 选择“折旧计提制单”→“制单设置”→“制单”选项（见图5-158～图5-160）。

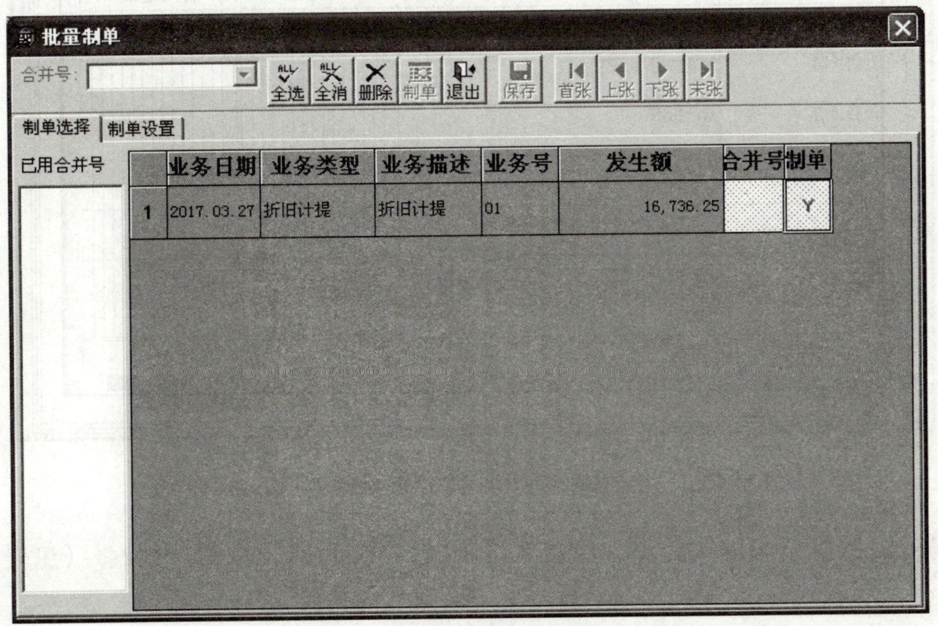

图5-158　批量制单窗口

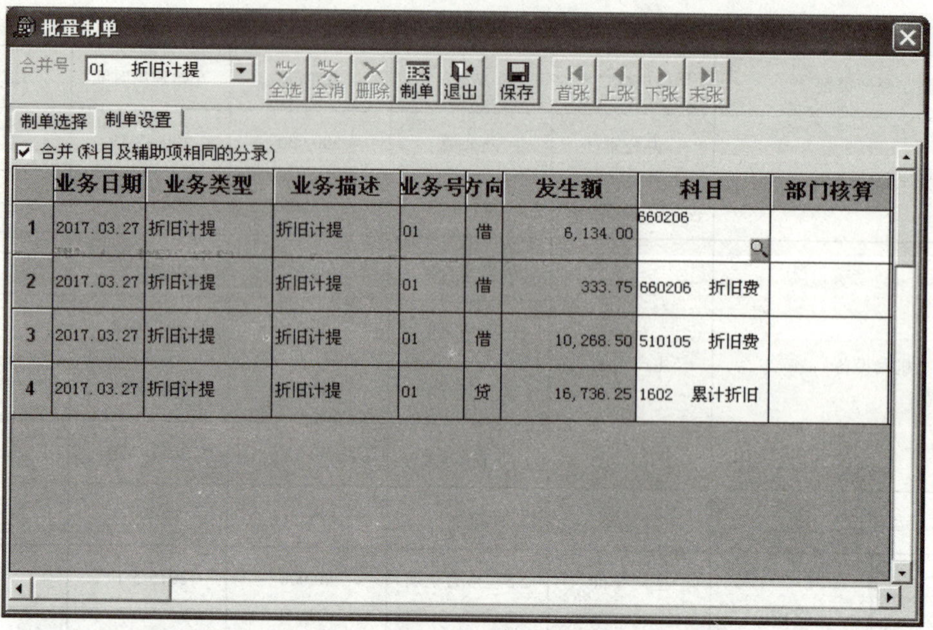

图5-159 批量制单窗口

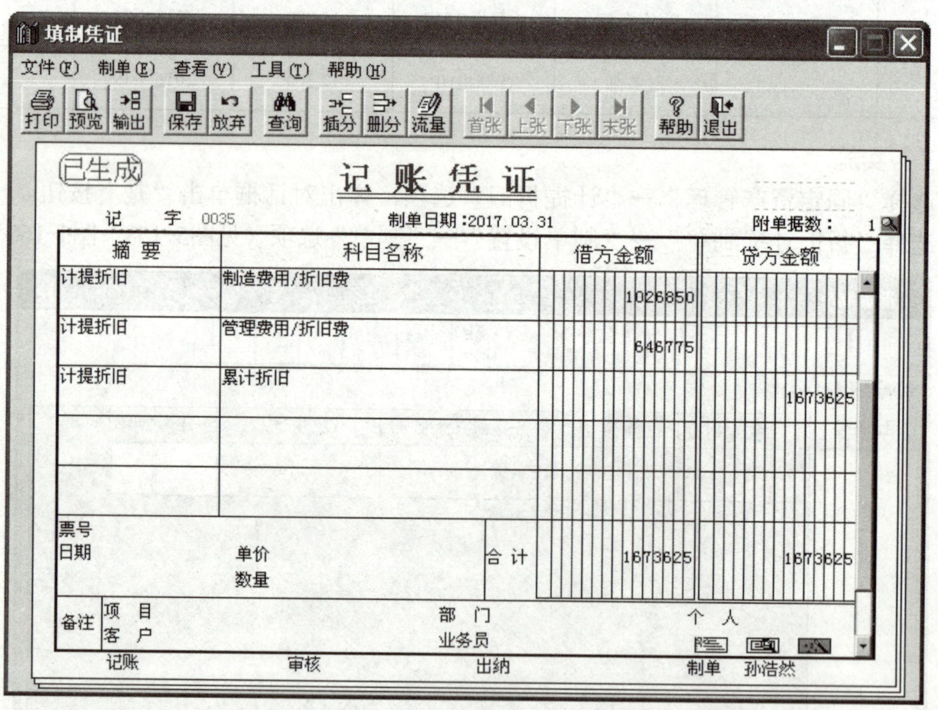

图5-160 生成“记账凭证”三十

业务36：根据要求填制凭证。原始凭证于2017年3月31日取得，共2张（见表5-18和表5-19），要求：在总账系统中完成（一张凭证）。

提示：采用自定义转账处理（摘要：分配制造费用；借方公式按期末余额设置）。

表5-18 产品生产工时明细表

生产车间	产品	生产工时（小时）
生产车间	D101	6,000
生产车间	D607	4,000
合计		10,000

表5-19 制造费用分配表

生产车间	产品	分配标注（工时）	分配率	分配金额
生产车间	D101			
生产车间	D607			
合计				

任务实施

1. 选择“总账系统”→“期末”→“转账定义”→“自定义转账”选项，单击“增加”按钮（见图5-161），录入转账序号、转账说明（分配制造费用）、凭证类别（记账凭证），单击“确定”按钮，在自动转账设置界面分录借、贷方信息。第一行：科目编码“500103”，项目“D101”，方向“借”，金额公式“FS（5101，月，借）/10000*60000”；第二行：科目编码“500103”，项目“D607”，方向“借”，金额公式“CE（）”，贷方科目为所用制造费用明细科目。

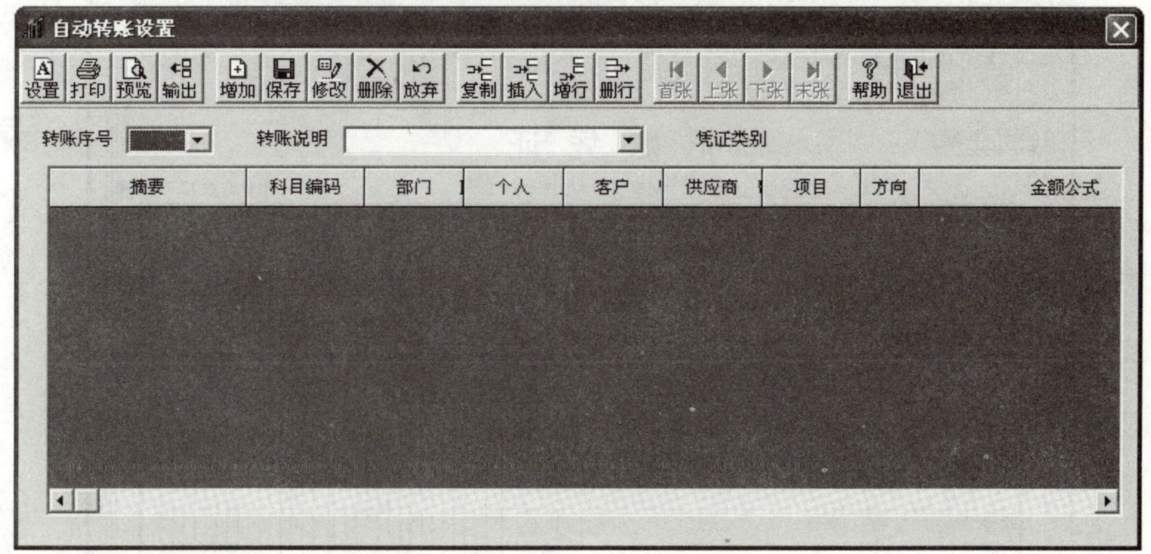

图5-161 自动转账设置窗口

2. 设置完毕后单击“保存”按钮，然后单击“退出”按钮，在转账生成窗口单击“全选”按钮或双击“转账设置”按钮（见图5-162），单击“确定”按钮，系统会自动生成相关凭证（见图5-163～图5-165）。

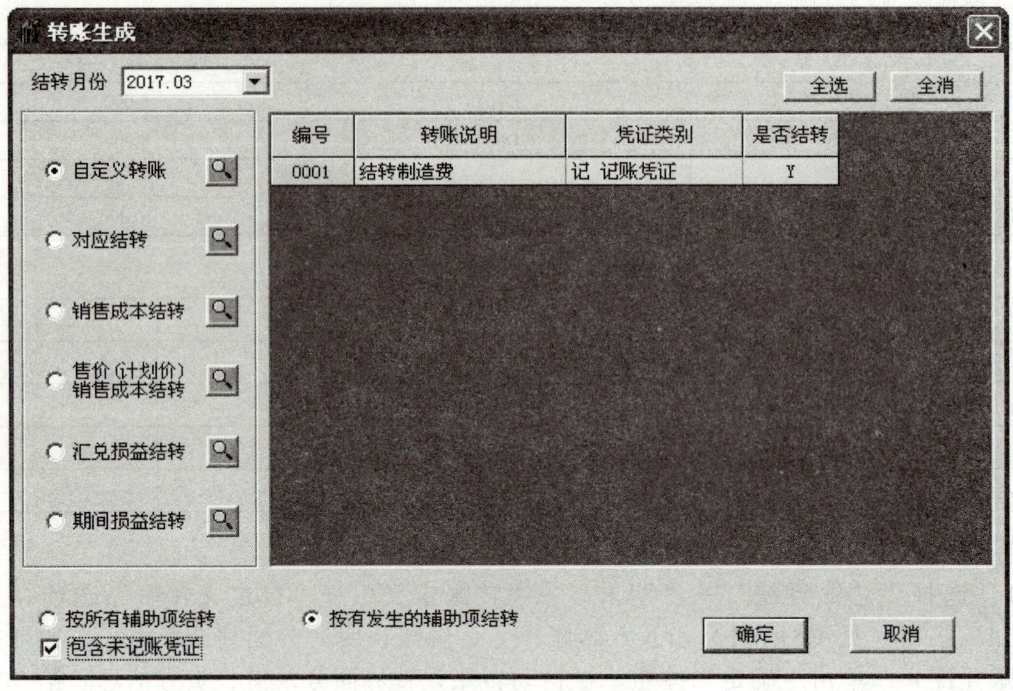

图5-162　转账生成窗口

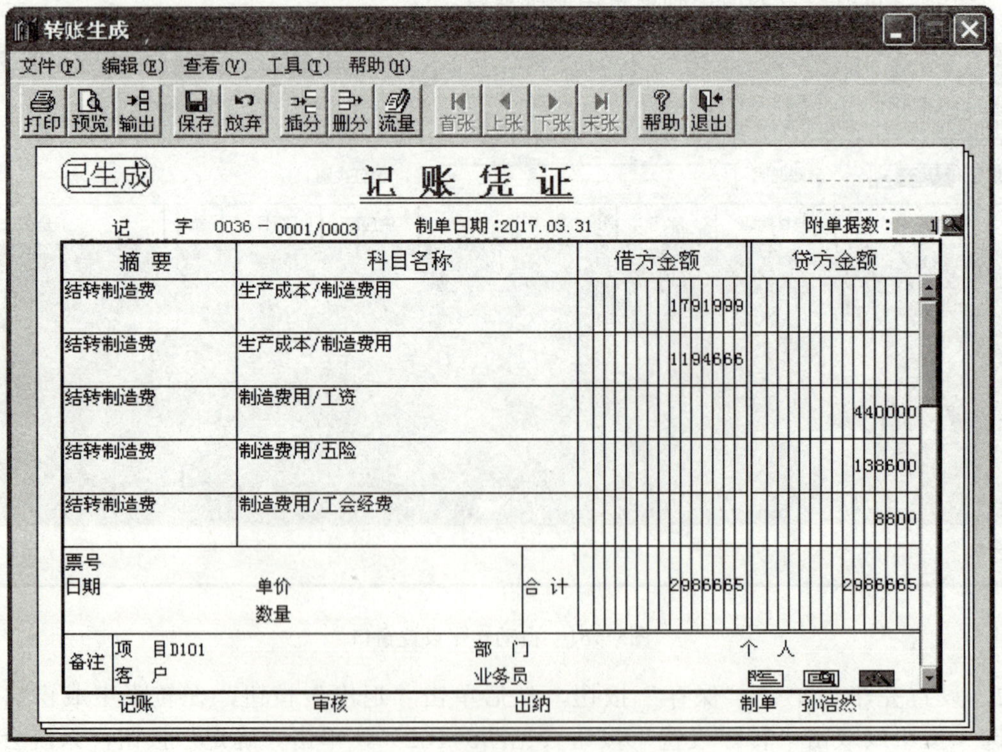

图5-163　生成“记账凭证”三十一

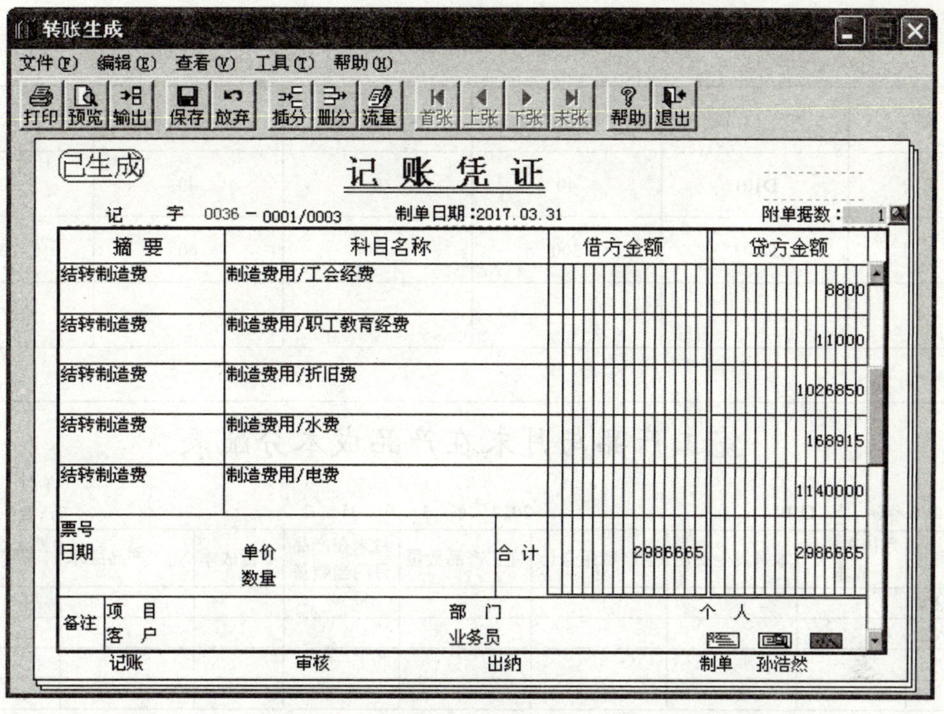

摘要	科目名称	借方金额	贷方金额
结转制造费	制造费用/工会经费		8800
结转制造费	制造费用/职工教育经费		11000
结转制造费	制造费用/折旧费		1026850
结转制造费	制造费用/水费		168915
结转制造费	制造费用/电费		1140000
票号 日期　单价 数量	合计	2986665	2986665

图5-164　生成“记账凭证”三十二

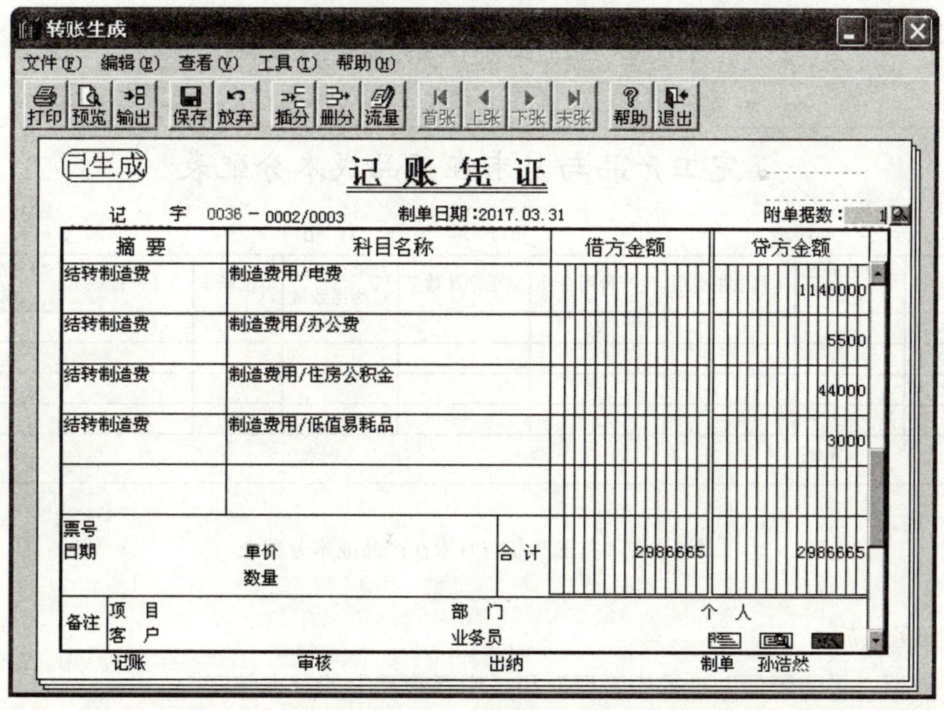

摘要	科目名称	借方金额	贷方金额
结转制造费	制造费用/电费		1140000
结转制造费	制造费用/办公费		5500
结转制造费	制造费用/住房公积金		44000
结转制造费	制造费用/低值易耗品		3000
票号 日期　单价 数量	合计	2986665	2986665

图5-165　生成“记账凭证”三十三

业务37：根据要求填制凭证。原始凭证于2017年3月31日取得，共3张（见表5-19，图5-166和图5-167），要求：在购销存及核算系统中完成（一张凭证）。

表5-20　产品产量明细表

生产部门	产　品	本月投产量	本月完工量	月末在产品量	完工比例
生产车间	D101	40	0	40	70%
生产车间	D607	300		60	80%

完工产品与月末在产品成本分配表

单位：元

产品名称：　D101　　　　2017　年　3　月　31　日　　　　产量：

成本项目	月初在产品成本	本月发生费用	生产费用合计	完工产品数量	月末在产品月约当数量	单位成本	完工产品成本	期末在产品成本
直接材料								
直接人工								
制造费用								
合　计				—	—	—		

审核：　　　　制表：

图5-166　完工产品与月末在产品成本分配表

完工产品与月末在产品成本分配表

单位：元

产品名称：　D607　　　　2017　年　3　月　31　日　　　　产量：

成本项目	月初在产品成本	本月发生费用	生产费用合计	完工产品数量	月末在产品月约当数量	单位成本	完工产品成本	期末在产品成本
直接材料								
直接人工								
制造费用								
合　计				—	—	—		

审核：　　　　制表：

图5-167　完工产品与月末在产品成本分配表

任务实施

1．取消“采购管理”“销售管理”和“库存管理”的月末结账。

2．选择“库存管理”→“产成品入库单”选项，录入完工产品信息（见图5-168），单击“审核”按钮（见图5-169）。

3．选择“核算管理”→“正常单据记账”选项（见图5-170）

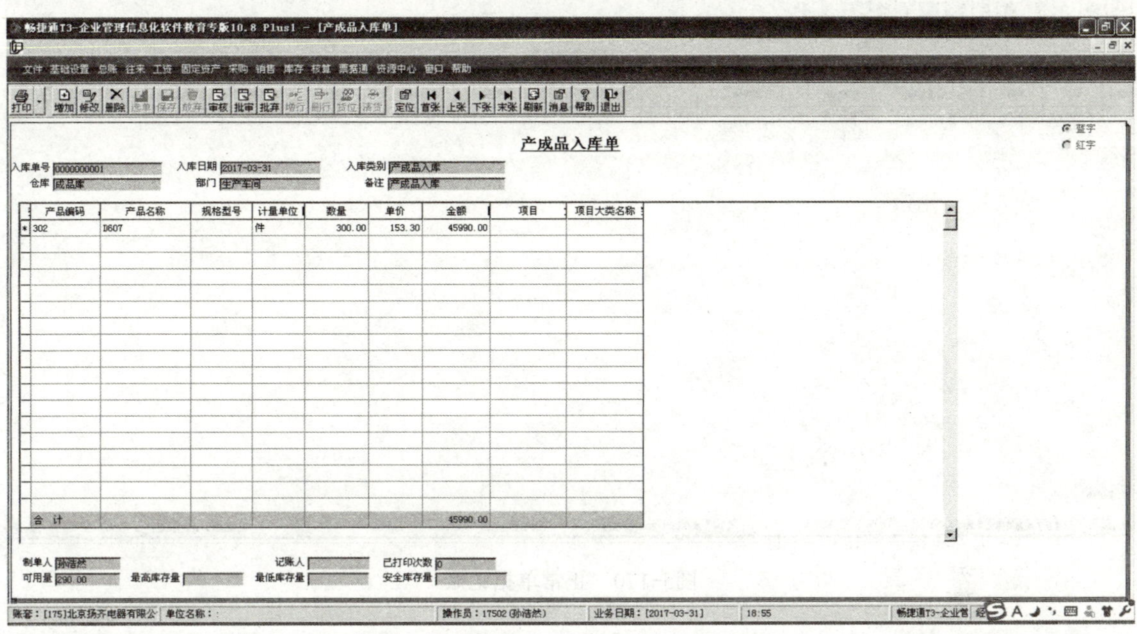

图5-168 产成品入库单

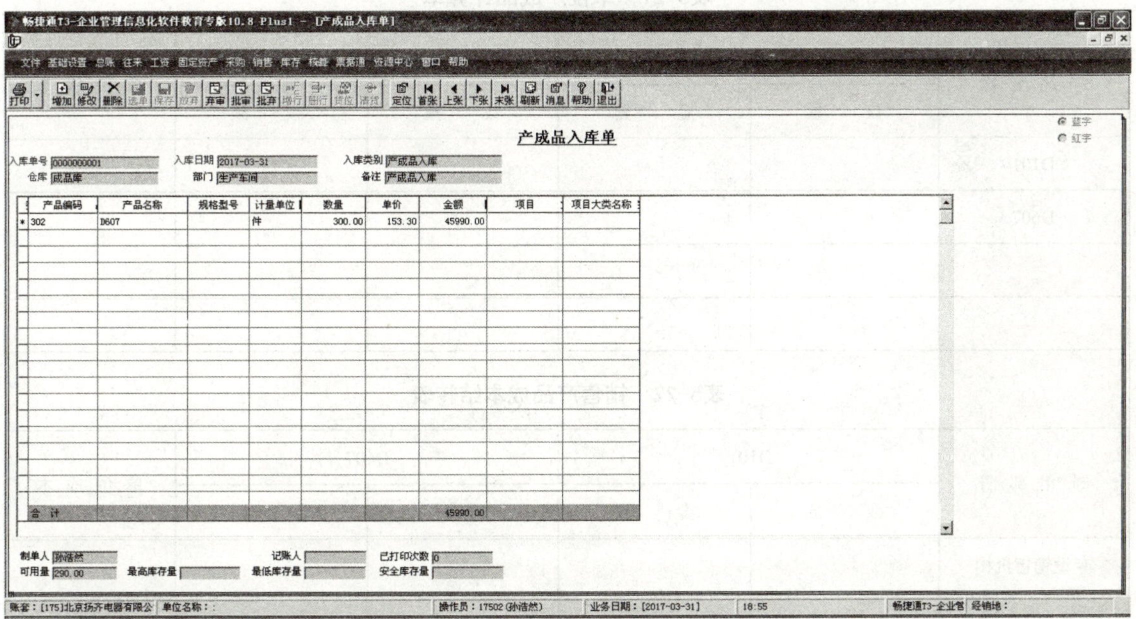

图5-169 产成品入库单

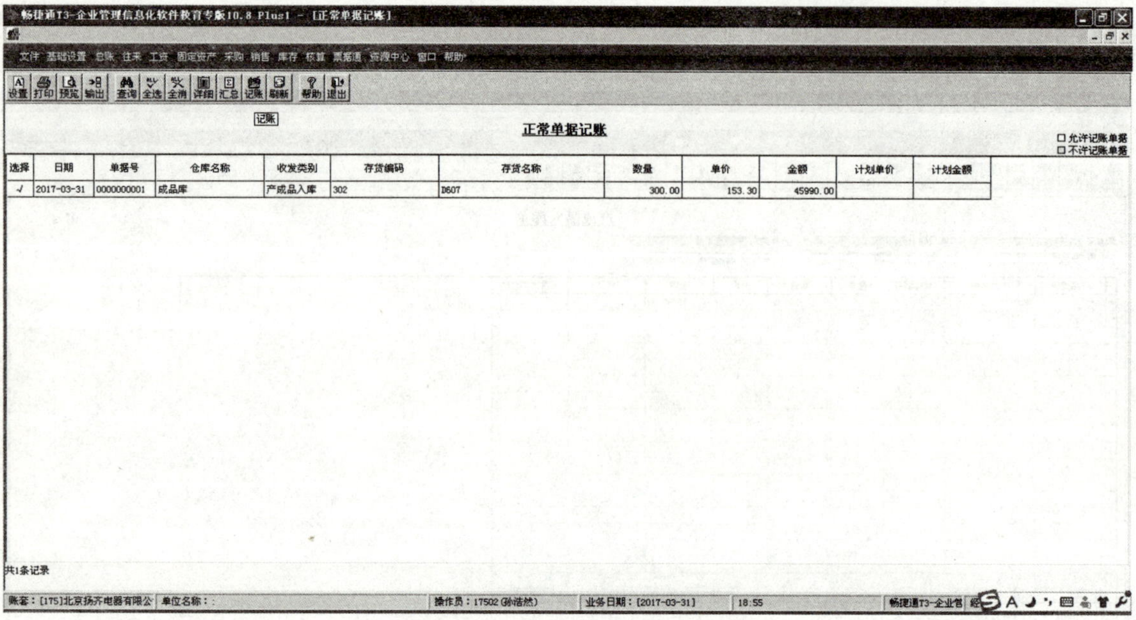

正常单据记账

选择	日期	单据号	仓库名称	收发类别	存货编码	存货名称	数量	单价	金额	计划单价	计划金额
√	2017-03-31	0000000001	成品库	产成品入库	302	D607	300.00	153.30	45990.00		

共1条记录

图5-170　正常单据记账

业务38：根据要求填制凭证。原始凭证于2017年3月31日取得，共3张（见表5-21和表5-22，图5-171），要求：在购销存及核算系统中完成（一张凭证）。

表5-21　单位产成品计算单

产品名称	期初结存		本期入库		单位成本
	数　量	金　额	数　量	金　额	
D101					
D607					

表5-22　销售产品成本结转表

领用部门	D101		D607		单位成本
	数　量	金　额	数　量	金　额	
专设销售机构					

销售产品成本结转表

2017-03-31

单位：元

领用部门	用途	S105		T231		合计
		数量	金额	数量	金额	
销售门市	销售领用					
合　计						

制表：　　　　　　　　审核：

图5-171　销售产品成本结转表

任务实施

1．对“采购管理”“销售管理”和“库存管理”进行月末结账。

2．选择“核算管理”主界面中的“月末处理”选项（见图5-172、图5-173）。

3．选择“核算管理”主界面中的“购销单据制单”选项。

4．选中“销售出库单”（见图5-174），单击“制单”按钮并将分录补充完整（见图5-175），单击“生成”按钮（见图5-176）。

5．选中“产成品入库单”（图5-177），单击“制单”按钮并将分录补充完整（见图5-178），单击“生成”按钮（见图5-179）。

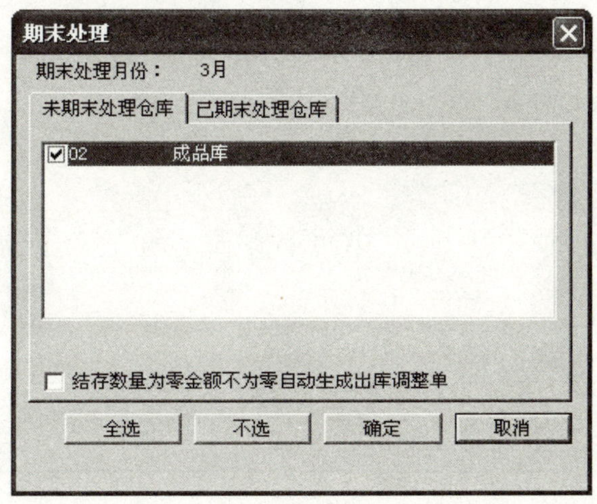

图5-172　期末处理

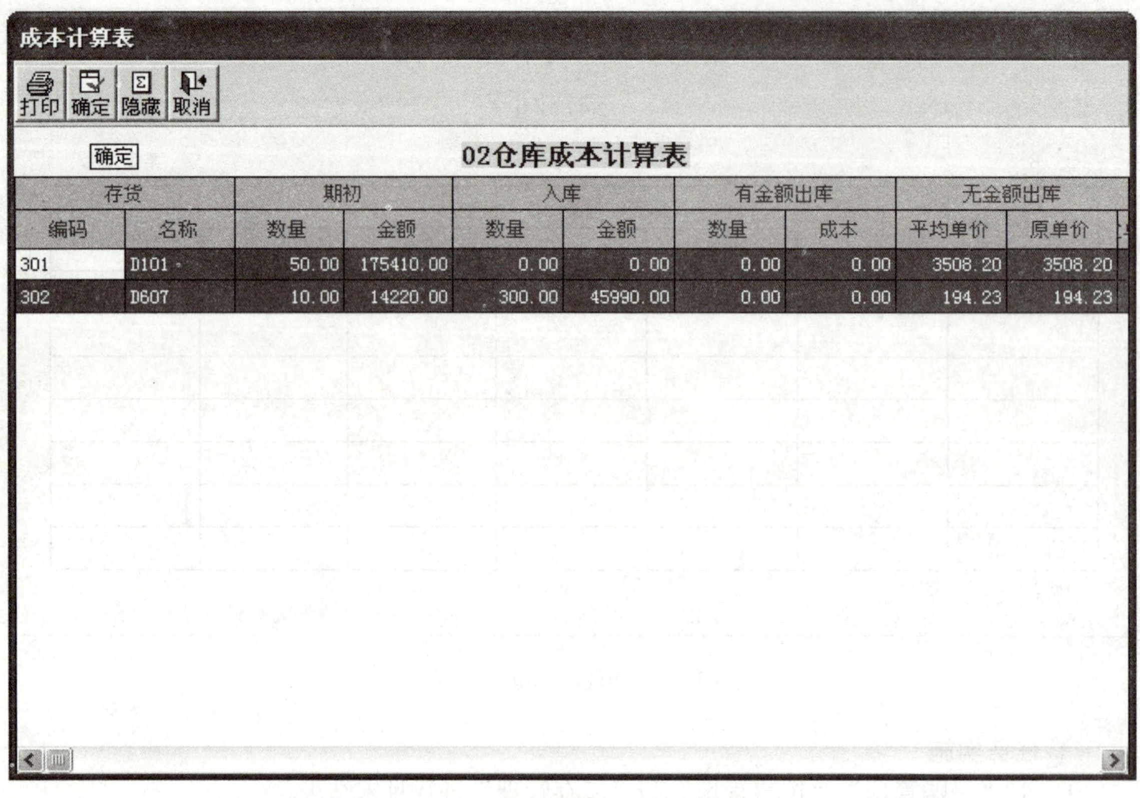

成本计算表

02仓库成本计算表

存货		期初		入库		有金额出库		无金额出库	
编码	名称	数量	金额	数量	金额	数量	成本	平均单价	原单价
301	D101	50.00	175410.00	0.00	0.00	0.00	0.00	3508.20	3508.20
302	D607	10.00	14220.00	300.00	45990.00	0.00	0.00	194.23	194.23

图5-173　仓库成本计算表

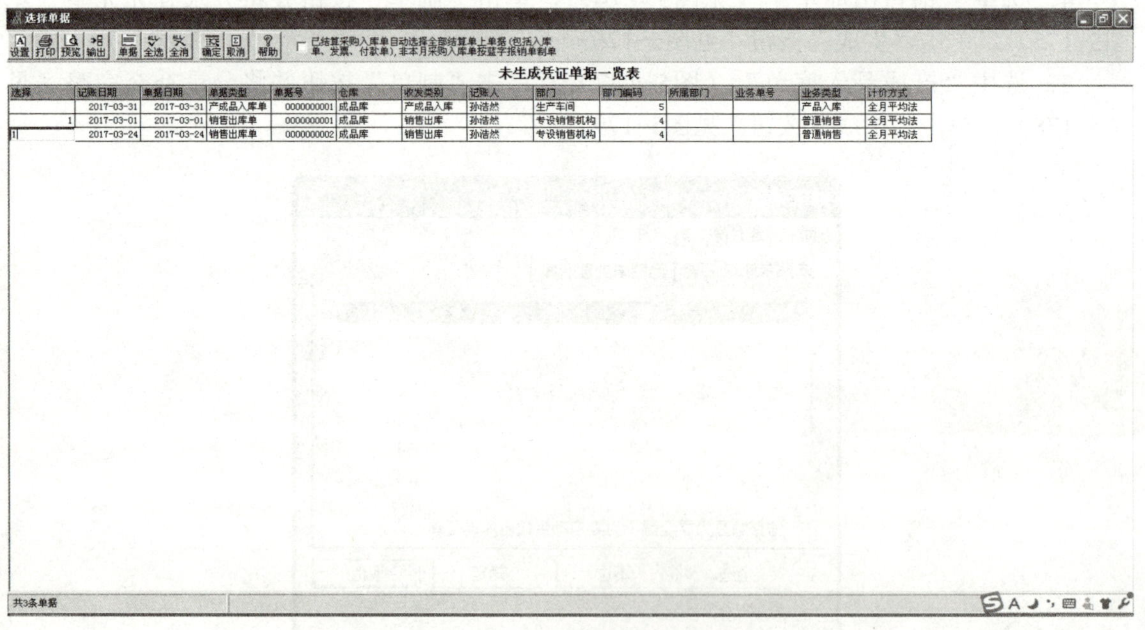

选择单据

未生成凭证单据一览表

选择	记账日期	单据日期	单据类型	单据号	仓库	收发类别	记账人	部门	部门编码	所属部门	业务单号	业务类型	计价方式
	2017-03-31	2017-03-31	产成品入库单	0000000001	成品库	产成品入库	孙浩然	生产车间	5			产品入库	全月平均法
1	2017-03-01	2017-03-01	销售出库单	0000000001	成品库	销售出库	孙浩然	专设销售机构	4			普通销售	全月平均法
1	2017-03-24	2017-03-24	销售出库单	0000000002	成品库	销售出库	孙浩然	专设销售机构	4			普通销售	全月平均法

共3条单据

图5-174　未生成凭证单据一览表

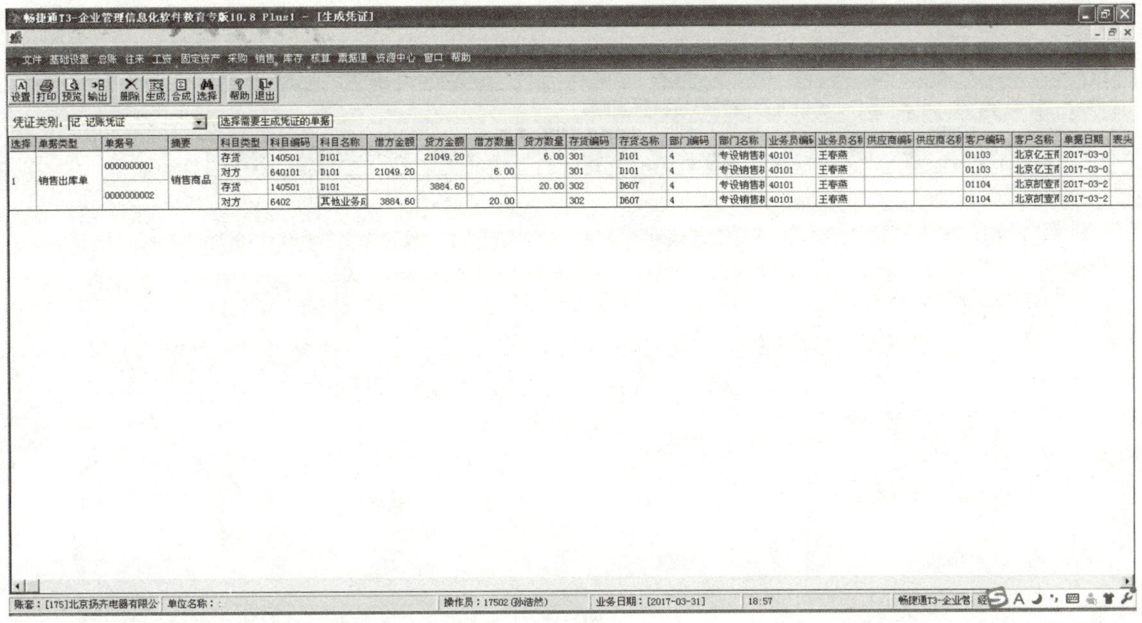

选择	单据类型	单据号	摘要	科目类型	科目编码	科目名称	借方金额	贷方金额	借方数量	贷方数量	存货编码	存货名称	部门编码	部门名称	业务员编码	业务员名称	供应商编码	供应商名称	客户编码	客户名称	单据日期	表头
1	销售出库单	0000000001	销售商品	存货	140501	D101		21049.20		6.00	301	D101	4	专设销售机	40101	王春燕			01103	北京亿玉商	2017-03-0	
				对方	640101	D101	21049.20		6.00		301	D101	4	专设销售机	40101	王春燕			01103	北京亿玉商	2017-03-0	
		0000000002		存货	140501	D101		3884.60		20.00	302	D607	4	专设销售机	40101	王春燕			01104	北京凯壹商	2017-03-2	
				对方	6402	其他业务成	3884.60		20.00		302	D607	4	专设销售机	40101	王春燕			01104	北京凯壹商	2017-03-2	

图5-175 补充分录

填制凭证

文件(F) 制单(E) 查看(V) 工具(T) 帮助(H)

打印 预览 输出 保存 放弃 查询 插分 删分 流量 首张 上张 下张 末张 帮助 退出

已生成

记账凭证

记 字 0040 制单日期：2017.03.31 附单据数： 2

摘要	科目名称	借方金额	贷方金额
销售商品	主营业务成本/D101	12629520	
销售商品	主营业务成本/D607	388460	
销售商品	库存商品/D101	000	12629520
销售商品	库存商品/D607		388460
票号 日期　单价 3508.20000 数量 36.00000 件	合 计	13017980	13017980

备注 项目 部门 个人
客户 业务员

记账 审核 出纳 制单 孙浩然

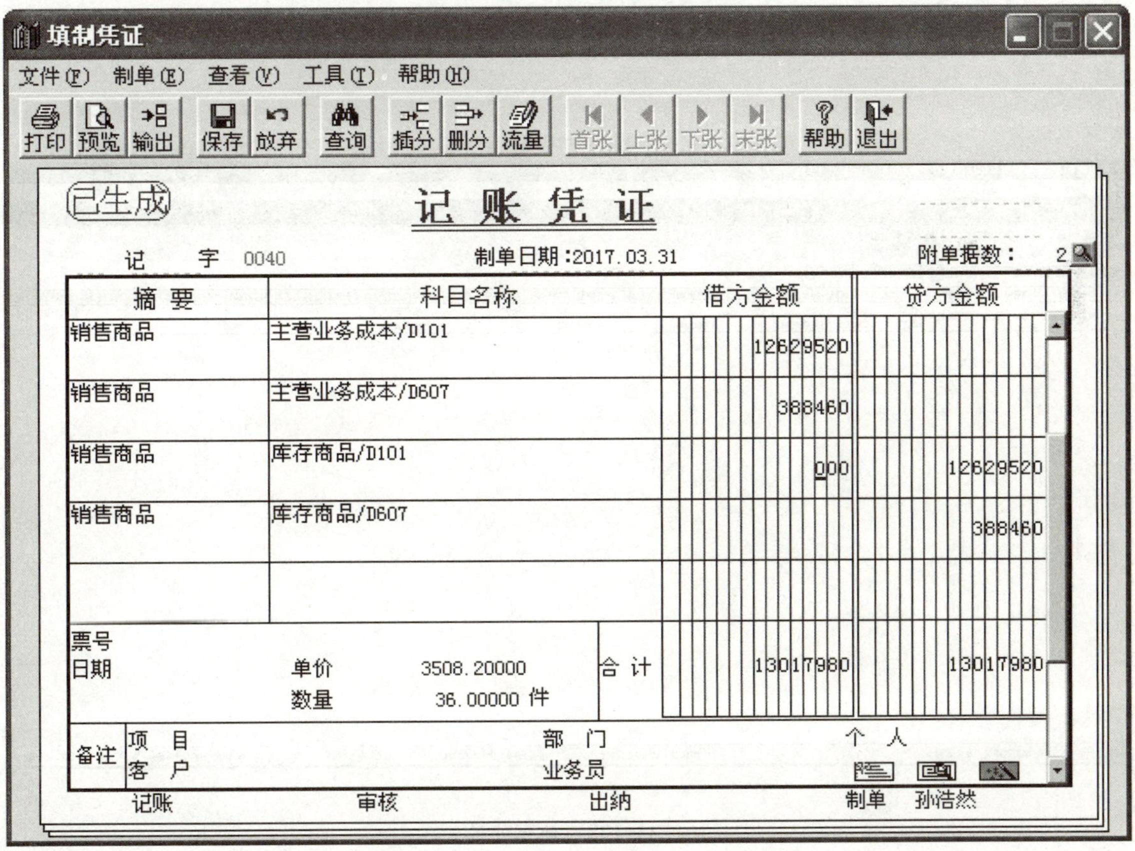

图5-176 生成“记账凭证”三十四

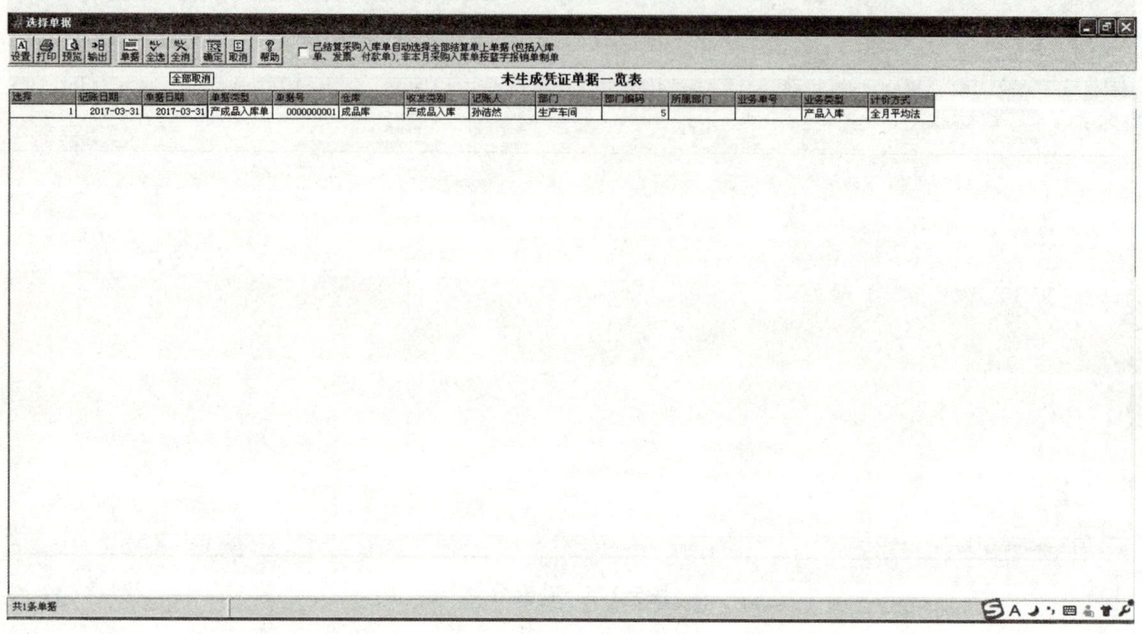

图5-177　未生成凭证单据一览表

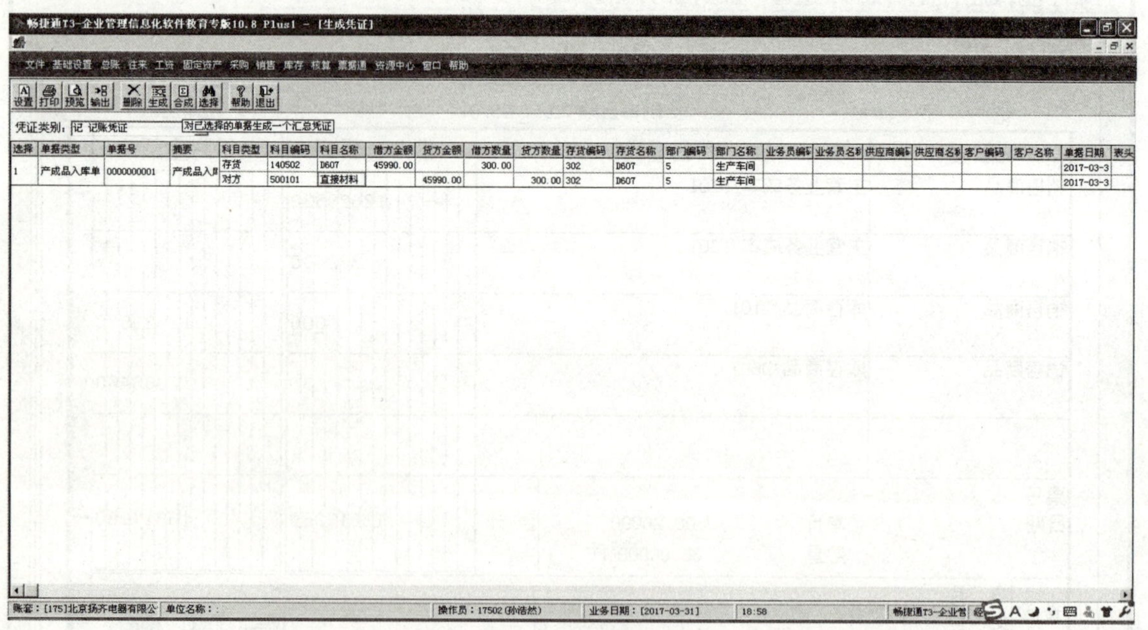

图5-178　补充分录

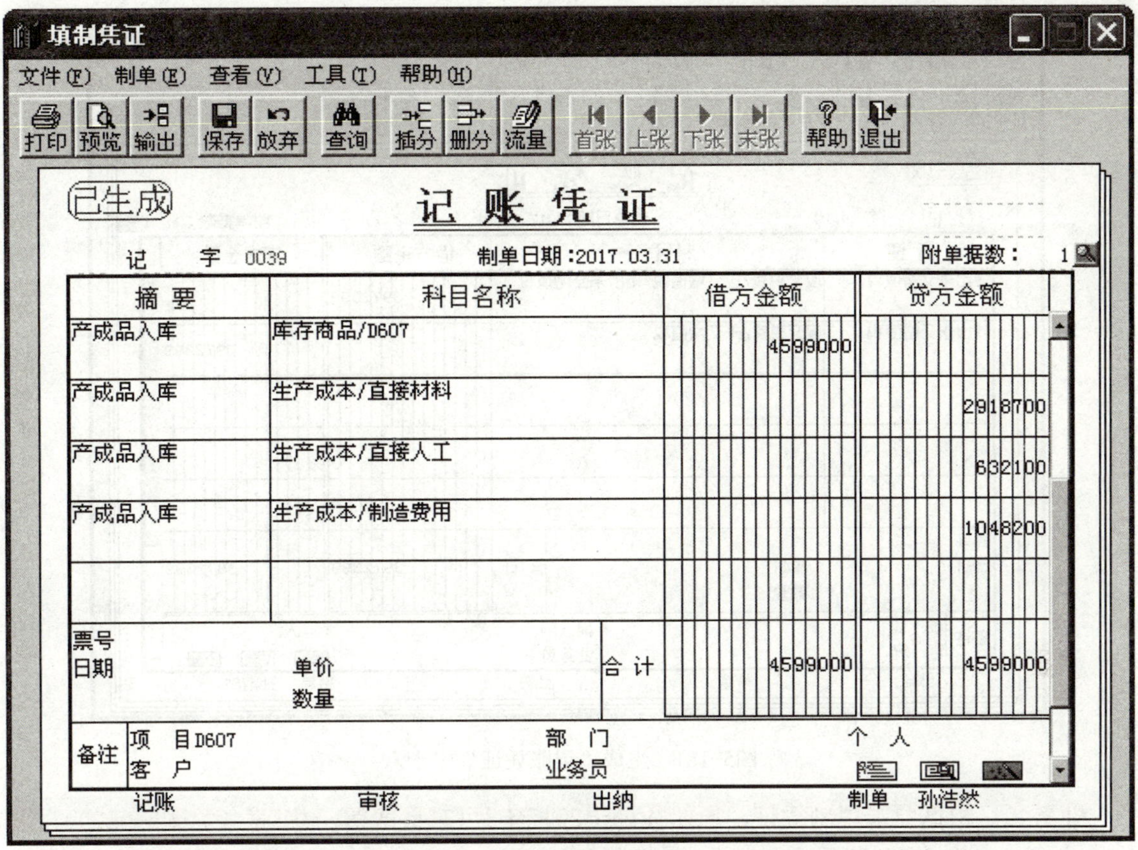

填制凭证

文件(F)　制单(E)　查看(V)　工具(T)　帮助(H)

打印　预览　输出　保存　放弃　查询　插分　删分　流量　首张　上张　下张　末张　帮助　退出

已生成

记 账 凭 证

记　字　0039　　制单日期：2017.03.31　　附单据数：1

摘要	科目名称	借方金额	贷方金额
产成品入库	库存商品/D607	4599000	
产成品入库	生产成本/直接材料		2918700
产成品入库	生产成本/直接人工		632100
产成品入库	生产成本/制造费用		1048200
票号 日期	单价 数量　　合计	4599000	4599000

备注　项　目 D607　　部　门　　个　人
　　　客　户　　　　业务员

记账　　审核　　出纳　　制单　孙浩然

图5-179　生成“记账凭证”三十五

业务39：根据要求填制凭证。原始凭证于2017年3月31日取得，共1张（见图5-180），要求：在总账系统中完成（一张凭证）。

应交增值税计算表

2017　年　3　月　31　日　　　　单位：元

项　　目	进项税额	销项税额	进项税额转出	本月应交增值税
金　　额				

审核：　　　　制单：

图5-180　应交增值税计算表

任务实施

选择“总账系统”→“期末”→“转账定义”→“自定义转账”选项，单击“增加”按钮，键入自定义转账设置：第一行：科目“应交税费——应交增值税（转出未交增值税）”，方向“借”，公式“JE（222101，月）”；第二行为贷方科目“应交税费—— 未交增值税”，然后生成凭证（见图5-181）。

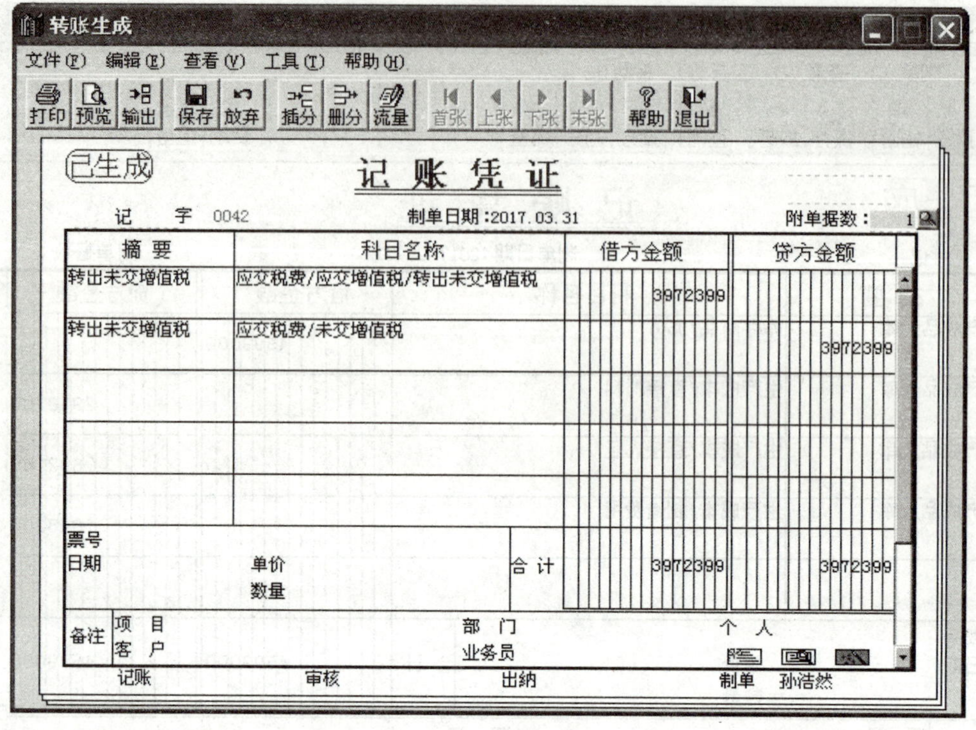

图5-181 生成“记账凭证”三十六

业务40：根据要求填制凭证。原始凭证于2017年3月31日取得，共1张（见图5-182），要求：在总账系统中完成（一张凭证）。

税金及附加计算表

2017 年 3 月 31 日　　单位：元

项　目	计提基数			计提比例	计提金额
	增值税	消费税	合计		
城市维护建设税					
教育费附加					
地方教育费附加					

审核：　　制表：

图5-182 税金及附加计算表

任务实施

1．选择“总账系统”→“期末”→“转账定义”→“自定义转账”选项，单击“增加”按钮后录入转账序号、转账说明（计提城建税和教育费附加）、凭证类别（记账凭证），单击“确定”按钮后在自动转账设置界面录入“设置分录借、贷方信息”（见图5-183）。

2．设置完毕后单击“保存”按钮，然后单击“退出”按钮，在转账生成窗口双击该转账设置，单击“确定”按钮，系统会自动生成相关凭证（见图5-184）。

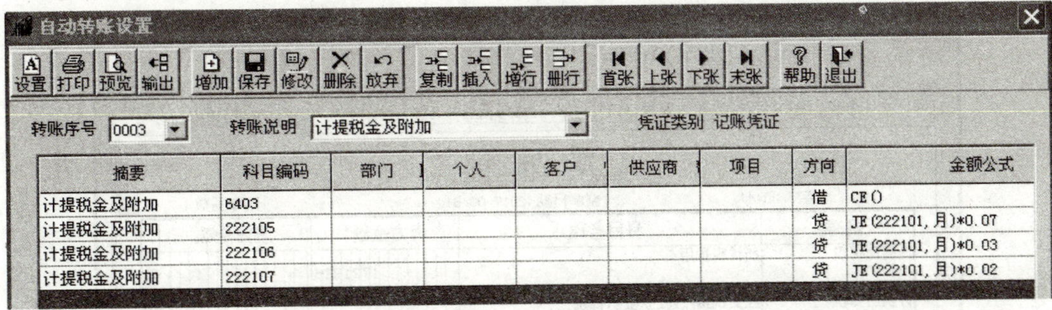

图5-183　自动转账设置

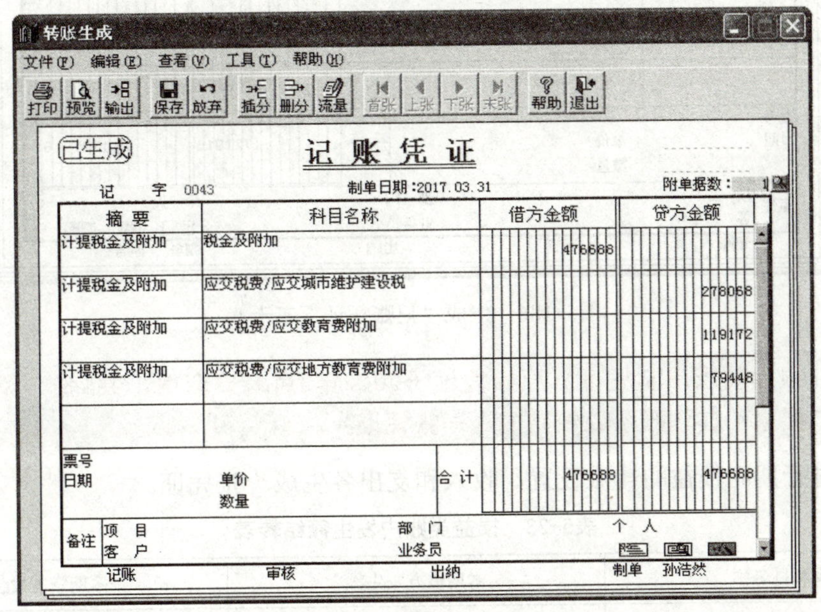

图5-184　生成“记账凭证”三十七

业务41：根据要求填制原始凭证。原始凭证于2017年3月31日取得，共1张（见图5-185），要求：在总账系统中完成（一张凭证）。

应交所得税计算表

2017 年 3 月 31 日　　单位：元

项　　目	本期利润总额	所得税率	本期应交所得税
金　　额			

审核:　　制单:

图5-185　应交所得税计算表

任务实施

选择“总账”→“填制凭证”→“增加”选项，键入凭证（见图5-186）。

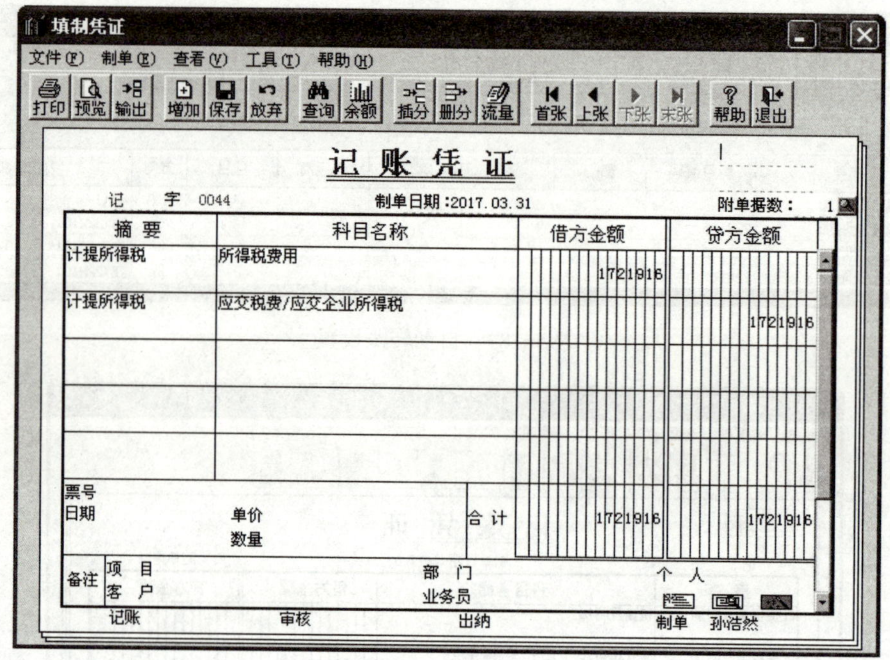

图5-186 生成“记账凭证”三十八

业务42：根据要求填制凭证。原始凭证于2017年3月31日取得，共1张（见表5-23），要求：在总账系统中完成（一张凭证）。

提示：进行期间损益的转账设置，收入和支出各生成一张凭证。

表5-23 损益类账户发生额结转表

总账科目名称	本期借方发生额	本期贷方发生额

任务实施

1．在进行期末损益结转前，要把系统中所有凭证审核记账，接着选择“总账系统”→“期末”→“转账定义”→“期间损益结转”选项，在期间损益结转设置界面，选取凭证类别及本年利润科目，单击“确定”按钮（见图5-187）。

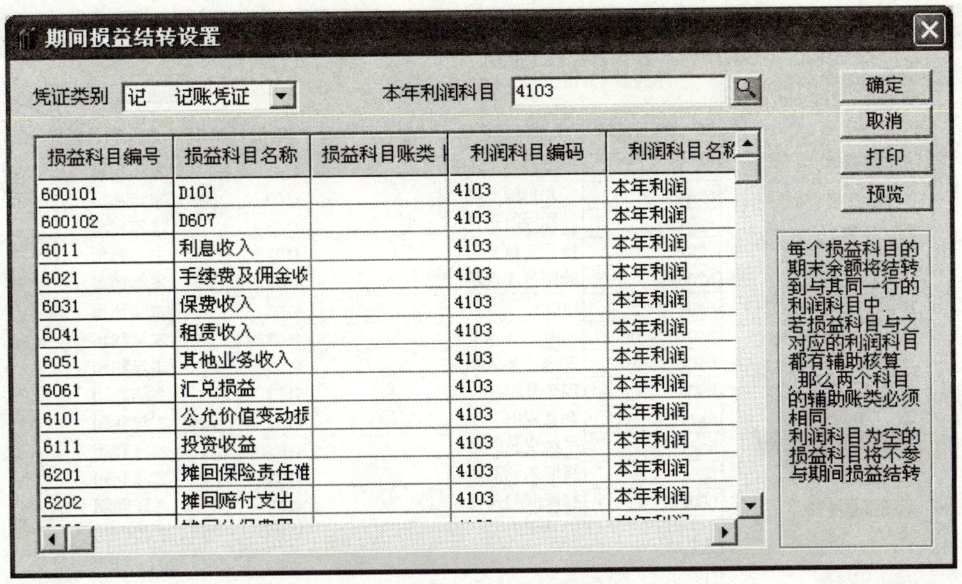

图5-187 “期间损益结转设置”窗口

2．选择“总账系统”→“期末”→“转账生成”选项，在右边转账生成窗口，分别选择收入类和支出类科目（见图5-188和图5-189所示），然后单击“全选”“确定”按钮，即生成结转收入和结转支出到本年利润的凭证，单击“保存”按钮（见图5-190～图5-197）。

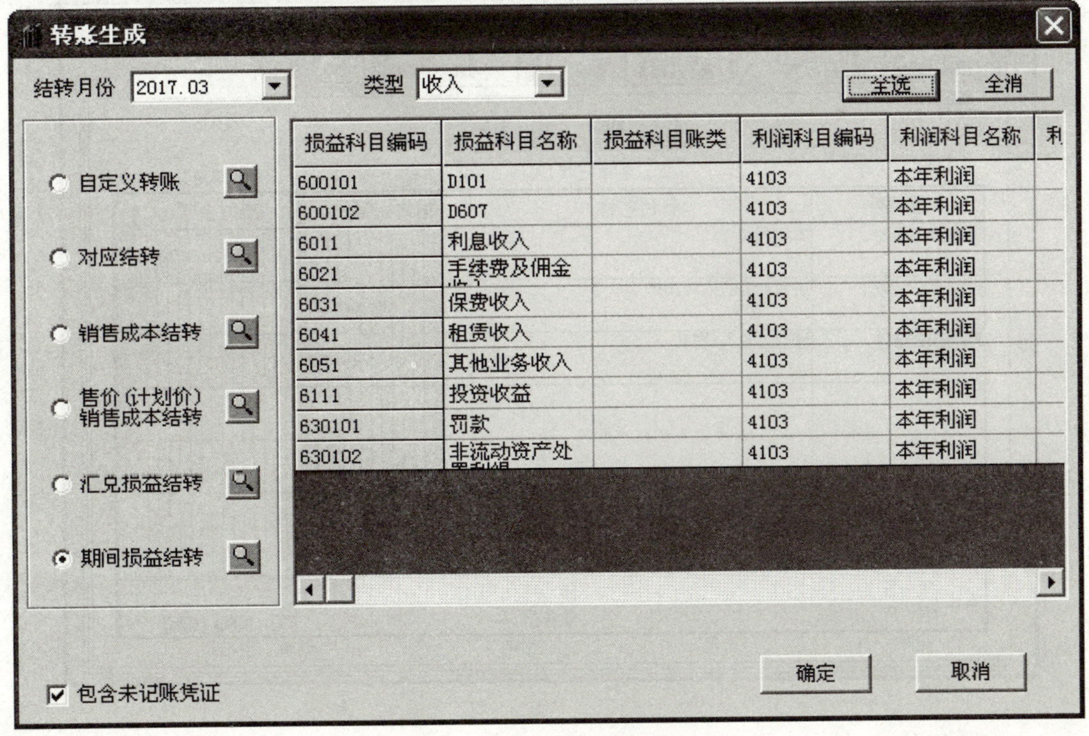

图5-188　收入类转账生成窗口

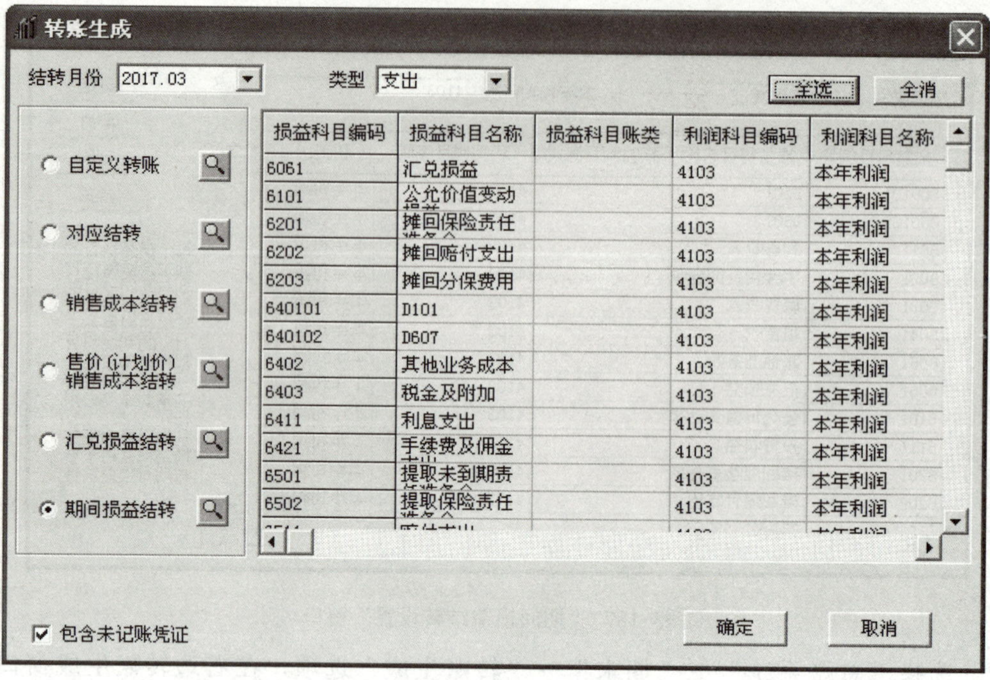

图5-189 支出类转账生成窗口

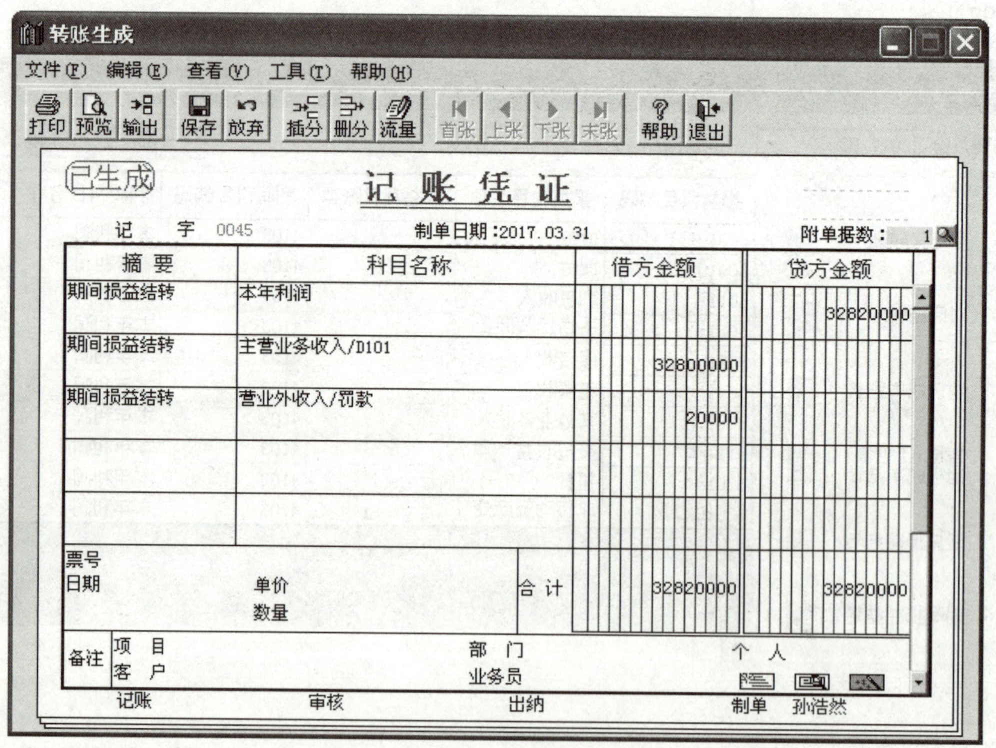

图5-190 生成“记账凭证”三十九

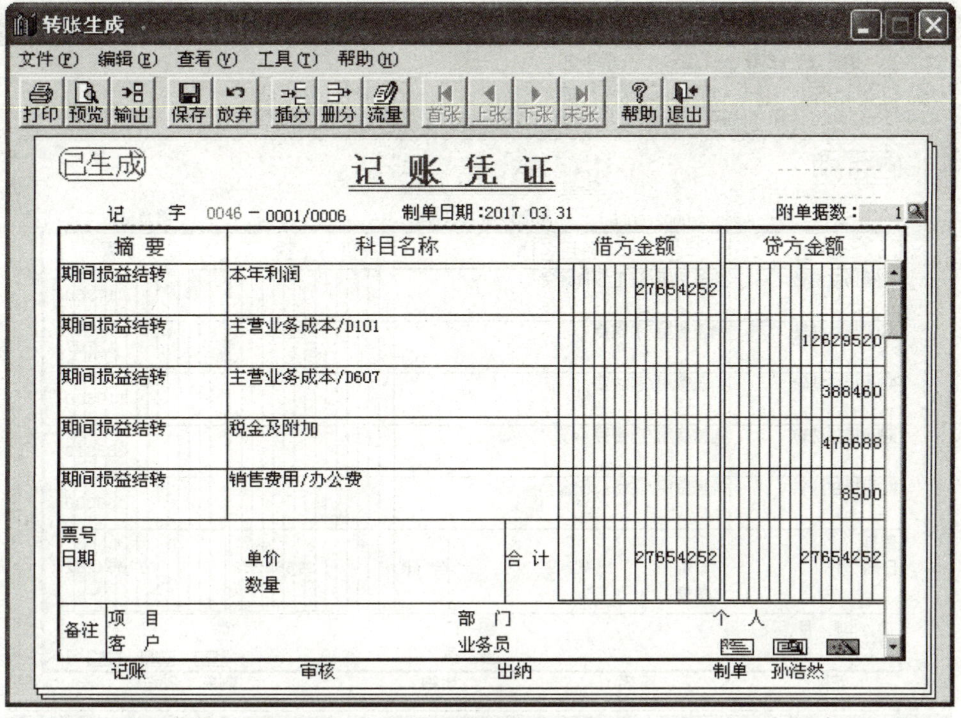

图5-191　生成“记账凭证”四十

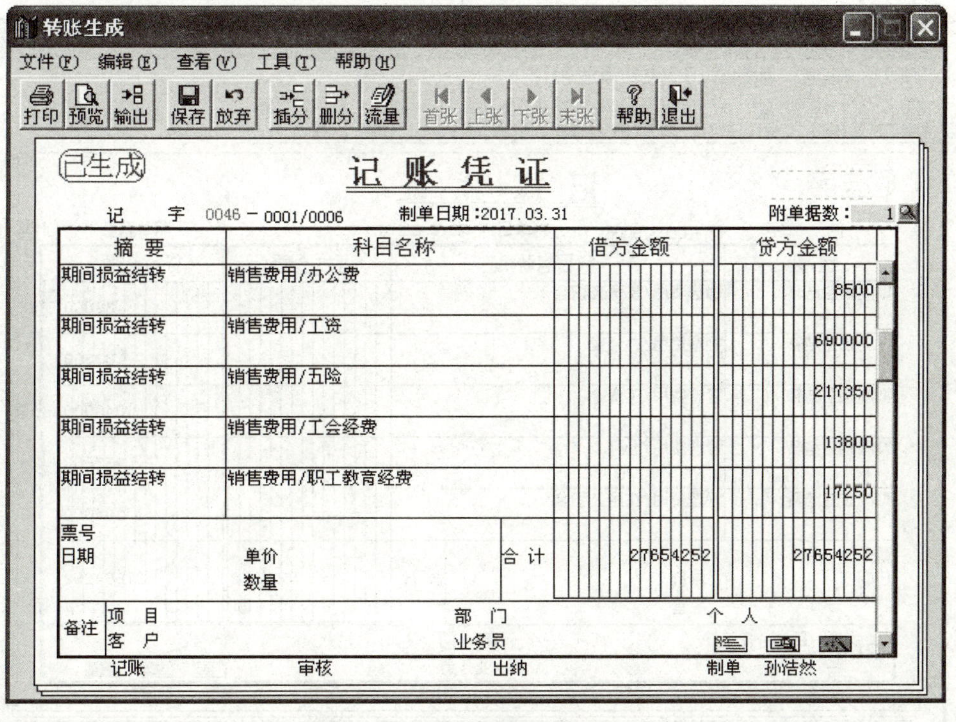

图5-192　生成“记账凭证”四十一

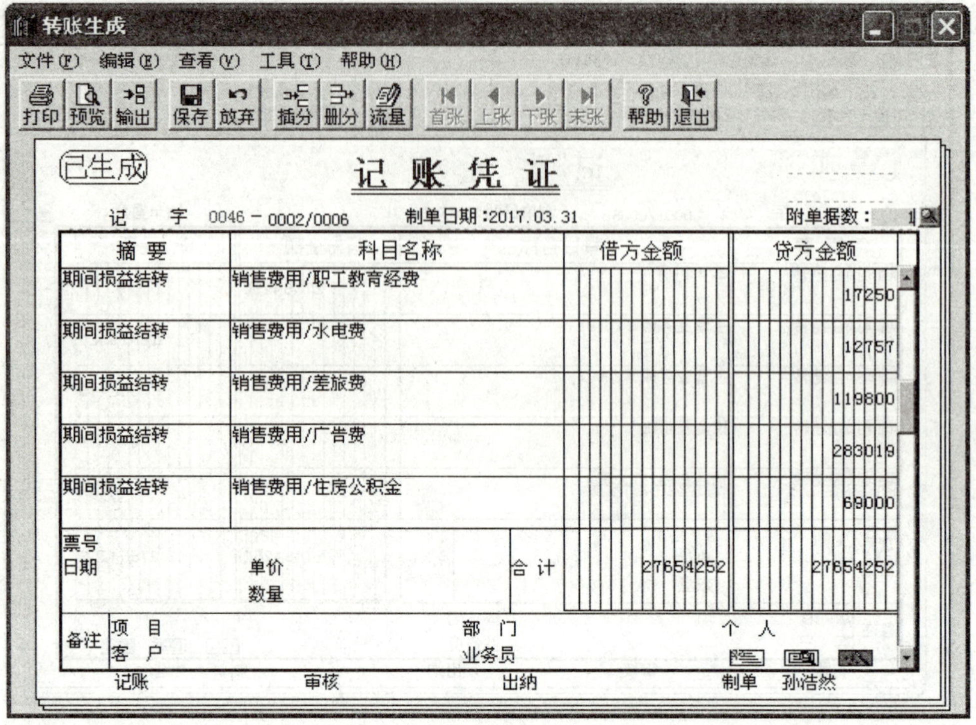

图5-193 生成“记账凭证”四十二

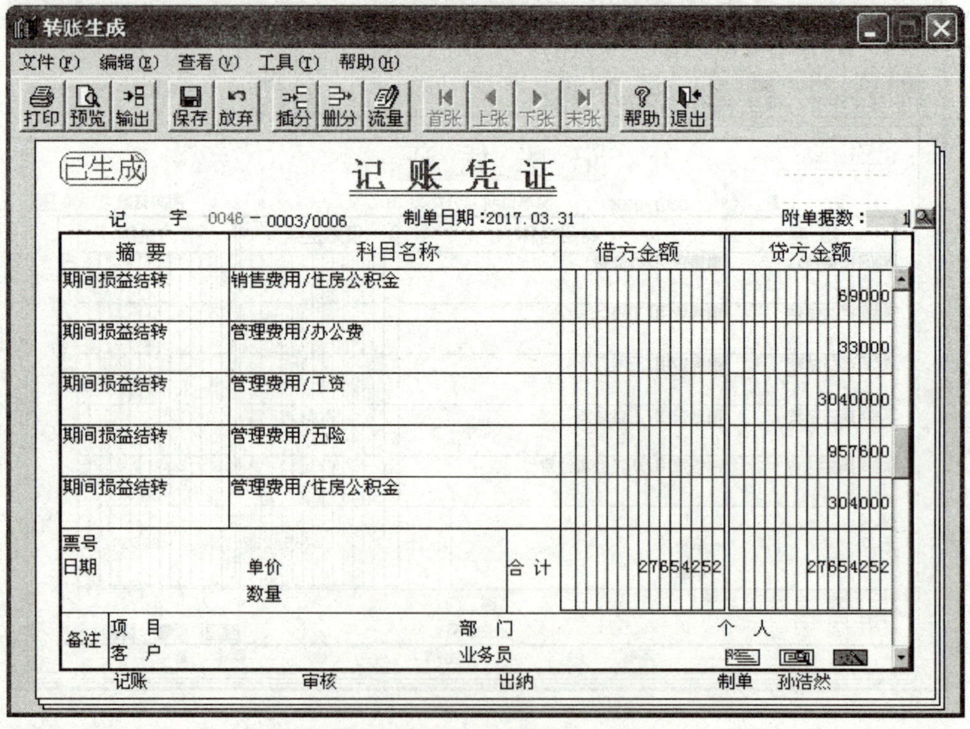

图5-194 生成“记账凭证”四十三

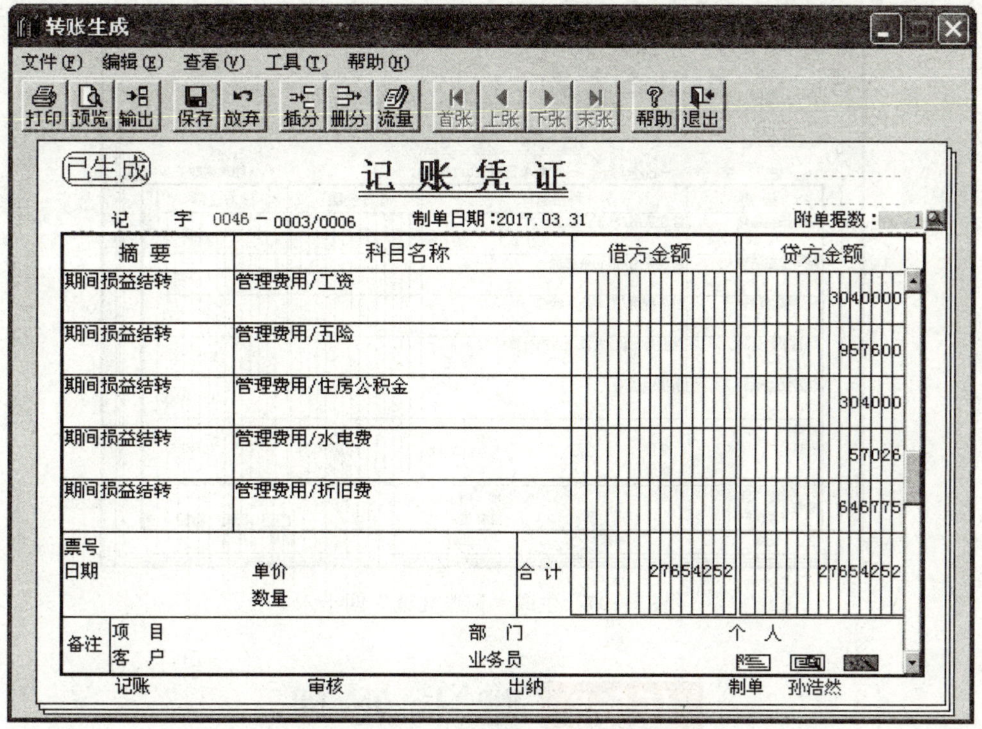

图5-195　生成“记账凭证”四十四

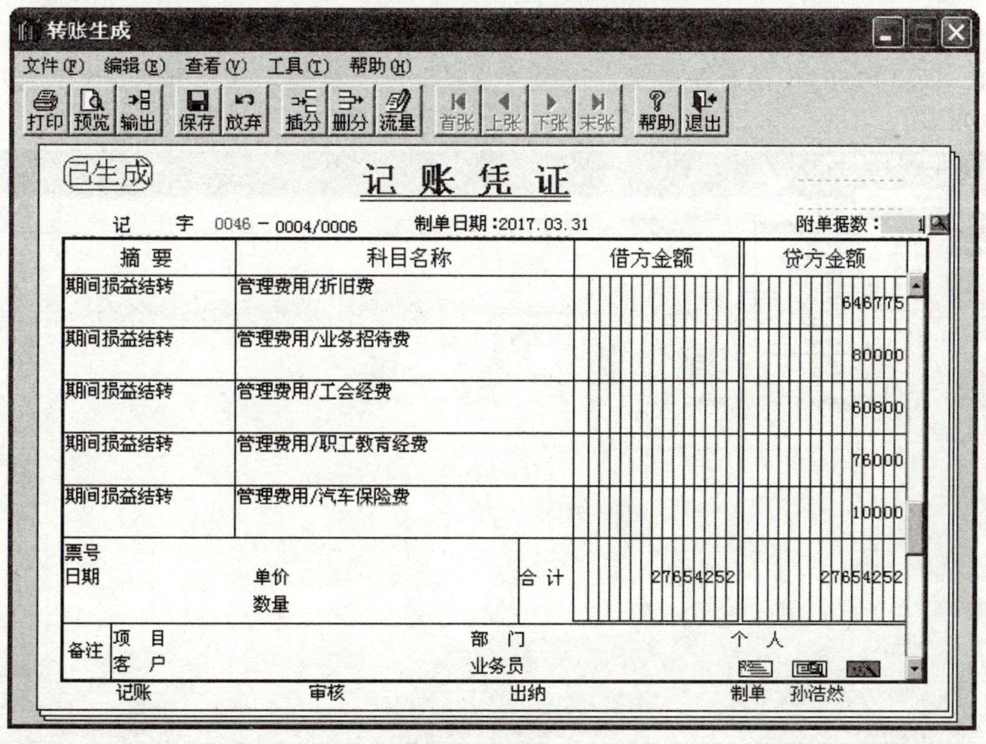

图5-196　生成“记账凭证”四十五

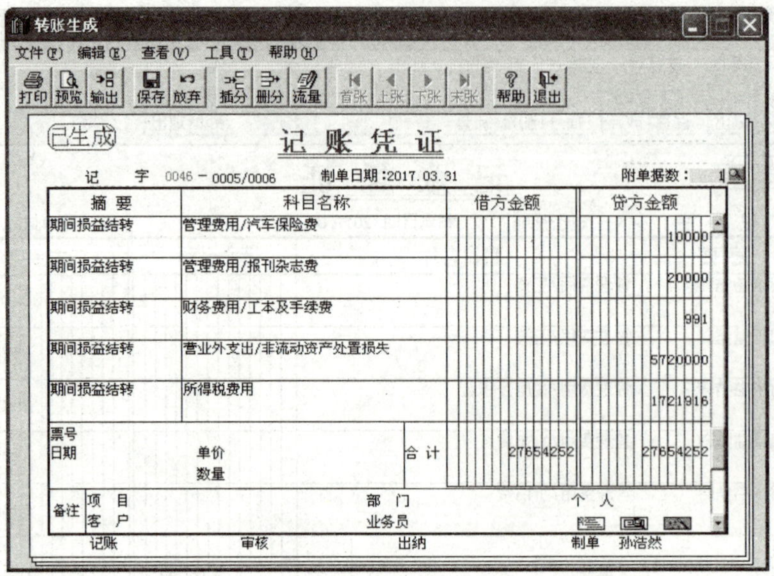

图5-197 生成“记账凭证”四十六

任务3 期末处理

业务1：在适当的时间以合适的身份进行出纳签字、进行凭证审核以及凭证记账等操作

任务实施

1．以“17503”的身份登录，选择“总账”→“凭证”→“出纳签字”选项（见图5-198）

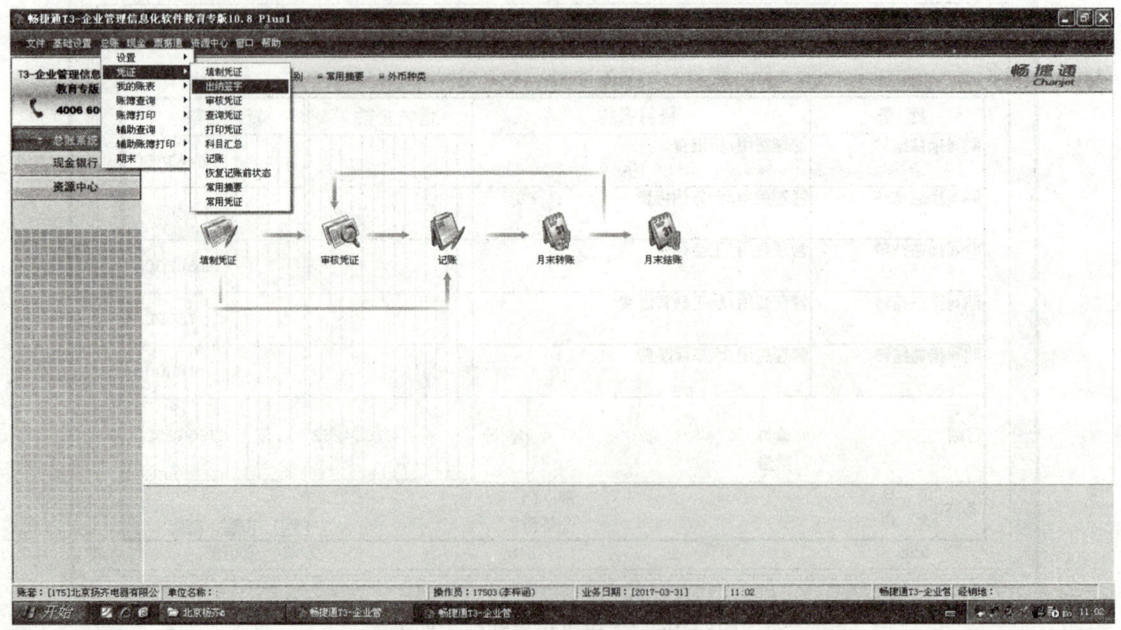

图5-198 启动总账系统

2．进入选择条件窗口后，出现凭证一览表，用鼠标双击凭证（见图5-199）。

出纳签字

凭证共 18 张　　已签字 0 张　　未签字 18 张

制单日期	凭证编号	摘要	借方金额合计	贷方金额合计	制单人	签…
2017.03.03	记 - 0001	支付广告费	3,000.00	3,000.00	孙浩然	
2017.03.10	记 - 0002	支付工资并代扣	54,100.00	54,100.00	孙浩然	
2017.03.13	记 - 0003	取得长期借款	2,360,000.00	2,360,000.00	孙浩然	
2017.03.15	记 - 0004	上交税费	114,446.70	114,446.70	孙浩然	
2017.03.15	记 - 0005	上交税费	13,733.60	13,733.60	孙浩然	
2017.03.15	记 - 0006	上交税费	177.00	177.00	孙浩然	
2017.03.15	记 - 0007	上交税费	57,870.05	57,870.05	孙浩然	
2017.03.15	记 - 0008	上交社保	23,232.50	23,232.50	孙浩然	
2017.03.15	记 - 0009	上交住房公积金	10,820.00	10,820.00	孙浩然	
2017.03.22	记 - 0012	支付培训费	2,650.00	2,650.00	孙浩然	
2017.03.22	记 - 0013	支付手续费	10.50	10.50	孙浩然	
2017.03.23	记 - 0014	购买办公用品	549.90	549.90	孙浩然	

打印　打印预览　确定　退出

图5-199　出纳签字凭证一览表

3．选择“成批出纳签字”选项（见图5-200）。

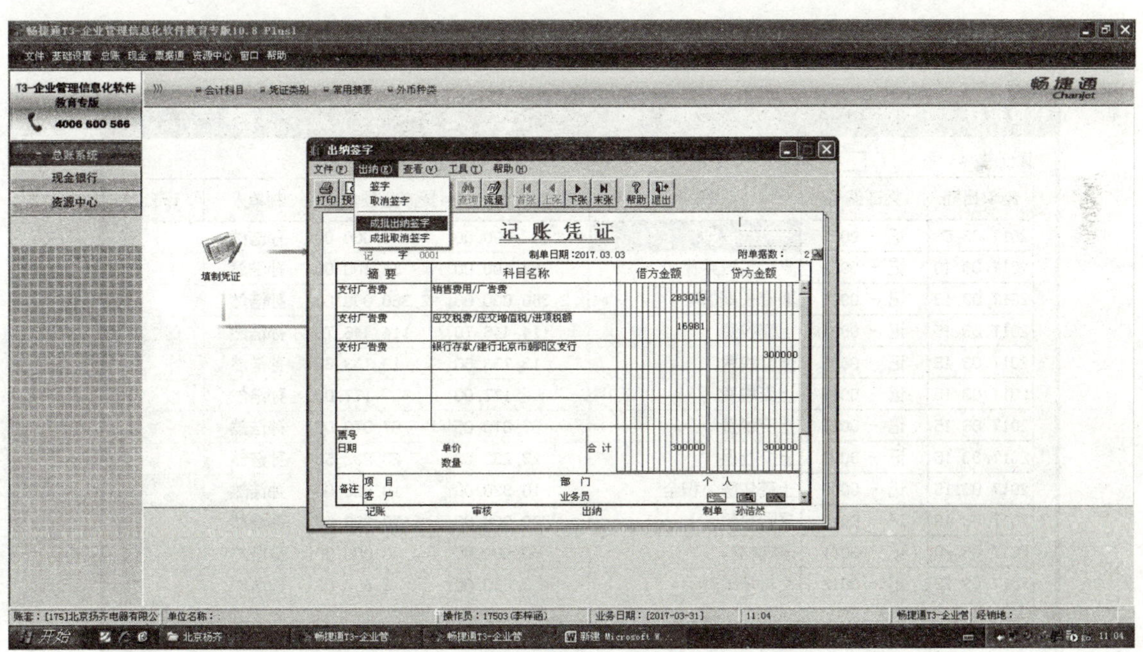

图5-200　成批出纳签字

4．以“17501”的身份进行凭证审核，以“17501”的身份登录，选择“总账”→“凭证”→“审核凭证”选项（见图5-201）。

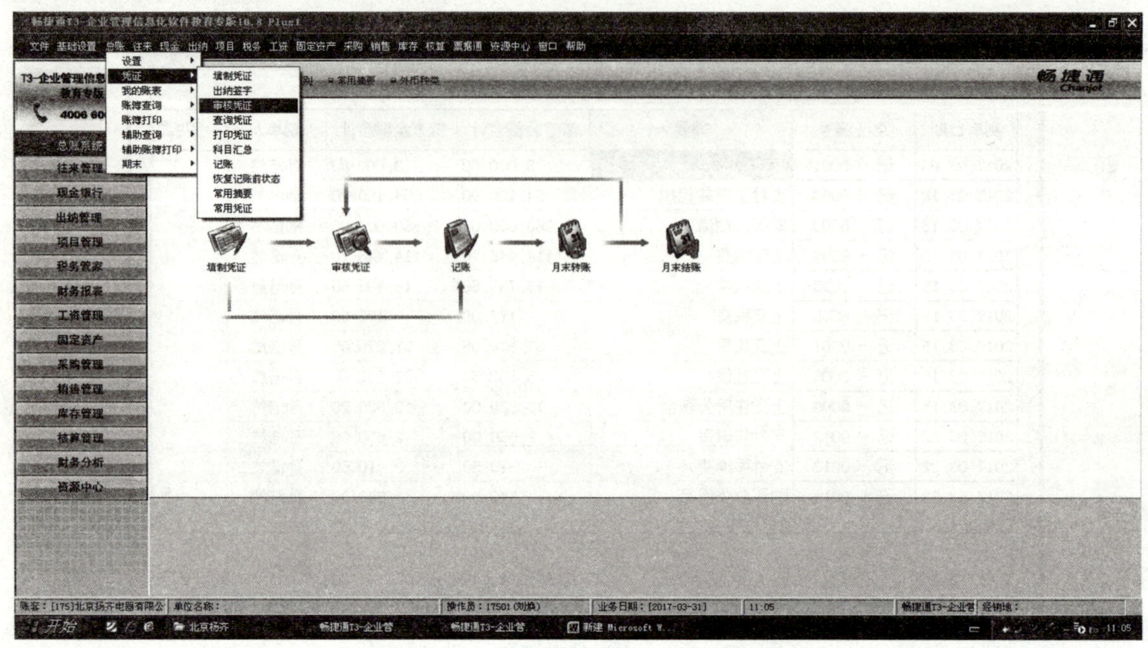

图5-201 启动总账系统

5．进入选择条件窗口后，出现凭证一览表，用鼠标双击凭证（见图5-202）。

凭证审核

凭证共 43 张　已审核 0 张　未审核 43 张

制单日期	凭证编号	摘要	借方金额合计	贷方金额合计	制单人	审
2017.03.03	记 - 0001	支付广告费	3,000.00	3,000.00	孙浩然	
2017.03.10	记 - 0002	支付工资并代扣	54,100.00	54,100.00	孙浩然	
2017.03.13	记 - 0003	取得长期借款	2,360,000.00	2,360,000.00	孙浩然	
2017.03.15	记 - 0004	上交税费	114,446.70	114,446.70	孙浩然	
2017.03.15	记 - 0005	上交税费	13,733.60	13,733.60	孙浩然	
2017.03.15	记 - 0006	上交税费	177.00	177.00	孙浩然	
2017.03.15	记 - 0007	上交税费	57,870.05	57,870.05	孙浩然	
2017.03.15	记 - 0008	上交社保	23,232.50	23,232.50	孙浩然	
2017.03.15	记 - 0009	上交住房公积金	10,820.00	10,820.00	孙浩然	
2017.03.19	记 - 0010	采购材料	70,200.00	70,200.00	孙浩然	
2017.03.20	记 - 0011	采购材料	60,000.00	60,000.00	孙浩然	
2017.03.22	记 - 0012	支付培训费	2,650.00	2,650.00	孙浩然	

对照式审核　取消审核　打印　打印预览　确定　退出

图5-202 凭证审核一览表

6．选择“成批审核凭证”选项（见图5-203）。

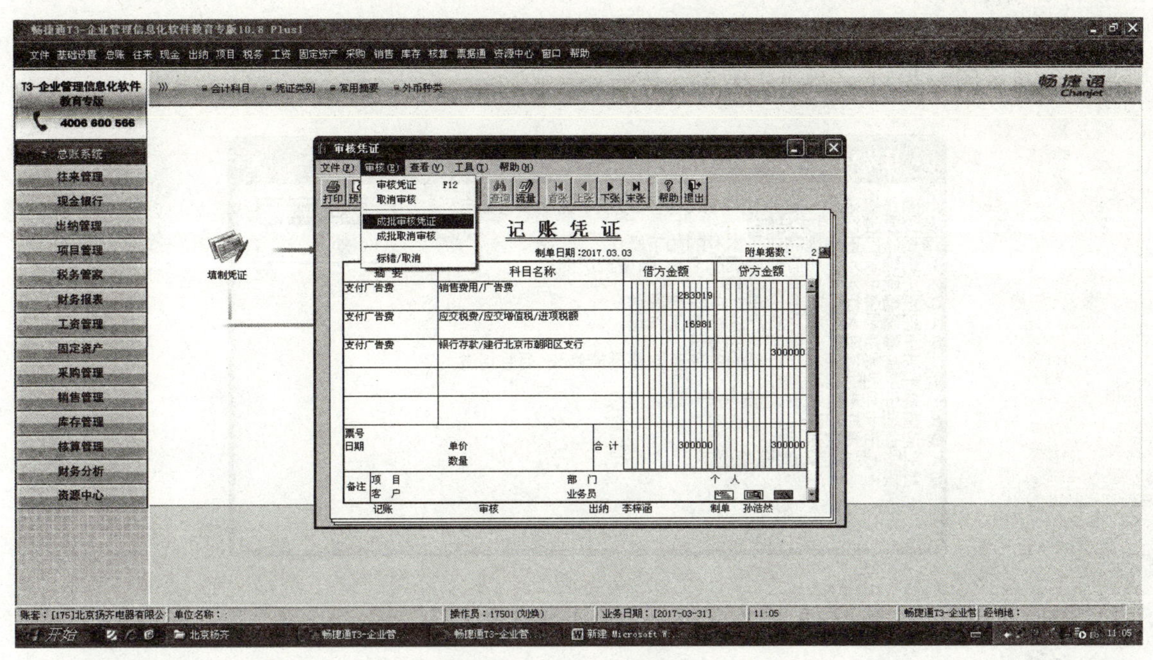

图5-203 成批审核凭证

业务2：在月底适当的时间以合适的身份完成各个系统结账工作。

1. 以“17501”的身份登录。

2. “工资管理”期末处理。选择“工资管理”→“月末处理”选项，在弹出的对话框（见图5-204a），单击“确认”→“是”（见图5-204b）→“是”（见图5-204c）→“确认”（见图5-204d）→“确认”（见图5-204e）。

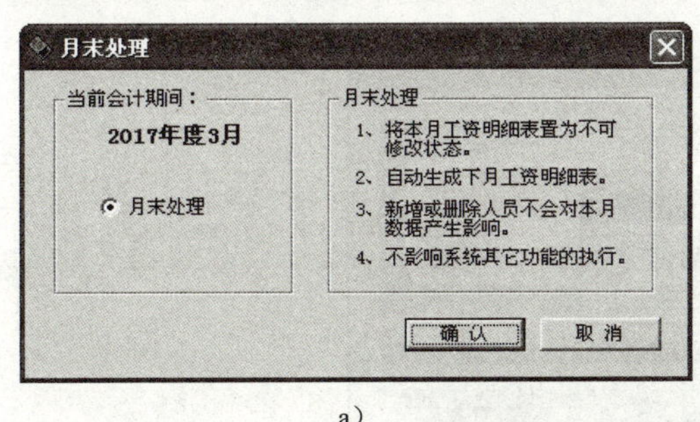

a）

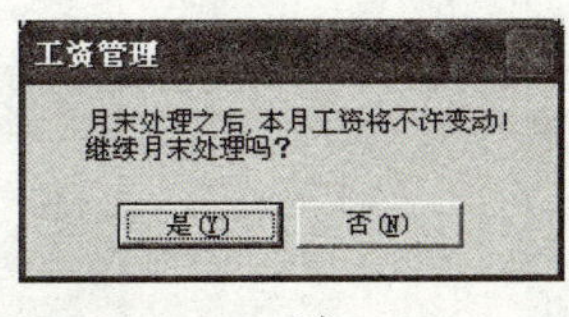

b）

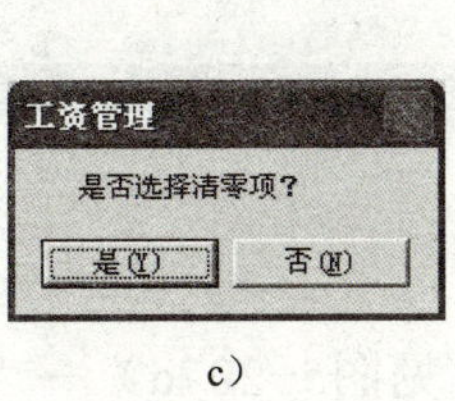

c）

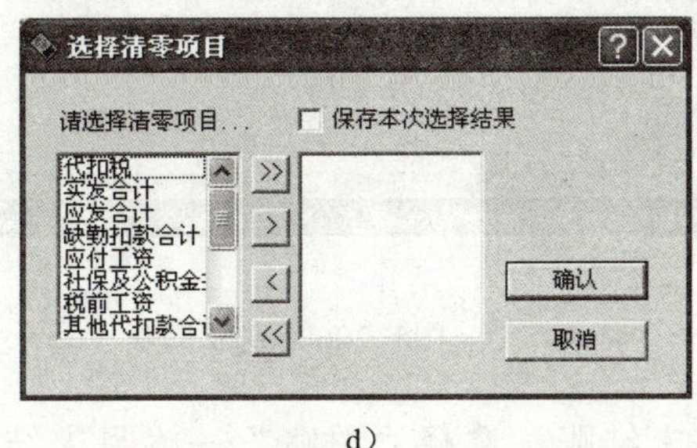

d）

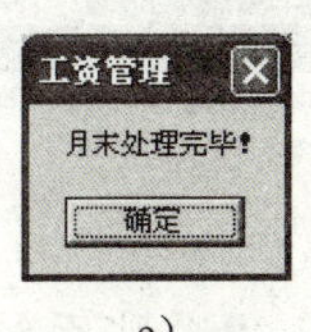

e）

图5-204 “工资管理”期末处理

3．“固定资产管理”月末处理。选择“固定资产管理”→“月末结账”→“开始结账”选项（见图5-205），单击“确定”按钮。

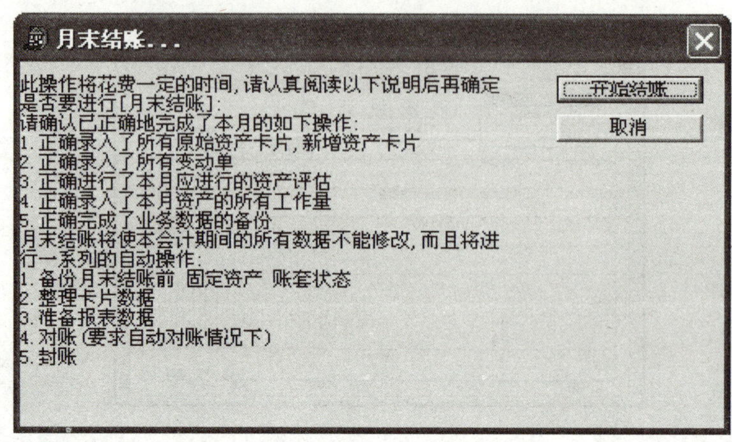

图5-205　月末结账

4．选择“总账”→“记账”选项，选择记账范围，点击“下一步”按钮，完成记账（见图5-206）。

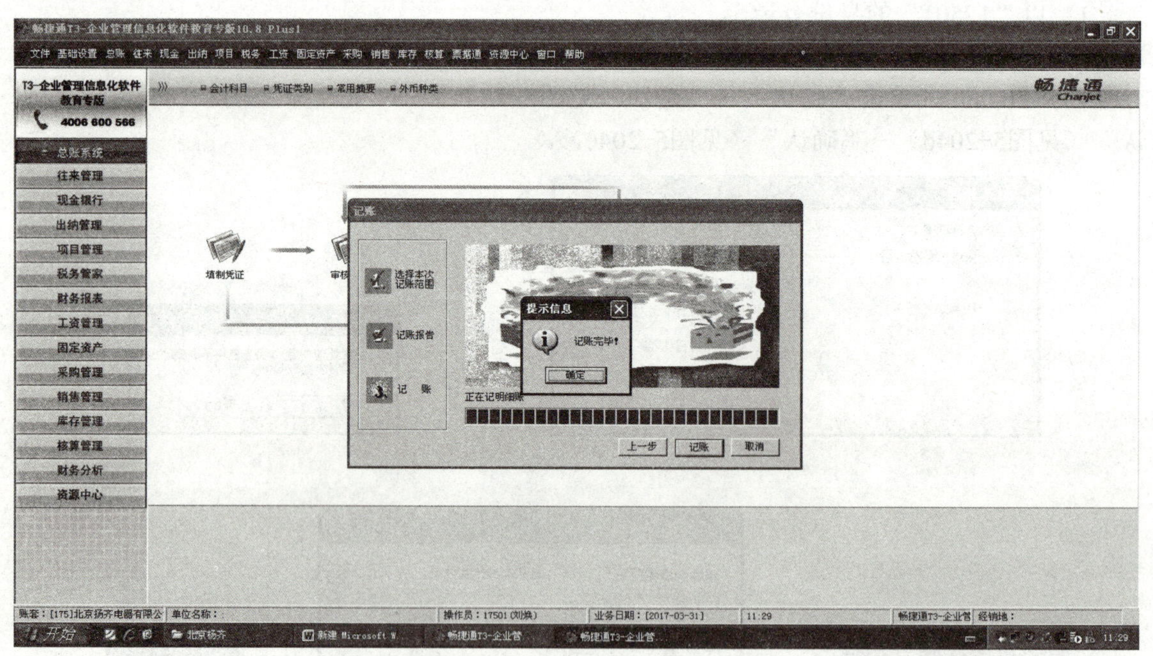

图5-206　完成记账

5．“总账系统”月末结账，选择“总账”→“月末结账”（见图5-207a）→“下一步”（见图5-207b）→“下一步”（见图5-207c）→“结账”选项（见图5-207d）。

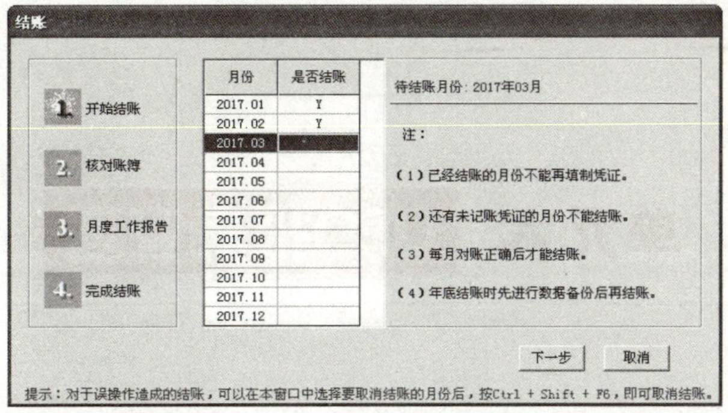

a)

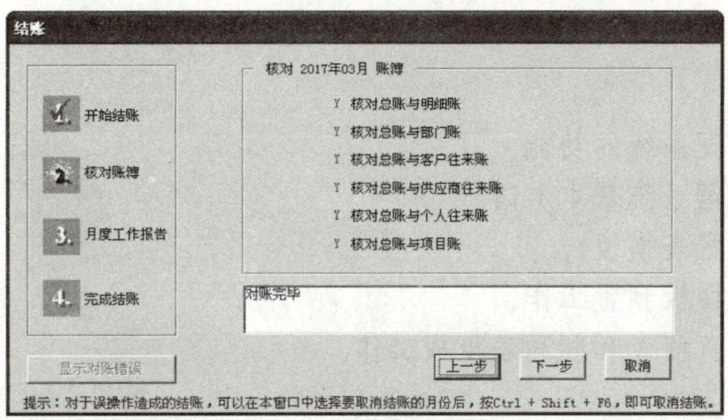

b)

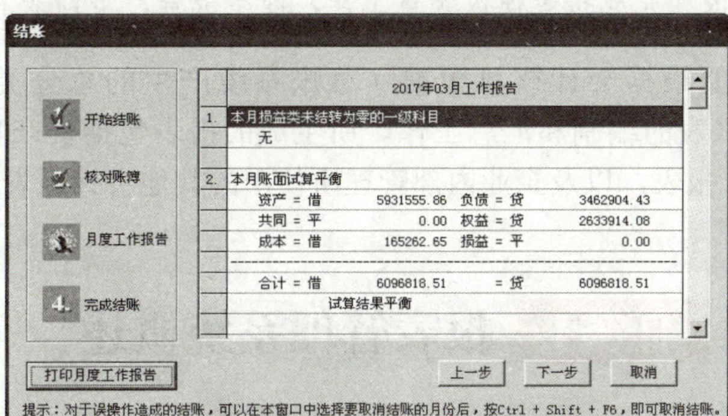

c)

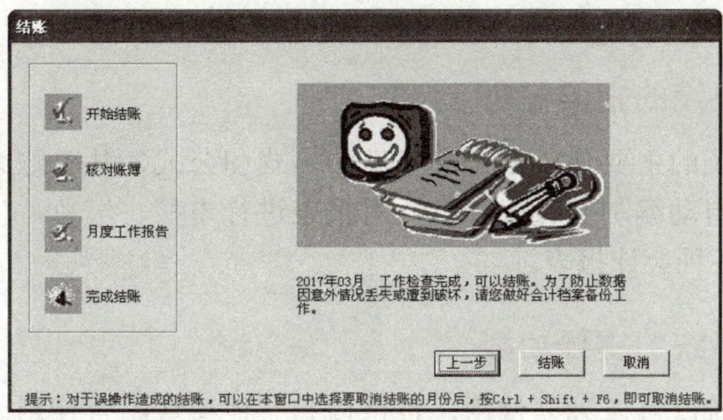

d)

图5-207 “总账系统”月末结账

单元六 UFO报表管理

学习目标

知识目标

（1）熟悉报表管理系统的功能。

（2）熟悉报表管理系统基本术语。

（3）能正确调用报表模板。

（4）能完成报表模板预置工作。

（5）能完成资产负债表和利润表生成工作。

能力目标

熟练调用报表模板和完成报表模板预置工作，能生成资产负债表和利润表。

报表管理系统主要根据会计核算数据（总账系统产生的总分类账和明细分类账数据），完成各种会计报表的编制和汇总工作。所生成的报表包括资产负债表、利润表和现金流量表等对外的会计报表，以及企业内部管理所使用的其他会计报表。

任务1 报表管理系统概述

知识学习

一、报表管理系统的主要任务

会计报表管理系统的主要任务是定义报表的格式和公式，从总账系统或其他子系统中取得有关会计信息，自动编制会计报表，并对报表进行审核、汇总，生成各种分析图表，同时按预定格式输出各种会计报表。

二、报表管理系统的主要功能

会计报表管理系统既可以独立使用，也可以和其他模块结合使用。独立运行时，适用于处理日常办公事务，可以完成表格制作、数据运算、图形分析等电子表的所有功能。它与其他模块同时运行时，可以作为通用财经报表系统使用，适用于各行业的财务、会计、人事、计划、统计、税务、物资等部门。报表管理系统的主要功能有：

1. 提供各行业报表模板

提供有16个行业的标准财务报表模板，同时还可以根据本单位的实际需要定制模板。

2. 文件管理功能

文件管理功能提供了各类文件的管理功能，如对报表文件的创建、读取、保存和备份等。并且能够进行不同文件格式的转换：如文本文件、MDB文件、DBF文件、EXCEL文件、LOTUS1-2-3文件的转换。提供标准财务数据的“导入”和“导出”功能，可以和其他流行财务软件交换数据。

3. 格式管理功能

格式管理功能提供了丰富的格式设计功能，如设计组合单元、画表格线（包括斜线）、调整行高和列宽、设置字体及颜色、设置显示比例等，能够满足各类表格的制作。

4. 数据处理功能

数据处理功能以固定的格式管理大量不同的表页，能将多达99,999张相同格式的报表统一在一个报表格式文件中管理，并且在每张表页之间建立有机的联系，使数据查找方便而迅速。同时还提供了排序、审核、舍位平衡、汇总功能；提供了绝对单元公式和相对单元公式，方便、迅速地定义计算公式；提供了种类丰富的函数，可以准确地从账务、应收、应付、工资、固定资产、销售、采购、库存等其他模块中提取数据，生成财务报表。

5. 图表功能

图表功能主要是将数据表以图形的形式表示。它采用“图文混排”方式组织图形数据，能够制作包括直方图、立体图、圆饼图、折线图等十多种图式的分析图表，同时还可以编辑图表的位置、大小、标题、字体、颜色等，打印输出图表。

6. 打印功能

报表和图形都可以打印输出。提供“打印预览”，可以随时观看报表或图形的打印效果。

7. 二次开发功能

二次开发功能为使用者提供批命令和自定义菜单功能，自动记录命令窗中录入的多个命令，可将有规律性的操作过程编制成批命令文件。提供了WINDOWS风格的自定义菜单，综合利用批命令，可以在短时间内开发出本企业的专用系统。

三、报表管理系统基本术语

1. 格式状态和数据状态

UFO将报表处理过程分为两个阶段，即报表格式及公式定义工作与报表数据处理工作。这两个阶段是在不同的状态下进行的，实现状态切换的是一个特别重要的按钮——格式/数据按钮，单击这个按钮可以在格式状态和数据状态之间切换。

（1）格式状态。在格式状态下设计报表的表样，如报表尺寸、行高列宽、单元属性、单元风格、组合单元、关键字、可变区等。报表的公式如单元公式、审核公式、舍位平衡公式也在格式状态下定义。

（2）数据状态。在数据状态下管理报表的数据，如录入数据、增加或删除表页、审核、舍位平衡、图形操作、汇总与合并报表等。数据状态下所做的操作只对本表页有效，该状态下不能修改报表的格式。

2. 单元及单元属性

单元是指由行和列交错而确定的空格，单元是组成报表的最小单位。单元名称由所在行、列的行号及列号标识。行号用数字1-9999表示，列标用字母A-IV表示，如A55表示第1列第55行的那个单元。一个单元中最多可录入63个字符或31个汉字。

单元属性包括单元类型、对齐方式、字体颜色和表格边框等。单元类型有数值型、字符型和表样型：

（1）数值单元是报表的数据，在数据状态下录入。数值单元必须是数字，可以直接录入，也可以由单元中存放的单元公式运算生成。建立一个新表时，所有单元的类型默认为数值型。

（2）字符单元是报表的数据，在数据状态下录入。字符单元的内容可以是汉字、字母、数字及各种键盘可录入的符号组成的一串字符。字符单元的内容可以直接录入，也可以由单元中存放的单元公式运算生成。

（3）表样单元是报表的格式，是在格式状态下录入的所有文字、符号或数字。表样单元对所有表页都有效。表样单元在数据状态下录入和修改，在数据状态下只能显示而无法修改。

3. 区域与组合单元

区域由一张表页上的一组相邻的单元组成的矩形块，自起点单元至终点单元是一个完整的的长方形矩阵。区域是二维的，最大的区域是一个二维表的所有单元（整个表页），最小的区域是一个单元。

组合单元是指由相邻的两个或更多的单元组成的区域，这些单元必须是同一种单元类型，处理报表时组合单元被视为一个单元。

组合单元的名称可以用该区域的名称或区域中的任一单元的名称来表示。例如，把A2到A5定义为一个组合单元，这个组合单元可以用“A2: A5”或“A2”“A5”表示。

4. 表页

一个相同格式的报表会产生不同的数据，在UFO报表系统中可以将格式相同而数据不同的报表用表页的形式加以管理，把不同的数据存放在不同的表页里，一张报表最多可容纳99,999张表页。表页在报表中的序号在表页下方以标签的形式出现，成为“页标”。

5. 关键字

关键字是游离于单元之外的特殊数据单元，可以唯一标识一个表页，用于在大量表页中快速地选择表页。关键字的显示位置在格式状态下设置，关键字的值则在数据状态下录入，每个报表可以定义多个关键字。

UFO表提供了以下6种关键字：

（1）单位名称：字符型（最大28个字符），为该报表表页编制单位的名称。

（2）单位编号：字符型（最大10个字符），为该报表表页编制单位的编号。

（3）年：数字型（1980-2099），为该报表表页反映的年度。

（4）季：数字型（1-4），为该报表表页反映的季度。

（5）月：数字型（1-12），为该报表表页反映的月份。

（6）日：数字型（1-31），为该报表表页反映的日期。

除此之外，UFO表有自定义关键字功能，可以用于业务函数中。

技能学习

业务：启动与注册UFO报表系统。

任务实施

在“畅捷通T3-财务报表”窗口中，执行“文件”→“新建”命令，或单击“新建”图标，系统自动生成一张空白表，如图6-1所示。

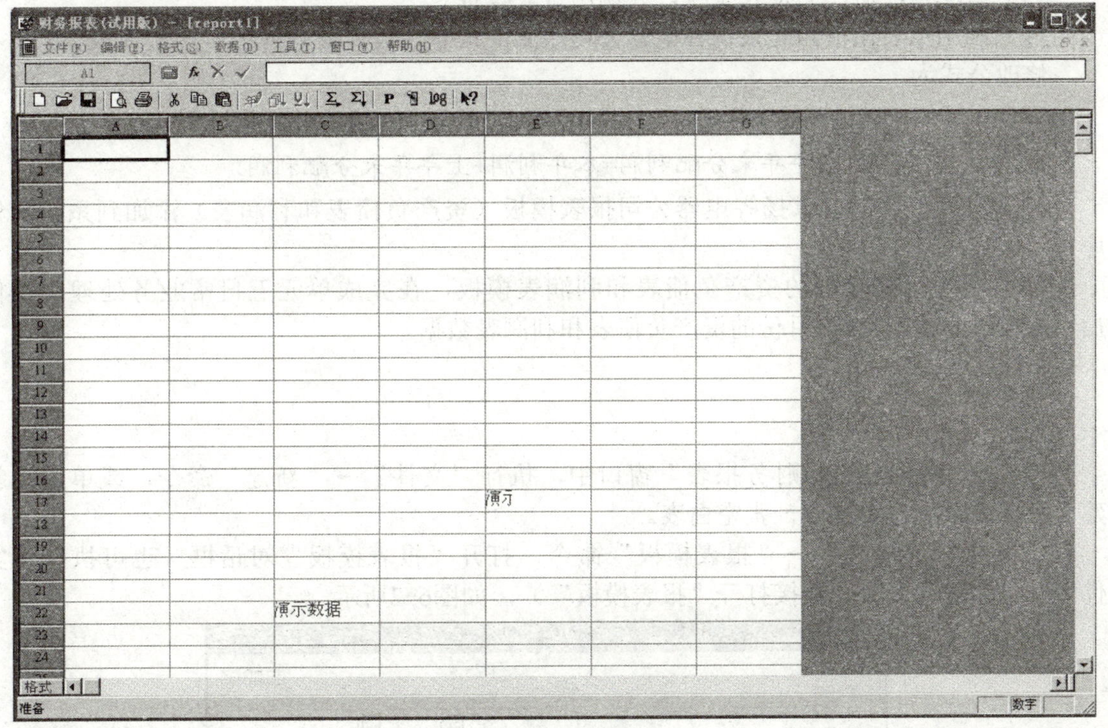

图6-1　新建财务报表

任务2　报表模板应用

知识学习

报表的产生可以通过自定义完成，也可以通过报表模板直接调用生成，还可以通过命令方式来实现，在此重点讲解调用预置报表模板生成报表。

一、报表管理系统的操作流程

报表管理系统的操作基本上可以归纳为两个方面：初始设置和日常处理。

初始设置主要包括创建新表、定义报表格式和定义数据来源及运算关系；日常处理主要是数据录入、数据采集、报表运算、生成报表、审核、汇总以及报表图形处理和输出报表。

二、调用预置报表模板

调用系统已有的报表模板，如果该报表模板与实际需要的报表格式或公式不完全一致，可以在格式状态下根据本企业实际情况，在此基础上稍作修改，即可快速得到所需要的报表格式和公式。

技能学习

业务：调用预置报表模板。

（1）启动与注册UFO报表系统，并调用报表模板。

（2）利用报表模板和北京扬齐电器公司账套的信息，设计该企业的资产负债表公式。

修改公式为

存货=在途物资+原材料+库存商品+生产成本+周转材料

本年年未分配利润=本年利润+上年年未分配利润

（3）将设计好的北京扬齐电器公司报表模板（资产负债表和利润表）添加到系统模板库中。

（4）利用已定义好的资产负债表和利润表模板，在完成单元五日常业务处理的操作后，生成该公司2017年3月份的资产负债表和利润表数据。

任务实施

1. 调用报表模板

（1）在“畅捷通T3-财务报表”窗口中，执行“文件”→“新建”命令，或单击“新建”图标，系统自动生成一张空白表。

（2）执行“格式”→“报表模板”命令，打开“报表模板”对话框（也可执行“文件”→“新建”命令，直接打开“报表模板”），如图6-2所示。

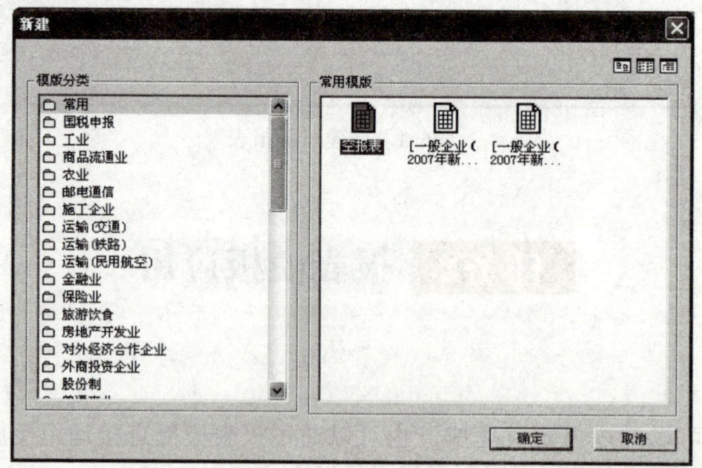

图6-2 调用报表模板

（3）在“报表模板”对话框中，在“您所在的行业”下拉列表框中选择“一般企业（2007年新会计准则）”选项。

（4）选择准备建立的财务报表的名称“资产负债表”。

（5）单击“确认”按钮，打开“模板格式将覆盖本表格式！是否继续！”对话框。

（6）单击“确认”按钮，当前格式被自动覆盖。

2. 修改预置报表模板（在“格式”状态下进行）

（1）直接录入公式

在“财务报表”窗口中，选定需要定义公式的单元，选择“数据”→“编辑公式”→“单元公式”选项，打开“定义公式”对话框，如图6-3所示。

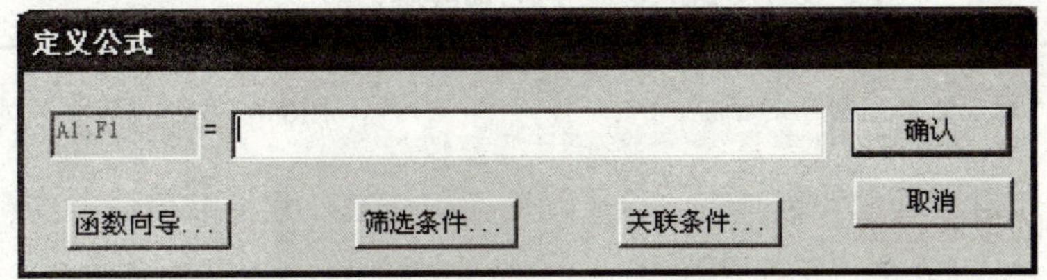

图6-3 “定义公式”对话框

在“定义公式”对话框内，直接录入期初函数公式，单击“确认”按钮。需要注意的是，在录入单元公式时，凡是涉及数学符号的均须输入英文半角字符。

（2）利用函数向导输入公式

在“畅捷通T3-财务报表”窗口中，选定被定义单元“E34”即未分配利润期末余额。

单击编辑框中的“Fx”按钮，打开“定义公式”对话框，单击“函数向导…”按钮，打开“函数向导”对话框，如图6-4所示。

图6-4 “函数向导”对话框

在“函数向导”对话框中，在“函数分类”列表框中选择“用友账务函数”，在“函数名”列表框中选择“期末（QM）”，单击“下一步”按钮，打开“用友账务函数”对话框，如图6-5所示。

在“用友账务函数”对话框中，单击“参照”按钮，打开“账务函数”对话框，如图6-6所示。

在“账务函数”对话框中，在“账套号”下拉列表中选择“默认”选项，在“会计年度”下拉列表中选择“2017”选项，在“科目”文本框录入“4103”，在“期间”下拉列表中选择“月”选项，在“方向”下拉列表中选择“默认”选项，单击“确定”按钮，返回“用友账务函数”对话框，单击“确定”按钮，返回“定义公式”窗口，录入运算符“+”后，重复以上步骤继续输入未分配利润公式。

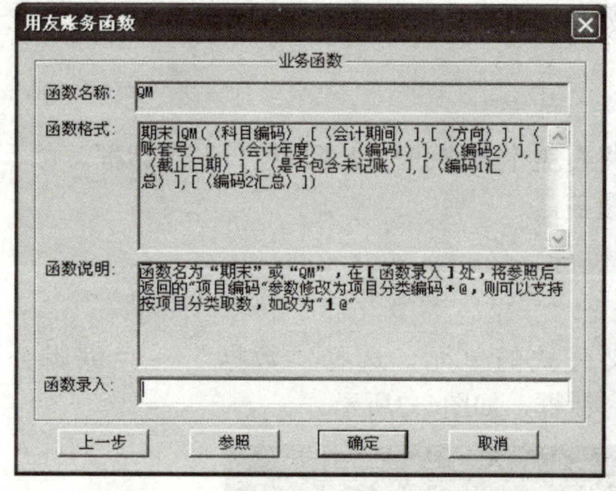

图6-5 “用友账务函数”对话框

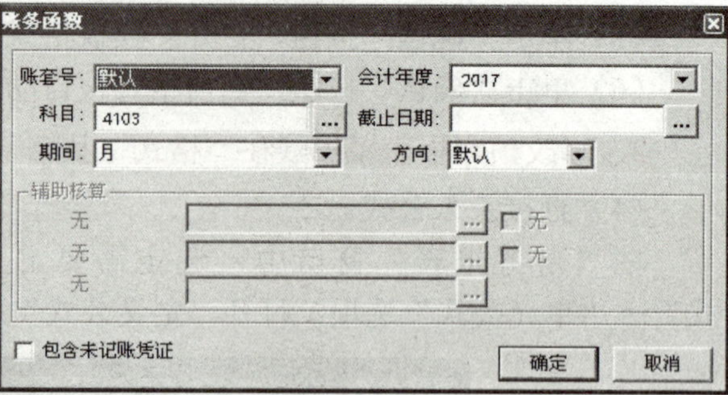

图6-6 “账务函数”对话框

3. 保存新的报表模板

（1）对修改完成的报表模板以文件名“资产负债表.rep”保存。

（2）在“畅捷通T3-财务报表”窗口中，选择“格式”→“自定义模板”选项，打开“自定义模板”对话框，如图6-7所示。

（3）在“自定义模板”对话框中，单击“增加”按钮，打开“定义模板”对话框，如图6-8所示。

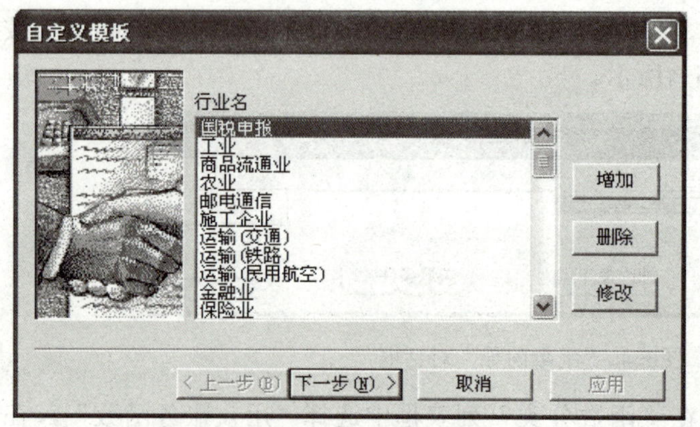

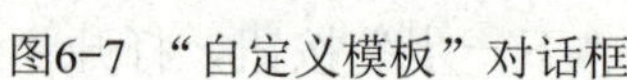

图6-7 “自定义模板”对话框

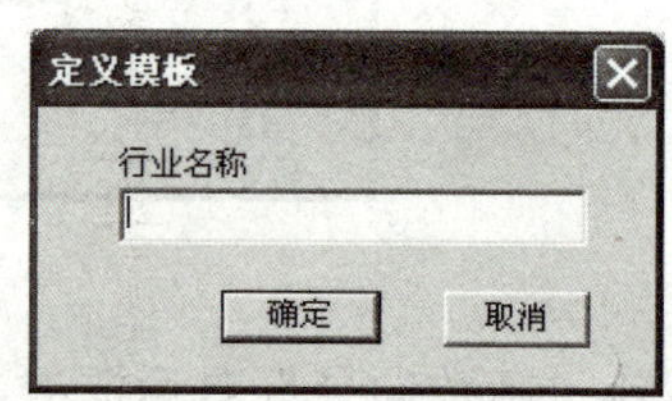

图6-8 “定义模板”对话框

（4）在“定义模板”对话框中，录入行业名称“新会计制度科目”。

（5）单击“确认”按钮，在行业名称列表框中，选择“新会计制度科目”，单击“下一步”按钮，进入“自定义模板”对话框。

（6）在“自定义模板”对话框中，单击“增加”按钮，打开“添加模板”对话框。

（7）在报表“资产负债表.rep”保存的位置选择录入报表名称“资产负债表”，单击“增加”按钮，返回“自定义模板”对话框。

（8）单击“完成”按钮，即可生成该行业的资产负债表模板。

4. 生成会计报表

（1）录入关键字

在数据状态下，选择“数据”→“关键字”→“录入”选项，打开“录入关键字”对话框，如图6-9所示。在“录入关键字”对话框中，录入相关的关键字。

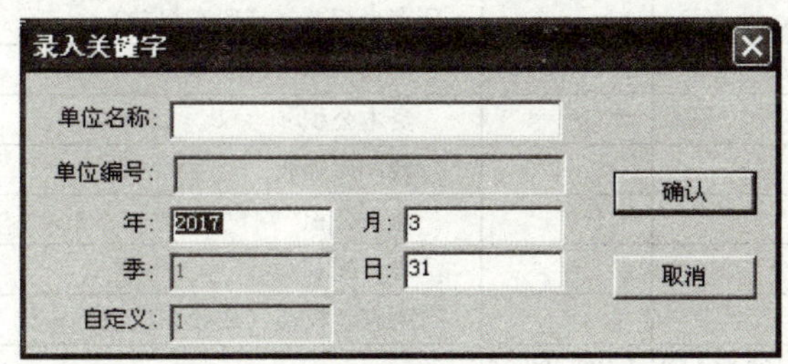

图6-9 “录入关键字”对话框

（2）生成报表

单击“确认”按钮，打开“是否重算第1页？”提示框；单击“是”按钮，系统自动根据公式计算3月份数据；选择“数据”→“表页重算”选项，打开“是否重算第1页？”对话框，单击“是”按钮，系统自动在初始的账套和会计年度范围内，根据单元公式计算生成数据。

利用资产负债表和利润表模板，生成的2017年3月份资产负债表和利润表数据，见表6-1和表6-2。

表6-1 资产负债表

会企01表

单位名称：北京扬齐电器公司　　2017年3月31日　　单位：元

资产	期末余额	年初余额	负债及所有者权益（或股东权益）	期末余额	年初余额
流动资产：			流动负债：		
货币资金	4,436,527.40	1,999,155.14	短期借款		
交易性金融资产			交易性金融负债		
应收票据			应付票据		
应收账款	233,249.46	233,249.46	应付账款	366,446.40	331,346.40
预付款项	10,529.80	94,789.00	预收款项	453,200.00	500,000.00
应收利息			应付职工薪酬	121,748.00	119,007.50
应收股利			应交税费	61,510.03	185,850.35
其他应收款		1,500.00	应付利息		
存货	307,047.85	296,367.00	应付股利	100,000.00	100,000.00
一年内到期的非流动资产			其他应付款		
其他流动资产			年内到期的非流动负债		
流动资产合计	4,987,354.51	2,625,060.60	其他流动负债		
非流动资产：			流动负债合计	1,102,904.43	1,236,204.25
可供出售金融资产			非流动负债：		
持有至到期投资			长期借款	2,360,000.00	
长期应收款			应付债券		
长期股权投资			长期应付款		
投资性房地产			专项应付款		
固定资产	1,109,464.00	1,193,400.25	预计负债		
在建工程			递延所得税负债		

（续）

资　　产	期末余额	年初余额	负债及所有者权益（或股东权益）	期末余额	年初余额
工程物资			其他非流动负债		
固定资产清理			非流动负债合计	2,360,000.00	
生产性生物资产			负债合计	3,462,904.43	1,236,204.25
油气资产			所有者权益（或股东权益）：		
无形资产			实收资本（或股本）	1,600,000.00	1,600,000.00
开发支出			资本公积	253,000.00	253,000.00
商誉			减：库存股		
长期待摊费用			盈余公积	40,367.00	40,367.00
递延所得税资产			未分配利润	740,547.08	688,889.60
其他非流动资产			所有者权益（或股东权益）合计	2,633,914.08	2,582,256.60
非流动资产合计	1,109,464.00	1,193,400.25			
资产总计	6,096,818.51	3,818,460.85	负债和所有者权益（或股东权益）总计	6,096,818.51	3,818,460.85

表6-2　利润表

会企02表

单位名称：北京扬齐电器公司　　　　2017年　　　　单位：元

项　目	本期金额	上期金额
一、营业收入	328,000.00	
减：营业成本	130,179.80	
税金及附加	4,766.88	
销售费用	14,314.76	
管理费用	52,852.01	
财务费用	9.91	
资产减值损失		
加：公允价值变动收益（损失以“–”填列）		
投资收益（损失以“–”填列）		
其中：对联营企业和合营企业的投资收益		
二、营业利润（亏损以“–”号填列）	125,876.64	
加：营业外收入	200.00	
减：营业外支出	57,200.00	
其中：非流动资产处置损失		
三、利润总额（亏损总额以“–”号填列）	68,876.64	
减：所得税费用	17,219.16	
四、净利润（净亏损以“–”号填列）	51,657.48	
五、每股收益：		
（一）基本每股收益		
（二）稀释每股收益		

附录 模拟实训

一、注意事项

（1）本试卷共100分，考试时间为180分钟。考查选手对会计电算化系统中总账、报表、工资、固定资产、购销存、核算等模块的应用能力。

（2）考试软件系统为畅捷通T3软件。选手按要求操作已有账套[175]北京扬齐电器有限公司，选手可到考试账套中查看账套初始信息，不能重新建立账套，直接在该账套上进行操作。

（3）选手务必认真审题，然后完成从账套初始设置，到日常账务处理．期末处理及财务报表编制的全部操作。在考试过程中如果遇到题中未提供的信息或未作要求的内容可以不填写或使用系统默认值，已设置好的信息不允许改动。

二、企业基本情况

（1）名称：北京扬奇电器有限公司

（2）性质：有限责任公司

（3）地址：北京市朝阳区亮迈路066号　　电话：010-11863506

（4）税务登记证号：637392144360765616

（5）开户银行：工行北京市鑫平路支行　　人民币基本结算账户：58651053747107

交通银行北京市朝阳区支行　　人民币一般结算账户：26825388761

（6）企业法人代表（董事长）：何华

（7）总经理（主管会计工作负责人）：赵俊

（8）财务负责人（会计机构负责人）：刘焕；会计：孙浩然；出纳：李梓涵

（9）企业下设办公室、财务部、采购部、销售门市部及生产车间，生产及销售D101、D607两种产品，生产每件D101和D607产品耗用Y824和Y217两种材料。

已预置操作员及其已预置的权限（口令均为空）：

编　号	姓　名	部　门	密　码	权　限
17501	刘焕	财务部	17501	账套主管：拥有软件操作和管理的所有权限
17503	李梓涵	财务部	17503	出纳：拥有总账中出纳签字权限及现金管理的全部权限

三、主要会计政策及相关操作说明

（1）北京扬奇电器公司为有限责任公司，是增值税一般纳税人，不属于可以享受固定资产加速折旧企业所得税政策的行业。

（2）存货按实际成本法核算，原材料及包装物发出计价采用月末一次加权平均法，材料的共同运费按数量分配，分配率保留2位小数，尾差计入最后一个对象。库存商品发出计价采用月末一次加权平均法，工程物资发出计价采用月末一次加权平均法。发出存货单位成本保留2位小数，如有尾差计入结存存货成本。周转材料价值摊销采用一次摊销法。原材料及周转材料发生盘盈时，按最近一次不含税买价作为入账价值；库存商品发生盘盈时，按当月完工入库的该库存商品的单位成本作为入账价值。

（3）产品成本计算采用品种法，设置直接材料、直接人工、制造费用三个成本项目。原材料在生产开始时一次性投入；共同耗用的材料采用按产品产量分配进行分配，分配率保留2位小数，尾差计入最后一个对象。

（4）工资及五险一金分配采用实际生产工时进行分配，分配率保留2位小数，尾差计入最后一个对象；五险一金的承担和计提比例如下：企业承担部分为养老保险金20%，医疗保险金8%，失业保险金2%，工伤保险金0.5%，生育保险金1%，住房公积金10%；个人承担部分为养老保险金8%，医疗保险金2%，重大疾病保险6元，失业保险金1%，住房公积金10%；计提工会费、计提职工教育经费，根据不同部门分别计入相应的会计科目。

（5）制造费用按生产工时比例在各种产品之间分配，分配率保留2位小数，尾差计入最后一个对象。生产费用在完工产品与在产品之间的分配采用约当产量法，分配率保留2位小数，尾差计入月末在产品成本。

（6）固定资产不包括研发用固定资产。固定资产折旧采用年限平均法，净残值率为4%，折旧年限分别为：房屋及建筑物20年，生产设备10年，运输工具4年，电子设备3年，折旧率保留4位小数（采用小数点的形式），月折旧额保留2位小数。

（7）期间费用（电费等）按实际用量进行分摊。

（8）应收款项（应收账款及其他应收款）的坏账准备采用余额百分比法计提，计提比例为5%。

（9）企业适用的增值税税率为13%，会计处理时各期确认的应交税费——应交增值税（进项税额）应当与当期增值税纳税申报表保持口径一致；当期取得的增值税专用发票已在取得发票当天全部办妥认证手续（不考虑待认证情况）；企业的增值税专用发票符合抵扣规定的均已抵扣并取得认证清单。城市维护建设税税率为7%；教育费附加征收率为3%；地方教育费附加征收率为2%。

（10）企业所得税率为25%，月度按照实际利润额计算预缴企业所得税。截至2017年12月31日，以前各年度应纳税所得额均大于零，不存在不征税收入、免税收入、减免所得税额，且截至2017年2月28日无欠缴及多缴所得税情况。

（11）应收系统受控科目分别有应收账款、预收账款等，应付系统受控科目分别有预付账款——一般供应商、应付账款；往来单位可以使用双重性质科目。各子系统生成的凭证其科目方向不得任意改变。

3月份期初余额表

总账科目	明细账科目	借方余额	贷方余额	数量
库存现金		103,138.19		
银行存款	中国建设银行北京市朝阳区支行-416221224653122	1,240,895.95		
	交通银行北京朝阳区支行-41924996968264	655,121.00		
应收账款		233,249.46		
预付账款	供电公司	45,789.00		
	供应商	46,800.00		
	汽车保险费	1,200.00		
	报刊费	1,000.00		
其他应收款		1,500.00		
原材料	Y824	96,000.00		300
	Y217	9,000.00		100
库存商品	D101	175,410.00		50
	D607	14,220.00		10
周转材料	手套	300.00		300
固定资产		2,427,500.00		
累计折旧			1,234,099.75	
应付账款			331,346.40	
预收账款			500,000.00	
应付职工薪酬	工资		54,100.00	
	社会保险费——医疗保险		4,442.00	
	设定提存计划——养老保险		10,820.00	
	设定提存计划——失业保险		1,082.00	
	社会保险费——生育保险		541.00	
	社会保险费——工伤保险		270.50	
	住房公积金		5,410.00	
	工会经费		6,721.00	
	职工教育经费		35,621.00	
应交税费				
	未交增值税		114,446.70	
	应交所得税		57,670.05	
	应交城市维护建设税		8,011.27	
	应交教育费附加		3,433.40	
	应交地方教育费附加		2,288.93	
应付股利	北京森茂有限公司		20,000.00	

（续）

总账科目	明细账科目	借方余额	贷方余额	数量
	苏州清远有限公司		20,000.00	
	石家庄长明有限公司		20,000.00	
	天津恒利有限公司		20,000.00	
	上海金力有限公司		20,000.00	
实收资本	北京森茂有限公司		320,000.00	
	苏州清远有限公司		320,000.00	
	石家庄长明有限公司		320,000.00	
	天津恒利有限公司		320,000.00	
	上海金力有限公司		320,000.00	
资本公积	资本溢价		253,000.00	
盈余公积	法定盈余公积		40,367.00	
本年利润			384,867.00	
利润分配				
	未分配利润		304,022.60	
生产成本	基本生产成本——D607——直接材料	900.00		
	基本生产成本——D607——直接人工	326.00		
	基本生产成本——D607——制造费用	211.00		

初始设置试题

一、系统管理操作题（选择合适的操作员注册）

操作员及其需设置的权限（口令均为空）。

编号	姓名	部门	密码	权限
17502	孙浩然	财务部	17502	会计：拥有公用目录设置、往来、总账系统（除出纳签字、审核凭证、记账、恢复记账前状态、结账等权限外）、项目管理、工资管理、固定资产、采购管理、销售管理、库存管理、核算、应收管理及应付管理等模块的所有操作权限

二、初始设置题

以下各题均要求以“17501”的身份完成以下初始设置的工作，注册时间均为2017年3月1日。

（一）基础设置

（1）增加客户档案。

编号	公司名称	公司简称	纳税人识别号	地址及电话	开户银行及账号
01011	北京沃宜工贸有限公司	北京沃宜	525510924966328865	北京市朝阳区兴芬路517号 010-09685484	中国工商银行北京市皇盈路支行 04749096659907
01103	北京亿玉商贸有限公司	北京亿玉	225815293688345656	北京市朝阳区宏策路061号 010-90286907	中国工商银行北京市蓝致路支行37447403534606

（2）增加供应商档案。

编号	公司名称	公司简称	纳税人识别号	地址及电话	开户银行及账号
01102	北京晟林电器有限公司	北京晟林	519739337009685214	北京市朝阳区佰馨路048号 010-09907226	中国工商银行北京市众逸路支行56785772001009
01103	北京康江广告有限公司	北京康江	262657479067306081	北京市朝阳区成迅路254号 010-10432050	中国工商银行北京市碧伦路支行78363631069006

（3）增加如下存货分类及档案。

存货分类				存货档案				
存货类别编号	存货类别名称	二级类别编号	存货类别名称	具体存货编码	具体存货名称	属性	计量单位	税率
01	原材料			101	Y824	外购、销售、生产耗用	千克	17
				102	Y217	外购、销售、生产耗用	千克	17
02	周转材料	201	低值易耗品	20101	手套	外购、销售、生产耗用	只	17
03	库存商品			301	D101	除劳务费用以外全部	件	17
				302	D607		件	17
04	其他			401	采购运费	劳务费用	元	11

（4）编辑会计科目。

1）指定现金总账科目和银行存款总账科目。

2）修改会计科目。

科目编号	科目名称	余额方向	辅助核算
001122	应收账款	借方	客户往来（受控系统：应收）
500101	直接材料	借方	项目核算（普通）
500102	直接人工	借方	项目核算（普通）
500103	制造费用	借方	项目核算（普通）
002201	应付票据	贷方	供应商往来（受控系统：应付）
002203	预收账款	贷方	客户往来（受控系统：应收）

（5）设置成本核算项目（并编辑下列科目的相关属性，不相关属性不允许修改）。

项目大类	核算科目代码	项目类别		项目	
		代码	名称	代码	名称
成本对象（成本对象项目）	500101 500102 500103	1	成本计算	01	D101
				02	D607

（6）在相关模块中设置"允许零出库""显示现金折扣"；检查购销存及核算系统中业务范围设置中的参数是否准确，并予以保存。

（二）工资管理

本账套采用单工资类别，用于计算3月份职工工资并分摊工资费用。

（1）顺序增加人员类别：管理、销售、D101生产工人、D607生产工人（删除无类别）。

（2）依据基础设置中的人员档案资料增加下列人员档案，人员类别合理选择。

职工信息表		
姓名	部门	职务
何华	办公室	法定代表人
赵俊	办公室	总经理
黄落华	办公室	办公室职员
落月	办公室	仓管员
刘焕	财务部	财务经理
孙浩然	财务部	会计
李梓涵	财务部	出纳
张雨欣	采购部	采购经理
赵丽芬	采购部	采购员
钟国庆	采购部	采购员
王春燕	销售门市	销售经理
李洁科	销售门市	销售员
赵约翰	销售门市	销售员
张雯雯	生产车间	生产车间主任
薛琪	生产车间	生产车间研究员
周忠华	生产车间	D101生产工人
张洁	生产车间	D101生产工人
潘申阳	生产车间	D101生产工人
姜小牙	生产车间	D607生产工人
樊懋	生产车间	D607生产工人
石子涵	生产车间	D607生产工人

（3）增加下列工资项目并定义公式。

项目名称	类　型	长　度	小数位	属　性
医疗保险	数字	8	2	减项
大病救助金	数字	8	2	减项
养老保险	数字	8	2	减项
失业保险	数字	8	2	减项

工资项目	计算公式
医疗保险	应付工资*0.02
养老保险	应付工资*0.08
失业保险	应付工资*0.01
住房公积金	应付工资*0.1
社保及公积金扣款合计	养老保险+医疗保险+失业保险+住房公积金

（4）设置个人所得税的计税依据为“计税基础”。

（5）设置“17502”为工资账套主管。

（6）根据人员档案等资料进行工资分摊的设置。即按企业会计政策说明设置分摊工资费用的工资分摊公式（计提类型名称：工资费用，计提率参照会计政策自行定义，其他内容自行判断处理）。

（三）固定资产

（1）选项中设置与财务系统对账、设置相应的对账科目和入账科目；可纳税调整的增加方式为“直接购入、投资者投入、捐赠”，设置合理的可抵扣税额入账科目；对账不平允许结账。

（2）对各部门固定资产进行折旧对应科目的设置。

（3）增加资产类别。

类别编号	01	02	03	04
类别名称	房屋及建筑物	机器设备	运输工具	电子设备
计量单位	幢	台	辆	台
计提折旧	总提折旧	正常计提	正常计提	正常计提

（4）按顺序录入以下原始卡片（房屋建筑物增加方式为在建工程转入，其他为直接购入，使用状况均为再用）。

固定资产类别		使用部门	品名	原价	开始使用时间	已提折旧额
房屋及建筑物		办公室	办公楼	500,000	2006-2-19	240,000
		生产车间	厂房	1000,000	2006-2-20	480,000
机器设备		生产车间	机器设备W	60,000	2006-2-22	57,600
			机器设备T	200,000	2010-3-8	113,600
			机器设备Y	150,000	2007-6-15	81,600
			机器设备P	250,000	2011-7-20	110,000
运输工具		办公室	轿车	180,000	2013-2-4	129,600
电子设备	空调	生产车间	2.5匹格力空调	40,000	2015-5-14	9,612
		办公室	空调B	20,000	2015-5-19	4,806
	计算机	生产车间	计算机DELL	15,000	2015-4-21	4,005
		财务部	计算机HP	12,500	2016-4-19	3,276.75

（四）在库存或核算系统中录入存货期初余额

仓　库	存货名称	数　量	金　额	入库日期	科　目
原材料库	Y824	300	96,000.00	2017-2-01	140301
原材料库	Y217	100	9,000.00	2017-2-01	140302
原材料库	手套	300	300.00	2017-2-01	14110101
成品库	D101	50	175,410.00	2017-2-01	140501
成品库	D607	100	14,220.00	2017-2-01	140502

（五）输入供应商往来期初余额（科目方向合理确定）

日期	科目	供应商简称	部门	业务员	金额	摘要	使用格式
2017-2-14	1122	北京凯壹	采购部	张雨欣	30,000.00	购买材料	其他应收单
2017-2-19	1122	北京亿玉	采购部	钟国庆	46,800.00	购买材料	其他应收单
2017-2-26	2203	北京沃宜	采购部	李丽芬	30,000.00	预付货款	预收款

（六）输入客户往来期初余额

日期	科目	供应商简称	部门	业务员	金额	摘要	使用格式
2017-2-24	220202	北京欧拓	采购部	张雨欣	30,000.00	购买材料	其他应付单
2017-2-28	112302	北京晟林	采购部	钟国庆	46,800.00	购买材料	预付款
2017-2-27	220202	北京达芬	采购部	李丽芬	30,000.00	预付货款	其他应付单

（七）输入总账期初余额

（1）根据上述（四）（五）（六）的数据资料分析录入相关科目总账期初余额。

（2）根据下列表格录入相关辅助科目的期初余额。

在产品名称	直接材料	直接人工	制造费用
D607	900	326	211

（八）完成各模块的期初对账及记账工作

业务及期末处理题

一、业务操作题

（1）以“17502”的身份根据2017年3月份发生的经济业务，在已启用的总账、工资管理、固定资产、购销存及核算等模块中进行相应的业务操作并填制或生成记账凭证。

（2）如无特别说明，每笔经济业务只有一张记账凭证，同一业务中同类型会计分录的凭证必须合并，在同一张凭证中明细科目等辅助核算内容相同的科目其金额必须合并。

（3）注明与业务相符的摘要。

业务1：原始凭证于2017年3月1日取得，共2张，要求：在购销存及核算系统中完成（一张凭证）。

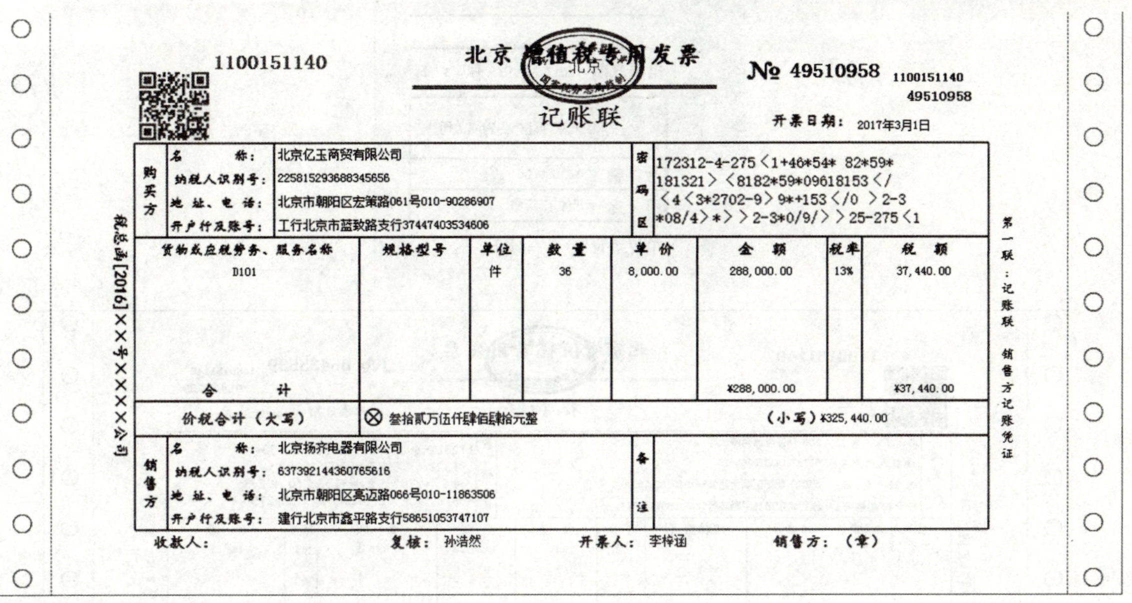

北京增值税专用发票 记账联

1100151140　№ 49510958　1100151140 49510958

开票日期：2017年3月1日

购买方		密码区
名称：北京亿玉商贸有限公司 纳税人识别号：225815293688345656 地址、电话：北京市朝阳区宏箫路061号010-90286907 开户行及账号：工行北京市蓝致路支行37447403534606		172312-4-275<1+46*54* 82*59* 181321><8182*59*0961815 3</ <4<3*2702-9>9*+153</0 >2-3 *08/4>*>>2-3*0/9/>>25-275<1

货物或应税劳务、服务名称	规格型号	单位	数量	单价	金额	税率	税额
D101		件	36	8,000.00	288,000.00	13%	37,440.00
合计					¥288,000.00		¥37,440.00
价税合计（大写）	⊗叁拾贰万伍仟肆佰肆拾元整				（小写）¥325,440.00		

销售方	备注
名称：北京扬齐电器有限公司 纳税人识别号：637392144360765616 地址、电话：北京市朝阳区亮迈路066号010-11863506 开户行及账号：建行北京市鑫平路支行58651053747107	

收款人：　复核：孙浩然　开票人：李梓涵　销售方：（章）

税总函[2016]××号××××公司　第一联：记账联 销售方记账凭证

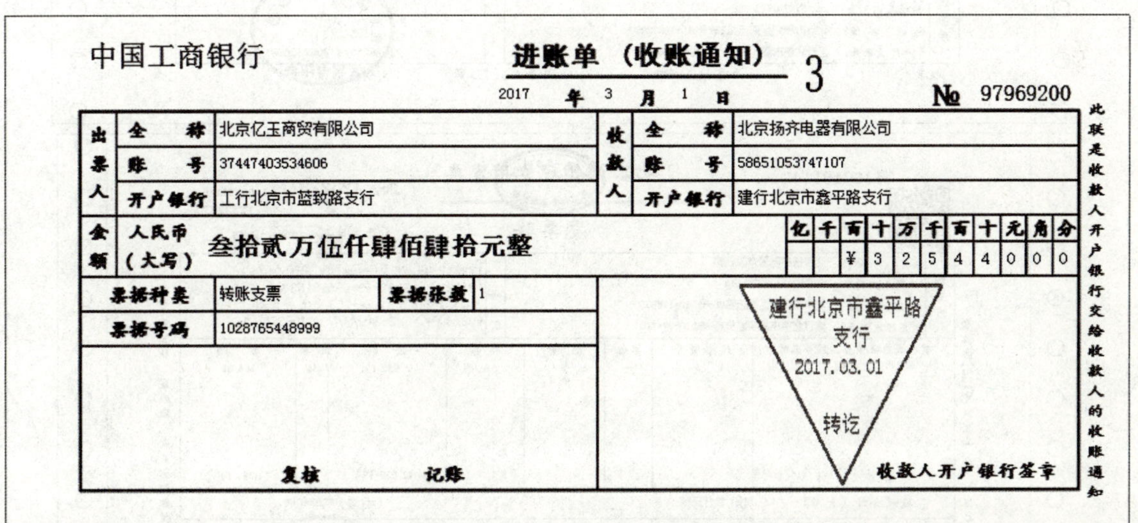

中国工商银行　进账单（收账通知）3

2017 年 3 月 1 日　№ 97969200

出票人		收款人	
全称	北京亿玉商贸有限公司	全称	北京扬齐电器有限公司
账号	37447403534606	账号	58651053747107
开户银行	工行北京市蓝致路支行	开户银行	建行北京市鑫平路支行
金额 人民币（大写）	叁拾贰万伍仟肆佰肆拾元整	亿千百十万千百十元角分	¥32544000
票据种类	转账支票	票据张数	1
票据号码	1028765448999		

复核　记账　　建行北京市鑫平路支行 2017.03.01 转讫　收款人开户银行签章

此联是收款人开户银行交给收款人的收账通知

业务2：原始凭证于2017年3月3日取得，共3张，要求：在总账系统中完成（一张凭证）。

中国建设银行
转账支票存根

10501120
80173926

附加信息

出票日期 2017 年 3 月 3 日

收款人：	北京康江广告有限公司
金 额：	¥3,000.00
用 途：	支付广告费

单位主管 会计

1100151140

北京增值税专用发票

№ 05435539 1100151140 05435539

抵扣联

开票日期：2017年3月3日

购买方	名称：北京扬齐电器有限公司 纳税人识别号：637392144360765616 地址、电话：北京市朝阳区亮迈路066号010-11863506 开户行及账号：建行北京市鑫平路支行58651053747107				密码区	172312-4-275<1+46*54* 82*59* 181321><8182*59*09618153</ <4<3*2702-9>9*+153</0 >2-3 *08/4>*>>2-3*0/9/>>25-275<1		
货物或应税劳务、服务名称	规格型号	单位	数量	单价	金额	税率	税额	
广告费		元	1	2,830.19	2,830.19	6%	169.81	
合 计					¥2,830.19		¥169.81	
价税合计（大写）	⊗叁仟元整				（小写）¥3,000.00			
销售方	名称：北京康江广告有限公司 纳税人识别号：262657479067306081 地址、电话：北京市朝阳区成迅路254号010-10432050 开户行及账号：工行北京市彗伦路支行78363631069006				备注			

收款人： 复核：陈帅 开票人：刘义鹤 销售方：（章）

税总函[2016]××号×××公司

第二联：抵扣联 购买方扣税凭证

1100151140

北京增值税专用发票

№ 12322877 1100151140 12322877

发票联

开票日期：2017年3月3日

购买方	名称：北京扬齐电器有限公司 纳税人识别号：637392144360765616 地址、电话：北京市朝阳区亮迈路066号010-11863506 开户行及账号：建行北京市鑫平路支行58651053747107				密码区	172312-4-275<1+46*54* 82*59* 181321><8182*59*09618153</ <4<3*2702-9>9*+153</0 >2-3 *08/4>*>>2-3*0/9/>>25-275<1		
货物或应税劳务、服务名称	规格型号	单位	数量	单价	金额	税率	税额	
广告费		元	1	2,830.19	2,830.19	6%	169.81	
合 计					¥2,830.19		¥169.81	
价税合计（大写）	⊗叁仟元整				（小写）¥3,000.00			
销售方	名称：北京康江广告有限公司 纳税人识别号：262657479067306081 地址、电话：北京市朝阳区成迅路254号010-10432050 开户行及账号：工行北京市彗伦路支行78363631069006				备注			

收款人： 复核：陈帅 开票人：刘义鹤 销售方：（章）

税总函[2016]××号×××公司

第三联：发票联 购买方记账凭证

业务3：原始凭证于2017年3月6日取得，共3张，要求：在购销存及核算系统中完成（一张凭证）。

北京增值税专用发票

1100151140　　　　№ 18603557　1100151140 18603557

抵扣联　　　　开票日期：2017年3月6日

税总函[2016]××号×××公司

购买方	名称：北京扬齐电器有限公司 纳税人识别号：637392144360765616 地址、电话：北京市朝阳区亮迈路066号010-11863506 开户行及账号：建行北京市鑫平路支行58651053747107	密码区	172312-4-275＜1+46*54* 82*59* 181321＞＜8182*59*09618153＜/ ＜4＜3*2702-9＞9*+153＜/0 ＞2-3 *08/4＞*＞＞2-3*0/9/＞＞25-275＜1

货物或应税劳务、服务名称	规格型号	单位	数量	单价	金额	税率	税额
Y217		元	300	100.00	30,000.00	13%	3,900.00
合计					¥30,000.00		¥3,900.00
价税合计（大写）	⊗叁万叁仟玖佰元整				（小写）¥33,900.00		

销售方	名称：北京欧拓电子有限公司 纳税人识别号：971121032665965252 地址、电话：北京市朝阳区星融路234号010-65806582 开户行及账号：工行北京市思玛路支行02077187431368	备注	北京欧拓电子有限公司 971121032665965252 发票专用章

收款人：　　复核：张竣威　　开票人：周娜

第二联：抵扣联 购买方扣税凭证

北京增值税专用发票

1100151140　　　　№ 18603557　1100151140 18603557

发票联　　　　开票日期：2017年3月6日

税总函[2016]××号×××公司

购买方	名称：北京扬齐电器有限公司 纳税人识别号：637392144360765616 地址、电话：北京市朝阳区亮迈路066号010-11863506 开户行及账号：建行北京市鑫平路支行58651053747107	密码区	172312-4-275＜1+46*54* 82*59* 181321＞＜8182*59*09618153＜/ ＜4＜3*2702-9＞9*+153＜/0 ＞2-3 *08/4＞*＞＞2-3*0/9/＞＞25-275＜1

货物或应税劳务、服务名称	规格型号	单位	数量	单价	金额	税率	税额
Y217		元	300	100.00	30,000.00	13%	3,900.00
合计					¥30,000.00		¥3,900.00
价税合计（大写）	⊗叁万叁仟玖佰元整				（小写）¥33,900.00		

销售方	名称：北京欧拓电子有限公司 纳税人识别号：971121032665965252 地址、电话：北京市朝阳区星融路234号010-65806582 开户行及账号：工行北京市思玛路支行02077187431368	备注	北京欧拓电子有限公司 971121032665965252 发票专用章

收款人：　　复核：张竣威　　开票人：周娜

第三联：发票联 购买方记账凭证

入　库　单　　No. 16070121

供货单位：北京欧拓电子有限公司　　　2017 年 3 月 6 日

编号	品名	规格	单位	数量	单价	金额	备注
	Y217		kg	300		0.00	
合计						0.00	

仓库主管：　　记账：　　保管：　　经手人：　　制单：

业务4：原始凭证于2017年3月10日取得，共2张，要求：在总账系统中完成（一张凭证）。

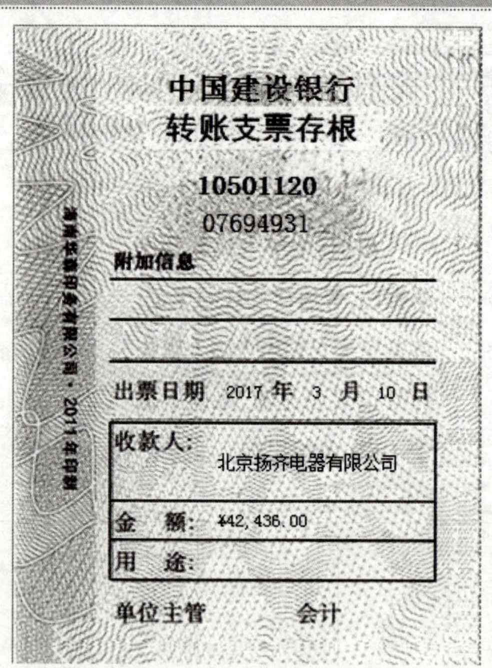
中国建设银行
转账支票存根
10501120
07694931
附加信息
出票日期 2017 年 3 月 10 日
收款人：北京扬齐电器有限公司
金　额：¥42,436.00
用　途：
单位主管　　会计

工资发放表

	应付工资总额	养老保险	医疗保险	失业保险	住房公积金	个人所得税	实发工资
管理人员合计	34,700	2,776	766	347	3,470	177	27,164
销售人员合计	6,800	544	154	68	680	0	5,354
生产人员合计	12,600	1,008	288	126	1,260	0	9,918
合　计	54,100	4,328	1,208	541	5,410	177	42,436

业务5：原始凭证于2017年3月13日取得，共1张，要求：在总账系统中完成（一张凭证）。

中国建设银行 借款借据 第一联 借据回单

银行编号：10500010　立据：2017 年 3 月 13 日　№ 0556

借款单位名称	北京扬齐电器有限公司	放款账号	58651053747107	利率	
		存款账号	58651053747107		
借款金额（大写）	贰佰叁拾陆万元整	千百十万千百十元角分	¥ 2 3 6 0 0 0 0 0 0		
约定还款日期	2018 年 3 月 30 日	借款种类		借款合同号码	47881914
展期到期日期	年 月 日				

借款直接用途		还款记录	年	月	日	还款金额	余额
1.	4.						
2.	5.						
3.	6.						

根据签订的借款合同和你单位申请借款用途，经审查同意发放上列金额贷款。

中国建设银行　批准人：

（银行转账盖章）2017 年 3 月 13 日

建行北京市鑫平路支行 2017.03.13 转讫

此联退交借款单位

开户银行：建行北京市鑫平路支行

业务6：原始凭证于2017年3月15日取得，共1张，要求：在总账系统中完成（一张凭证）。

电子缴款凭证

打印日期：2017年3月15日　508780128910

纳税人识别号	637392144360765616	税务征收机关	北京市朝阳区税务局
纳税人全称	北京扬齐电器有限公司	开户银行	建行北京市鑫平路支行
		银行账号	58651053747107

系统税票号	征（费）种	税（品）目	所属时期起	所属时期止	实缴金额	缴款日期	备注
	增值税				114,446.70		
金额合计	（大写）壹拾壹万肆仟肆佰肆拾陆元柒角				¥114,446.70		

本缴款凭证仅作为纳税人记账核算凭证使用，电子缴税的需与银行对账单电子划缴记录核对一致方有效。纳税人如需汇总开具正式完税证明，请凭税务登记证或身份证明到主管税务机关开具。

税务机关（电子章）　北京市朝阳区税务局 征税专用章

业务7：原始凭证于2017年3月15日取得，共1张，要求：在总账系统中完成（一张凭证）。

电子缴款凭证

打印日期：2017年3月15日　　81550273958443

纳税人识别号	637392144360765616			税务征收机关	北京市朝阳区税务局		
纳税人全称	北京扬奇电器有限公司			开户银行	建行北京市鑫平路支行		
				银行账号	58651053747107		
系统税票号	征（费）种	税（品）目	所属时期起	所属时期止	实缴金额	缴款日期	备注
	城市维护建设税				8,011.27		
	教育费附加				3,433.40		
	地方教育费附加				2,288.93		
金额合计	（大写）壹万叁仟柒佰叁拾叁元陆角				¥13,733.60		
本缴款凭证仅作为纳税人记账核算凭证使用，电子缴税的需与银行对账单电子划缴记录核对一致方有效。纳税人如需汇总开具正式完税证明，请凭税务登记证或身份证明到主管税务机关开具。 北京市朝阳区税务局 税务机关（电子章） 征税专用章							

业务8：原始凭证于2017年3月15日取得，共1张，要求：在总账系统中完成（一张凭证）。

电子缴款凭证

打印日期：2017年3月15日　　31507196672910

纳税人识别号	637392144360765616			税务征收机关	北京市朝阳区税务局		
纳税人全称	北京扬齐电器有限公司			开户银行	建行北京市鑫平路支行		
				银行账号	58651053747107		
系统税票号	征（费）种	税（品）目	所属时期起	所属时期止	实缴金额	缴款日期	备注
	个人所得税				177.00		
金额合计	（大写）壹佰柒拾柒元整				¥177.00		
本缴款凭证仅作为纳税人记账核算凭证使用，电子缴税的需与银行对账单电子划缴记录核对一致方有效。纳税人如需汇总开具正式完税证明，请凭税务登记证或身份证明到主管税务机关开具。 北京市朝阳区税务局 税务机关（电子章） 征税专用章							

业务9：原始凭证于2017年3月15日取得，共1张，要求：在总账系统中完成（一张凭证）。

电子缴款凭证

打印日期：2017年3月15日　　104459366022

纳税人识别号	637392144360765616			税务征收机关	北京市朝阳区税务局		
纳税人全称	北京扬齐电器有限公司			开户银行	建行北京市鑫平路支行		
				银行账号	58651053747107		
系统税票号	征（费）种	税（品）目	所属时期起	所属时期止	实缴金额	缴款日期	备注
	企业所得税				57,870.05		
金额合计	（大写）伍万柒仟捌佰柒拾元伍分				¥57,870.05		
本缴款凭证仅作为纳税人记账核算凭证使用，电子缴税的需与银行对账单电子划缴记录核对一致方有效。纳税人如需汇总开具正式完税证明，请凭税务登记证或身份证明到主管税务机关开具。 税务机关（电子章） 北京市朝阳区税务局 征税专用章							

业务10：原始凭证于2017年3月15日取得，共2张，要求：在总账系统中完成（一张凭证）。

社会保险专业基金票据

65125790

支票号：

付款单位	北京扬齐电器有限公司											
征缴险种	征缴项目	金额										
		亿	千	百	十	万	千	百	十	元	角	分
	医疗保险						5	6	5	0	0	0
	养老保险					1	5	1	4	8	0	0
	失业保险						1	6	2	3	0	0
	生育保险							5	4	1	0	0
	工伤保险							2	7	0	5	0
	小写金额合计				¥	2	3	2	3	2	5	0
大写金额	零亿零仟零佰零拾贰万叁仟贰佰叁拾贰元伍角零分											

征缴单位（盖章）：北京扬齐电器有限公司　　经办人：　　2017年3月16日

第二联 收据

北京扬齐电器有限公司 财务专用章

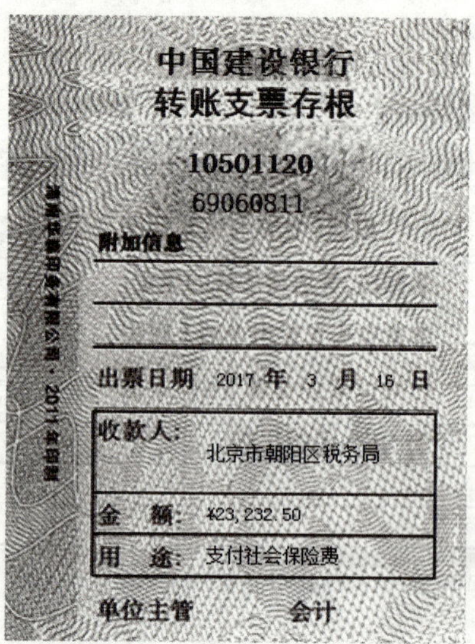
中国建设银行
转账支票存根
10501120
69060811
附加信息
出票日期 2017 年 3 月 16 日
收款人：北京市朝阳区税务局
金 额：¥23,232.50
用 途：支付社会保险费
单位主管 会计

业务11：原始凭证于2017年3月15日取得，共2张，要求：在总账系统中完成（一张凭证）。

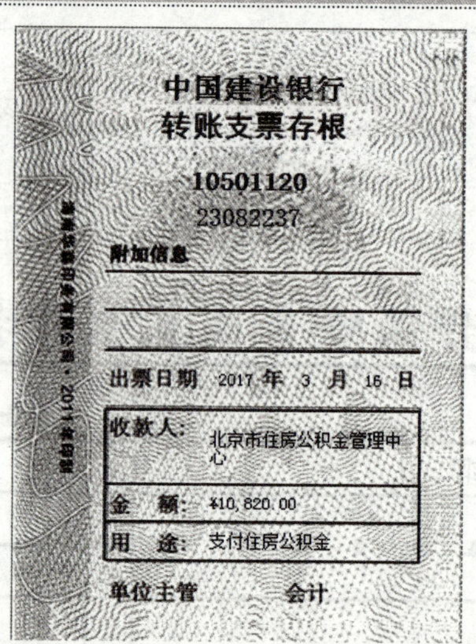
中国建设银行
转账支票存根
10501120
23082237
附加信息
出票日期 2017 年 3 月 16 日
收款人：北京市住房公积金管理中心
金 额：¥10,820.00
用 途：支付住房公积金
单位主管 会计

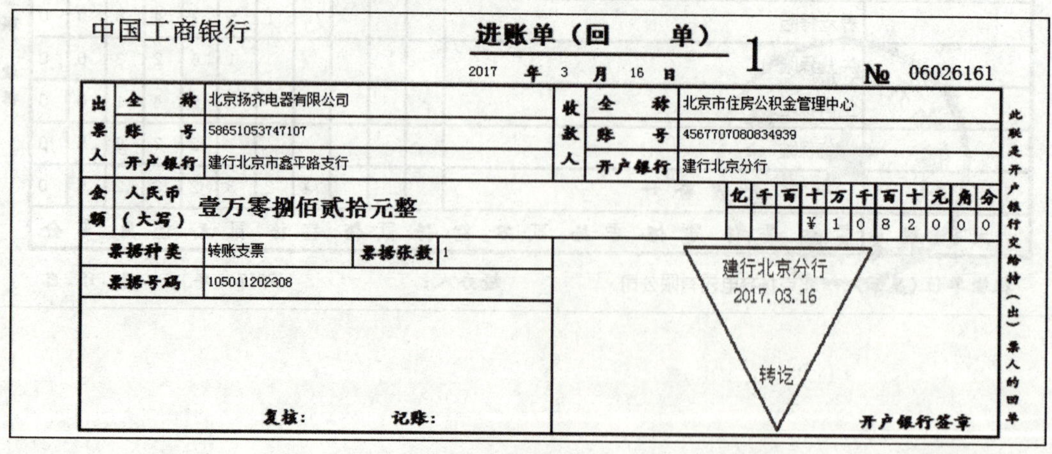
中国工商银行 进账单（回 单） 1

2017 年 3 月 16 日 № 06026161

出票人	全称	北京扬齐电器有限公司	收款人	全称	北京市住房公积金管理中心
	账号	58651053747107		账号	4567707080834939
	开户银行	建行北京市鑫平路支行		开户银行	建行北京分行
金额	人民币（大写）	壹万零捌佰贰拾元整		亿千百十万千百十元角分	¥1082000
票据种类	转账支票	票据张数	1		
票据号码	105011202308				

复核： 记账：

建行北京分行 2017.03.16 转讫

开户银行签章

此联是开户银行交给持（出）票人的回单

业务12：原始凭证于2017年3月19日取得，共2张，要求：在购销存及核算系统中完成（一张凭证）。

北京增值税专用发票

1100151140　　No 52102872　1100151140 52102872

抵扣联

开票日期：2017年3月19日

税总函[2016]××号××××公司

购买方	名称：北京扬齐电器有限公司 纳税人识别号：637392144360765616 地址、电话：北京市朝阳区亮迈路066号010-11863506 开户行及账号：建行北京市鑫平路支行58651053747107	密码区	172312-4-275 <1+46*54* 82*59* 181321> <8182*59*09618153</ <4<3*2702-9>9*+153</0>2-3 *08/4>*>>2-3*0/9/>>25-275<1

货物或应税劳务、服务名称	规格型号	单位	数量	单价	金额	税率	税额
Y824		Kg	200	300.00	60,000.00	13%	7,800.00
合计					¥60,000.00		¥7,800.00
价税合计（大写）	⊗陆万柒仟捌佰元整				（小写）¥67,800.00		

销售方	名称：北京晟林电器有限公司 纳税人识别号：519739337009685214 地址、电话：北京市朝阳区佰馨路048号010-09907226 开户行及账号：工行北京市众逸路支行56785772001009	备注	北京晟林电器有限公司 519739337009685214 发票专用章

收款人：　　复核：孙子轩　　开票人：李欣怡　　销售方：（章）

第二联：抵扣联 购买方扣税凭证

北京增值税专用发票

1100151140　　No 52102872　1100151140 52102872

发票联

开票日期：2017年3月19日

税总函[2016]××号××××公司

购买方	名称：北京扬齐电器有限公司 纳税人识别号：637392144360765616 地址、电话：北京市朝阳区亮迈路066号010-11863506 开户行及账号：建行北京市鑫平路支行58651053747107	密码区	172312-4-275 <1+46*54* 82*59* 181321> <8182*59*09618153</ <4<3*2702-9>9*+153</0>2-3 *08/4>*>>2-3*0/9/>>25-275<1

货物或应税劳务、服务名称	规格型号	单位	数量	单价	金额	税率	税额
Y824		Kg	200	300.00	60,000.00	13%	7,800.00
合计					¥60,000.00		¥7,800.00
价税合计（大写）	⊗陆万柒仟捌佰元整				（小写）¥67,800.00		

销售方	名称：北京晟林电器有限公司 纳税人识别号：519739337009685214 地址、电话：北京市朝阳区佰馨路048号010-09907226 开户行及账号：工行北京市众逸路支行56785772001009	备注	北京晟林电器有限公司 519739337009685214 发票专用章

收款人：　　复核：孙子轩　　开票人：李欣怡　　销售方：（章）

第三联：发票联 购买方记账凭证

业务13：原始凭证于2017年3月20日取得，共1张，要求：在购销存及核算系统中完成（一张凭证）。

入 库 单

No. 52294280

供货单位：北京晟林电器有限公司　　2017 年 3 月 20 日

编号	品名	规格	单位	数量	单价	金额	备注
	Y824		kg	200		0.00	
合计						0.00	

仓库主管：　记账：　保管：　经手人：　制单：

业务14：原始凭证于2017年3月22日取得，共3张，要求：在总账系统中完成（一张凭证）。

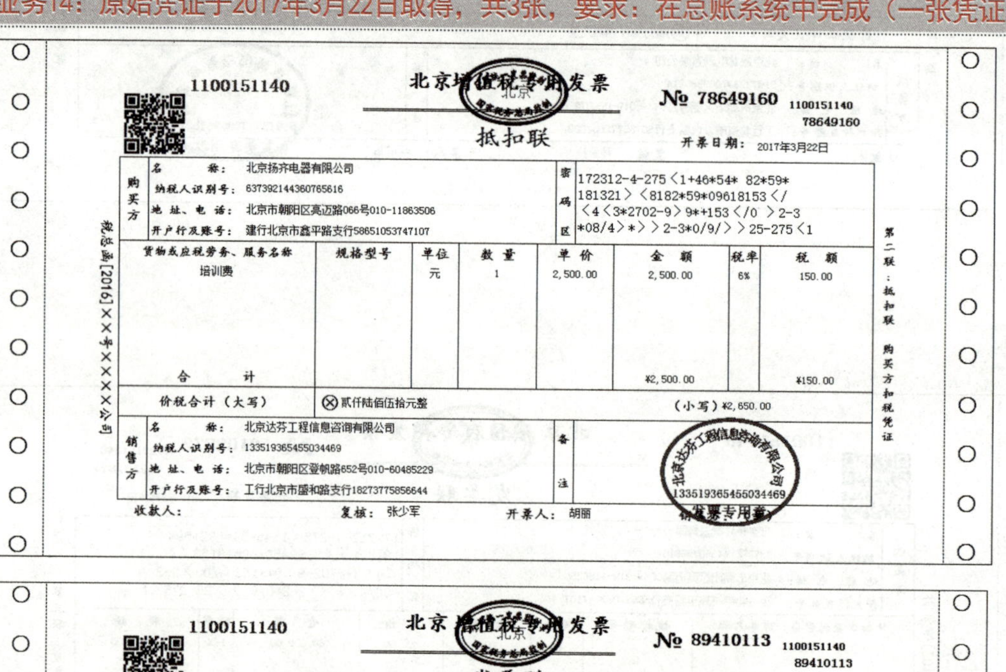

1100151140　北京增值税专用发票　№ 78649160　1100151140 78649160

抵扣联　开票日期：2017年3月22日

购买方	名称：北京扬齐电器有限公司 纳税人识别号：637392144360765616 地址、电话：北京市朝阳区高迈路066号010-11863506 开户行及账号：建行北京市鑫平路支行58651053747107	密码区	172312-4-275<1+46*54* 82*59* 181321><8182*59*09618153</ <4<3*2702-9>9*+153</0>2-3 *08/4>*>>2-3*0/9/>>25-275<1

货物或应税劳务、服务名称	规格型号	单位	数量	单价	金额	税率	税额
培训费		元	1	2,500.00	2,500.00	6%	150.00
合计					¥2,500.00		¥150.00
价税合计（大写）	⊗贰仟陆佰伍拾元整				（小写）¥2,650.00		

销售方	名称：北京达芬工程信息咨询有限公司 纳税人识别号：133519365455034469 地址、电话：北京市朝阳区登帆路652号010-60485229 开户行及账号：工行北京市盛和路支行18273775856644	备注	北京达芬工程信息咨询有限公司 133519365455034469 发票专用章

收款人：　复核：张少军　开票人：胡丽　销售方：（章）

税总函[2016]××号×××公司　第二联：抵扣联 购买方扣税凭证

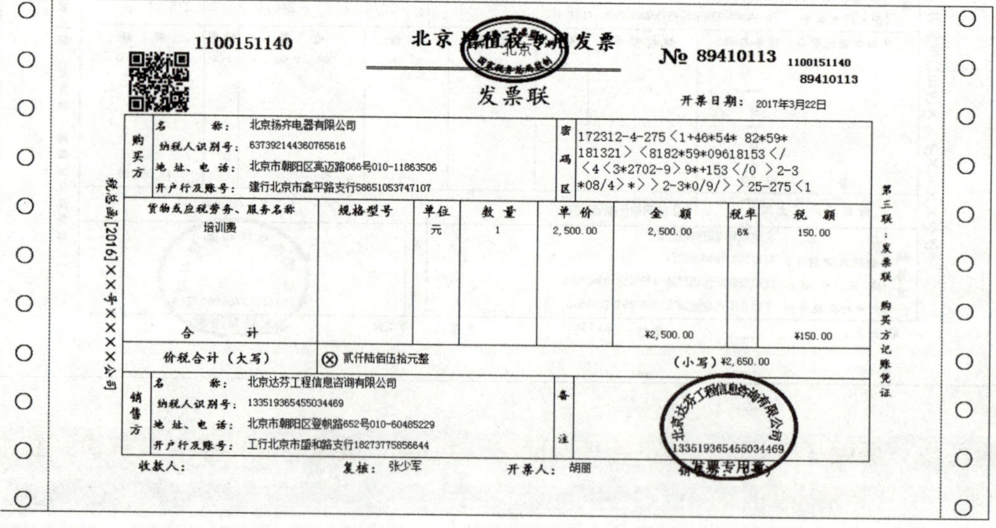

1100151140　北京增值税专用发票　№ 89410113　1100151140 89410113

发票联　开票日期：2017年3月22日

购买方	名称：北京扬齐电器有限公司 纳税人识别号：637392144360765616 地址、电话：北京市朝阳区高迈路066号010-11863506 开户行及账号：建行北京市鑫平路支行58651053747107	密码区	172312-4-275<1+46*54* 82*59* 181321><8182*59*09618153</ <4<3*2702-9>9*+153</0>2-3 *08/4>*>>2-3*0/9/>>25-275<1

货物或应税劳务、服务名称	规格型号	单位	数量	单价	金额	税率	税额
培训费		元	1	2,500.00	2,500.00	6%	150.00
合计					¥2,500.00		¥150.00
价税合计（大写）	⊗贰仟陆佰伍拾元整				（小写）¥2,650.00		

销售方	名称：北京达芬工程信息咨询有限公司 纳税人识别号：133519365455034469 地址、电话：北京市朝阳区登帆路652号010-60485229 开户行及账号：工行北京市盛和路支行18273775856644	备注	北京达芬工程信息咨询有限公司 133519365455034469 发票专用章

收款人：　复核：张少军　开票人：胡丽　销售方：（章）

税总函[2016]××号×××公司　第三联：发票联 购买方记账凭证

中国建设银行 网上银行电子回单

电子回单号码：68312954364

付款人	户名	北京扬齐电器有限公司	收款人	户名	北京达芬工程信息咨询有限公司
	账号	58651053747107		账号	18273775856644
	开户银行	建行北京市鑫平路支行		开户银行	工行北京市盛和路支行
金额		人民币（大写）：贰仟陆佰伍拾元整			¥2,650.00 元
摘要		支付培训费	业务种类		转账
用途		支付培训费			
交易流水号		90731125051433	时间戳		
		备注：			
		验证码：32051306			

记账网点	270	记账柜员	694	记账日期	2017年3月22日

打印日期： 2017年3月22日

业务15：原始凭证于2017年3月22日取得，共3张，要求：在总账系统中完成（一张凭证）。

中国建设银行 网上银行电子回单

电子回单号码：68312954364

付款人	户名	北京扬齐电器有限公司	收款人	户名	建行北京鑫平路支行
	账号	58651053747107		账号	56799900433224
	开户银行	建行北京市鑫平路支行		开户银行	建行北京鑫平路支行
金额		人民币（大写）：壹拾元伍角			¥10.50 元
摘要		收付费	业务种类		转账
用途		手续费			
交易流水号		90731125051433	时间戳		
		备注：			
		验证码：32051306			

记账网点	270	记账柜员	694	记账日期	2017年3月22日

打印日期： 2017年3月22日

1100151140 **北京增值税专用发票** № 56997359 1100151140 56997359

抵扣联

开票日期：2017年3月22日

税总函[2016]××号××××公司

购买方	名称：北京扬齐电器有限公司 纳税人识别号：637392144360765616 地址、电话：北京市朝阳区亮迈路066号010-11863506 开户行及账号：建行北京市鑫平路支行58651053747107	密码区	172312-4-275<1+46*54* 82*59* 181321><8182*59*09618153</ <4<3*2702-9>9*+153</0 >2-3 *08/4>*>>2-3*0/9/>>25-275<1

货物或应税劳务、服务名称	规格型号	单位	数量	单价	金额	税率	税额
直接收费金融服务		元	1	9.91	9.91	6%	0.59
合计					¥9.91		¥0.59
价税合计（大写）	⊗壹拾元伍角				（小写）¥10.50		

销售方	名称：建行北京鑫平路支行 纳税人识别号：446778904335889 地址、电话：北京鑫平路23号 开户行及账号：建行北京鑫平路支行5576892233590	备注	

收款人： 复核： 开票人： 销售方：（章）

第二联：抵扣联 购买方扣税凭证

1100151140 **北京增值税专用发票** № 92628579 1100151140 92628579

发票联

开票日期：2017年3月22日

税总函[2016]××号××××公司

购买方	名称：北京扬齐电器有限公司 纳税人识别号：637392144360765616 地址、电话：北京市朝阳区亮迈路066号010-11863506 开户行及账号：建行北京市鑫平路支行58651053747107	密码区	172312-4-275<1+46*54* 82*59* 181321><8182*59*09618153</ <4<3*2702-9>9*+153</0 >2-3 *08/4>*>>2-3*0/9/>>25-275<1

货物或应税劳务、服务名称	规格型号	单位	数量	单价	金额	税率	税额
直接收费金融服务		元	1	9.91	9.91	6%	0.59
合计					¥9.91		¥0.59
价税合计（大写）	⊗壹拾元伍角				（小写）¥10.50		

销售方	名称：建行北京鑫平路支行 纳税人识别号：446778904335889 地址、电话：北京鑫平路23号 开户行及账号：建行北京鑫平路支行5576892233590	备注	

收款人： 复核： 开票人： 销售方：（章）

第三联：发票联 购买方记账凭证

业务16：原始凭证于2017年3月23日取得，共4张，要求：在总账系统中完成（一张凭证）。

税总函[2016]××号××××公司

1100151140 北京增值税专用发票 № 16821541 1100151140 16821541

抵扣联 开票日期：2017年3月23日

购买方	名称：北京扬齐电器有限公司 纳税人识别号：637392144360765616 地址、电话：北京市朝阳区亮迈路066号010-11863506 开户行及账号：建行北京市鑫平路支行58651053747107	密码区	172312-4-275 <1+46*54* 82*59* 181321> <8182*59*09618153 </ <4 <3*2702-9> 9*+153 </0 >2-3 *08/4>*> >2-3*0/9/> >25-275 <1

货物或应税劳务、服务名称	规格型号	单位	数量	单价	金额	税率	税额
计算器		个	9	30.00	270.00	13%	35.10
笔记本		个	10	15.00	150.00	13%	19.50
签字笔		支	20	2.50	50.00	13%	6.50
合计					¥470.00		¥61.10
价税合计（大写）	⊗伍佰叁拾壹元壹角				（小写）¥531.10		

销售方	名称：北京略泓文化用品有限公司 纳税人识别号：658663946950470205 地址、电话：北京市朝阳区绿蕾路650号010-13890786 开户行及账号：工行北京市辰阳路支行17064398869313	备注	（印章：北京略泓文化用品有限公司 658663946950470205 发票专用章）

收款人： 复核：朱笑玮 开票人：胡浩然

第二联：抵扣联 购买方扣税凭证

税总函[2016]××号××××公司

1100151140 北京增值税专用发票 № 63438317 1100151140 63438317

发票联 开票日期：2017年3月23日

购买方	名称：北京扬齐电器有限公司 纳税人识别号：637392144360765616 地址、电话：北京市朝阳区亮迈路066号010-11863506 开户行及账号：建行北京市鑫平路支行58651053747107	密码区	172312-4-275 <1+46*54* 82*59* 181321> <8182*59*09618153 </ <4 <3*2702-9> 9*+153 </0 >2-3 *08/4>*> >2-3*0/9/> >25-275 <1

货物或应税劳务、服务名称	规格型号	单位	数量	单价	金额	税率	税额
计算器		个	9	30.00	270.00	13%	35.10
笔记本		个	10	15.00	150.00	13%	19.50
签字笔		支	20	2.50	50.00	13%	6.50
合计					¥470.00		¥61.10
价税合计（大写）	⊗伍佰叁拾壹元壹角				（小写）¥531.10		

销售方	名称：北京略泓文化用品有限公司 纳税人识别号：658663946950470205 地址、电话：北京市朝阳区绿蕾路650号010-13890786 开户行及账号：工行北京市辰阳路支行17064398869313	备注	（印章：北京略泓文化用品有限公司 658663946950470205 发票专用章）

收款人： 复核：朱笑玮 开票人：胡浩然

第三联：发票联 购买方记账凭证

中国建设银行 网上银行电子回单

电子回单号码：54937655246

付款人	户名	北京扬齐电器有限公司	收款人	户名	北京晗泓文化用品有限公司
	账号	58651053747107		账号	17064398869313
	开户银行	建行北京市鑫平路支行		开户银行	工行北京市辰阳路支行
金额		人民币（大写）：伍佰叁拾壹元壹角			¥531.10 元
摘要		支付办公用品费	业务种类		转账
用途		支付办公用品费			
交易流水号		96267836922560	时间戳		
		备注：			
		验证码：81301852			
记账网点	236	记账柜员	650	记账日期	2017年3月23日

打印日期： 2017年3月23日

办公用品领用单

领用部门	计算器		笔记本		签字笔		领用人	合计
	数量	金额	数量	金额	数量	金额		
办公室	1		4		4			100
财务部	5		2		8			200
专设销售机构	1		3		4			85
生产车间	1		1		4			55
合　计	9	270	10	150	20	50		440

业务17：原始凭证于2017年3月24日取得，共1张，要求：在购销存及核算系统中完成（一张凭证）。

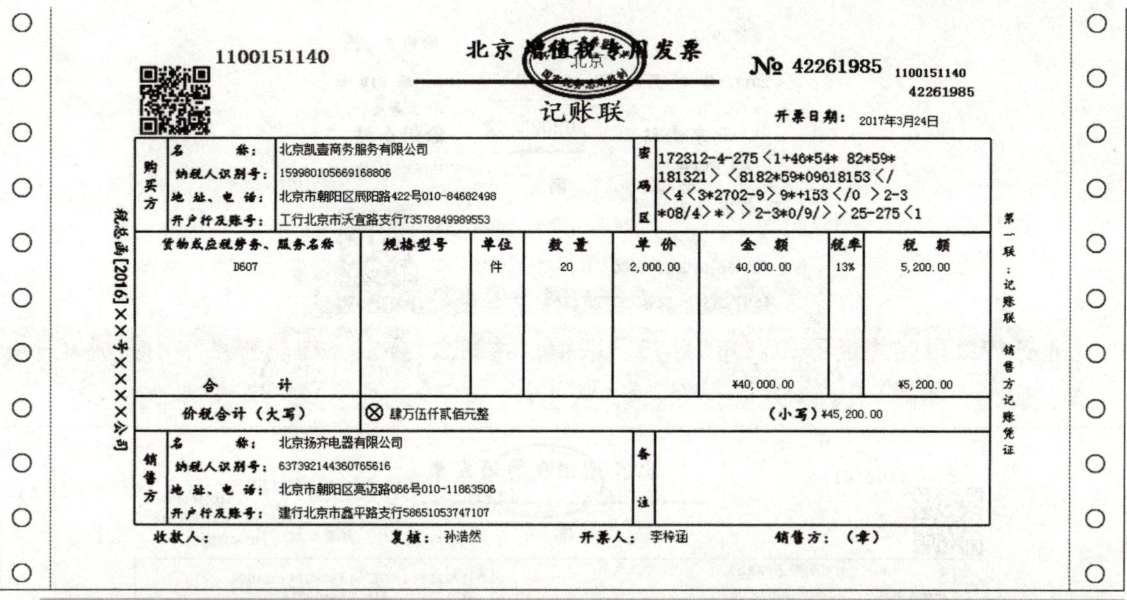

1100151140　　　北京增值税专用发票　　　№ 42261985　1100151140　42261985

记账联　　　　开票日期：2017年3月24日

购买方	名称：北京凯壹商务服务有限公司 纳税人识别号：159980105669168806 地址、电话：北京市朝阳区朝阳路422号010-84682498 开户行及账号：工行北京市沃宜路支行73578849989553	密码区	172312-4-275＜1+46*54* 82*59* 181321＞＜8182*59*09618153＜/ ＜4＜3*2702-9＞9*+153＜/0 ＞2-3 *08/4＞*＞＞2-3*0/9/＞＞25-275＜1

货物或应税劳务、服务名称	规格型号	单位	数量	单价	金额	税率	税额
D607		件	20	2,000.00	40,000.00	13%	5,200.00
合　计					¥40,000.00		¥5,200.00
价税合计（大写）	⊗肆万伍仟贰佰元整				（小写）¥45,200.00		

销售方	名称：北京扬齐电器有限公司 纳税人识别号：637392144360765616 地址、电话：北京市朝阳区高迈路066号010-11863506 开户行及账号：建行北京市鑫平路支行58651053747107	备注	

收款人：　　复核：孙浩然　　开票人：李梓涵　　销售方：（章）

税总函[2016]××号×××公司

第一联：记账联　销售方记账凭证

业务18：原始凭证于2017年3月24日取得，共3张，要求：在总账系统中完成（一张凭证）。

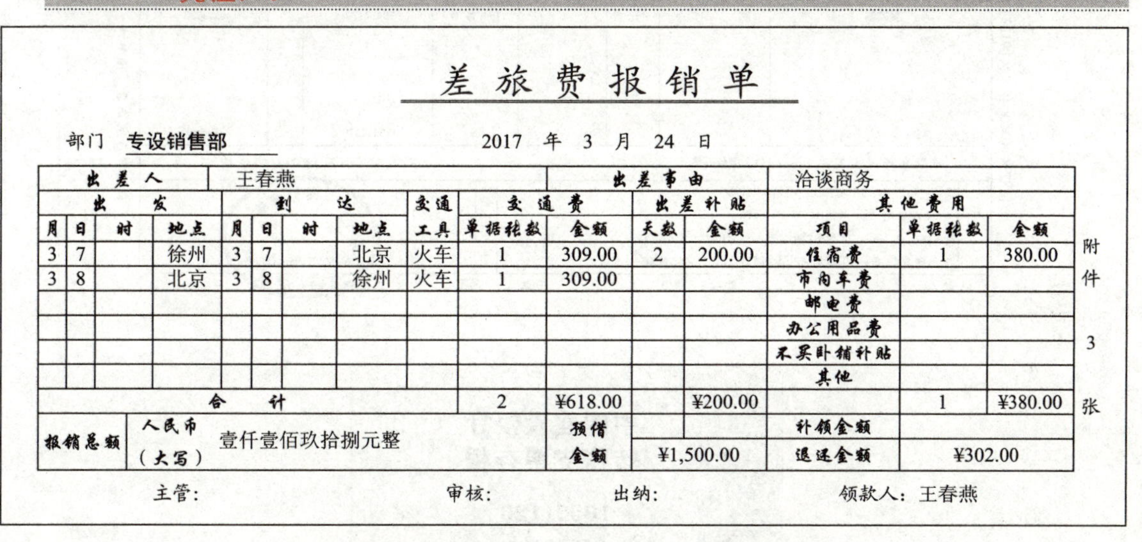

差旅费报销单

部门　专设销售部　　　　2017 年 3 月 24 日

出差人				王春燕								出差事由		洽谈商务		
出发				到达				交通	交通费		出差补贴		其他费用		
月	日	时	地点	月	日	时	地点	工具	单据张数	金额	天数	金额	项目	单据张数	金额
3	7		徐州	3	7		北京	火车	1	309.00	2	200.00	住宿费	1	380.00
3	8		北京	3	8		徐州	火车	1	309.00			市内车费		
													邮电费		
													办公用品费		
													不买卧铺补贴		
													其他		
合计									2	¥618.00		¥200.00		1	¥380.00
报销总额	人民币（大写）	壹仟壹佰玖拾捌元整							预借金额	¥1,500.00			补领金额 / 退还金额	¥302.00	

附件 3 张

主管：　　审核：　　出纳：　　领款人：王春燕

X578995　　徐州东 售

2017 年 3 月 7 日 8:20 开　　12 车 22C 号

二等座

徐州东站　G202 次　北京南站

xuzhoudongzhan　　beijingnanzhan

¥ 309 元　　网

限乘当日当次车

王春燕

123456789012345000

4657 3318 0585 0725 3641-2　　和谐号

X578995 徐州东 售

2017 年 3 月 8 日 17:00开 06 车 21D 号

二等座

北京南站 G202 次 徐州东站

beijingnanzhan xuzhoudongzhan

¥ 309 元 网

限乘当日当次车

王春燕

123456789012345000

4657 3318 0585 0725 3641-2 和谐号

业务19：原始凭证于2017年3月25日取得，共2张，要求：在总账系统中完成（一张凭证）。

1100161140

北京增值税普通发票

№ 11987152

1100161140
11987152

发票联

开票日期：2017年3月25日

购买方	名称：北京扬齐电器有限公司 纳税人识别号：637392144360765616 地址、电话：北京市朝阳区亮迈路066号010-11863506 开户行及账号：建行北京市鑫平路支行58651053747107	密码区	172312-4-275＜1+46*54* 82*59* 181321＞＜8182*59*09618153＜/ ＜4＜3*2702-9＞9*+153＜/0 ＞2-3 *08/4＞*＞＞2-3*0/9/＞＞25-275＜1

货物或应税劳务、服务名称	规格型号	单位	数量	单价	金额	税率	税额
餐饮费		元	1	754.7170	754.7170	6%	45.2830
合计					¥754.7170		¥45.2830
价税合计（大写）	⊗捌佰元整				（小写）¥800.0000		

销售方	名称：北京亿玉商贸有限公司 纳税人识别号：225815293688345656 地址、电话：北京市朝阳区宏策路061号010-90286907 开户行及账号：工行北京市蓝致路支行37447403534606	备注	北京亿玉商贸有限公司 225815293688345656 发票专用章

收款人： 复核：黄山 开票人：高凯心 销售方：（章）

税总函[2016]××号×××公司

第二联：发票联 购买方记账凭证

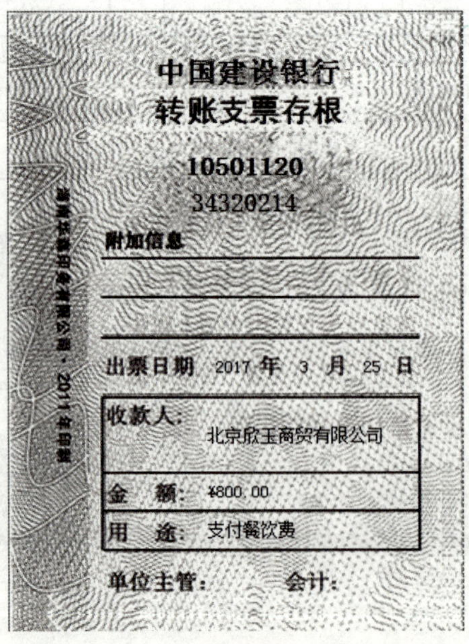

中国建设银行
转账支票存根

10501120
34320214

附加信息

出票日期 2017 年 3 月 25 日

收款人：北京欣玉商贸有限公司

金额：¥800.00

用途：支付餐饮费

单位主管： 会计：

业务20：原始凭证于2017年3月27日取得，共1张，要求：在总账系统中完成（一张凭证）。

收 款 收 据 No. 5636416

2017 年 3 月 27 日

今收到 张雯雯

交来 罚款

金额（大写） 零 拾 零 万 零 仟 贰 佰 零 拾 零 元 零 角 零 分

¥ 200.00

收款单位（公章） 北京扬奇电器有限公司 财务专用章

第一联 存根

核准：刘焕 会计：孙浩然 记账：孙浩然 出纳：李梓涵 经办人：

业务21：原始凭证于2017年3月27日取得，共1张，要求：在固定资产系统中完成（一张凭证）。

固定资产处置申请表

固定资产名称	机器设备Y	单位	台	型号		数量	1
资产编号	005	停用时间	2017-3-27	投入使用时间	2010-6-18	使用部门	生产车间
处置原因	毁损报废						
财务部意见：同意				公司领导意见：同意			

业务22：原始凭证于2017年3月27日取得，共2张，要求：在总账系统中完成（一张凭证）。

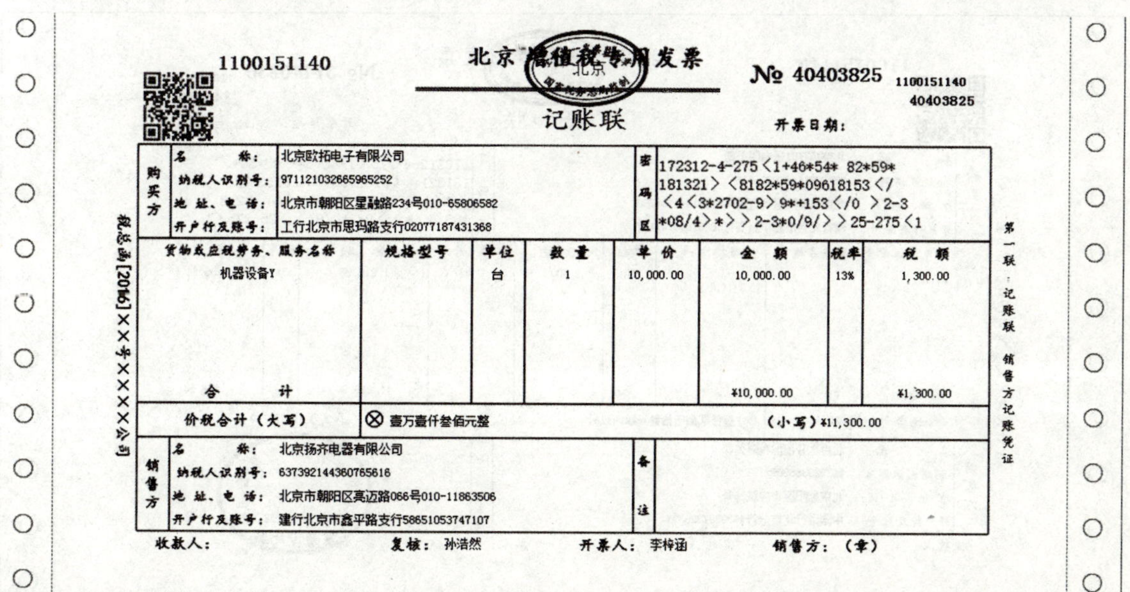

1100151140 **北京增值税专用发票** № 40403825 1100151140 40403825

记账联 开票日期：

购买方	名称：北京欧拓电子有限公司 纳税人识别号：971121032665965252 地址、电话：北京市朝阳区星融路234号010-65806582 开户行及账号：工行北京市思玛路支行02077187431368	密码区	172312-4-275＜1+46*54* 82*59* 181321＞＜8182*59*09618153＜/ ＜4＜3*2702-9＞9*+153＜/0 ＞2-3 *08/4＞*＞＞2-3*0/9/＞＞25-275＜1

货物或应税劳务、服务名称	规格型号	单位	数量	单价	金额	税率	税额
机器设备Y		台	1	10,000.00	10,000.00	13%	1,300.00
合计					¥10,000.00		¥1,300.00
价税合计（大写）	⊗壹万壹仟叁佰元整				（小写）¥11,300.00		

销售方	名称：北京扬齐电器有限公司 纳税人识别号：637392144360765616 地址、电话：北京市朝阳区亮迈路066号010-11863506 开户行及账号：建行北京市鑫平路支行58651053747107	备注	

收款人： 复核：孙浩然 开票人：李梓涵 销售方：（章）

税总函[2016]××号××××公司

第一联：记账联 销售方记账凭证

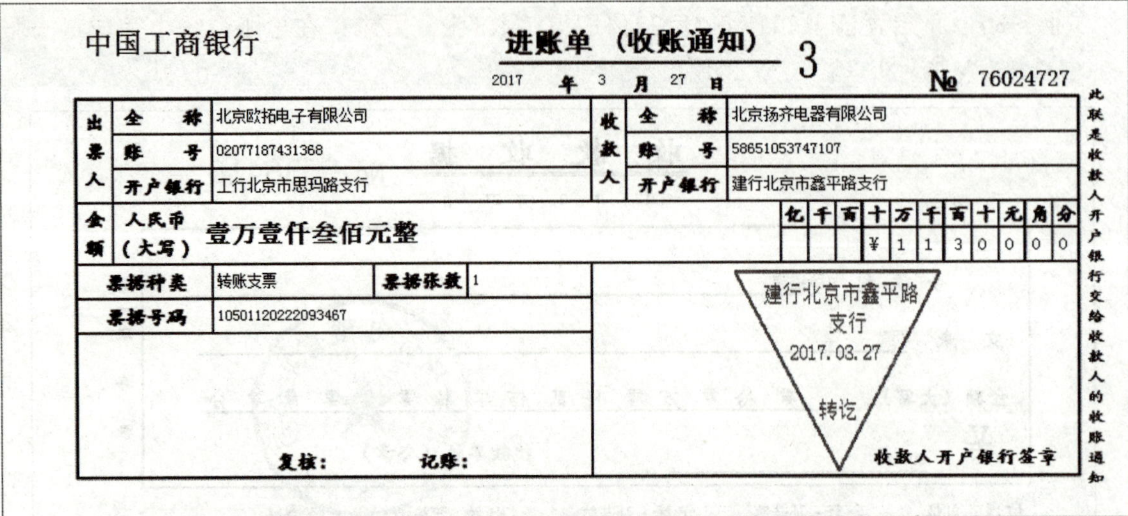

中国工商银行　进账单（收账通知）　3

2017 年 3 月 27 日　№ 76024727

出票人	全称	北京欧拓电子有限公司	收款人	全称	北京扬齐电器有限公司
	账号	02077187431368		账号	58651053747107
	开户银行	工行北京市思玛路支行		开户银行	建行北京市鑫平路支行
金额	人民币（大写）	壹万壹仟叁佰元整		亿千百十万千百十元角分	￥1130000
票据种类	转账支票	票据张数	1		
票据号码	10501120222093467				

建行北京市鑫平路支行 2017.03.27 转讫

复核：　记账：　收款人开户银行签章

此联是收款人开户银行交给收款人的收账通知

业务23：原始凭证于2017年3月27日取得，共1张，要求：在总账系统中完成（一张凭证）。

固定资产处置结果表

2017年3月27日

固定资产名称	机器设备Y	原价		已计提折旧	
净值		出售价格		清理费用	
出售净损益					
财务部处理意见： 净损益按《企业会计准则》处理			公司领导意见： 同意		

业务24：原始凭证于2017年3月28日取得，共5张，要求：在总账系统中完成（一张凭证）。

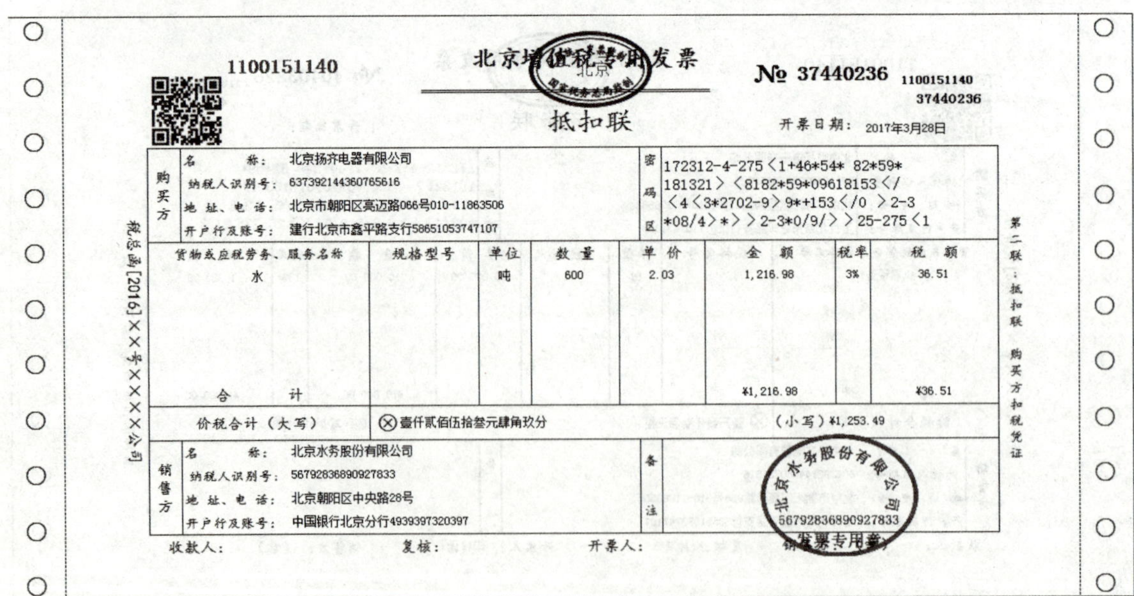

1100151140　北京增值税专用发票　№ 37440236　1100151140 37440236

抵扣联　开票日期：2017年3月28日

购买方	名称：北京扬齐电器有限公司 纳税人识别号：637392144360765616 地址、电话：北京市朝阳区亮迈路066号010-11863506 开户行及账号：建行北京市鑫平路支行58651053747107			密码区	172312-4-275<1+46*54* 82*59* 181321><8182*59*09618153</ <4<3*2702-9>9*+153</0 >2-3 *08/4>*>>2-3*0/9/>>25-275<1		
货物或应税劳务、服务名称	规格型号	单位	数量	单价	金额	税率	税额
水		吨	600	2.03	1,216.98	3%	36.51
合计					￥1,216.98		￥36.51
价税合计（大写）	⊗壹仟贰佰伍拾叁元肆角玖分				（小写）￥1,253.49		
销售方	名称：北京水务股份有限公司 纳税人识别号：56792836890927833 地址、电话：北京朝阳区中央路28号 开户行及账号：中国银行北京分行4939397320397			备注	北京水务股份有限公司 56792836890927833 发票专用章		

收款人：　复核：　开票人：　销售方：（章）

税总函[2016]××号××××公司

第二联：抵扣联 购买方扣税凭证

1100151140

北京增值税专用发票

№ 42059434　1100151140 42059434

发票联

开票日期： 2017年3月28日

购买方	名称：北京扬齐电器有限公司 纳税人识别号：637392144360765616 地址、电话：北京市朝阳区亮迈路066号010-11863506 开户行及账号：建行北京市鑫平路支行58651053747107	密码区	172312-4-275＜1+46*54* 82*59* 181321＞＜8182*59*09618153＜/ ＜4＜3*2702-9＞9*+153＜/0 ＞2-3 *08/4＞*＞＞2-3*0/9/＞＞25-275＜1

货物或应税劳务、服务名称	规格型号	单位	数量	单价	金额	税率	税额
水		吨	600	2.03	1,216.98	3%	36.51
合计					¥1,216.98		¥36.51
价税合计（大写）	⊗壹仟贰佰伍拾叁元肆角玖分				（小写）¥1,253.49		

销售方	名称：北京水务股份有限公司 纳税人识别号：567928368909278 33 地址、电话：北京朝阳区中央路28号 开户行及账号：中国银行北京分行4939397320397	备注	北京水务股份有限公司 567928368909278 33 发票专用章

收款人：　复核：　开票人：　销售方：（章）

规总函[2016]××号××××公司

第三联：发票联 购买方记账凭证

1100161140

北京增值税普通发票

№ 11987152　1100161140 11987152

发票联

开票日期： 2017年3月28日

购买方	名称：北京扬齐电器有限公司 纳税人识别号：637392144360765616 地址、电话：北京市朝阳区亮迈路066号010-11863506 开户行及账号：建行北京市鑫平路支行58651053747107	密码区	172312-4-275＜1+46*54* 82*59* 181321＞＜8182*59*09618153＜/ ＜4＜3*2702-9＞9*+153＜/0 ＞2-3 *08/4＞*＞＞2-3*0/9/＞＞25-275＜1

货物或应税劳务、服务名称	规格型号	单位	数量	单价	金额	税率	税额
污水处理费		元	600	1.3500	810.0000		0.0000
合计					¥810.0000		¥0.0000
价税合计（大写）	⊗捌佰壹拾元整				（小写）¥810.0000		

销售方	名称：北京水务股份有限公司 纳税人识别号：56792836890927833 地址、电话：北京朝阳区中央路28号 开户行及账号：中国银行北京分行4939397320397	备注	北京水务股份有限公司 56792836890927833 发票专用章

收款人：　复核：　开票人：　销售方：（章）

规总函[2016]××号××××公司

第二联：发票联 购买方记账凭证

中国建设银行
转账支票存根

10501120
51376467

附加信息

出票日期 2017 年 3 月 28 日

收款人: 北京水务股份有限公司

金 额: ¥2,063.49

用 途: 支付水费

单位主管: 会计:

海南华森印务有限公司·2011年印制

水费分配表

部门	实际用量	水费单价	水费分摊金额	污水处理费分摊金额	合计
办公室	30	2.028,3			
财务部	30				
采购部	20				
专设销售机构	20				
生产车间	500				
合　　计	600				

业务25：原始凭证于2017年3月29日取得，共3张，要求：在总账系统中完成（一张凭证）。

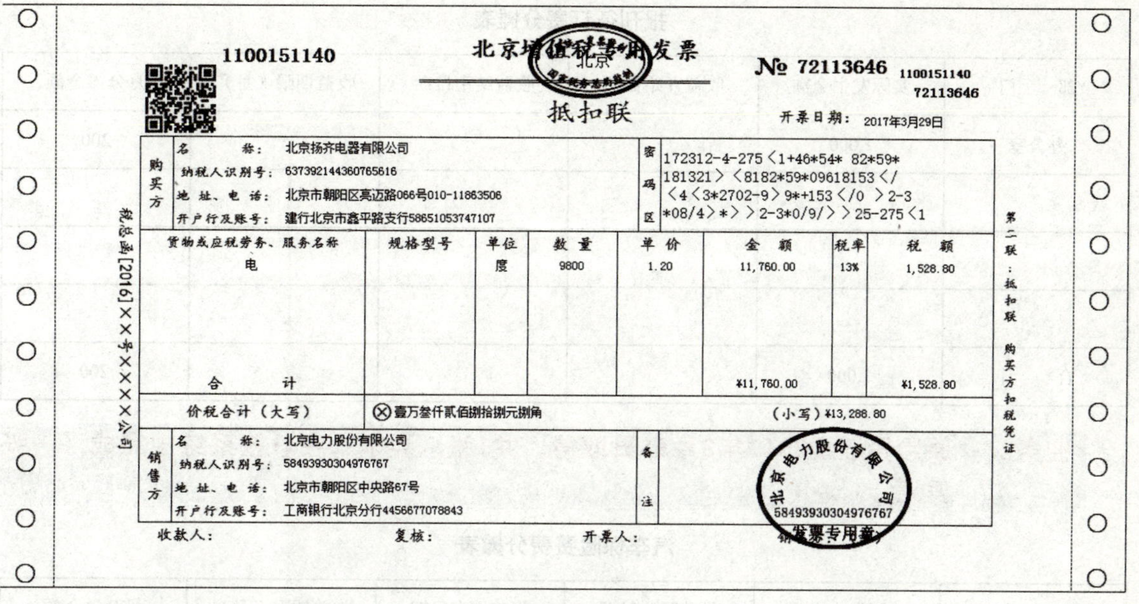

1100151140 北京增值税专用发票 № 72113646 1100151140 72113646

抵扣联

开票日期：2017年3月29日

购买方	名称：北京扬齐电器有限公司 纳税人识别号：637392144360765616 地址、电话：北京市朝阳区亮迈路066号010-11863506 开户行及账号：建行北京市鑫平路支行58651053747107				密码区	172312-4-275 <1+46*54* 82*59* 181321> <8182*59*09618153 </ <4 <3*2702-9> 9*+153 </0 >2-3 *08/4>*> >2-3*0/9/> >25-275 <1		
货物或应税劳务、服务名称	规格型号	单位	数量	单价	金额	税率	税额	
电		度	9800	1.20	11,760.00	13%	1,528.80	
合计					¥11,760.00		¥1,528.80	
价税合计（大写）	⊗壹万叁仟贰佰捌拾捌元捌角				（小写）¥13,288.80			
销售方	名称：北京电力股份有限公司 纳税人识别号：58493930304976767 地址、电话：北京市朝阳区中央路67号 开户行及账号：工商银行北京分行4456677078843				备注	北京电力股份有限公司 58493930304976767 发票专用章		

收款人： 复核： 开票人： 销售方：（章）

税总函[2016]××号××××公司

第二联：抵扣联 购买方扣税凭证

1100151140 北京增值税专用发票 № 51651832 1100151140 51651832

发票联

开票日期：2017年3月29日

购买方	名称：北京扬齐电器有限公司 纳税人识别号：637392144360765616 地址、电话：北京市朝阳区亮迈路066号010-11863506 开户行及账号：建行北京市鑫平路支行58651053747107				密码区	172312-4-275 <1+46*54* 82*59* 181321> <8182*59*09618153 </ <4 <3*2702-9> 9*+153 </0 >2-3 *08/4>*> >2-3*0/9/> >25-275 <1		
货物或应税劳务、服务名称	规格型号	单位	数量	单价	金额	税率	税额	
电		度	9800	1.20	11,760.00	13%	1,528.80	
合计					¥11,760.00		¥1,528.80	
价税合计（大写）	⊗壹万叁仟贰佰捌拾捌元捌角				（小写）¥13,288.80			
销售方	名称：北京电力股份有限公司 纳税人识别号：58493930304976767 地址、电话：北京市朝阳区中央路67号 开户行及账号：工商银行北京分行4456677078843				备注	北京电力股份有限公司 58493930304976767 发票专用章		

收款人： 复核： 开票人：

税总函[2016]××号××××公司

第三联：发票联 购买方记账凭证

电费分配表

部门	实际用量	分配率	分配金额
办公室	100		
财务部	100		
专设销售机构	50		
采购部	50		
生产车间	9,500		
合计	9,800		

业务26：原始凭证于2017年3月31日取得，共1张，要求：在总账系统中完成（一张凭证）。

报刊征订费分摊表

部　门	实际发生金额	收益开始日期	收益结束日期	收益期限（月）	月分摊金额
办公室	1,000			5	200
合　计	1,000				200

业务27：原始凭证于2017年3月31日取得，共1张，要求：在总账系统中完成（一张凭证）。

汽车保险费费分摊表

部　门	实际发生金额	收益开始日期	收益结束日期	收益期限（月）	月分摊金额
办公室	1,200			12	100
合　计	1,200				100

业务28：原始凭证于2017年3月31日取得，共2张，要求：在工资系统中完成（一张凭证）。

提示：（1）在工资变动表中录入相关表格中的数据，计算出各项目的数据并汇总，按项目进行相应的计算。

（2）根据预置的工资费用分摊设置，按照分配到部门明细到工资项目的要求合并生成一张凭证。

员工工资表

编　码	姓　名	部　门	月标准工资
10101	何华	办公室	8,000
10102	赵俊	办公室	2,500
10103	黄落华	办公室	2,300
10104	落月	办公室	2,100
20101	刘焕	财务部	4,000

（续）

编　码	姓　名	部　门	月标准工资
20102	孙浩然	财务部	2,500
20103	李梓涵	财务部	2,100
30101	张雨欣	采购部	2,500
30102	赵丽芬	采购部	2,200
30103	钟国庆	采购部	2,200
40101	王春燕	销售门市	2,500
40102	李洁科	销售门市	2,200
40103	赵约翰	销售门市	2,200
50101	张雯雯	生产车间	2,300
50102	薛琪	生产车间	2,100
50201	周忠华	生产车间	2,500
50202	张洁	生产车间	2,500
50203	潘申阳	生产车间	2,500
50204	姜小牙	生产车间	2,500
50205	樊懋	生产车间	2,500
50206	石子涵	生产车间	2,100

工资费用分配表

2017-3-31

应借账户		直接计入	合　计
管理费用			
制造费用			
生产成本	D101		
生产成本	D607		
合　计			

业务29：原始凭证于2017年3月31日取得，共1张，要求：在工资系统中完成（一张凭证）。

提示：进行计提五险的分摊设置，按照分配到部门明细到工资项目的要求合并生成一张凭证（计提名称：计提五险）。

五险计算表

2017-3-31

应借账户		医疗保险	养老保险	失业保险	生育保险	工伤保险	五险合计
管理费用							
制造费用							
生产成本	D101						
生产成本	D607						
合计							

业务30：原始凭证于2017年3月31日取得，共1张，要求：在工资系统中完成（一张凭证）。

提示：进行计提公积金的分摊设置，按照分配到部门明细到工资项目的要求合并生成一张凭证（计提名称：计提公积金）。

住房公积金计算表

2017-3-31

应借账户		住房公积金
管理费用		
制造费用		
生产成本	D101	
生产成本	D607	
合计		

业务31：原始凭证于2017年3月31日取得，共2张，要求：在工资系统中完成（一张凭证）。

提示：进行计提职工教育经费的分摊设置，按照分配到部门明细到工资项目的要求合并生成一张凭证（计提名称：计提职工教育经费）。

职工教育经费计算表

2017-3-31

应借账户		职工教育经费
管理费用		
制造费用		
生产成本	D101	
生产成本	D607	
合计		

业务32：原始凭证于2017年3月31日取得，共2张，要求：在工资系统中完成（一张凭证）。

提示：进行计提工会经费的分摊设置，按照分配到部门明细到工资项目的要求合并生成一张凭证（计提名称：计提工会经费）。

工会经费计算表

2017-3-31

应借账户		工会经费
管理费用		
制造费用		
生产成本	D101	
生产成本	D607	
合计		

业务33：原始凭证于2017年3月31日取得，共1张，要求：在购销存及核算系统中完成（一张凭证）。

提示：按材料和用途分别填制材料出库单。

原材料发出汇总表

领用部门	领用用途	产品	Y824		Y217		合计
			数量	金额	数量	金额	
生产车间	生产产品领用	D101	400				
生产车间	生产产品领用	D607			350		
合计							

业务34：原始凭证于2017年3月31日取得，共1张，要求：在购销存及核算系统中完成（一张凭证）。

提示：填制其他出库单。

低值易耗品发料汇总表

领用部门	手套		合计
	数量	金额	
生产车间	30	30	30

业务35：原始凭证于2017年3月31日取得，共1张，要求：在固定资产系统中完成（一张凭证）。

低值易耗品发料汇总表

领用部门	手套		合计
	数量	金额	
生产车间	30	30	30

业务36：原始凭证于2017年3月31日取得，共2张，要求：在总账系统中完成（一张凭证）。

提示：采用自定义转账处理（摘要：分配制造费用；借方公式按期末余额设置）。

产品生产工时明细表

生产车间	产品	生产工时（小时）
生产车间	D101	6,000
生产车间	D607	4,000
合计		10,000

制造费用分配表

生产车间	产品	分配标注（工时）	分配率	分配金额
生产车间	D101			
生产车间	D607			
合计				

业务37：原始凭证于2017年3月31日取得，共3张，要求：在购销存及核算系统中完成（一张凭证）。

产品产量明细表

生产部门	产品	本月投产量	本月完工量	月末在产品量	完工比例
生产车间	D101	40	0	40	70%
生产车间	D607	300		60	80%

完工产品与月末在产品成本分配表

单位：元

产品名称：D101　　2017 年 3 月 31 日　　产量：

成本项目	月初在产品成本	本月发生费用	生产费用合计	完工产品数量	月末在产品月约当数量	单位成本	完工产品成本	期末在产品成本
直接材料								
直接人工								
制造费用								
合计				—	—	—		

审核：　　制表：

完工产品与月末在产品成本分配表

单位：元

产品名称：D607　　2017 年 3 月 31 日　　产量：

成本项目	月初在产品成本	本月发生费用	生产费用合计	完工产品数量	月末在产品月约当数量	单位成本	完工产品成本	期末在产品成本
直接材料								
直接人工								
制造费用								
合计				—	—	—		

审核：　　制表：

业务38：原始凭证于2017年3月31日取得，共2张，要求：在购销存及核算系统中完成（一张凭证）。

单位产成品计算单

产品名称	期初结存		本期入库		单位成本
	数量	金额	数量	金额	
D101					
D607					

销售产品成本结转表

领用部门	D101		D607		单位成本
	数量	金额	数量	金额	
专设销售机构					

业务39：原始凭证于2017年3月31日取得，共1张，要求：在总账系统中完成（一张凭证）。

应交增值税计算表

2017 年 3 月 31 日　　　　单位：元

项目	进项税额	销项税额	进项税额转出	本月应交增值税
金额				

审核：　　　　制单：

业务40：原始凭证于2017年3月31日取得，共1张，要求：在总账系统中完成（一张凭证）。

税金及附加计算表

2017 年 3 月 31 日　　　　单位：元

项目	计提基数			计提比例	计提金额
	增值税	消费税	合计		
城市维护建设税					
教育费附加					
地方教育费附加					

审核：　　　　制表：

业务41：原始凭证于2017年3月31日取得，共1张，要求：在总账系统中完成（一张凭证）。

应交所得税计算表

2017 年 3 月 31 日　　单位：元

项　目	本期利润总额	所得税率	本期应交所得税
金　额			

审核：　　制单：

业务42：原始凭证于2017年3月31日取得，共1张，要求：在总账系统中完成（一张凭证）。

提示：进行期间损益的转账设置，收入和支出分别生成一张凭证。

损益类账户发生额结转表

总账科目名称	本期借方发生额	本期贷方发生额

期末处理

（一）在适当的时间以合适的身份进行出纳签字、凭证审核以及凭证记账等操作。

（二）在月底适当的时间以合适的身份完成各个系统结账工作。

报表编辑

以“17502”的身份进行报表编辑工作：

（1）调用考生文件夹相应模板，编辑并生成2017年3月资产负债表，以“扬齐资产负债表.rep”的文件名保存到考生文件夹中。

（2）调用考生文件夹相应模板，编辑并生成2017年3月利润表，以“扬齐利润表.rep”的文件名保存到考生文件夹中。

参考文献

[1] 彭英穗．会计电算化[M]．北京：高等教育出版社，2010．

[2] 黄薏．会计电算化[M]．大连：东北财经大学出版社，2016．

[3] 陈国平，等．会计综合模拟实验[M]．上海：立信会计出版社，2014．

[4] 会计从业资格考试辅导教材编写组．初级会计电算化（T3用友通标准版）[M]．北京：清华大学出版社，2013．